U0022121

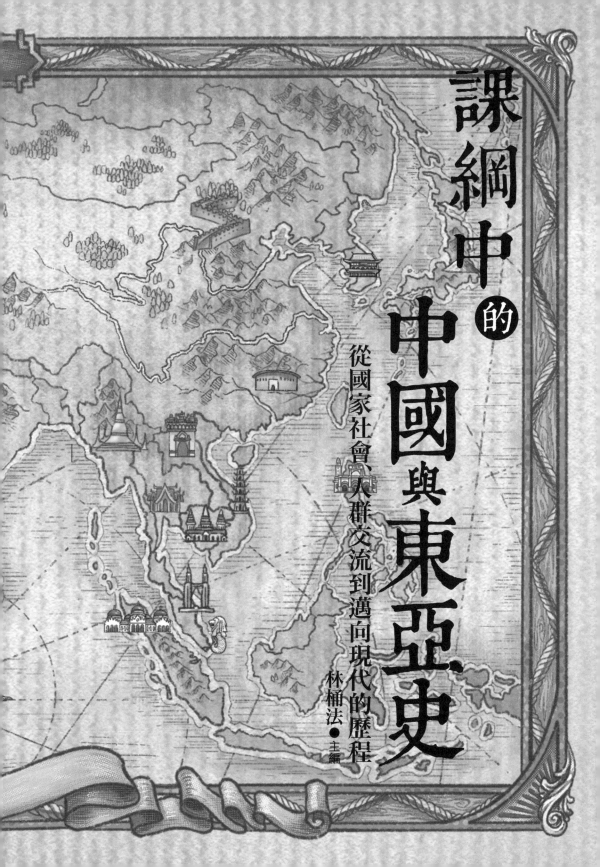

課綱中的中國與東亞史

從國家社會、人群交流到邁向現代的歷程

林桶法・主編

目次

現代化的歷程

108 課綱普通高中第二冊的
重大改變與因應

林桶法

一、總體中等教育的調整

《十二年國民基本教育課程綱要總綱》以「適性揚才、終身學習」為的願景，希望從「自主行動」、「溝通互動」與「社會參與」三面向，培養學生成為均衡發展的現代國民。

總綱提出「核心素養」概念，重視每個人適應現在生活及面對未來挑戰，所應具備的知識、能力與態度。「核心素養」不同於先前課綱提出的「核心能力」，凸顯各種學科知識及技能，而關注學習與生活的結合，透過實踐力行，彰顯學習者的全人發展。因此，各領域發展課程需基於「自發」、「互動」與「共好」的理念，結合核心素養概念，達到全人教育的理想。

本次普通高中歷史課綱強調「從人民的主體觀點出發」，而不從帝王將相、偉人史觀交代朝代更替。敘述時間是「略古詳今」，空間「由近及遠」，重視學習者切身相近的時空問題。各冊分別以臺灣、中國與東亞和世界為重心，內容採「動態分域」架構，強調分域間的互動；換句話說，不以傳統中國史、臺灣史、國別史範疇來探討個別的歷史事件，而從大區域的互動、長時段的演變，理解歷史發展，培養學生宏觀、多元比較的視野。

以前歷史課綱標舉修習歷史課應培養的學科能力，如表達時序的能力、理解歷史的能力、解釋歷史的能力和運用史料的能力。新課綱歷史必修課程則要求依時序選擇基本課題，設計授課主題。教學實務上，由教師引導學生閱讀、理解與分析歷史資料、實地踏查、訪談或進行各種歷史創作與展演，以提升學生的歷史思維，希望綜合訓練學習者發現、認識及解決問題的基本素養。

二、普通高中第二冊的重大改變

過去高中歷史教科書從統編本到民國 88 年實施一綱多本是高中歷史教育的一大改變，但從 88 課綱以來再度歷經幾次重大變革（「95 暫綱」、「98 課綱」、「101 課綱」、「104 微調課綱」、「106 課綱」），其中包括臺灣史份量的增加、用詞的改變、內容篇幅及授課時數的改變等，這些改變紛擾甚多，但最大的改變應該是「108 課綱」。

普通高中歷史科確定不再使用傳統朝代編年史，改採主題式教學，課綱雖仍以臺灣、中國、世界三分域，分域架構是回應總綱要求培養學生系統思考與解決問題，及多元文化與國際理解的核心素養。高中以專題為架構，考量必修學分數調降，以中國與東亞的互動與發展，關注人群在不同時期與不同區域的互動，作深入專題式的探究。不再以朝代的時間序為書寫重點，不再和國中學習的內容重複，強調多元文化與人民的觀點，重視歷史考察與實作，甚至鼓勵合科教學；第二冊名稱改為中國與東亞，將過去的中國史為主軸的論述，改為東亞區域下的中國發展。

全冊分為三大篇，第一篇國家與社會，第二篇人群的移動與交流，第三篇現代化的歷程，每篇各分二章左右，討論國家統治、社會組織，

近代以前東亞人群移動，以及近代以後東亞人群移動及其影響，邁向近代化歷程的東亞、現代東亞局勢的發展等章。這樣的改變內容上有許多是新的議題，如人群移動，過去教科書較少提及，另外有關國家與社會方面：將中國擺在東亞及世界變局的框架下討論，探討國家的控制及社會組織的發展，擺脫過去以中國為中心的史觀，進而論述中國與周邊國家的關係及人群的交流情形，這些都是新的挑戰。

這樣的思維與操作，優點是讓學生有多元史觀，並從人民的觀點去理解問題，也希望培養學生的自我觀察力與理解能力；缺點是主題鋪陳，雖然仍有其時序性，但整個脈絡變得零散，學生不容易掌握朝代發展的特點，也無法得知時代的主軸及「東方文化」體系如何形成。

三、如何因應

面對 108 課綱的改變，大考中心也思維因應，在題目的設計上如何與課綱的精神對應，閱讀題型及情境題型增加，多選題也會增加，加以各本的編寫不僅大同小異，甚至出現大同大異的書寫內容，因此大考中心不能以本為準，回歸到課綱的中心，題型設計上有可能是另一種形式的「本」。課綱中新增或擴增的課題，不論對學生或傳授的教師來說，都具有一定的挑戰，為因應這些挑戰而有本論文集選編的構想。根本的作法就是閱讀、閱讀，再閱讀，提高閱讀能力自能因應這樣的變化；所謂閱讀能力主要包括：擷取資訊、統整解釋、反思評鑑等三大項目，從108 年大學指考國文考卷的試題長達 11 頁，約近萬字，可知提升閱讀能力似乎是這次課綱改變的最重要部分。至於反思方面，重點在於反思歷史發展的多元面向，珍視融合多元族群、文化的社會體系，並重視人民，

特別是一般民眾的生活；為此本書編輯以對應課綱的重要論文為主，並希望學生有擷取文章的能力。然由於授權及篇幅等因素，有些重要論文無法蒐錄其中，但盡量羅列相關延伸閱讀文章，以利於教學端的老師及學生閱讀。

　　本書編輯要點除蒐集課綱中相關已發表的論著，請該領域的專家進行解讀，第一篇：天主教輔仁大學歷史學系副教授兼系主任陳識仁，第二篇：國立臺灣師範大學僑生先修部教授沈宗憲，第三篇：國立中興大學歷史學系副教授兼系主任李君山、國立東華大學歷史學系副教授陳進金等負責，除各篇導讀外，提供延伸閱讀，並論述其與課綱的關係。

　　本書共蒐錄葛兆光，〈解釋「中國」的困境：從近世歷史看中國之「內」與「外」〉、馬場公彥，〈近代日本對中國認識中脈絡的轉換：從「支那」這個稱呼談起〉、王明珂，〈匈奴的遊牧經濟：兼論遊牧經濟與遊牧社會政治組織的關係〉、梁其姿，〈明末清初民間慈善活動的興起：以江浙地區為例〉、林冠群，〈中古時期之粟特胡及其影響唐蕃關係之研究〉、陳國棟，〈遣使、貿易、漂流與被擄：豐臣秀吉征韓前後華人海外網絡的構成〉、呂實強，〈近代四川的移民及其所發生的影響〉、林桶法，〈外省人遷臺的性質與影響〉、陳豐祥，〈近代日本的大陸政策〉、王汎森，〈清末民初的社會觀與傅斯年〉、張玉法，〈戰後中國的新局與困局〉、呂芳上，〈面對強鄰：1935 年〈蔣介石日記〉的考察〉、藍適齊，〈從「我們的」戰爭到「被遺忘的」戰爭：臺灣對「韓戰」的歷史記憶〉等 13 篇論文。涵蓋中國與東亞課綱中的三大部分，除由專家解構外，羅列一些延伸閱讀的文章，指出與課綱的連結關係，方便講授者及學生參考。由於本冊所含範圍甚廣，討論主題甚多，希望透過學術性論著，補充各版本編輯的不足。

國家與社會

「國家與社會」本篇要點

陳識仁

天主教輔仁大學歷史學系副教授兼系主任

　　本篇為「國家與社會」，著重探究在古代以中國為中心的東亞歷史世界中，傳統政權的權力如何產生、運作？國家透過什麼措施進行統治、維繫權力？並嘗試引導學生站在人民的角度思考：國家與社會如何互動？人民可能的境遇為何？

　　在古代中國，新石器時代的城市形成與興起，是部落走向國家的重要表徵。此後，歷經夏商周三代，政治運作的基礎以封建、宗法與禮樂制度為主，藉以建立天子統治天下的正當性與合理性。皇帝制度肇建後，權力的運作更形複雜，舉凡君權與相權、儒法思想與治術、禮儀與權威的樹立，都是探討重點。

　　古代的中國與北亞民族的互動既深且廣，彼此影響，重要性不可忽略，故可帶領學生了解此類政權的運作。北亞遊牧世界的政治權威的建立與運作，依其環境生態的差異，採取不同的生產模式與生產策略，進而形成「遊牧國家」、「部落聯盟」與「部落」三種政治社會組織。至於朝鮮半島、日本及越南，因深受中國政治文化影響，其政治類型與運作，既有濃厚的中國色彩，也保有各自的特色。

如果，權力的產生與運作是一種不易表述的理論，那麼，國家透過戶籍、土地與賦役制度實施統治，對人民而言則是一種深可感受的體認。

　　此外，從社會角度看，中國古代的社會組織非常多元，每個人在各種社會網絡中皆有一個位置，更是日常生活中的依靠。例如：血緣關係從家族到宗族的演變，是穩定社會的重要依據。佛教、道教與各式民間信仰宗教，足以安定民心、豐富生活。商業崛起與各式商幫、行會、會館，反映出民間的活力與組織之靈活。政府不樂見人民的集會與結拜，但民間往往採祕密方式進行，它不僅是觀察國家與社會互動的重要窗口，甚至在現代國家形成過程中，扮演一定的角色。

|導讀| 葛兆光，〈解釋「中國」的困境：從近世歷史看中國之「內」與「外」〉

陳識仁

葛兆光教授所謂的「近世」是從宋代說起，認為宋遼澶淵之盟是很重要的分水嶺，此後，宋代文化才開始真正定型，不但有自己的特色，且南北文化發生逆轉，政治策略和文化取向也有所轉換。

其中，最重要的應屬「胡漢問題」的變化。澶淵之盟把胡與漢、大宋和契丹，各自劃開，胡漢從唐代的內部問題，變成了我與他、華與夷的外部問題。此時，從一個沒有明確邊界的「帝國」概念，因國力衰微而變成在民族上、疆域上、文化上和認同上都很清晰的，單一的漢族國家。

大約在兩千多年前的「秦皇漢武」時代，一個在文化上有延續性，在政治上有同一性的帝國——中國，大概就已形成。直到隋唐，中國仍是一個對東亞有籠罩性，對域內各種族有控制力的大帝國。漢唐時期的中國雖是大帝國，但不太有「外國」意識與「國際」秩序，雖然有若干可以抗衡這個帝國的異族力量，但此時的觀念世界裡，尚未有對等的「敵國」或若干個「外國」，它彷彿籠罩「天下」。

澶淵之盟後的宋朝認為：大帝國是無法維持的，多民族是無法控制的，唐朝是個不可企及的楷模。處於國際環境中的宋朝，有了內外之別，開始收縮在一個疆域有限、民族單一、認同明確的「中國」。因此，宋代的中國在國際環境、領土邊界、貿易經濟、國民認同等方面，已有類似近代的「國家」意識。宋代對異族異文化的拒絕，以及對本土文化的強化，已漸形成近世的國家與認同。

　　這一轉變，在觀念上由實際的策略轉為想像的秩序，從真正制度上的居高臨下變成想像世界中的自我安慰；在政治上，從傲慢的天朝大國態度變成了實際的對等外交方略；在思想上，從天下主義轉化為自我想像的民族主義。

　　宋以後，初具雛形的漢民族國家，歷經蒙元與滿清兩次異族統治，形成超越性的大帝國；明代又遇到大航海時代的西潮東來，中國被拖到一個更大的國際環境中，形成三重困境：

　　第一重挑戰是蒙元以後，中國「周邊」發生了變化：安南、朝鮮、日本逐漸形成「自國意識」，在政治上逐漸獨立，在文化上與中國分庭抗禮，出現了與漢、唐、宋時代很不一樣的「國際格局」。

　　第二重困境是明代中期西洋人東來之後所形成，來自另一個世界的文化和秩序的挑戰：隨著大量傳教士來到東亞，帶來天主教信仰和近代科學，重新以漢族為中心建立起來的大明帝國，被引進一個更大的世界秩序中，面臨歐洲文明的挑戰。這種「早期全球化」，迫使人們思考：誰的制度支配世界？誰的秩序統馭國際？是「中體西用」還是「西體中用」？

　　第三重困境是大清帝國版圖擴大後，龐大的統一國家、多元民族文化和複雜的認同問題：1759 年（乾隆 24 年），是中國版圖最大化的年代，

這樣一個龐大的帝國雖然值得自豪，但內部認同問題卻很嚴重，龐雜的族群與地區如何形成一個國家的共識和文化的認同？此困境也由中華民國及中華人民共和國繼承了下來。

宋代以後的中國，「我」和「他」、「內」和「外」彼此糾纏，很難區分；蒙元以來逐漸變動的周邊關係、明代以來的國際環境、清朝最後達成的內部複雜的民族國家，可見「歷史上的『中國』是一個移動的『中國』」。

┌─── ◆ 108 課綱相關條目對照說明 ──────────────────────
│　　　葛教授文章對應「可以在什麼樣的脈絡中討論中國史？」（條目 F-V-1）
│ 「傳統政治權威的類型」（條目 Ga-V-1），討論「中國」意義的轉變、不同
│ 脈絡下呈現的「中國」，以及古代中國與東亞世界的關係變化，可以幫助我
│ 們了解自宋代以來中國與周邊地區的關係，及國家統治的一些問題。
└──

延伸閱讀

1. 許倬雲，《萬古江河：中國歷史文化的轉折與開展》（臺北：英文漢聲，2006）。第四章「東亞的中國（公元二世紀～公元十世紀）」。
   本文對應「傳統政治權威的類型」（條目 Ga-V-1）、「戶籍、土地或賦役與國家統治的關係」（條目 Ga-V-2）。
2. 王汎森，〈從傳統到反傳統──兩個思想脈絡的分析〉，收入周陽山主編，《從五四到新五四》（臺北：時報出版公司，1989），頁 242-267。
   本文對應「傳統政治權威的類型」（條目 Ga-V-1）、「民間社會與現代化的激盪」（條目 Ia-V-3）。
3. 甘懷真，〈從天下到地上：天下學說與東亞國際關係的檢討〉，《臺大東亞文化研究》5（2018.04），頁 289-317。
   本文對應「傳統政治權威的類型」（條目 Ga-V-1）。
4. 伊東貴之，〈明清交替與王權論──在東亞視野中考察〉，收入徐洪興等主編，《東亞的王權與政治思想：儒學文化研究的回顧與展望》（上海：復旦大學出版社，2009），頁 79-116。
   本文對應「傳統政治權威的類型」（條目 Ga-V-1）。
5. John K. Fairbank ed., *The Chinese World Order* (Cambridge, Mass.: Harvard University Press, 1968).
   本書對應「傳統政治權威的類型」（條目 Ga-V-1）。

解釋「中國」的困境：
從近世歷史看中國之「內」與「外」

———— 葛兆光* ————

2012 年底，我去韓國首爾演講，《朝鮮日報》的記者與兩位韓國教授來訪問我，他們看過我的《宅茲中國》這本書，於是，在訪談中提了幾個問題，第一是，中國現在是個傳統帝國，還是現代國家？第二，現在中國強大了，是否有恢復「朝貢體制」的想法，愈來愈膨脹的中國，將與韓國（等鄰國）如何相處？第三是，中國為什麼有國學熱，是否意味著要在文化上重新搞民族主義？他們質疑說，中國還有沒有真正的傳統文化（韓國保存了傳統文化）？

這些問題很有挑戰性。我總覺得，他們之所以有這些疑慮，是因為他們覺得，中國現在「崛起」了，可是，中國真的「崛起」了嗎？為什麼我總是覺得，正是因為表面的「崛起」，現在中國反而處在困境之中呢？因此，我要在這裡和大家討論一下，為什麼說，中國現在面臨困境？這些困境是怎麼來的？近世中國歷史給現實中國帶來的困境，為什麼中國至今走不出去？

作為一個專業學者，本來，我並不想討論這些大問題。可是，近年

---

* 復旦大學文史研究院及歷史系特聘資深教授。研究領域是東亞與中國的宗教、思想和文化史。

來我愈來愈覺得，研究中國歷史繞不開這些大問題，觀察現實中國也不能迴避這些大問題。現實和歷史總是互相關聯，學術和政治始終難以分開。最近，迅速膨脹（我很不喜歡「崛起」這個詞）的中國面臨的嚴重問題之一，**就是中國與內部、亞洲和世界，在文化、政治和經濟上如何相處**。我要承認，中國在這方面已經遇到很多麻煩。

這些麻煩，歸納起來，實際上就是三類，「周邊」的問題，「國際」的問題，以及「內部」的問題。它涉及了五個關鍵詞，「民族」、「疆域」、「宗教」、「國家」和「認同」。2012 年，我參加哈佛中國基金會在上海舉行的一次會議，討論究竟有什麼重要的話題，值得哈佛中國基金會資助。記得當時，大家七嘴八舌地提示，歐立德教授和王德威教授在黑板上寫，然後一個一個討論，最後，大家有共識的有 20 多個關鍵詞，其中就有這 5 個，就是民族、疆域、宗教、國家、認同。我最近要在香港出版一本書《何為中國》，副標題就是「疆域、民族、文化和歷史」。當然，我不是「老王賣瓜」，在做海報自我推銷，但是確實這些問題愈來愈引人矚目。因為它上聯歷史，下關現實，而且與中國將來的走向有關係。

所以，我今天主要是作為一個歷史學者，在這裡和大家一起討論，究竟什麼是「中國」？中國作為一個現代「國家」，它的疆域、族群、文化是怎樣形成的？中國為什麼既有現代國家的形態，又有傳統帝國的意識？這樣形成的現代中國，為什麼會有這麼多的麻煩和如此複雜的困境？──這些問題，我都把它放在近世歷史裡面，所以，我的副標題就是「從近世歷史看中國之內與外」，這個「近世」，我們從宋代算起。

下面書歸正傳。

一、引子：假如宋代……：
從澶淵之盟說起

　　說到「澶淵之盟」，人們都知道，就是宋真宗（宋代的第三個皇帝）景德元年（1004），契丹遼的蕭太后、遼聖宗大君率軍南下，在寇準的鼓動下，宋真宗御駕親征，雙方對峙之下，12月，按照西曆算已經是1005年年初，宋遼兩國在澶淵，就是現在的濮陽一帶，訂立了盟約（約為兄弟之國，宋每年給遼銀子10萬兩，絹20萬匹）。在這一誓書中，有幾句話很重要，一是大宋皇帝謹致誓書於大契丹皇帝闕下，「共遵成信，虔奉歡盟」，二是這個條約式的文件裡面有兩句話說到，「沿邊州軍，各守疆界，兩地人戶，不得交侵」。三是約定「必務協同，庶存悠久」，而且要「告於宗廟社稷，子孫共守，傳之無窮，有渝此盟，不克享國」。[1]

　　這個事件，在中國歷史上的重要性，可能現在還認識得不夠。通常大家都說「安史之亂」是中國歷史的分水嶺，我也贊成這一說法。可是，從755年的「安史之亂」到1004年的「澶淵之盟」，這個250年，是整個一個轉折時代。

　　為什麼這麼說？我對於澶淵之盟前後中國歷史的變化，有一些還不成熟的想法，想和大家分享。

　　（1）宋代為什麼在這之後，開始出現什麼「天書事件」（大中祥符元年，有黃帛曳左承天門南鴟尾上）、「泰山封禪」（天書再降於泰山醴泉北）、「謁文宣王廟」（加封「玄聖文宣王」）、「祀汾陰」、「頒天下《釋奠先聖廟儀》」（大中祥符3年）、「撰《崇儒術論》」（大

---

1. 《續資治通鑑長編》，卷58，注引誓書，頁1299。

中祥符 5 年），這究竟導致了文化精英什麼樣的思考？我們可以想一下，為什麼澶淵之盟之後，要急於搞這些事情？而王欽若又為什麼要強調「唯有封禪泰山，可以鎮服四海，誇示外國」？[2]

（2）當時的權臣李沆曾經預言，當和平來臨的時候，皇帝便會生出「侈心」，「聲色、土木、神仙、祠禱之事將作」，他曾經告誡皇帝不要用「新進喜事之人」，並且對「中外所陳利害皆報罷之」，採取無為之法，[3]可是，後來的「三不足畏」，種種變法，根源是否就在這個時代？

（3）到了這個時候，宋朝才真正定型，所以，宋代文化也開始形成自己特色，在這種內憂外患背景下，才有了「宋初三先生」、有了「慶曆變革」，強調「崇儒排佛」，強調「尊王攘夷」，春秋之學和周禮之學的先後興起，都根源於此。無論是政治上的自我變化，還是思想上的理學崛起，文學上的宋代特色。

（4）文化上的南北逆轉。大家注意，在宋真宗朝搞得雞飛狗跳、使得「封泰山、祀汾陰，而天下爭言符瑞」的一個人叫王欽若，宋真宗早就想用他，可是，王旦卻提醒真宗說「臣見祖宗朝未嘗有南人當國者」，害得王欽若一直要到王旦死後，才得到大用，所以他抱怨說「為王公（旦）遲我十年作宰相」，[4]這裡說的「南人」一詞值得注意，南方人過去不能

---

2. 《宋史》，卷 282，〈王旦傳〉，頁 9545。又，《宋史・真宗紀》中記載：「大中祥符元年三月甲戌，兗州父老千二百人請封禪，丁卯兗州並諸路進士等八百四十人請封禪，壬午，文武官、將校、蠻夷、耆壽、僧道二萬四千三百七十餘人詣闕請封禪，自是，表凡五進。夏四月甲午，詔以十月有事于泰山，遣官告天地、宗廟、嶽瀆諸祠，命王欽若等任封禪禮儀使等。五月，王欽若言：泰山醴泉出見，錫山蒼龍見。六月，天書再降泰山醴泉，九月，奉天書，告太廟，悉陳諸州所上芝草、嘉禾、瑞木，十月，赴泰山封禪，『享昊天上帝於圜臺，陳天書於左，以太祖、太宗配上帝』。」
3. 《宋史》，卷 282，〈論〉。
4. 《宋史》，卷 282，〈王旦傳〉，頁 9548。

當政，宋代一開始還是北方人掌權，可是，後來除了司馬光、富弼、韓琦等等，歐陽修、王安石、蘇軾等等，卻都是「南人」，這件事情出現在澶淵之盟之後，也在可以偃武修文之後，它標誌著北人與南人的政治地位轉換，而北人和南人的地位轉換，又引起了政治策略和文化取向的轉換，這和後來的歷史有關係嗎？[5]

當然，最重要的還是「胡漢問題」的變化，鄧小南教授在《祖宗之法》一書裡面，說到宋代初期，胡漢問題逐漸消解，這很有意思。不過，我的看法是，胡漢問題在唐代是內部衝突，突厥、吐蕃、回紇相繼崛起，波斯、天竺人遷入，粟特、沙陀人處處皆是，中國已經成為一個胡漢混融的文化共同體，你中有我我中有你，於是互相交融，也亂成一團。到了宋真宗的時代，澶淵之盟把胡和漢，也就是大宋和契丹，各自劃開了，中國內部的胡漢問題消解了，但是，胡漢卻變成了我與他、華與夷的外部問題了。

澶淵之盟的誓文非常重要，應該說，是安史之亂以後，中國歷史的又一個轉折點。大家知道，什麼是帝國？簡單地說，帝國就是皇帝控制廣大的疆域，管轄眾多的民族，這個空間沒有明確邊界。唐代是這樣的，唐太宗覺得自己是「天可汗」，無遠弗屆地掌控天下，可是，宋代不是，你看宋太祖，雖然覺得「臥榻之側，豈容他人酣睡」，覺得自己是「未離海底千山黑，纔到天中萬國明」，但是，就像錢鍾書講的，八尺大床

---

5. 已經有學者指出，北宋武人精英在地域上主要來自河東、河南和河北，禁軍高級將領幾乎無一例外出身於上述三個地域。這和同時期的文人精英主要來自四川、福建、江西等非北方地區的情況，恰恰形成顯著對比，因此他認為，中國社會到了 11 世紀，由傳統上北方閥閱世家在政治上獨攬文武權柄的局面，一變而為南北共治、文武分離（即代表北方三大軍事集團利益的宋皇室，與以南人為主的士大夫共治天下），11 世紀中國社會政治上的這一轉型，與同時期經濟文化重心南移這一歷史趨勢相適應。

變成了行軍床了，國力不行了，所以，無論南方還是北方，宋代都開始收縮。到了澶淵之盟簽訂之後，一個在民族上、疆域上、文化上和認同上都很清晰單一的漢族國家，逐漸形成了。

二、宋代「中國」：
帝國疆域的收縮與有限國家的肇始

什麼是「帝國」，什麼是「國家」？這個問題很複雜，去年歐立德（Mark C. Elliott）教授到復旦大學來，就講了「傳統中國作為帝國」，他分析了帝國概念和中國歷史，他認為只有清代算是帝國。至於這個說法對不對？我們先不管他，我們先回顧歷史。

我想簡單地說，中國作為一個在文化上有延續性，政治上大體上有同一性的帝國，其實兩千多年前就確立起來了，咱們常常說「秦皇漢武」，確實是在他們的時代，逐漸形成了一個中國。這就是《史記・秦始皇本紀》、《史記・貨殖列傳》裡面，「漢興海內為一」一句以下說的，西面是關中、巴蜀、天水，南面到番禺、儋耳，北面是龍門碣石、遼東、燕涿，東面是海岱、江浙。[6] 儘管此後的中古時期，中國也經歷戰亂與分裂，諸多民族交融雜糅，各族首領互相嬗代，但一直到隋唐，中國仍然保持著一個對東亞具有籠罩性，對域內各個種族有控制力的大帝國。

中古時期，作為一個帝國的中國，它的特點是什麼呢？我想有以下幾點。（1）儘管邊緣常常變動，但中央區域卻相對穩定，形成一個具有基本疆域的政治、民族與文化區域，也構成了一個歷史世界。（2）儘管

---

6. 《史記》，卷129，〈貨殖列傳〉，頁3261-3270。

有「征服王朝」或「異民族統治」時代（如南北朝、五代），異族文化不斷地疊加進入，漢族為主的文化也不斷地凝固劃界，以漢族文化為主幹的文化傳統始終在這裡延續，構成明確的文化認同與文化主流，因此它也是一個共同體。（3）無論哪一個王朝建立，它們都自認為「中國」，也把王朝的合法性納入中國傳統的觀念世界（如五行、如正朔、如服色），二十四史、通鑑、十通等等漢文史籍，也反過來在文化上強化了這種連續性的國家觀念。（4）傳統文化中自我中心想像的「天下觀念」與依靠禮儀衣冠維持的「倫理秩序」，也增強了中國君主、大臣、知識人、民眾心目中的「國家」意識。

為什麼我要說中國是一個大帝國？因為，你要看到，漢、唐之間的千年裡面，在一般觀念世界裡，不太有「外國」意識，也不太有「國際」秩序。疆域在逐漸擴大，民族也相當複雜。但是，這都是「中國」，儘管歷史上，周邊有匈奴、有鮮卑、有突厥、有吐蕃和沙陀，有種種可以抗衡這個帝國的異族力量，但總的來說，漢唐時代的觀念世界裡面，還不是真的有對等的「敵國」，更沒有若干個「外國」，它彷彿籠罩「天下」。[7]

可是到宋代，澶淵之盟以後，中國和他的鄰居的關係發生了重大變化，[8] 宋朝中國和唐朝中國大大不一樣。那個時代的中國人，愈來愈覺

---

7. 請看二十四史，要一直到蒙元時代撰寫的《宋史》裡面，才第一次既有《外國傳》若干卷，又有《蠻夷傳》若干卷，有了「外」與「內」的明確分別，具有類似現代的「國家」意識了，宋代周邊的強敵環伺，正如 Morris Rossabi 所編一部討論宋代國際關係的論文集的書名 *China Among Equals* 所顯示的那樣，在那個時代開始，「中國棋逢對手」（也有人翻譯為「勢均力敵國家中的中國」），也正如它的副題 *The Middle Kingdom and Its Neighbors, 10th-14th Centuries* 顯示的那樣，是這個時代，中國才意識到它存在於強大的鄰居中間。

8. 參看 Morris Rossabi 編 *China Among Equals: The Middle Kingdom and Its Neighbors, 10th-14th Centuries* (Berkeley: University of California Press, 1983).

得大帝國是無法維持的，多民族是無法控制的，北宋的晁以道就說，夷狄自有盛衰，未必與中國盛衰相當，你是你，我是我。北宋人特別愛檢討唐五代的歷史，因為唐是一個不可企及的楷模，楊聯陞講的「朝代間的比賽」，宋代雖然老要說唐代，但是心裡明白，不可能「盡復漢唐故地」，那只是陸游做夢的時候想像的，寫詩可以，真的一點兒可能都沒有。

所以宋代人就一再說，中國和夷狄，是兩回事，井水不犯河水，很自然，像范祖禹，就是幫著司馬光修《資治通鑑》的人，他自己寫了一本《唐鑑》，就說唐朝管得太寬，其實華夷之間「言語不通，嗜欲不同」，你「得其地不可居，得其民不可使」，何必呢？唐朝李世民好大喜功，「雲南只是隨口封了，欲其為一，非所以遺後嗣，安中國之道」，只不過是「崇虛名而受實弊」。比他更早，在澶淵之盟前兩年的咸平 5 年（1002），就有一個叫張知白的人給宋真宗上書說，雖然戎狄貪暴好殺，但也是「天地之一氣，與中國絕異」，這就開始承認夷狄，不打算融合他們了，他說，「京師為陽，而諸夏為陰，蓋取諸內外之義也」，有了內外之別，所以從宋代起，中國已經處在一個多國的國際環境中，自己開始收縮一個疆域有限、民族單一、認同明確的「中國」。

先說南方，傳說宋太祖曾經看地圖，拿起玉斧來比劃，說大渡河以南的雲南一片我統統不管了，所以，原本唐代還是中國的雲南南詔，到宋代就變成外國了。這個傳說有沒有根據？還是有的，宋代建立之初，對於雲南只是隨口封了一個王，辛怡顯《雲南至道錄》裡面引用官方冊封文書就說，讓雲南王（諾驅），「統轄大渡河南姚、巂州界，山前山後百蠻三十六鬼主」，把異族的麻煩就掃地出門了。而且，真宗還頒布詔令（1009），約束邊界上的軍民，不要越過大渡河去滋事，「下詔戒敕，

勿使相侵擾，又詔，邊臣不得輒入溪洞，邀功生事」。[9]

同樣在南方的南越，原本在宋太宗太平興國 5 年（980）的時候，就曾經藉交州丁氏內亂，派出侯仁寶等率軍，想把這塊地方收歸大宋，[10] 傳為王禹偁所撰的勸降書曾經用身體作為比喻，說中國四周的蠻夷就像人身上的四肢，雖然南越只是一個指頭，但是一旦有毛病，也很麻煩，中國應當化蠻夷為中華，所以不得不去平定，如果他聽從文明那麼就原諒他，如果他反抗就要討伐他。[11] 但是，隨著第二年（981）侯仁寶征伐交州失利，自己也兵敗被殺，[12] 南越的黎桓建立起前黎朝（980-1009），一面自稱「明乾應運神武昇平至仁廣孝皇帝」，一面派遣使者到大宋來通好，這時，忙於應付北邊契丹的宋太宗，也只好承認南越獨立，黎氏當國的事實。[13] 雖然後來黎氏王朝只有 30 年，被李公蘊推翻，但是南越獨立成為事實，到了宋孝宗隆興 2 年（1164），承認李天祚為安南國王，「安南」便成為這個國家的國名。[14]

再看北方，宋太宗曾經想打到幽州，收復漢唐故地，可是屢戰屢敗呀，所以只好算了。那時有一些人已經意識到這一點，所以，在「澶淵之盟」以前的咸平 2 年（999），就有一個叫朱台符的人說了，「北方之國，

---

9. 《續資治通鑑長編》，卷 72。
10. 《續資治通鑑長編》，卷 21，太平興國 5 年（980）記載，「時丁璉及其父（丁）部領皆死，璉弟睿尚幼，嗣稱節度行軍司馬，權領軍府事。大將黎桓專權，因而樹黨甚盛，漸不可制」，頁 474。
11. 此詔書載於《大越史記全書》（陳荊和校本，東京：東京大學東洋文化研究所，1986），頁 186-187。
12. 《續資治通鑑長編》，卷 22，頁 491。
13. 參看《宋史》，卷 247，〈外國四‧交趾〉，頁 14058-14062。後來，1009 年之後，又由李公蘊建立李朝，傳八代，「二百二十餘年而國亡」，被權臣陳承、陳守度扶持陳日煚（1218-1277）所取代，後建立了陳朝（1225-1400）。同上，頁 14072。
14. 黎崱，《安南志略》（北京：中華書局，1995），〈總序〉，頁 14-15。

五帝所不能臣，三王所不能致」，他承認蠻夷「真中國之雄敵也」，[15]建議乾脆和遼國恢復以前的盟約。

到了11世紀「澶淵之盟」以後，宋代人更加清楚，自己無法控制這麼大的疆域和這麼多的民族，所以乾脆算了。有個澶淵之盟的誓約管著，宋和遼可以很長時間相安無事。比如，大中祥符元年，宋真宗要去祭祀泰山，皇帝出動，要有六軍相隨，「恐契丹不察，妄生猜疑」就是怕遼國緊張，造成麻煩，就派了孫奭去通告，遼國就回書說，我們有誓約，沒有問題。[16]宋仁宗慶曆2年，富弼和符惟忠討論邊疆的問題，就說根據澶淵的誓約，「兩地不得相侵，緣邊各守疆界」，還說「誓書之外，一無所求，期在久要，弗違先志」，而遼國那邊也同樣尊重誓約條文，說兩國在景德元年有約定，「沿邊州軍，各守疆界，兩地人戶，不得交侵」。[17]只是不讓人民過多往來，也不允許中國的人、物、書籍隨便出境。[18]

有一則資料特別有意思。《宋會要輯稿》記載，皇祐4年（1052），宋仁宗下詔讓學士院討論北宋與大遼之間往來國書。一般來說，「國書」的措辭，應當代表的是國家意志。當時，遼國文書中自稱「北朝」，而把宋國稱為「南朝」，但是，宋朝的官員經過認真討論後，認為「自先帝（宋真宗）講和以來，國書有定式，不可輕許之。其後復有書，乃稱『契丹』如故」。這表明，當時在漢唐延續下來的這塊土地上，已經從「一個中國，各自表述」（即稱南朝、北朝），改成「一邊一國」（要求各

15.《全宋文》，卷206，第10冊，頁203。
16.《續資治通鑑長編》，卷69，頁1548。
17.《宋會要輯稿》（中華書局），196冊，〈蕃夷一〉，頁7699。
18.《全宋文》，卷221，第11冊，頁105；又可以參看《宋會要輯稿》兵二七之一〇。

自稱呼「大宋」和「大契丹」）了。[19]

這種新型的國際關係，從 11 世紀初的澶淵之盟（1004），到宋仁宗慶曆時代（1041-1048），大概四五十年間，在皇帝和大臣中間就逐漸成了共識。和唐代很不一樣，宋代人不能不承認，對面那個契丹很厲害，慶曆 3 年（1043）韓琦〈論備邊禦七事奏〉裡面就向皇帝說，「契丹宅大漠，跨遼東，據全燕，數十郡之雄，東服高麗，西臣元昊，自五代迄今，垂百餘年，與中原抗衡，日益昌熾」，特別是文化上面，它也漸漸進步，他說，契丹和漢代的匈奴、中古的鮮卑、唐代的突厥都不一樣，那個時候，「本以夷狄自處，與中國好尚之異也」。[20]

再看西方，「千里黃沙，本非華土」，說的是西夏就是今天寧夏甘肅一帶。[21] 宋代對於西邊兒，很早雖然有志打通，但很快也就放棄了。宋太宗至道 3 年（997），宋朝內部就有爭論，劉綜認為，靈州（今寧夏靈武）一帶是「咽喉要衝」，不能放棄，但是，李至則主張「螫手斷腕」，放棄靈州。宋真宗咸平 3 年（1000），有名的詩人楊億，也建議放棄靈武一帶，「存之有大害，棄之有大利」，還說，你不要老覺得，放棄土地這是喪權辱國，如果「必以失地為言，即幽薊八州、河湟五郡，所失多矣，何必此為？」。[22]

宋初的幾十年裡，北宋和西夏之間，戰戰和和，打打停停，一直到了慶曆 5 年（1045，正月 23 日），宋朝終於和西夏訂立了誓約，裡面還

19.《宋會要輯稿》（北京：中華書局影印本，1997），〈蕃夷二〉，頁 7700。李燾，《續資治通鑑長編》卷 58 在引用景德元年的誓書之後，也特意指出，誓書都不稱「南朝」、「北朝」。頁 1300。

20. 韓琦，《安陽集》（成都：巴蜀書社，2000），卷 39，〈論備邊禦七事奏〉，頁 1635。

21. 劉平，〈攻守策〉，《全宋文》，卷 188，第 9 冊，頁 240。

22. 趙汝愚編，《宋朝諸臣奏議》（上海：上海古籍出版社，1999），卷 130，頁 1440-1441。

是宋遼誓約裡面說的這些話，宋代官方還三令五申，「約束當職官吏，沿邊守把人等，各守疆界，不得擅入夏國地分侵掠，及不得收接投來人口，致別生事」。[23] 一直到宋神宗初年（1068），有一個叫种諤的武官想邀功，帶兵進入西夏邊界，動員橫山一帶的土豪帶著族人歸順大宋，結果宋朝的大臣像有名的鄭獬、劉述、楊繪，都紛紛批評這種惹是生非的舉動，說「中國以信義撫四夷，既約束邊臣無得生事，詔墨未乾，而奪其地，信義俱棄，其曲在我」，「有違誓詔，為國生事」，「失信于戎狄，生起邊事」。[24] 而司馬光、富弼等人也贊同這種意見。

所以，我認為，宋代中國已經在國際環境、領土邊界、貿易經濟、國民認同各個方面，有了初步的、類似近代的「國家」意識：

（1）遼、西夏、金、蒙古相繼存在，對等「敵國」的意識已經形成，《宋史》第一次區分《外國傳》和《蠻夷傳》，說明已經有一個內外分明的「國際」。

（2）有了「界」的觀念，各自「沿邊州軍，各守疆界，兩地人戶，不得交侵」，說明政治上有了明確的邊界意識和領土觀念。[25]

（3）「邊市」與「市舶司」現象的出現，說明經濟有了國家界限；

23.《宋大詔令集》，卷 214，〈賜陝西河東經略使司詔〉。

24. 鄭獬、劉述、楊繪，〈上神宗論种諤擅入西界〉，分別見於《宋朝諸臣奏議》卷 136 至137，頁 1530、1532、1533。

25. 比如宋神宗熙寧年間，沈括、韓縝等處理蔚州（河北蔚縣西南）、朔州（山西朔縣）、武州（河北宣化）、應州（山西應縣）一帶的宋遼劃界爭端，就是一例（參看陶晉生，《宋遼關係史研究》〔北京：中華書局，2008〕的第 7、第 8 章的討論）。蘇頌曾編《華戎魯衛信錄》一書，保存兩國交涉文書，沈括也曾根據文件和圖籍，考察宋遼邊界爭端。富弼就曾經提出，「一委邊臣，令其堅持久來圖籍疆界為據，使其盡力交相詰難」，也就是根據地圖和檔案，通過談判劃定邊界（見《續資治通鑑長編》卷 262）。所以，除了陶晉生之外，不少學者都同意，澶淵之盟劃定的國境，已經接近歐洲現代主權國家的邊界（boundary）了（參看古松崇志，〈契丹・宋間の澶淵体制における国境〉，載《史林》90：1〔2007.01〕）。

而圖書進出口的限制，說明文化也有了國家界限。

（4）宋代著名的「國是」觀念，以及對異族和異文化的拒絕，和對本土文化的強化，已經漸漸形成了近世的國家與認同。

正如張廣達先生比較「契丹」與「宋」的國家意識時所說的，「宋朝從此主動放棄了大渡河外的雲南，也告別了西域，西部邊界退到秦州（甘肅東南天水），西域開始穆斯林化，由此可見……趙匡胤追求的是鞏固自我劃定界限的王朝」。[26] 只要有基本的歷史知識，就知道，這個時代已經與過去不一樣了。

現代學術界，為什麼很多人相信「唐宋變革論」，強調唐代是傳統時代，而宋代是中國的近世？不僅內藤湖南、宮崎市定提出這一論斷，中國的傅斯年、陳寅恪、錢穆、傅樂成，也都有類似看法，宋代之所以成為「近世」，除了城市與市民的興起、貴族衰落與皇權專制、科舉、士紳、鄉里社會的形成，以及文學藝術的風格變化等等這些宋代新因素之外，「國家」本身也是所謂「近世」的一個標誌，所以，我會強調，宋代是「中國」意識形成的關鍵時代。

這一轉變相當重要，雖然傳統中國的華夷觀念和朝貢體制好像還在，但是實際上卻發生了很大的變化，（1）**在觀念上**，由實際的策略轉為想像的秩序，從真正制度上的居高臨下，變成想像世界中的自我安慰；（2）**在政治上**，過去那種傲慢的天朝大國態度，變成了實際的對等外交方略；（3）**在思想上**，士大夫知識階層關於天下、中國與四夷的觀念主流，也

---

26. 張廣達，〈從安史之亂到澶淵之盟〉，載黃寬重主編，《基調與變奏：七至二十世紀的中國》（臺北：政治大學歷史系，2008），頁18。西方80名學者共同編輯的《泰晤士世界歷史地圖集》（中譯本，北京：三聯書店，1982；英文本，*The Times Atlas of World History*, 1978, 1979）也說，「宋比唐的世界主義為少，對外部世界經常採取防範和猜疑的態度」，頁126。

從「溥天之下，莫非王土」的天下主義，轉化為自我想像的民族主義。

三、元、明、清：
從歷史看「中國」的三重困境

假如中國就這樣，順著這個路數轉變過來，可能現在中國就不是這個樣子了，前面一開始我說的那些麻煩的歷史問題和現實問題，可能就不太一樣了。可是，歷史學家雖然常常愛想「假如歷史怎樣怎樣」，但是，歷史學家卻最不能輕易地說「假如歷史怎樣怎樣」。以前，我的老朋友，復旦的周振鶴先生很早寫過一篇文章，題目就叫「假如齊國統一中國」，他想呀，如果不是西邊兒的秦國而是東邊兒的齊國最終掃平六國，混一天下，中國是不是會變個模樣呢？這可不好說。

我今天也是這樣，一開始我說，假如——我說的只是「假如」——宋代歷史一貫而下，沒有後來的蒙元、滿清的領土擴張，也許今天我們對於「民族」、「疆域」、「宗教」、「國家」、「認同」的緊張和焦慮，可能都不一樣了。但是，我們沒有辦法去設想這個「假如」，因為中國宋代以後的歷史，很有些詭異，它和歐洲不一樣呀。

宋代以後，這個漢民族的國家初具雛形之後，「中國」卻遭遇了巨大變化，這個巨大變化又帶來了更多麻煩，蒙元與滿清，兩次異族統治，造成跨越性的大帝國，中間的明代，又偏偏遇到大航海時代的西潮東來，這樣，從元到明，中國就被拖到一個更大的國際環境中，遭遇到極為特別的三重困境，這使得「中國」作為國家，一直到現在都無法解決「內」與「外」的承認與認同困境，而這些困境又構成現代中國的問題，我認為，這些問題甚至還會延續到未來。

那麼，究竟是哪三重困境呢？

第一重困境，是宋代以後，經歷了蒙元時代，周邊國家（包括日本、朝鮮、安南）陸續出現「自國中心」傾向。在中國不再有漢唐時代的文化吸引力與輻射力以後，它們至少在文化上不再願意依附於中國，也不甘心於在政治上承認南蠻北狄西戎東夷環繞「中國」的狀況。

比如日本。儘管從隋唐以來就已經有了與中國對等的自覺意識，[27] 但真正政治、經濟與文化上的全面「自國中心意識」，恐怕是從蒙元時代（1274，1281）蒙古、江南、高麗聯軍兩次攻打日本，遭遇所謂「神風」而失敗之後才開始的。[28]

蒙古一方面建立了橫跨歐亞的大帝國，把「中國」捲入「世界」，但是另一方面，它的統治和崩潰則刺激了各個民族和國家的獨立意識。研究日本史的原勝郎（京都大學教授）、研究中國史的內藤湖南（京都大學教授）認為，「蒙古襲來」或者叫「元寇」（文永之役、弘安之役）的這件事情很重要，因為從此日本便以「神國」自居，[29] 有意識地發展自

---

27. 《隋書‧東夷傳‧倭國傳》記載，當時日本國書曾寫「日出處天子致書日沒處天子無恙」。參看《日本書記》（日本古典文學大系，東京：岩波書店，1965、1987），卷22，〈推古天皇〉，頁189-191。

28. 元至元11年（1274，日本文永11年）、18年（1281，日本弘安4年），蒙元曾兩次入侵日本，均遭失敗。內藤湖南就曾經很強調蒙古襲來的刺激和足利義滿統一的意義，他認為，這是「日本文化獨立的契機」。一方面，蒙古統治中國，又來襲日本，大敗而歸，則導致日本自信「為神靈之國」、超越中國的想法，這是外在因素。另一方面，由於此時結束鎌倉幕府，進入南北朝時代，後宇多天皇、後醍醐天皇等南朝一系，主張宋學，試圖重建天皇統一政局，有改革思想（所謂建武新政），則是日本走向文化獨立的內在因素。參見內藤湖南著，儲元熙等譯，《日本文化史研究》（北京：商務印書館，1997），頁133-140；連清吉，《日本近代的文化史學家：內藤湖南》（臺北：學生書局，2004）。

29. 1339年，南方貴族出身的北畠親房（1293-1354）的《神皇正統記》，開篇就是「日本者，神國也」，其書對後世日本影響甚大。後來日本提倡古學的山鹿素行（1622-1685）《配所殘筆》中也說，「本朝為天照大神之御苗裔，自神代迄於今日，不違其正統」。

我文化，形成所謂日本型「華夷秩序」，並不服中國中心的「華夷秩序」。這一觀念在日本南北朝時代（1336-1392）一直延續，在南朝，由於後宇多天皇（1267-1324）、後醍醐天皇（1288-1339）通過復古以求革新，支持新禪宗和理學，北畠親房（1293-1354）撰寫了後世影響極大的《神皇正統記》，提升了日本的政治獨立意識和文化自覺意識，對於原本文化來源的中國漸漸不以為然，產生了分庭抗禮的心情。

明朝初年，懷良親王（1329-1383）給明太祖的信中就寫，「天下者，乃天下之天下，非一人之天下也」，你雖然很強大，但是「猶有不足之心，常起滅絕之意」，但是你如果來犯，那麼，我們兵來將擋，水來土掩，我們絕不會「跪塗而奉之」。日中之間，對等與對抗的意識已經很強了。[30] 儘管經歷了五六十年的南北朝之亂，但是進入室町時代（1338-1573）之後，足利義滿於 1392 年統一南北，在 15 世紀初年（建文 3 年，1401），正好是建文和永樂爭鬥的時候，曾經試圖放低姿態，以稱臣納貢的方式，進入大明的朝貢圈，但是，大多數時候，足利、豐臣、德川三個武家政權，都是不認同中國中心的朝貢體制的。[31]

再比如朝鮮。蒙元帝國曾經統治高麗，但是，正是在蒙元入侵的時候，高麗的民族認同意識卻開始興起，開始構造自己的歷史系譜和歷史象徵，日本有名的朝鮮史學者今西龍寫了一篇《檀君考》，就指出取代箕子的朝鮮始祖神檀君，原本並不是朝鮮民族全體的始祖神話，只是平壤一代

30.這封信雖然不見於《明實錄》，但收在明嚴從簡編《殊域周咨錄》（上海：上海古籍出版社影印續修四庫全書本）卷 3 中，應當可信。頁 509。

31.最明顯的是豐臣秀吉，他在給朝鮮的國書中曾經說到日本要稱霸東亞的想法，《續善鄰國寶記》中載其國書中有「人生于世，雖歷長生，古來不滿百年焉，鬱鬱久居此乎，不屑國家之隔山海之遠，一超直入大明國。易吾朝之風俗於四百餘州了，施帝都政化於億萬斯年者，在方寸中」。見《改定史籍集覽》（東京：日本史籍集覽研究會，1968），頁 117-118。

有關當地仙人王儉的傳說和那裡祭祀用的薩滿儀式，正是蒙元入侵的危機時候，為了鼓舞、動員、認同，才逐漸變成全民族的始祖神的。[32]

到蒙元解體之後，東亞各國陸續發生變化，李成桂建立的李朝取代高麗，雖然仍然留在大明朝貢圈裡面，顯然在文化上也有著愈來愈強的自立傾向。經過蒙元的統治時期，他們也愈來愈覺得，中國未必總是真理在握，也未必是文化正統，相反，他們覺得，自己的儒學更加純正，所以他們比中國還要嚴屬地推行「崇儒抑佛」政策，也通過國家力量推動社會上的道德倫理嚴屬化，像世宗16年（1434）以後官方頒布《三綱行實圖》，就影響深遠地推行著「忠（臣）孝（子）烈（女）」。

中國對朝鮮不是沒有警惕，明太祖在洪武25年（1392），曾經警告過朝鮮使臣不要搞獨立王國，說天無二日，民無二主，「日頭那裡起，那裡落，天下只是一個日頭，慢不得日頭」。但是，政治上的俯首承認，並不等於文化上的甘心稱臣，洪武26年（1393），李朝太祖就對左右說，明太祖以為自己「兵甲眾多，政刑嚴峻，遂有天下」，但是他「殺戮過當，元勳碩輔，多不保全」，反而總是來責備我們朝鮮，「誅求無厭」，現在又來加上罪名，要來打我，真像是在恐嚇小孩子。顯然對大明已經很反感了，只是考慮到大小懸殊，才不得不裝作臣服的樣子，所以別人問他怎麼辦的時候，他就說了一句「吾且卑辭謹事之耳」。[33] 實際上，李朝朝鮮不僅政治上自有立場，文化上逐漸也開始了自我中心主義的歷程，有趣的是，他們用來支撐文化自信的，恰恰是中國的朱子之學。

再看另一個周邊國家安南。從蒙元時代起就不認同蒙古王朝，無論

---

32. 今西龍，〈檀君考〉，載《青丘說叢》，卷1，1929；又，收入氏著《朝鮮古史の研究》（東京：國書刊行會，1970）。

33. 吳晗編，《李朝實錄中的中國史料》（北京：中華書局，1980），第1冊，頁115。

是宋代還是元代，都沒有真正征服過它，先是元憲宗蒙哥在宋理宗寶祐5年（1257），征服雲南之後，試圖從安南廣西夾攻南宋，派了兀良合台出征安南，可是失利，只好互相妥協，此後，在元世祖忽必烈的至元年間，陳朝又三次（1282，1284，1287）打敗了蒙元軍隊，到了元成宗時代（1294），只好互相商定，「三年一貢」，但是，實際上「其後難有聘使往來，而冊封之禮，終元不復行」（潘輝注語），安南國王陳日烜曾經自封「憲天體道大明光孝」皇帝，而且還有自己的年號，叫作「紹隆」，與元朝分庭抗禮。到了大明王朝，其實也是一樣，明朝承認他們「限山隔海，天造地設」，雖然永樂皇帝也曾經想把安南「郡縣化」（有點兒像改土歸流），但是並不成功，特別是1428年黎朝建立，再次打敗明朝軍隊，它的自國中心主義的傾向愈來愈厲害。

一般來說，一個民族和一個國家一旦統一，自我和自尊的意識就會很強。中國周邊的安南、朝鮮、日本逐漸形成了「自國意識」之後，便在政治上逐漸獨立，在文化上開始與中國分庭抗禮，這就出現了跟漢、唐、宋時代的「東亞」很不一樣的「國際格局」，這使得建立在「天下觀念」與「禮儀秩序」上的中國中心的國際秩序發生改變，也迫使中國逐漸接受這種變化的政治格局和文化版圖。——這是來自周邊的第一重挑戰，即蒙元時代以後，中國「周邊」發生了變化。

如果今天的中國仍然沉湎在過去那種「天朝」、「上國」、「朝貢」的想像和意識裡面，它很難處理與它周邊這些國家的關係，可能引起種種有關領土的衝突。

第二重困境，是明代中期西洋人東來之後形成的。1488年葡萄牙人迪亞士（Bartolomeu Dias，約 1450-1500）抵達好望角，1492年哥倫布（Christopher Columbus，1451-1506）在西班牙支持下發現美洲，1498年

葡萄牙人達伽馬（Vasco da Gama，1460-1524）到達印度，1521 年葡萄牙人麥哲倫（Ferdinand Magellan，1480-1521）環遊世界，到達菲律賓，揭開了大航海的大幕，也開始了早期全球化的時代。

在明武宗正德 11 年（1516）一個葡萄牙人別斯特羅（Rafael Perestrello）隨船來到中國，揭開西洋東進的序幕，[34] 大量傳教士來到東亞，帶來了天主教信仰和近代歐洲科學。大明帝國這個重新以漢族為中心建立起來的國家，從此被拖入了一個更大的世界秩序中，中國歷史也被整編進了全球歷史之中，中國文化也面臨著歐洲文明的挑戰。不僅僅是政治領域的「禮儀之爭」，或者信仰世界的「上帝之爭」，以及世俗生活中的拜祖宗問題的爭論，其實，對於「天」和「地」，對於「君」和「臣」，對於「道」和「器」、甚至對於「五行」和「四行（四大）」的理解，都成為不可調和的矛盾，所謂「天不變，道亦不變」，可是這個「天」一旦變了，「道」是不是要變呢？

這種「早期全球化」的歷史趨勢，在此後愈演愈烈，一直到晚清，西方人以「堅船利炮」打進來，簽訂各種不平等條約，這使得「天下」逐漸變為「國際」，以前跟中國沒有太多交集關係的、巨大的地理世界、歷史世界和文化世界出現了，那麼，到底誰的制度適應這個時代？誰的價值能夠支配這個世界？誰的秩序能夠統馭這個國際？「中體西用」還是「西體中用」？——這是中國面臨的第二重困境，那是來自另一個世界的文化和秩序的挑戰。

34.明武宗正德 11 年（1516）一個葡萄牙人 Rafael Perestrello 隨船來到中國，揭開西洋東進的序幕，鄭鶴聲先生的《中國近世史》（「民國叢書」第 4 編第 75 冊，上海書店出版社影印本）與《近世中西史日對照表‧自序》就把這個葡萄牙人到中國這一年，當作中國近世史的開端，說到「明季以還，海航大通，歐美文明，驟然東來，國際問題，因之叢生，所有活動，幾無不與世界各國發生關係」。

如果今天的中國始終固守朝貢體制的心態，總是覺得不願意在思想文化上接受「他者」，那麼，和新的世界秩序、新的價值觀念會發生衝突。

　　第三重困境，則是大清帝國版圖擴大而逐漸形成的內部問題，這是最最麻煩的事情。前面說到，宋代中國，已經逐漸收縮，但是中國歷史進程一波三折，蒙古人建立的大帝國，又把原來在中國中心區域逐漸形成的漢族國家改形移位了。蒙古在中國建立「元帝國」，也把原來宋代收縮的時候劃出去的地方，又收回來了，《元史‧地理志》就說到，「嶺北、遼陽與甘肅、四川、雲南、湖廣之邊，唐所謂羈縻之州，往往在是，今皆賦役之，比於內地」。

　　其中，最明顯的是雲南，宋代已經是「外國」的雲南，蒙元時代又成為中國。正如 1934-1936 年間，陶雲逵對雲南麼些族進行調查，他撰寫的〈關於麼些之名稱分佈與遷移〉就指出，「唐初迄宋末，雲南土族，在地方上握有實際政權，漢官實等於虛設，一切均是羈縻性質。至元世祖平滇，土族勢力始漸漸消滅。元於開闢雲南功績最大，沒有他這一陣狂風，雲南到現在是否屬於中國，實是個問題」。[35] 這話反過來說，就是在元代以後，當地土族勢力的消退，使得這個邊地與異族都納入了大中國。

　　可是，很多人都注意到，雖然雲南在明朝中國仍然留在中國版圖之內，但是明朝的疆域又回到了本土十五省（見《四夷圖》），那個時候的人承認，「酒泉」就是「中國絕域重地」，「嘉峪關外即非我所有」了。在這個主要是漢族的疆域中，族群與地區問題並不很突出。但是，到了清代就不一樣了：

35.陶雲逵，〈關於麼些之名稱分佈與遷移〉，《中央研究院歷史語言研究所集刊》7：1（1936），　　頁 126。

一，滿清入關之前，天命 9 年，後金降服蒙古科爾沁部，天聰 9 年（1635），滅蒙古察哈爾部，成立蒙古八旗；崇德 7 年（1642），又成立漢軍八旗，應該說，進關之前的後金，已經是滿、蒙、漢的混合帝國了。順治元年（1644）滿族入關建立大清王朝，康熙 22 年（1683）施琅為大將軍，收復澎湖、臺灣，清帝國占有了全部明朝版圖；「中國」由明代漢族為主的中國，變成了兼有整個蒙、滿、漢，遠遠超過明朝的大帝國。

二，康熙 27 年（1688），漠北的喀爾喀蒙古三部（土謝圖汗部、車臣汗部、札薩克汗部），由於準噶爾的入侵而歸降清朝。29 年（1690），康熙皇帝親征準噶爾。當時準噶爾占有西部（今新疆、西藏、青海、川南、甘肅西部、內蒙古西北部）。康熙 35 年（1696），打敗準噶爾，其領袖噶爾丹自殺。從此，整個內外蒙古、青海等地區歸入版圖。

三，最終，在乾隆 22 年（1757）進入伊犁，24 年（1759）清朝軍隊進入喀什噶爾（新疆喀什）和葉爾羌（新疆莎車），最終平定準噶爾及天山南路大小和卓爾，有了新疆（回部），中國更成為合滿、漢、蒙、回為一體的超級大帝國；有人就說，1759 年這一年就是中國版圖的最大化年頭。

四，從明朝開始到雍正時代基本實現的「改土歸流」，[36] 西南的苗、彝由原來的土司土官治理變成國家控制下的州、府、縣、廳，這時中國

---

36. 江應樑指出，改土歸流從洪武 21 年（1388）沐英征服越州的龍海、阿資，設越州衛開始，一直有改土歸流的舉措，清代順治 16 年（1659），元江改流，康熙 4 年（1665 年）霑化改流，同一年，革除教化、王弄、安南三個長官司，設立開化府，實際上到雍正年間仍然沒有完結，根據魏源《聖武記》的記載，雍正時代四川還有長官司（土司）26、貴州有長官司 62，廣西有長官司 3，雲南就更多了，有長官司 3、土府 4、土州 4 等等，參看江應樑，〈略論雲南土司制度〉，原載《學術研究》1963：5，後收入《江應樑民族研究論文集》（北京：民族出版社，1992）。

變成了滿、蒙、漢、回、苗諸族的共同帝國。

五，西藏地區由於宗教緣故，一直與蒙古關係密切，在元朝就是這樣了（如八思巴為帝師，創蒙古文字），明朝雖然並不能占有西藏，但宗教往來也很多，如宗喀巴由西寧入藏創黃教。近年來，卓鴻澤對明朝皇室中的藏密影響的研究，就很好地說明了這一點。清朝有滿洲、蒙古，後來又有回部，所以與西藏的關係就更密。那個時候，黃教統一了蒙古和西藏，但政治上，卻是蒙古統一了青海西藏，從順治到乾隆，冊封班禪（順治 4 年即 1647 年冊封班禪為金剛上師）、達賴（順治 9 年即 1652年達賴赴北京朝見，受冊封），雍正 6 年（1728），清朝在西藏設置「駐藏辦事大臣衙門」。為了班禪、達賴的觀見，清朝在承德建立藏密寺院（仿照扎布倫寺建外八廟）。到了乾隆 57 年（1792），打敗廓爾喀（尼泊爾）入侵，大清朝廷制定《藏內善後章程》，派福康安到西藏，確定金瓶掣籤制度，中國更成為「五族（滿蒙回藏漢）」或者「六族（滿蒙回藏漢苗）」的國家。

嘉慶 25 年（1820），清朝重修《一統志》，當時的大清帝國，已經包括了 27 個區域，除了原來所謂內地十八省之外，還包括盛京三將軍（盛京即奉天將軍、吉林〔初為寧古塔〕將軍、黑龍江將軍）、蒙、藏、準、回等，不再是原來意義上簡單的民族（漢）和國家（中國）重疊。[37]

---

37. 元代的傳統中國地區，分 11 行省，即陝西、四川、甘肅、雲南、湖廣、江西、江浙、河南、遼陽、嶺北、征東，而明代的漢族中國疆域則分為「15 省」，即兩京（京師、南京）以及 13 個布政使司（山東、河南、山西、陝西、四川、江西、湖廣、浙江、福建、廣東、廣西、雲南、貴州），因為元代叫作行省，所以，明代布政使司也可以稱「省」。到了清代中期，則將本部分為 18 省，即直隸、江蘇、山東、河南、山西、陝西、四川、江西、湖南、湖北、安徽、浙江、福建、廣東、廣西、雲南、貴州以及甘肅，此外，滿清發祥地則有盛京三將軍（盛京將軍治奉天，吉林將軍，原為寧古塔，黑龍江將軍）治理，以及被叫作「藩部」的蒙、回、準、藏等。

雖然一個東到庫頁島，西到新疆疏勒，北到烏梁海和外興安嶺，南至海南島這樣一個龐大帝國很值得自豪，[38] 可是，隨之產生的內部認同問題卻很嚴重，在清代後期，也曾經試圖改變原本的政策，強化統一國家，如1880年代新疆建省，1900年禁止滿洲移民東三省，1907年建立東三省，甚至探索過西藏是否可以建省，也曾派員巡視各省。光緒年間也提出要實行新政，建立「主權國家」，但是，龐大的統一國家、多元的民族文化和複雜的認同問題，卻同時延續下來。

1911年辛亥革命，帝制中國改為共和國制國家，雖然革命派像章太炎、孫中山、陳天華等等一開始提出「驅除韃虜，恢復中華」這種民族革命的口號來動員民眾，但是，這個原本以「排滿」恢復漢族政權開始的革命，最後卻因為誰也不能承擔「分割國土」的罪名，不得不妥協並接受保守派如梁啟超、康有為等關於國族的主張，承認清帝「遜位詔書」中希冀的「五族共和」。但是，接受了大清帝國遺產的中華民國以及中華人民共和國，也同樣繼承了大清帝國隱含的龐雜的族群與地區問題，即滿蒙漢回藏苗怎樣才能有一個國家的共識和文化的認同。——這構成了「中國」的第三重困境，即如何處理內部各個族群對於國家認同的困境。

如果中國始終不自覺地以漢族為中心，則無法處理內部的族群問題，更何況很多族群問題，既涉及宗教信仰，又涉及域外民族。

前些年，許倬雲先生在香港中文大學「余英時講座」上演講，後來出版了一本書，叫作《我者與他者——中國歷史上的內外分際》，非常

---

38. 蕭一山，《清代通史》（上海：華東師大出版社，2005）第2冊中，曾經列出大清帝國最盛期的「八至」：東北界到庫頁島，東界到朝鮮釜山，東南界到臺灣南部，南界到馬六甲海峽，西南界到尼泊爾不丹，西界到阿富汗，西北界到哈薩克錫爾、阿姆兩河，北界到烏梁海、額爾古納河、外興安嶺。

精彩也非常清晰，他說到，宋代已經是「列國體制下的中國」。不過，宋代以後的中國，這個「我」和「他」、「內」和「外」實在是很難區分，彼此糾纏，弄出很多很多的麻煩來。由於現代中國繼承的是蒙元以來逐漸變動的周邊關係、明代以來的國際環境，清朝最後達成的內部複雜的民族國家，所以，我在 2011 年出版的《宅茲中國》一書裡強調，「歷史上的『中國』是一個移動的『中國』」，如果中國仍然停留在天朝想像中，那麼，它仍將面臨內部、周邊、外部的三重複雜的歷史問題。[39]

就這個意義，「中國」是一個特別的「國家」，[40] 它又像傳統帝國，又像現代國家，歐洲的近代的「民族國家」概念，可能在中國並不太適用，而中國這個特殊的「國家」，它的現實困境，又需要從歷史中去理解。

四、左右為難： 怎麼理解「中國」的兩面性？

那麼，你怎麼理解這個「中國」？過去有幾種看法，很值得討論：

（1）早期一些日本學者，覺得「支那無國境」，「支那非國家」、認為中國應當回歸長城以南，成為一個單純的漢族國家。這些日本學者

---

39. 1895 年以後，中國被整編進世界、亞洲或者東亞的歷史裡面，你就不得不思考這些認同、疆域、族群等等問題，因為這些問題，原本好像並沒有「顯題化」，可是在 1895 年以後，這些問題都出來了，到了 2000 年以後，隨著中國政治、文化和經濟在國際環境中的變化，它就愈來愈不可迴避。

40. 多民族、多區域構成的國家，是否就一定是傳統帝國而不是現代國家？是否就一定要以聯邦制度而不能是統一政府？這是一個值得深入討論的問題。于逢春在《中國國民國家構築與國民統合之歷程——以 20 世紀上半葉東北邊疆民族國民教育為主》（黑龍江教育出版社，2006）指出，「『作為多民族國家的近代中國』，其存在的本身就是對歐美列強與日本『由單一民族構築國家』的論理挑戰」，「在今天，『多民族可構築近代國家』雖然是一般的常識，但在 20 世紀前半的世界卻不被認知」（頁 7）。

不再把「大清帝國」看成是一個「中國」，而是借用當時歐洲流行的「民族國家」新觀念，把過去所謂的「中國」解釋成不同的「王朝」，而這些王朝只是一些傳統帝國，而實際的「中國」只應該是漢族為主體，居住在長城以南、藏疆以東的一個國家，而中國周邊的各個民族，應當是文化、政治、民族都不同的共同體，所謂「滿（洲）、蒙（古）、回（疆）、（西）藏、（朝）鮮」，都只是中國之外的「周邊」。

這種學術觀念本來是可以討論的，但是，19世紀末20世紀初，它轉化為思想潮流和外交政策，使得日本文化界和政治界形成了「中國應當強化中央而放棄四裔，日本應當與西方列強爭奪中國周邊控制權」的想法，[41]也使得他們對滿洲、蒙古、回疆、西藏、朝鮮都產生了「有如國土」的感覺。第二次世界大戰之前的1923年，日本著名學者矢野仁一就認為，中國不能稱為所謂「民族國家」，滿、蒙、藏等原來就非中國領土。

（2）現代學界按照歐洲標準的「民族國家」樣式，傾向於把中國看成是一個文化共同體，即並沒有實質政治同一性的大帝國（有人說是「文明國家」）？這種說法在貶斥中國的時候，它與前一種觀念一樣，覺得中國始終沒有從「帝國」變成「國家」，換句話說就是沒有完成國家的現代轉化，但是在吹捧中國的時候，就會把它說成是越出普遍法則的「獨特道路」的基礎。季辛吉《論中國》（Henry Kissinger, *On China*）和英國人馬丁‧雅克《當中國統治世界》（Martin Jacques, *When China Rules the World*）就是這樣看的，而一些國內總是希望強調中國特殊性的學者也

---

41. 像福澤諭吉1898年發表的〈十四年前の支那分割論〉、中島端1912年發表的〈支那分割の運命〉，酒卷貞一郎1917年發表的〈支那分割論〉等等，都有類似看法。而內藤湖南在1914年發表的著名文章〈支那論〉中，雖然反駁這個說法，但也認為所謂「五族共和」的中國只是空想。

是這樣看的。因為一直以來，為了解釋中國的疆域和族群的包容性，很多學者都喜歡說，中國是「文化」高於「種族」，根據是什麼？就是孔子願意居住在九夷啦、夷狄和華夏可以互相轉化啦等等。

（3）按照後現代理論，「中國」是一個沒有同一性，只是一個依賴想像建構起來的共同體。後現代歷史學理論對於「現代性」的批判中，也包含了對近代以來現代民族國家正當性的質疑。特別是，自從「想像的共同體」理論問世以後，對於從現代的民族國家反觀歷史的質疑，深刻地揭示了歷史研究中對於「國家」的誤解，指出我們常常習慣於用現代國家來想像、理解和敘述古代國家。因為，歷史上的國家常常是流動的，空間有時大有時小，民族有時合有時分。

但是，後現代歷史學關於現代民族國家的思路與論據，一方面來自產生於殖民地經驗，[42] 如亞洲的印度、巴基斯坦、孟加拉、印度尼西亞等國家，如非洲的大湖區的部族與國家，另一方面來自歐洲的近代歷史，歐洲近代確實有民族和國家重構的普遍現象。可是，中國古代雖然也有分裂，但因為一有覆蓋更廣的「漢文化」，二是經歷了秦漢一統，習慣認同早期的「華夏」，三是中心和邊緣、「漢族」和「異族」有大小之差異，所以，政治、文化與傳統一直延續，所以既沒有所謂傳統「文藝的復興」，也不存在所謂「民族國家」的重建。所以，我們要反過來問，第一，歷史學家是否要考慮與歐洲歷史不同的中國歷史的特殊性？第二，

---

42. 如果把這種理論套用到中國來，就有問題了。杜贊奇（Prasenjit Duara）是印度裔美國學者，印度經歷過英國殖民，南亞被後來硬性劃分為孟加拉一塊、巴基斯坦一塊，喀什米爾地區，至今也搞不清歸屬，所以，印度經驗讓這些學者比較容易接受有關國家的後殖民理論，比如出生於印度的史碧瓦克（Gayatri C. Spivak），還有巴巴（Homi K. Bhabha）。他們站在自身感受、經驗和立場上，闡發後現代史學關於現代民族國家的思路和論據，有他們對的一面；在這種被撕裂的族群和國家的重建中，確實有按照西方的民族國家，重新建構歷史的現象。但是，這套理論不能拿來說中國，因為始終延續的中國，並不是在近代才重構的新的民族國家。

中國尤其是漢族文明的同一性、漢族生活空間與歷代王朝空間的一致性、漢族傳統的延續與對漢族政權的認同，是「偶然的」和「爭議的」嗎？第三，中國是一個在近代（西方的近代）才逐漸建立的民族國家嗎？

可是這些看法，都不是從歷史角度看的。如果從歷史角度來看中國，我們只能說，「中國」是一個特別的「國家」，一直到近代，也依然是這樣。以前，列文森（Joseph Levenson）在《儒教中國及其現代命運》（*Confucian China and Its Modern Fate*）裡曾說，近代中國是一個「從天下到萬國」的過程，也就是從朝貢體系的宗主漸漸轉變成現代國際的一國。但我覺得，更加應當補充的是，近代中國也是一個「納四裔入中華」的過程，從大清到民國，在維護「中華民族是一個」（傅斯年、顧頡剛語）的追求中，也把多民族帝國的傳統維持下來了。所以，作為一個現代國家，中國非常非常特殊。

這個問題，我將在下一講裡面仔細講，[43] 這裡就先忽略。我只是想強調的是，現在的這個中國，一方面是逐漸有限的「民族國家」，一方面又是無邊的「傳統帝國」，一方面用現代民族國家的統一制度和邊界，一方面又無法完全實現同一性國家的「認同」。所以，我在 2011 年出版的《宅茲中國》這本書裡說，中國「並非（像歐洲那樣）從帝國到民族國家，而是在無邊『帝國』的意識中有著有限『國家』的觀念，在有限的『國家』認知中保存了無邊『帝國』的想像，近代民族國家從傳統中央帝國中蛻變出來，近代民族國家依然殘存著傳統中央帝國意識」。而歐洲的近代的「民族國家」概念，可能在中國並不太適用，而中國這個特殊的「國家」，需要從歷史中去理解。如果不注意這一點，我們仍然

---

43. 指同為「丘鎮英學術講座」4 天後的第 2 場演講〈納「四裔」入「中華」〉。

無法理解以下三個問題：

首先是現在這個「中國」，為什麼到了它的現代，仍然既像一個現代國家，又像一個傳統帝國？

其次是當下中國為什麼仍然處於我所說的，周邊國家的離心傾向、現代西方大潮之衝擊，與內部不同族群與地區認同之「三重困境」之中？

再次是中國學術世界與思想世界，何以既追求國家轉型的現代意味，又特別強調國家的「多元一體」，特別不容易捨棄「漢化」或者「涵化」這樣描述中國的方法。

這一問題，我下一次演講的時候，會重點講，這裡就簡單地提一下。

正是由於現代中國繼承的是宋代以來逐漸變動的周邊關係、明代以來的國際環境，也繼承了清朝最後達成的內部複雜結構的國家，所以，我一直強調，「歷史上的『中國』是一個移動的『中國』」。可是，由於中國一方面積貧積弱，被欺負得夠嗆，但另一方面又曾經威加四海，歷史上也闊過，現實中大國的歷史記憶也沒有被打斷。換句話說，一方面淪為「東亞病夫」被人欺負，一方面又仍然停留在大一統天朝想像中。[44] 所以，它不僅面臨著內部、周邊、外部的三重複雜的歷史問題，而且在中國被逐漸拖入「近代」的時候，思想文化世界也出現了左右為難的現象：

---

44. 由於不是歐洲那種內發型的近代化，近代中國的「追求富強」本身，一開始就因為外在型而蘊含矛盾：一方面，歷來天朝的自負與一再失敗的創傷，使得中國人打量彼此時，始終從這一現實出發，既然失敗是由於貧弱造成，因此一定需要比對手更加富強，既然受辱是由於船炮不如，從而現代化一定要從武力提升開始。所以，中國的近代動員力量中，富國強兵的技術化追求趨向就相當濃烈，而所謂「進化」也常常是一種競技比賽似的生死較量。另一方面，師夷之長技以制夷，是在西洋東洋人逼迫出來的，因此現代化就始終從「制夷」的角度出發，民族與國家的情結始終在其中起著最大的作用，後來的所謂「救亡壓倒啟蒙」也是這一情結的產物。雖然梁啟超說，與歐洲國家主義不同，「中國人則自有文化以來，始終未嘗認國家為人類最高團體，其政治倫常以全人類為其對象，故目的在平天下，而國家不過與家族同為組成天下之一階段」（合集「專集」之50，9冊，頁2），但是實際上「天朝想像」仍然在「現代國家」外衣下滋生，並鼓動「國家意識」膨脹為「國家主義」，並且很容易撐破這件外衣。

第一是「現代」。近代中國一方面把西方現代國家的法律、民主、科學、技術看成是導致「富強」的，必然的和理想的途徑，覺得自己也應該迅速「現代」並從此走向「未來」，一方面又把西方列強席捲世界進入中國，看成是弱肉強食的野蠻行徑，也是導致中國積貧積弱的原因，覺得中國應當另闢蹊徑，拋開西方的現代之路，走出另一個新的現代。

事實上，強調所謂「多元現代性」，即表現了一種相當尷尬的兩難處境，一方面不得不承認從傳統向現代轉化的必然性，一方面努力要捍衛思想、文化和價值觀念上的自主性，並試圖用「多元」來尋找想像上的和理論上的自我解釋途徑。

第二是「國家」。近代中國一方面在觀念上接受西方現代以「民族」為「國家」基礎的論述，覺得建設現代型的民族國家，就是像西方一樣追尋「文明」，一方面又在感情上傾向於中國歷史上以「文化」為「國家」基礎的現實，覺得必須捍衛漢唐以來，特別是清代以來「光被四表」的、大一統的多民族大國。[45]

第三是「文化」。近代中國一方面傾向於把自己作為東方文化之巔峰，與西方相提並論，故「中西文化」或「東西文化」、「西體中用」或「中體西用」的說法成為習慣，一方面它又必須證明自己的文化是東方文化的代表，還要與日本（東方之西方）相競爭。[46]

這是近代以來中國思想世界中，最複雜、最無法調和的矛盾與衝突，而這些矛盾與衝突，都來源於近代中國仍然具有「國家」與「帝國」雙

---

45. 可以注意到的是，近十年來「大國」一詞在中國相當流行，無論在學界還是政界，都曾經有過「大國崛起」、「大國興衰」、「大國責任」等等研究和議論。而且「天下體系」也相當走紅，很多人都主張中國應當有一個取代西方國際秩序的「天下秩序」或「天下主義」。

46. 這一點，一方面可以觀察國內傳統文化、國學、儒學的熱潮，一方面可以看中國目前政府主導的「走出去」戰略，以及由漢辦（國家漢語國際推廣領導小組辦公室）和國新辦（國務院新聞辦公室）主持的外宣活動。

重性質，一方面，它的歷史悠久與傳統強大，可是另一方面，它在近代飽受欺侮和衝擊。這是一個既沒有經歷過徹底殖民的歷史，沒有喪失文化主體性的「（多）民族國家」。正是因為現代中國的國家很「特殊」，文化很特殊，所以用歐洲所謂傳統「帝國」或近代「民族國家」的定義，來簡單說明「中國」是有問題的，這既不符合中國的國家意識觀念和國家生成歷史，也不能理解現代中國有關疆域、民族和國家的種種現象。

五、不是結論，只是結語：走出困境的途徑何在？

　　回到開始的問題。正是因為中國既是一個現代國家，又是一個傳統帝國，它既要遵循民族國家的制度，按照國際條約進入世界，又要維持歷史的輝煌、廣大的疆域、眾多的民族，所以，它在「內部」、「周邊」和「國際」上都遇到了嚴重麻煩，在「現代」、「國家」和「文化」上都面臨著兩難處境，這些困境當然有它的歷史根源，這就是我上面講的從宋代以後逐漸形成的「中國」的三重困境。那麼，現在的中國，怎樣才能走出這種「認同」的困境？

　　前些時候，我在國外和國內就這個話題演講的時候，有人已經問過我這個問題，我不是思想家或者政治家，而只是一個歷史學者，當然無法對這樣龐大的問題給出最終「判決」。但是，這裡我也願意嘗試著提供我的思考：

　　第一，在各種「認同」中，需要承認，最重要的是制度的認同。一個可以執行的，給人們提供安全、幸福、尊嚴的制度是最重要的，改變現在的制度，讓它成為國民安全、幸福和尊嚴的保障，在某種程度上，

可以超越族群、宗教和文化的差異，引導中國走出「認同」困境。

第二，在現代思想世界中，理性「分化」相當重要。如果我們同意，（普遍的）文明和（特殊的）文化總是會互相衝突的，我們的理性能夠對「文明」和「文化」進行區分，那麼，我們可能不會對全球化、現代性和普世價值（這也是一種「文明」）有那麼強烈的排斥感，覺得那是西方文明在摧殘著中國文化。其實，問題只是如何在趨同的「文明」普及大趨勢中，讓存異的「文化」在各自的世界中還能保留完好。

第三，在面對現代國際秩序的時候，不要急於通過傳統的「天下體系」或「朝貢體系」，來取代這種近幾百年來業已成熟的秩序。要形成有限國家（其實是政府）的自覺意識，懂得與鄰居和家人平等相處，也要清晰地意識到（1）傳統「疆域」與現代「領土」、（2）傳統的四裔與現代的族群、（3）宗教信仰和政治意識形態、（4）國家與政府之間的本質區別。過去所謂的「韜光養晦」、「和平共處五項原則」、「談判和協商」的方法，不完全是策略，更是尊重現代國際關係原則，只有這樣，才能夠消除周邊諸國與內部族群的疑慮。

本文出處

本文修改自 2014 年 2 月 20 日香港中文大學「丘鎮英學術講座」演講。

延伸閱讀

1. 葛兆光，〈納「四裔」入「中華」〉，《思想》27（2014）。這是作者在香港中文大學「丘鎮英學術講座」的第 2 場演講（2014 年 2 月 24 日）。足供本文論點之延續與參照。
2. 葛兆光，《宅茲中國：重建有關「中國」的歷史論述》。臺北：聯經出版社，2011。
3. 葛兆光，《何為中國：疆域、民族、文化與歷史》。香港：香港牛津大學出版社，2014。

　　——本文原刊載於《數理人文》5（2015.07），頁 78-59。國立交通大學丘成桐中心授權使用。

一、中國「崛起」的困境

① 當代中國與內部、亞洲、世界，在政治、經濟、文化層面如何相處？其中，包含了五個關鍵字：民族、疆域、宗教、國家、認同。

② 現代中國如何形成？必須從近代歷史的脈絡，來了解中國面臨的困境。

二、宋代「中國」疆域的收縮與有限國家的肇始

① 澶淵之盟為關鍵分水嶺。

② 將胡、漢（宋與契丹）隔絕開來，過去中國內部的胡漢問題，轉換為外部的華和夷、我者和他者的問題。

③ 同時，宋代中國的疆域也受到限縮，形成一個在民族、疆域、文化、認同都很清楚、單一的漢族國家，為「中國」意識形成的關鍵年代。

三、元、明、清三代面臨的困境與挑戰

① 周邊國家（日本、朝鮮、越南）不再以中國為「華夷秩序」的中心。

② 16 世紀西方人的到來，中國開始面對來自另外一個「世界」挑戰，從過去的「天下」逐漸轉變為「國際」。

③ 清代疆域的擴張，讓原本屬於他者的雲南、新疆、西藏等地區，重新成為中國的一部分，產生內部各族群對國家認同的困境。

四、如何理解「中國」？

① **早期日本學者：**

透過歐洲「民族國家」的觀念來理解中國，認為「支那非國家」，而滿、蒙、回、藏、朝鮮是中國的周邊，並不屬於中國領土。

② **現代學界按歐洲「民族國家」的標準：**

中國始終沒有從傳統「帝國」轉換為現代「國家」。

③ **後現代理論：**

中國只是一個想像中的共同體。

④ 如果從歷史的脈絡理解中國，可以說中國「既是一個現代國家，又是一個傳統帝國」。

陳識仁

馬場公彥教授討論近代以來，中日間相互認識的曲折性，透過「支那」這個稱呼，將日本對「中國」的概念，如何因中日間政治優劣關係的逆轉，而在政治上與思想上發生「脈絡的轉換」。「支那」一詞的含意變化，可藉以觀察日本對中國概念與中國形象的變化。

江戶幕府於 1862 年派遣貿易船前往上海，以隨從身分同行的高杉晉作寫下了遊記，此後，日本有許多旅行者留下大量的清國見聞錄。當時多以王朝名稱，如「清」、「清國」、「清國人」來稱呼中國。甲午戰爭以後，日本人過去以中國為中心的天下世界帝國觀開始動搖，對中國文化的敬意也轉為蔑視。「チャンコロ（chankoro）」（清國人）、「チャンチャン（chanchan）坊主」（辮子禿驢）、「豚尾奴」、「毛唐人」等，成為形容中國人的常見字彙。

甲午戰爭後，開始混合使用「清國」、「支那」、「支那人」、「支那兵」、「唐人」；以「支那」稱呼中國，愈形普遍，它既不是政治概念的國家稱呼，也完全沒有對中國文化優越性的敬意。中國人被描寫為

「虛弱、怠惰、腐敗、前近代的固執，充滿負面屬性的野蠻國民」；在如此刻板印象之下，「支那」缺乏近代國家觀念，「支那人」是欠缺公德心、公共心的利己主義者。

甲午戰後，有一群改良派知識分子，他們對日本的尚武精神與國民的愛國心深感欽羨，感歎自己的同胞愛國心薄弱，不解國家天下局勢。此中代表人物之一的梁啟超，提倡以「中國」作為新的國號。

1911 年後，日本的官方與民間，仍稱中華民國為「支那共和國」，外交文件上則用「National republic of China」。孫文等人的二次革命失敗後，原本對中國革命交錯著期待與失望的日本人士，逐漸轉而認為革命在中國無法生根、中國無法形成近代統一國家的看法，並堅持日俄戰爭勝利後對滿洲的特殊權益，野心漸顯。

儘管推翻舊王朝、成立新中國、持續革命都是事實，但在日本，「中國」的國號就是無法生根，一般人仍堅持「支那」的稱呼，堅持「支那亡國論」、「支那不是個國家」的看法。京都帝大教授矢野仁一解釋「支那不是個國家」的歷史根據，認為「支那」沒有國界，是領受天命者支配的「天下」，是世界帝國（universal empire）、是文明（civilization）而不是「國家」（state）。所以，即使發生辛亥革命，民主共和的觀念仍無法生根、無法形成國家組織，也就沒有領土觀念，從而引申出滿洲、蒙古、西藏不是「支那」原本領土，必須放棄的主張。矢野仁一的看法，竟成為當時日本境內的主流論調。

第一次世界大戰結束後，日本提出對華廿一條要求，引發中國的排日運動與後續的五四運動，日本方面則因此出現「暴支膺懲」論（懲罰暴虐的中國）。1920 年代前半，在國內外局勢的發展影響下，日本改採對中國以協調與不干涉內政為主軸的幣原外交；但辛亥革命以來就已有

的論調，仍先入為主地認為「支那不是個國家」，再加上中國本身的諸多混亂現象，彷彿也為此判斷提供佐證。

1927 年，田中義一內閣對華政策走向與幣原政策相反，雙方衝突日益增多。九一八事變（滿洲事變）後，中國輿論全面倒向反日，徹底批判日本併吞中國的野心。中國民間開始稱日本人為「倭奴」、「海盜」、「東洋鬼」、「日本鬼子」等，既勾起元、明時期具有威脅感的歷史記憶，也有新式的蔑稱。1930 年代以降，中國為了了解敵情，出現大量高水準的日本研究與日本評論，都是長期在日本生活，熟悉日本文化與習慣的留學生所帶回中國的深刻認識與見解。這些研究雖然也有一部分被引進日本，但在「暴支膺懲」的主流論調下並未引起注意，結果忽視了中國高漲的抗日意識，誤解了中國邁向國家統一的革命事業的意義。

盧溝橋事件爆發後，原本中國在知日、親日、反日、抗日之間擺盪的各種思想，驟然一致往反日方向集結；之後不久的通州事件，再度引發日本「暴支膺懲」的主張高漲；在未正式宣戰的情況下，中日進入全面戰爭狀態。1941 年，太平洋戰爭將中國與亞洲的戰爭，拖入成為世界大戰的一部分，其結果，不論在國際戰局、國際輿論或國際政治，日本都敗給了中國。

1946 年，中華民國派遣代表團前往日本，以「命令」的方式通知日本外務省，要求今後不可再使用「支那」這一詞語。日本官方也向國內主要報章雜誌社下達〈有關避免支那的稱呼〉之公告，「支那」遂成為日語文中的「死語」。

◆ 108 課綱相關條目對照說明

　　馬場教授的文章對應「傳統政治權威的類型」（條目 Ga-V-1），近代中國與東亞世界的關係變化，特別是周邊國家的日本如何看待中國。

延伸閱讀

1. 宋念申，〈亞洲反題〉，《發現東亞：現代東亞如何成形？全球視野下的關鍵大歷史》（臺北：聯經出版公司，2019）。
   本文對應「傳統政治權威的類型」（條目 Ga-V-1）。
2. 王健文，〈帝國秩序與族群想像：帝制中國初期的華夏意識〉，《新史學》16：4（2005.12），頁 195-220。
   本文對應「傳統政治權威的類型」（條目 Ga-V-1）。
3. 范永聰，〈元代中韓關係的發展〉，收入同氏著，《事大與保國：元明之際的中韓關係》（香港：香港教育圖書公司，2009），頁 7-83。
   本文對應「傳統政治權威的類型」（條目 Ga-V-1）。

近代日本對中國認識中
脈絡的轉換：
從「支那」這個稱呼談起

馬場公彥著*

林暉鈞譯

一、序言：
華夷秩序優劣意識的逆轉

　　東亞的近代，[1] 人類文明以及世界帝國的中心，從過去的中國轉移到西洋；這是一個劃時代的區隔。在近代以前，東亞世界的中心在中國；以中華帝國為核心的中華與夷狄之間的華夷關係為基礎，決定了文化上的優劣關係。政治上透過冊封體制，決定了支配與從屬的關係；經濟上則透過朝貢貿易體制，規制財富的分配與往來的關係。相對於文明中心的「中國」，文化上居於劣勢的低等人所居住的四周，分別被稱為「北狄」、「東夷」、「西戎」、「南蠻」；在這些邊境的野蠻人之間，養

---

* 北京大學外國語學院日語系外籍教師。研究領域為東亞研究、中日關係研究、媒體研究。
1. modern era, modern period 日文譯為「近代」，臺灣的中文則有「現代」、「近代」兩種譯法。本文一律譯為「近代」。

成了仰慕中華的心理。即使在近代以後，這種根源於文化優劣意識的地理概念，仍然延續；分布在中國大陸外延的海洋世界，被區分為「東洋」、「南洋」、「西洋」等稱呼。

後來日本迎接明治維新、開始學習西洋文明，在「和魂洋才」、「脫亞入歐」的精神之下，試圖脫離中華文明。那麼，過去居於文化優位、受到仰慕的巨大的異邦──「中國」這個概念的思想意涵，產生了什麼樣的變化？

根據黃俊傑的看法，從中國傳統經典中可以看出，「中國」這個概念包含了地理、政治與文化的三種意義；「文化的中國」與「政治的中國」融合，形成了中國的「自我形象」。日本人在將這樣的「中國」的概念，移入本國文化脈絡之中的時候，「政治的自我」與「文化的自我」產生摩擦、糾葛與分裂，於是將作為原意的「中國」概念，根據本國的脈絡重新解釋，在「去脈絡化」的同時，選擇性地接受，進行了所謂的「脈絡的轉換」。[2]

筆者以時代變遷中（從近代直至今日）中日間相互認識的迴路作為大主題，把重心放在日本人對中國的認識之側面，持續進行研究迄今。[3] 本

---

2. 黃俊傑著，工藤卓司譯，〈経典解釈における「コンテクスト的転換」──中日儒家思想史の視野から〉，《德川日本の論語解釈》（東京：ぺりかん社，2014），頁 66-77；藤井倫明譯，〈中国儒家経典に見られる「中国」概念の意義と変容──近世日本及び現代台湾において〉，《東アジア思想交流史──中国・日本・台湾を中心として》（東京：岩波書店，2013），頁 136-142。

3. 馬場公彦，《戦後日本人の中国像──日本敗戦から文化大革命・日中復交まで》（東京：新曜社，2010）；〈辛亥革命を同時代の日本人はどう見たか──日本で発行された雑誌を通して〉，《アジア遊学》148 号（東京：勉誠出版，2011）；《現代日本人の中国像──日中国交正常化から天安門事件・天皇訪中まで》（東京：新曜社，2014）；〈競存する日中関係　交錯するまなざし・試論── 120 年に渉る民間交流を通してみに相互認識の形成過程〉，楊海英編，《交感するアジアと日本》（静岡大学人文社会科学部・アジア研究別冊 3，2015）。

報告以此大主題為根本，並且將過去到現在的「中國」概念——因為近代以降中日間政治優劣關係的逆轉——如何在政治上與思想上發生「脈絡的轉換」，設定為次主題。著者將回溯「支那」這個稱呼——如今因為被視為對中國的蔑稱、引起中國人屈辱感，受到避諱、形同死語——的發生（獎勵）、浸透（普及）、抑止（禁止）之過程，作為探求「中國」概念認識框架的線索，並且援引同時代的文獻作為例子，探究中國概念與中國形象的變化。

此外，關於「支那」這個稱呼，雖然它的使用受到避諱，也有些日本人的立場認為它的使用沒有任何問題。這種立場的根據，大致上可以整理成下列四種理由：

第 1 種解釋認為，日本從鎌倉室町以來，就一直使用「支那」這個稱呼。它來自古代印度語，西洋也使用 China 這個稱謂，這裡面沒有任何惡意。[4]

第 2 種解釋認為，「中國」是中國對自己的稱呼，「支那」則是外國人對中國的稱呼。[5]

第 3 種解釋認為，「支那」與「中國」是同義語。因為原本是普通名詞的「中國」在近代變成專有名詞，雖然稱為「中國」也沒有關係，但是在日本，「中華民國」很容易被當作普通名詞；所以，繼續使用歷史上慣用的「支那」也沒有關係。[6]

第 4 種解釋認為，在中華民國成立以前，並沒有「中國」這個名稱，

4. 青木正兒，〈『支那』という名称について〉，《朝日新聞》，1952 年 12 月 17 日。
5. 榎一雄，〈『支那』と呼んでも失礼とは思いません〉，《朝日ジャーナル》，1979 年 11 月 16 日号。
6. 実藤惠秀著、張銘三譯，〈支那＝中国〉，《日本研究》3：5（1944.11）。

也沒有「中國」這個國家概念，所以除了使用與英語 China 相當的「支那」，沒有別的辦法。[7]

　　雖然筆者認為，上述的這些解釋各自有其歷史的適當性，但不論當時或現在，中國人對「支那」、「支那人」這些稱呼的嫌惡感，也是有它歷史上的依據，所以筆者採取了不使用這些稱呼的立場。不過，本稿主要的著眼點，並不在於日本人主張「支那」稱呼的正當性、或是中國人的避諱感，重新檢討其歷史的經緯；本稿的著眼點在於檢證過去日本社會中「支那」稱謂的固定，同時期中國社會中、「中國」這個自稱的確立，因此所產生的日本人對「中國」概念的他者形象，以及中國人的自我形象之間的異同；兩者的相互認識之間，所產生的摩擦與斷裂。

二、甲午戰爭：
從「清國」到「支那」

　　文久 2 年（1862 年），江戶幕府開國之後，派遣貿易船「千歲丸」前往上海。當時以隨從身分同行的高杉晉作，寫下了手記《遊清五錄》（不過正式發行是 1916 年）。這是日本人直接與中國、或是中國人接觸的經驗，現在能確認的、最早的完整紀錄。[8] 在那之後，明治維新以降，日本有許多旅行者到清國旅遊、滯留，以「遊記」的形態整理、記錄他們的見聞。最早期的代表作，是仙台藩出身的漢學家岡千仞，於 1884 年以將近一年的時間在中國各地遊歷，以漢文撰寫的遊記《觀光

---

7. 岡田英弘，〈シナから中国へ——シナに見る「国家」の変遷〉，《シナ（チャイナ）とは何か　岡田英弘著作集　第 4 巻》（東京：藤原書店，2014），頁 116。
8. 《遊清五錄》收錄在《日本近代思想大系 1　開國》一書中，由校注者田中彰加以解題並解說。

紀游》。[9]當時日本以王朝的名稱，稱呼鄰國中國為「清」、「清國」，稱呼當地人為「清國人」。

高杉晉作眼中的清國社會，在鴉片戰爭之後，遭到西洋列強所迫強制開港，並且在不平等條約之下，經濟上呈現虛脫衰弱的狀態；再加上其後的太平天國之亂，導致治安惡化與社會的不安定。甲午戰爭中，日本擊垮清國寄予厚望的海軍艦隊，獲得高額的賠償金以及海外領土，對內、對外都誇示其對朝鮮支配的優越性。對甲午戰爭之後的日本人而言，以中國為中心的天下世界帝國觀開始動搖，從前對中國在文化上的敬意，轉變成為蔑視；除了為了克服與西洋列強之間不平等條約而提出的「對清提攜論」（與清朝結盟的主張），中國與中國人被視為「東亞病夫」，日本人的侮蔑意識變得強烈而明顯。〈長門節〉是甲午戰爭時期一首廣為人知的、流行的狂歌（諧謔、滑稽的通俗短歌）：

從鴻之台眺望四周景色

悲風慘澹雲漠漠

哨兵散置之後

吾妻艦從品川出發

對辮子禿驢（清）的積恨難消

西鄉隆盛之死乃清之過

大久保利通遭弒殺亦清之罪

日本男兒在槍尖掛上刺刀

簡簡單單就打倒支那人

---

9. 《観光紀游》的一部分譯成日文，收錄在村田雄二郎所編，《新編原典中国近代思想史　第2巻　万国公法の時代》一書（東京：岩波書店，2010），頁213-220。

再走一里半就是北京

愉快啊愉快

殺敵不止歇[10]

　　以甲午戰爭為契機，描寫戰爭的彩色版畫（浮世繪）也大量生產、流通，遺留下來的許多作品，以對比的方式描繪勇猛果敢的日本兵與怯懦敗走的中國兵。中國人在這裡被稱為「チャンコロ（chankoro）」（清國人）、「チャンチャン（chanchan）坊主」（辮子禿驢）、「豚尾奴」、「毛唐人」等等。[11]

　　甲午戰爭之後，有許多日本人親身造訪中國大陸。最早的時候，由於人文地理、軍事戰略的需要，由密探、軍人、探險家整理集結成報告書〈兵要地誌〉。〈兵要地誌〉是現地調查的成果，後來孕育出以社會科學的方法分析各種統計資料的〈支那事情調查〉與〈現代支那研究〉。[12]

　　另一方面，最早以甲午戰爭為題材的小說，是泉鏡花的〈海城發電〉（1896 年）。在這裡面混合使用了「清國」、「支那」、「支那人」、「支那兵」、「唐人」等等，作為指稱中國或中國人的用語。文人中最早的中國旅行記，要算是夏目漱石的〈滿韓見聞錄〉（滿韓ところどころ，1909 年）；〈少爺〉（1906 年）中也曾出現這樣的用例：「日清談判なら貴樣はちゃんちゃんだろう」（如果是日清談判的話，你這傢伙大概

10.《別天地》（東京：集文館，1892）（從国立国会図書館所蔵近代デジタルライブラリ下載），頁 77。

11. 姜德相編著，《カラー版　錦絵の中の朝鮮と中国――幕末・明治の日本人のまなざし》（東京：岩波書店，2007），頁 53-73。

12. 西村成雄，〈日中戦争前夜の中国分析――「再認識論」と「統一化論争」〉，收入《岩波講座　「帝国」日本の学知　第 3 巻　東洋学の磁場》（東京：岩波書店，2006），頁 294。

會是個支那仔吧）。1898 年創刊、具有高度學術性的外交時勢評論雜誌《外交時報》中，創刊以後用來指稱中國的用語，在清朝瓦解以前混合使用「支那帝國」、「清國」、「支那」，清朝瓦解後則統一為「支那」，只有在引用中華民國方面的文書時，會使用「中華民國」或「中國」。因為即使對中國人來說，原本並沒有「中國」這個自稱的國號，一直到辛亥革命、中華民國成立之前，那些不喜歡稱呼「清國」、「大清國」的革命派，或是在那些曾經留學日本、在日本視察旅行，熟悉日本語的中國人之間，也經常使用「支那」的稱呼。舉例來說，1901 年的時候，孫文就曾經在日本發行的《東邦協會會報》第 82 期，以〈支那の保全・分割についてあわせ論ず〉（綜論支那的保全與分割）為題，發表論文。

接著夏目漱石之後，有作家芥川龍之介的〈上海遊記〉（1921 年）〈長江遊記〉（1924 年），村松梢風的〈魔都〉（1924 年），谷崎潤一郎的〈上海見聞錄〉（1926 年）等等，還有岸田龍生、三岸好太郎等美術家，陸陸續續都發表了旅行見聞錄。在過去只能透過漢文的典籍知曉的中國的遺跡、美術、建築、生活習俗等等，現在得以親身見聞，其中新鮮的感動或是不舒服的感覺，透過近代文學藝術觀的觀點，表現為「支那趣味」、「支那風物」的魅力。

服部宇之吉、宇野哲人、諸橋轍次、吉川幸次郎等漢學家，以及內藤湖南、市村瓚次郎、桑原隲藏、濱田耕作等史學家，參照現實上的中國，檢證經書中記錄的中國思想以及史書中記載的中國史學，並且透過語言學、文獻學、考古學等近代學術，重新予以解釋，組織成近代方式的「支那學」。[13] 井上紅梅、後藤朝太郎等「支那通」，融合了「支那趣味」與「支那學」，撰寫了許多「支那論」。這些由「支那通」撰寫的「支那論」，後來成為 1920 年代以降大為流行的「支那國民性論」的雛型。

這裡所說的「支那」，是傳統上使用成習慣的、外人的稱呼法，並非源自政治概念的國家的稱呼。當然，這裡面並沒有「中華」意識——作為世界帝國的中心——的影響，也沒有對其文化優越性的敬意。因為在甲午戰爭中的勝利，日本脫離了中華帝國周邊位置的文化圈，反而把中國排除在中心之外。身處於去中心化之後的中國，中國人被描寫為——借用イム・ジヒョン的說法——「虛弱、怠惰、腐敗、前近代的固執，充滿負面屬性的野蠻國民」。[14] 在這個負面形象的根底裡，是對中國與中國人的刻板印象——「支那」缺乏近代國家觀念，「支那人」則是欠缺公德心、公共心的利己主義者。

三、對日本的羨慕與反彈

鴉片戰爭之後，李鴻章等洋務派比日本更早開始向西洋學習，實踐近代化；但是李鴻章率領的北洋艦隊卻被日本海軍擊退，洋務運動也因此受到挫敗，取而代之的是意圖學習日本明治維新經驗的變法維新派。甲午戰爭結束後的 1896 年，清國派遣了第一批留學生前往日本，開始了中日之間人員的直接交流。1906 年，留學生的人數大約有 8000 名，到了1939 年留日學生的累計總數，至少有 5 萬人以上。同時期日本派往清國的教員（「教習」）人數，也達到 5、6 百人。[15]

甲午戰爭之後，中日之間文化優劣的形勢逆轉。中國為了攝取歐美

13. 桑兵，《国学與漢学：近代中国学界交往録》（杭州：浙江人民出版社，1999），頁 201-222、250-276。
14. イム・ジヒョン著、小山哲譯，〈国民史の布石としての世界史〉，《思想》1091 号（2015 年 3 月号），頁 17。
15. 実藤惠秀，《中国人　日本留学史》（東京：くろしお出版，1960），頁 59-60、520。

的學術文化（「西學」），清國派遣學生到日本留學，翻譯日本語文獻，日本也派遣日本人教員前往中國教學；透過這些措施，試圖學習日本得自歐美所建立起來的近代學問（「東學」），打開了「知識流通的迴路」。日本成為「亞洲知識的匯聚點」。[16]

　　東京都立圖書館收藏了実藤惠秀在戰爭期間，從中國帶回的中國書籍典藏，其中包含為數眾多的〈東遊日記〉之類的書籍。其中的大半是甲午戰爭後、清朝晚期，中國的官僚前往日本的教育機構、行政機關、軍事設施等等視察，回到朝廷之後的報告集。所有的視察報告都採取日記的體裁，對於交通與住宿，訪問地的會談等等，都做了詳細的記錄；對於日本的地理、風土、財政、物產、產業、軍備、風俗等等忠實地報告，是貫徹官僚精神，卻乾燥無味的記述。

　　另外還有一群人，和清國派遣的外交官僚或使節不同，是以政治流亡者的身分滯留日本的改良派知識分子。他們對於日本推翻舊幕府、樹立新國家，日俄戰爭中把為國而戰視為名譽的尚武精神，以及國民普遍愛國心的表現，表示欽羨的心情。比方梁啟超這樣的知識分子，或是秋瑾一樣的革命家，都是如此。

　　梁啟超感念故國，在西洋列強的「瓜分」之下面臨亡國的危機，於是在〈積弱溯源理論〉一文中，感歎自己的同胞愛國心薄弱，不了解國家與天下、國家與朝廷、國家與國民的區別。為了「救亡圖存」，他撰寫〈中國史敘論〉，提倡以「中國」作為新的國號。在那之前，他和日本人一樣，也稱呼自己的國家為「支那」。

---

16. 山室信一，《思想課題としてのアジア——基軸・連鎖・投企》（東京：岩波書店，2001），頁249、261、284。

吾人所最慚愧者，莫如我國無國名之一事。尋常通稱，或曰諸夏，或曰漢人，或曰唐人，皆朝名也。外人所稱，或曰震旦，或曰支那，皆非我所自命之名也。以夏漢唐等名吾史，則戾尊重國民之宗旨。以震旦支那等名吾史，則失名從主人之公理。曰中國、曰中華，又未免自尊自大，貽譏旁觀。雖然、以一姓之朝代而污我國民不可也。以外人之假定而誣我國民，猶之不可也。於三者俱失之中，萬無得已，仍用吾人口頭所習慣者，稱之曰中國史。雖稍驕泰，然民族之各自尊其國，今世界之通義耳。我同胞苟深察名實，亦未始非喚起精神之一法門也。[17]

這裡所說的「中國」，並不是外國人所使用的稱呼，也不是一個王朝的名字，而是將原本「地理的中央」（和周邊地區、民族區別）這樣一個普通名詞，用來自我稱呼。

另一方面，甲午戰爭時期出現了稱日本為「倭」、稱日本人為「倭奴」的文獻。甲午戰爭開戰前，湖南省出身的軍事家李嶽衡撰寫《策倭要略》一書向政府獻策，於光緒20年（1894）出版。書中由劉鳳苞執筆的序文，對於地處中國周邊、居於文化劣勢的日本，對抗中國並且急速提高地位的倨傲，表示輕侮；對於因模仿西洋文化而快速成長的日本，充分顯露出蔑視的感情。

扶桑日出之鄉，近在東洋，與赤縣神州同屬於亞細亞洲境內，聲明文物被以華風不得，視為王靈所不及，而自外生成也。倭自唐宋以

---

17. 村田雄二郎責任編集，《新編　原典中国近代思想史3　民族と国家）（東京：岩波書店，2010），頁269。

前時有貢獻，迄不願為中國外藩，自元明尤獷悍難馴，據海島屢抗王師，卒未受重創以去，故至今夜郎自大，浸以吞噬琉球朝鮮，而不知一島孤懸，欲負固恃強以與中國全力相抗。[18]

　　清國留日學生的社群，在 1903 年大坂舉行的國內勸業博覽會，人類館的「支那人」展區中，目睹了自家民族受到歧視的情形，大為震驚。尤其這侮辱來自過去學問與技藝的學生、原本應該居於劣勢卻後來居上的「倭人」，屈辱感更加深一層，演變成為憤慨。[19] 再加上 1905 年日俄戰爭勝利後，日本不但殖民朝鮮，更主張自己對「滿洲」的特殊權益，加強了中國人對日本帝國擴張的警戒心。日本戰勝俄國不久，孫文、黃興、宋教仁等在東京成立中國同盟會，害怕革命機運高漲的清國政府遂委託日本政府，由文部省制定滯留日本清國留學生的取締規則，對留學生進行盤查與財物檢查，使留日學生感到屈辱。清國留學生之間，為了抗議日本政府，發生了陳天華的投水自盡，還有 200 名留學生集體歸國的示威行為。

四、辛亥革命：
「『支那』非國家」論的普及

　　在康有為、梁啟超等改良派知識分子眼中的明治維新，是立憲君主政治的模範；他們以在清朝皇帝統治體制的框架內實現明治維新為目標，

18.《東遊日記》，收錄於《實藤文庫 32》（東京：東京都立中央圖書館藏）。
19. 嚴安生，《日本留学精神史──近代中国知識人の軌跡》（東京：岩波書店，1991），頁 99-105。

企圖進行改革。相對地，孫文、黃興等留學或滯留日本的知識分子則組成中國同盟會，革命的氣勢高揚。對這些革命派來說，日本明治維新的要點在於推翻幕府，以及成功地樹立明治新政府；他們以明治維新為先驅，意圖推翻清朝、建立新的國家。他們主張，日本維持和清朝的外交關係，是沒有益處的事情。1911年，在武漢發生革命，翌年宣統皇帝退位，清朝瓦解，誕生了以「中華民國」為國號的新國家。

中國史上第一遭，過去以「天下」為世界觀的世界帝國——中國，有了確定的國界，建立了沒有皇帝、以國民為主體的國民國家。然而當時日本的官方以及民間，並沒有從過去「支那」的稱呼，改成中華民國的簡稱「中國」，依然使用「支那」、「支那人」的稱謂。除了引用中華民國自稱的國號以外，稱呼中國為「支那共和國」，外交文件上則使用「National republic of China」。[20]

同時代的日本，年號從明治改換為大正；大正民主的氣勢，與打破殘存藩閥政治、建立政黨制的氣勢交織在一起。有一些知識分子或警世家（白鳥庫吉、竹越與三郎等人）把辛亥革命類比為同時期土耳其打倒帝國、建立憲政國家的軍事革命；他們認為辛亥革命不像明治維新型的立憲君主政，而是以立憲共和為目標的、具有近代意義的革命，給予高度的評價。甚至也有到中國現地，直接參加革命的論客與志士（北一輝、宮崎滔天等人）。另一方面，也有人認為辛亥革命只不過是傳統禪讓、討伐、放逐型的王朝交替劇，預測它只會是滿漢支配階層的更替，新的皇帝將行使獨裁的權力（福本日南、浮田和民等人）。此外，對應於革命之後蒙古獨立、英法德俄對中國進行領土分割的外在情勢，日本堅持

20.劉家鑫，〈日語中「支那」一詞蔑視中國之意的歷史成因〉，《天津外国語学院学報》2002：2。

日俄戰爭勝利所得到的、對滿洲的特殊權益，其野心逐漸顯露。

1913 年 3 月，宋教仁遭到暗殺，革命派企劃第二次革命失敗，孫文、黃興等主要革命派人士紛紛流亡日本。雖然在接受他們的日本人之間，對革命派前仆後繼、不畏失敗的精神感到同情與共鳴，但是許多人對政情趨勢的判斷是「革命已胎死腹中」，輿論充滿了「畸形革命」、「妥協革命」、「彌縫革命」等等，對革命否定性的看法。伴隨而來的是領土野心的抬頭，積極介入論、滿蒙進出論、領土分割論等主張益發強勢。

日本人注視著鄰國發生的革命之進行。對於中國革命的前途，交錯著期待與失望。然而，革命的企圖一再失敗，暴露出政治的混亂、財政的匱乏以及兵士的衰弱，認為革命在中國終究無法生根、中國無法形成近代的統一國家的看法，遂成為輿論的主流。

儘管推翻王朝、建立共和國、革命的進行都是歷史的事實，中國人自稱「中國」的國號卻一直無法生根，一般人仍固執於「支那」的稱呼。其背景，就是漢學家與中國史學者鼓吹的，中國原本就沒有近代國民國家的國家觀念，只有傳統的天下世界觀。這種傳統思想的根底——「支那通」們紛紛鼓吹這樣的「支那」國民性論——是中國人的利己心，以及團結、公共、忠義等公德心之欠缺。這是甲午戰爭對於敗戰國的「『支那』亡國論」的餘波影響。

這種「支那不是個國家」的論調，可以追溯到勝海舟的《冰川清話》；他在戰後回想甲午戰爭當時的事情：

> 支那人這個人種，從遠古就是個發達的民族，但是卻沒有把重心放在政府上。這就是所謂堯舜的政治吧。如果不把握這樣的影響去面對支那，將導致難以想像的失敗喔。支那的政府什麼的，怎麼樣都

無所謂，不是嗎？（中略）全體來看，把支那和日本視爲相同，那就大錯特錯了。日本是個了不起的國家，但支那不是個國家。它只是人民的社會而已。政府什麼的變成怎樣都沒關係，只要自己能夠得到利益，支那人就會滿足了。[21]

對於「支那不是個國家」這個論點提出歷史根據的，是京都帝國大學教授矢野仁一。根據矢野的看法，「支那」沒有國界，是領受天命者支配的「天下」，是世界帝國（universal empire）；它不是國家（state），而是文明（civilization）。所以即使發生了辛亥革命，民主共和的觀念仍然無法生根，無法形成國家的組織，也因此沒有領土觀念。從這裡，引申出「滿洲」、蒙古、西藏不是「支那」原本的領土，應該要放棄的主張。[22]

矢野認爲甲午戰爭以來的變亂，是因爲作爲世界帝國的「支那」意圖轉變成爲作爲國民國家的「支那」；辛亥革命的結果，清朝滅亡，「意味著在此項考試中失敗了」。矢野如此說明清朝滅亡的歷史含義：

清朝的滅亡，並不是因爲它的德性衰敗而失去人心，而是因爲某個理想的破滅——這個理想認爲，支那支配天下，而具有支配天下資格的人，得以支配支那。清朝的滅亡，不只是清朝的滅亡，同時也是這個理想的破滅。也就是說，清朝和這個理想一起滅亡了。清朝的滅亡與其說是清朝的滅亡，不如說是世界帝國的滅亡，要遠遠來得恰當。同時這恐怕也是悼念清朝滅亡最適當的輓辭。然而，雖然

21. 勝海舟著，江藤淳、松浦玲編，《冰川清話》（東京：講談社，2000），頁283-284。
22. 矢野仁一，〈支那は国家に非る論〉，《外交時報》1923年4月15日号。

說清朝滅亡、世界帝國的理想永遠破滅，卻沒有任何理由可以說，共和國必然、或是自然會興起。[23]

東京帝國大學教授白鳥庫吉，和矢野同樣以歷史家的立場，認為清朝的滅亡所具有的歷史意義，和過去的王朝交替不同。不過，關於辛亥革命的評價，兩人有不同的看法。矢野認為辛亥革命並不能標幟新時代的到來，白鳥雖然也同意世界帝國的理想動搖了，卻主張辛亥革命是中國史無前例的「思想上的 revolution」。原因是，經由與西洋人的接觸，「激進的改革新思想，與本土的舊思想發生衝突」，「自國即世界」的保守觀念因而被打破了。他這樣說：

倘若沒有列強的壓迫，經過此一騷動，支那將首次形成近世的一個國家，立足於世界列強之間也毫無愧色。這是我身爲歷史家毫無猶豫的確信。[24]

不論是矢野或是白鳥，都認爲清末的辛亥革命是一個契機，使得過去天下的世界觀、世界帝國的觀念動搖了。但是，矢野認爲清朝的瓦解和中華民國的成立，並沒有形成新的國民國家的概念；相反地，白鳥則認爲辛亥革命是躍向近代國家、一大跳躍的踏板，給予高度的評價。話雖如此，席捲學界與論壇的，是矢野的立論。

---

23. 矢野仁一，〈支那帝国と支那共和国〉，《表現》1923 年 11 月 4 日号。
24. 白鳥庫吉，〈支那歴代の人種問題を論じて今回の大革命の真因に及ぶ〉，《中央公論》1911 年 12 月号。

五、二十一條要求：
「排日愛國」與「暴支膺懲」

　　第一次大戰後的 1915 年，接受德國的失敗、出兵山東的日本，接著提出對華二十一條要求。這項武斷的要求，不但侵害中國的主權，更等於把中國置於殖民地支配的狀態；但是袁世凱政權卻屈服了，在 5 月 9 日接受日本的最後通牒。中國人把這一天當作「國恥紀念日」，李大釗呼籲「國民臥薪嘗膽」。在日本則以中國人留學生為中心，展開了「排日」的運動。1919 年巴黎和會，未能否認二十一條的效力，也未能促使日本放棄山東權益。5 月 4 日，北京的學生發起抗議的示威行動，因「排日」而起的愛國運動於是展開（五四運動）。

　　在日本，對於排日、拒絕日貨的反彈，使得主張懲罰「粗暴支那」的「暴支膺懲」論大為盛行。有一些知識分子抵抗這樣的風潮——例如吉野作造——雖然當初支持二十一條要求，這時候卻告誡日本人不要輕視中國人，同時對於五四運動的學生們表示理解。也有像鶴見祐輔這樣的政治家，認為五四運動克服了辛亥革命的極限，是一個革命的新階段，給予很高的評價。學者青木正兒很早就開始向日本人介紹胡適的新文學運動等等，新的文學潮流與新思想。還有像石橋湛山那樣的政論家，呼籲停止大日本主義的海外擴張主義，放棄海外領土，提倡自由貿易，以及以和平主義為根據的經濟發展，希求對外的共存關係。

　　1920 年代前半，國際上在第一次大戰後的凡爾賽和約、華盛頓體制、國際聯盟之下，算是比較安定的時期；軍備縮減以及民族自決成為國際社會的常規，抑制殖民地主義與對外侵略戰爭。在中國，1925 年孫文死去，後繼的蔣介石以收回國權、廢除不平等條約為目標；翌年，開始北伐，

推進第一次國共合作的國民革命，追求打倒軍閥與建立統一政權。日本在財政緊縮的情況下，政黨政治開始普及，對中國則採取協調與不干涉內政為基調的幣原外交，積極展開對中文化事業。

在中國同時進行的革命與建國的偉大事業，迫使同時代的日本人重新認識中國。議論的焦點，則是辛亥革命時期就已經見到過的，「中國能夠成為國家嗎？」、「中國人具有國家觀念嗎？」這些問題的延長──「支那統一化論爭」。在這裡頑固地殘留了「支那不是個國家」這個先入為主的意識。軍閥林立，國民黨「安內攘外」政策下、國共合作的框架瓦解，國民黨開始圍剿共產黨的作戰──眼前混亂的狀況，彷彿在為「支那不是個國家」這個判斷提供佐證。

對於這一點，吉野作造表示，期待中國以地方自治體為基礎，從聯邦制度逐漸走向統一國家的階段。還有一些看法認為，從中國民族性的特質出發，站在被統治者的角度來看，確實國家觀念與國民意識稀薄；但是傳統的基層社會，具有可以帶來社會安定的規範與統治理念。這些看法以橘樸與中野江漢等人，社會學與宗教社會學的〈支那社會論〉與〈通俗道教論〉為代表。這些〈支那社會論〉與〈通俗道教論〉有些部分，和後藤朝太郎與岡野俊吉等「支那通」的「支那國民性論」有相通之處。

1927 年 4 月，日本成立了田中義一內閣，田中兼任首相與外務大臣，推出了與幣原外交相反的、對中強硬外交，不但出兵山東，翌年山東派遣軍並且和北伐途中的國民革命軍發生衝突（濟南事件）。

六、滿洲事變：
對「倭奴」的敵意與日本研究熱

　　1931 年 9 月 18 日，關東軍在柳條湖布局，炸掉一小段南滿鐵路，掀起了滿洲事變。因為這個事件，中國的輿論全面一起倒向反日。特別是胡適，是日本批判的急先鋒，在自己主導的雜誌《獨立評論》中徹底批判日本併吞中國的野心，拒絕「中日親善」的甜言蜜語，堅決站在與日本敵對的立場。蔣介石在 1934 年撰寫了《敵乎？友乎？》，在緊接著滿洲事變之後的階段中，避免全面的對決，透過「一面抵抗、一面交涉」，摸索中日結盟的道路。

　　另一方面，在滿洲事變之後，中國人開始習慣稱呼日本人「倭奴」、「東洋鬼」、「海盜」等等。「倭奴」是元朝攻日之後，明朝所使用的日本人的別稱；「海盜」則喚醒了「倭寇」歷史威脅感的記憶。[25] 經過山東出兵、滿洲事變之後，在中國人的眼裡，日本不再是訴求親善、結盟、同盟的「友」，日本的行為表現清清楚楚是「敵」的相貌；於是又產生「東洋鬼」、「日本鬼子」等新的蔑稱。

　　為了了解敵情，1930 年代以降，發生了創辦雜誌的大風潮；其中從正面研究日本的風氣盛行，許多相關的雜誌創刊。代表性的有在上海創刊的《日本研究》，接著其後、1930 年 7 月同樣在上海發刊的《日本評論》（南京日本研究會）、《日本研究會小叢書》（南京日本評論社）、《反日帝國主義叢書》、《日本國情研究叢書》、《日本知識叢書》等

25.小島晋治、伊東昭雄、光岡玄編，《中国人の日本人観 100 年史》（東京：自由国民社，1975），頁 28。

等系列出版。1933 年，出版了研究中日關係的巨著，王芸生的《60 年來的中國與日本》全 7 冊。從 30 年代到 40 年代，主要的日本研究雜誌至少有 31 種，30 年代中國全國各種日本研究叢書總計有 50 餘種出版。[26] 全面研究日本的潮流於是而生，戴季陶、鄒韜奮、胡適、林語堂、蔣百里、周佛海等人，公開刊行了水準甚高的日本研究與日本評論。其中多數是親國民黨的知識分子。親共產黨的知識分子雖然也有關於日本論的著作，但是大部分就像毛澤東的〈持久戰論〉，傾向於從馬克思主義的歷史學理論與國際共產主義運動的立場，所寫作的日本帝國主義論，[27] 值得一看的著作不多。

這些大量、高品質的日本研究的背後，憑藉的是長期在日本生活，熟悉日本生活文化與習慣的留學生所帶回中國的認識與見解。他們對日本的近代文化感到敬意，同時又有遭到歧視經驗帶來的憎惡，抱持著兩方面的情感。正因為如此，才會有魯迅、周作人兄弟，或是郁達夫那樣具有深厚造詣的作家，在近代文學活動中，捕捉到連日本人本身都忽略了的、日本傳統的生活文化與美感。

這些同時代中國人撰寫的高品質日本研究，雖然也有一部分譯成日文，但是被「暴支膺懲」壓倒，並沒有引起一般日本人或是論壇的注意。結果使得日本忽視了中國高漲的抗日意識所帶來的國族主義的波濤，誤解了中國邁向國家統一的革命事業的意義。

---

26. 林昶，《中國的日本研究雜誌史》（北京：世界知識出版社，2001），頁 16、68-70，徐冰，《20 世紀三四十年代中國文化人的日本認識：基於《宇宙風》雜誌的考察》（北京：商務印書館，2010），頁 13、498。
27. 山口一郎，《近代中国対日観の研究》（千葉：アジア経済研究所，1970），頁 93-101。

七、中日戰爭：
相互侮蔑的時代

　　1937 年 7 月 7 日，北京郊外盧溝橋的一聲槍響，在知日、親日、反日、抗日之間擺盪的、中國人對日情感的指針，一下子指向反日的方向，在之後中日的命運上，投下了陰影，至今仍然留存。中日兩軍發生軍事衝突的 7 月 17 日，蔣介石發表談話，指出此乃是中國存亡的「最後關頭」。

　　7 月底，通州的冀東保安隊反抗冀東傀儡政府，發動叛變，殺害了將近兩百名居留中國的日本僑民（通州事件）。通州事件的殘虐行為在日本報導之後，再度引起日本人之間「暴支膺懲」的主張高漲，社會主義者山川均發表〈支那軍的鬼畜性〉一文。對此，作家巴金與中國共產黨幹部陳獨秀，發表反論。翌年初日本政府發表「不以國民政府為對手」，斷然捨棄不擴大方針，中日進入全面戰爭的狀態。

　　中日戰爭是場奇妙的戰爭。原本就沒有宣戰的宣言，日本雖然敵視蔣介石的國民政府，和全中國交戰的氣氛並不濃厚。12 月國民政府的主力軍從南京撤退，日本遂攻擊南京，暴行殺害了大量的中國人（南京事件）。1938 年 7 月 7 日盧溝橋事變一周年，蔣介石發表〈告日本國民書〉，強調「中日兩國不可分之關係」，中國「不敵視日本民眾」，作戰的對象是「以暴行答覆暴行的日本軍閥」，將日本軍閥與日本人民區隔開來。同年底近衛首相發表聲明，主張建設「東亞新秩序」，以及日滿中的善鄰友好、共同防共、經濟提攜等三項原則（第二次、第三次聲明）。蔣介石以「東亞新秩序將造成奴隸的中國」反駁，呼籲國民「徹底抗戰」。就在這個時候，日本軍對重慶進行多次的戰略性轟炸，包括平民在內，造成大量的犧牲者（重慶大轟炸）。

回應國民政府的呼籲，中國共產黨也在其根據地延安表示一致抗日，參加戰爭。毛澤東在 1938 年 5 月發表〈持久戰論〉與〈抗日游擊戰爭的戰略問題〉。關於近衛第三次聲明，日本的尾崎秀實提出反論，認為日滿中經濟區的目的只是為了日本的經濟發展，「東亞新秩序」不過是空想，日本應該重新認識中國民族意識的升高。

另一方面，國民黨副總裁汪精衛以及周佛海等人，提出「和平救國」的訴求，要求國民停止徹底抗戰；為了排除西洋的侵略主義與蘇聯、中共的共產主義，承認近衛聲明，表示支持「東亞新秩序」的建設。1940年 3 月底，汪精衛自任行政院長兼代理主席，在南京成立國民政府，日本則承認南京政府。日本軍更從內部指導，在北京及內蒙古成立親日傀儡政權。中國稱這些傀儡政府為「偽」政府，傀儡政府的統治地區為「淪陷區」。

雖然大陸整體進入中日全面戰爭的狀態，「淪陷區」與「滿蒙」則維持了表面上的安定，日本陸續派遣開拓團與滿蒙青少年義勇軍進入「滿洲」與東蒙古，同時作為中日文化交流事業的一環，許多日本人學者與留學生來到「淪陷區」。作為國策的一部分，日本也派遣大量的從軍作家前往中國大陸其他地區，為了大政翼贊寫作了許多小說與詩。這些從軍作家、文人的作品，大體上都是為了翼贊與宣撫（宣揚政令）而作，掩蓋了「暴戾」、「粗暴」的「支那」、「支那人」形象。

日本試圖從根源自過去古典中國素養的漢學，以及西洋近代學術與傳統漢學融合而成的支那學的知識，來理解近代以後的現實中國。因此他們深信「支那」不是個國家，中國人缺乏作為民族的向心力，國家觀念稀薄，這使得日本面對中國的變化、變革的時候，判斷錯誤。結果，對於現實中進行的革命與建國兩大事業，給予不當的、過低的評價。此

外，對於中國長時間的實地調查，以及組織化的、大規模的現地採訪，關於中國社會與政治文化特質，累積了許多精緻的實態報告、正確的分析，以及令人刮目相看的知識與見解。然而，大多數以軍方為背景的「支那事情調查」，並不是為了促進對中國健全的理解，而是被利用為侵略與支配的資訊、工具。

中日戰爭以來，徹底抗戰的堅強意志與翼贊宣撫的傲慢眼光交錯，中國國民對「親日派漢奸」與「恐日派順民」加以嚴密的監視，對於野蠻殘暴的日本軍之所為，批判之聲高漲。對於日本、日本人的評語有「倭奴」、「海盜」、「老奸小滑」、「毒辣不盡」（張君俊），「暴日」、「禽獸」、「瘋狗」（老舍），「矮子」、「輕薄小技」、「沐猴冠者」（郁達夫）等等，絕大部分近乎是謾罵。

1941 年底的太平洋戰爭爆發後，中日戰爭進入新的階段，成為軸心國與同盟國、法西斯與反法西斯陣營的世界戰爭之一部分。蔣介石在 1943 年寫作了《中國的命運》，指出中國透過抗戰提高國際地位的外交戰略，並且明確表示對於長期徹底抗戰終將勝利的信心。

文壇上，具有留學日本經驗的中國人作家，以及為了認識中國而從事觀光或從軍活動的日本人作家之間，有過一些交流，然而並沒有從中產生引人注目的作品或是優秀的小說。其中，芥川龍之介、佐藤春夫、小林秀雄、竹內好等人的旅行記，草野心平、金子光晴的詩，從戰爭末期到敗戰之後堀田善衛、武田泰淳等人的隨筆，可以在其中看到優秀的觀察力，以及不隨波逐流的深刻省察之痕跡。

那些曾經長期生活在日本的中國人，向日本學習，對日本有所期待，但他們多數都感到被背叛了。其中也有些人因為了解日本，而陷入艱苦的立場，甚至被貼上「親日」、「賣國」、「漢奸」的標籤而被打倒。

八、日本戰敗與中國革命：
被放棄而成為死語的「支那」

　　1945 年 8 月 10 日，日本決定接受波茨坦宣言，15 日蔣介石在重慶透過廣播發表〈抗戰勝利告全國軍民及世界人士書〉，表示中國雖然與日本軍閥為敵，但絕對沒有把日本人民視為敵人，我們並不要報復，不願意「以暴行答覆敵人從前的暴行」。

　　到底對中日雙方來說，中日戰爭是場什麼樣的戰爭？對中國來說，答案很清楚。對於革命與建國大業來說，中日戰爭是主要的阻礙，日本軍是帶來莫大犧牲的敵人，「徹底抗戰」的呼聲遠遠高於「和平救國」的聲音。另一方面，日本則沒有正式宣戰，也沒有擴大戰線的明確方針，只是打著親善、協和、共榮的旗幟，想要用速戰速決的方式打倒蔣介石的國民政府。但是，在沒有戰勝實感的狀況下，追趕撤退的國民黨軍隊，深入大後方，陷入長期戰的泥沼。國共合作，讓正規戰與游擊戰複合成為持久消耗戰，太平洋戰爭後美國又加入軍事作戰。這時候中國與亞洲的戰爭，已經成為世界大戰的一部分。不論在國際的戰局、國際輿論或是國際政治，日本都敗給了中國。

　　昭和 21（1946）年 6 月，中華民國以戰勝國的立場派遣代表團前往日本，以「命令」的方式通知日本的外務省，今後日本不可再使用「支那」這個詞語。[28] 在這個外來的壓力下，同月 7 日，外務省總務局長岡崎勝男對主要的報章雜誌社下達下述的通知，13 日更以內閣官房總務課長的名

---

28. 黃興濤，〈語「支那」——近代中國新名詞源流漫考之二〉，《文史知識》1999 年 5 月 13 日号，頁 61。

義發表〈有關避免支那的稱呼〉之公告：

「雖然以『支那』作為中華民國的國名，在過去是普遍的用法，後來改成使用『中國』等詞語。支那這個詞語對中華民國來說，是他們極度厭惡的字眼；如今戰爭結束，中華民國的代表要求我們不管是官方或非官方，不要再使用這個字詞。今後不需要什麼理由，對方厭惡的文字我們不要再使用。為了審慎起見，希望得到貴方諒解。

簡而言之，『支那』這個詞不要再使用就對了。今後可以使用的詞例是：

中華民國，中國，民國
中華民國人，中國人，民國人，華人
日華，米華，中蘇，英華

這些字詞的使用都不會有問題。只不過在歷史、地理或者是學術上敘述的場合，不一定能夠使用上述這些說法。舉例來說，東支那海，或是日支事變等等，這些用法是不得已的。」

緊接著戰爭之後，在日本國內言論界的敗戰虛脫感之中，過去風靡一時的「支那通」、「支那學」的言論，成為批判的標靶。人們批判這些「支那通」以僵化的方式捕捉中國社會的停滯性，緊抱傳統的中國觀，持續地宣揚中國的落後以及中國人侮蔑的形象，導致國民對中國的錯誤認識。

白石潔認為，日本人在中日戰爭中，只抱有自古以來的淺薄的「支那人」意識，對於民族意識與抗日意識的高漲，完全判斷錯誤；他把責任歸咎於「一部分的支那學者，所謂的『支那通』」，到處散布標語式

的「日支親善」之欺瞞幻想。[29] 戰時曾經以外務省文化部「在支特別研究員」身分訪問中國的実藤惠秀，在戰後不久撰寫的文章中，一方面反省自己的中國觀，一方面則指出，造成日本對中國錯誤認識的要因，是「『支那通』片面的變態中國觀」、「『漢學者』片面的、過時的中國觀」。[30]

在「支那通」、「支那學者」被迫反省過去漢學的、過時的中國認識之中，中國學者（sinologist）也以自我批判的方式重新檢討自己的中國觀，並且提倡新的認識框架，那就是雜誌《世界》1949 年 8 月號的特集〈如何看待中國的現狀──中國學者的回答〉。其中松本善海主張，對於「對過去中國的尊敬與對現在中國的侮蔑緊密並存」的現實，「透過古代中國研究所建構的、我們的學問的整個體系⋯⋯是否正確，能夠決定這件事的，⋯⋯只有不斷變動中的中國的現實」。[31]

此外，原本在中國現地透過狀況調查、以社會科學的方式進行現狀分析的「支那事情」，因為戰敗的結果，現地調查員撤退回國，從此無法再繼續進行地域研究。戰時的中國事情調查，由於大多強調中國基層社會的不動性與停滯性，無法回應對於戰後國共內戰中，中國共產黨所進行的土地革命的實際狀態，以及中國社會本身變化的關心。戰後日本中國論的主要推手中，地域研究者的身影也消失了。

戰後日本的學術界、論壇當中，過去位於上座的「支那學者」、「支那事情調查」研究者退場，取而代之、占有上座的是強烈帶有中國共產黨與日本共產黨黨派性的、親中國派的馬克思主義者。他們基於唯物史觀、階級鬥爭史觀的黨派式思考，迫使人們重新思考傳統的中國觀；他

---

29. 白石潔，〈中国の中国人〉，《革新》1946 年 4 月号。
30. 実藤惠秀，〈中国知識人に送る〉，《新中国》創刊号（1946.03）。
31. 松本善海，〈中国の苦悶と中国研究者の苦悶〉，《世界》1949 年 8 月号。

們對於中國領導人，在戰爭與革命戰略的正確性上，給予極高的評價。在國民黨統治下的重慶進行過反戰活動的鹿地亙就表示，「中日戰爭從日本的角度看起來，是帝國主義的戰爭；但是從中國的角度來看，則是革命的民族解放戰爭」。[32]

九、結語：
被輕忽的中國認識之脈絡轉換

因為日本的戰敗，戰前「支那學者」、「支那通」所鼓吹的天下國家式的「舊中國」形象，轉變成為經由中國革命的「新中國」形象。「支那事情調查」所強調的停滯的社會樣貌與又脆弱又混亂的國家樣貌，一變成為覺醒的人民挺身而出、清新統一的國家形象。這個對中國認識的變化，有兩個原因：第一，「支那通」、「支那事情通」退場，由親中派的馬克思主義者取而代之，成為中國論的推手。第二，對中國認識的框架從過去傳統的支那學，替換成馬克思主義。但是，這兩者之間沒有學術性的對話，去除國家概念的「支那」意識煙消雲散，取而代之的是來自占領日本的聯合軍總司令部（GHQ）成員之一的中華民國的命令，強制以他律的方式轉換成「中國」的稱呼。過去文化的中國概念，以及國家的中國概念，就這樣曖昧地流入原本是國號的「中國」裡。

那麼，原本去除掉國家概念的「支那」意識，暗地裡轉移到哪裡去了？可以說是轉移到「中華」這個名稱，作為少數料理用語，流傳到今日。在《廣辭苑》的「中華」這個項目底下，常用的詞語除了「中華革命」、「中華人民共和國」等歷史用語或國名的專有名詞之外，作為普通名詞

32.鹿地亙，〈戦略から見た中日戦争〉，《季刊　中国研究》5 号（1948 年 9 月号）。

的有「中華麵」、「中華丼」、「中華鍋」、「中華庖丁」等等，全部都只有跟料理有關的用語。這裡所使用的「中華」，幾乎可以原封不動地替換成從前的「支那」。

竹內好避而不用戰時傷害中國人情感的「支那」一詞，將自己身為代表的研究團體命名為「中國文學研究會」。這裡面也包含了打倒漢學與支那學傳統的意圖。儘管如此，如果想起了人力車夫們的面容，還是稱為「支那人」──而不是「中國人」──比較貼近實感。因為不了解「支那人」對「支那」這個詞語的情感，就算用「中國」取代「支那」，也不能就證明對「支那」沒有輕蔑的態度；對「支那人」來說，只不過是造成困擾的「憐憫」罷了。他這樣下結論：

> 假使支那人對支那這個字眼感到侮蔑，我願意努力除去那一份被侮蔑感。我希望能養成足夠的自信，有一天在支那人面前，可以毫無猶豫地、不需揣測對方的心情，清楚明白地說出支那兩個字。（中略）如果可以確實地使用支那這個詞語，那麼要用中國取代支那，不過是舉手之勞。現在，我想要累積練習使用支那的經驗。[33]

近代以來，以甲午戰爭為契機，日本人把過去使用的「唐」、「唐山」、「清國」等稱呼，全部改為「支那」。中華民國成立之後，也沒有改為中國所自稱的「中國」，一直要到戰敗之後，才在中國的要求以及政府的指示之下，一瞬間把「支那」改稱為「中國」。然而，隨著中國人從「支那」這個詞語的被侮蔑感解放出來的同時，「支那」意識所

33.竹內好，〈支那と中国〉，《中國文學》1940 年 8 月號。

孕育的、不包含國家概念的、文化上的「中國」意識，卻轉換為人畜無害的「中華」概念，而被抹除了。內藤湖南、橘樸以及尾崎秀実拼命探究的，對中國的國家與社會、官與民等等損得利害的關心，也被閉鎖在現代中國研究的狹窄學科研究之中，不見天日。

　　——本文原收錄於張崑將編，《東亞視域中的「中華」意識》（臺北：國立臺灣大學出版中心，2017），頁 271-297。國立臺灣大學人文社會高等研究院東亞儒學研究中心授權使用。

一、日本對中國認識的轉換

① 明治維新以後，接觸到西方文明的日本，脫離傳統華夷秩序，重新思考對中國的認識。

② 從「支那」一詞的使用到禁止，不僅代表了日本人如何看待中國，也反映了與中國人自我形象之間的衝突。

二、轉捩點：甲午戰爭

① 日本在甲午戰爭勝利後，過去以中國為天下中心的世界觀，開始崩解。

② 對中國人的敬意轉為蔑視，出現一些如「辮子禿驢」、「豚尾奴」的蔑稱。

③ 許多日本人前往中國實地探查，逐漸形成所謂的「支那學」。

④ 「支那」一詞只是單純的他稱，不帶有國家概念的意涵。但逐漸包含對中國與中國人的負面印象。

三、中國人對日本的羨慕與反彈

① 1896 年清朝派遣了第一批留學生前往日本。到了 1939 年，留日學生的累積總數達 5 萬人以上。

② 一些因政治流亡日本的知識分子，也表現出對近代日本改革的贊同。梁啟超更提倡以「中國」作為國號，取代原本的「支那」。

③ 但面對日本的歧視，與被「倭人」超越的屈辱感，在清國留學生之間產生了對日本的憤慨情緒。

四、辛亥革命與「支那『非國家』論」

① 辛亥革命儘管推翻清朝，建立中華民國。但日本人依然使用「支那」、「支那人」，或是稱呼中國為「支那共和國」。

② 宋教仁被暗殺，革命派孫文、黃興流亡日本，日本人對革命產生失望。日本的輿論出現中國無法成為近代統一國家的看法，關鍵在於中國人的利己心，和欠缺團結、忠義等公德心。

五、從二十一條要求到中日戰爭

① 日本的二十一條要求，直接影響了五四運動的發生。日本方面，除了面對排日、抵制日貨而產生「暴支膺懲」的言論，也有知識分子表達出對五四運動的理解與認同。

② 滿洲事變（九一八事變）後，中國人開始以「倭奴」、「海盜」、「日本鬼子」來稱呼日本，並興起一波研究日本的熱潮，來了解「敵情」。

③ 中日戰爭爆發後，中國和日本相互的敵視更加明顯。

六、日本的戰敗

① 1946 年中華民國以戰勝國之姿派遣代表團，要求日本往後禁止使用「支那」這個名詞。

② 過去被稱為「支那通」、「支那學」的言論，則受到嚴重批評，認為傳達了錯誤的中國認識。繼之而起的是，親中國派的馬克思主義者。

③ 原本不帶有國家概念的「支那」，則轉換成「中華」這個名稱。在日本辭典裡面，除了「中華人民共和國」或「中華革命」等專有名詞，像「中華鍋」、「中華庖丁」等詞彙，幾乎可以直接替換成過去的「支那」。

| 導讀 | 王明珂，〈匈奴的遊牧經濟：
兼論遊牧經濟與遊牧社會
政治組織的關係〉

———————— 陳識仁 ————————

　　王明珂教授結合歷史與人類學的遊牧社會研究，並將匈奴的經濟生業與政治組合作為整體體系看待，將學界對匈奴的經濟與政治行為探討不只是歷史現象的描述，而是更進一步認識這個體系中各部門的關係及平衡問題，為早期遊牧人群生態體系的研究提供例證。

　　或許是受到周遭農業民族紀錄（如漢文史籍）的影響，人們長期對遊牧民族存有刻板印象，如：大草原上的生活是一種「風吹草低見牛羊」的文學式浪漫；遊牧相對農業是落後的生產方式；所有的遊牧在經濟生產上都是一樣的；遊牧民族生性貪婪、凶惡、好掠奪……等。既有異民族間的想像與猜忌，也暴露農業民族對遊牧民生在生態環境、經濟產業與政治組織上等各方面的無知。本文為以上諸多刻板印象，提出理性且有根據的學術討論，足以破除人們長期對遊牧民族的種種誤解，有利學生對遊牧民族的認識與學習。

　　文中先討論匈奴的遊牧經濟，從其畜類組合、牧地、季節遷移等，描述遊牧生活方式，從而了解到遊牧是一種無法自給自足的經濟手段，「輔助性生業」遂成為遊牧民族重要的生產方式之一，例如：農業、狩獵、掠奪、貿易等手段。此中，貿易與掠奪，需透過「國家」組織動員才能完成。

因此，匈奴是在遊牧的分散性社會結構上建立國家組織，這個政治組合控制了生態空間，且在此空間邊緣以貿易、掠奪的方式對外取得資源，由國家組織支持對外掠奪，並以獲得利益，部分利益又用來鞏固國家領導系統。從這個角度看，匈奴的國家組織可說是為了補足遊牧經濟的一種設計。

然而，遊牧社會有很深刻的人群結合原則：分散性結構（segmentary structure）。在此結構中，遊牧團體的規模極具彈性，作戰時依據敵方力量的大小調節自身的戰鬥組織進行自衛或攻擊，戰後則立即解散，各自回到遊牧單位中。即使是平時，也依據地形、牧草生長狀況，隨時調整遊牧團體的大小。

以這種情況分析歷史上的匈奴，其過度集中的國家政治組織以及由此產生的對外政策，嚴重影響了遊牧經濟與社會的分散性，也影響遊牧人力的分配，這是匈奴國家政治組合最大的內部弱點。

◆ 108 課綱相關條目對照說明

王教授的文章對應「社會組織與國家的互動」（條目 Gb-V-2），有助於了解北亞遊牧民族的發展。

延伸閱讀

1. 蕭啟慶，〈北亞遊牧民族南侵各種原因的檢討〉，《食貨月刊（復刊）》1：12（1972.03），頁 609-619。
   本文對應「社會組織與國家的互動」（條目 Gb-V-2）。
2. 李鴻賓，〈唐朝前期的南北兼跨及其限域〉，《中國邊疆史地研究》26：2（2016.06），頁 26-38。
   本文對應「社會組織與國家的互動」（條目 Gb-V-2）。
3. 余英時，〈「君尊臣卑」下的君權與相權——「反智論與中國政治傳統」餘論〉，收入同氏著，《歷史與思想》（臺北：聯經出版公司，1976），頁 47-75。
   本文對應「傳統政治權威的類型」（條目 Ga-V-1）。
4. 杜正勝，《編戶齊民：傳統政治社會結構之形成》（臺北：聯經，1990）。
   本書對應「戶籍、土地或賦役與國家統治的關係」（條目 Ga-V-2）。
5. 梁方仲，《梁方仲經濟史論文集》（北京：中華書局，1989）。
   本書對應「戶籍、土地或賦役與國家統治的關係」（條目 Ga-V-2）。

匈奴的遊牧經濟：
兼論遊牧經濟與
遊牧社會政治組織的關係

王明珂*

一、前言：
遊牧社會的經濟結構與政治組合的基本問題

　　約從西元前 8 世紀起，歐亞草原上發生了一個重大的人類生態變遷
——一種基本上以馴養動物，以季節移動，來利用自然資源的生活方式
產生並迅速蔓延。許多原生活在歐亞草原及草原邊緣的貧農、獵戶與採
集者紛紛投入這種一般所謂遊牧（nomadic pastoralism）的生活方式之
中。[1] 遊牧對於這些人群的改變不只是在生產方式上；為了適應這種生
活方式，他們的人群結合方式，包括親屬關係、社會組織與政治結構，
以及與鄰近民族的互動模式都產生基本的變化。這些早期的遊牧人群

---

* 中央研究院歷史語言研究所特聘研究員、中央研究院院士。研究領域為族群認同與歷史記憶、中國民族之歷史人類學研究、中國川西羌藏族之歷史人類學研究。

1. 有關歐亞草原遊牧經濟的形成及早期遊牧民族史可參考：A. M. Khazanov, *Nomads and the Outside World*, trans. by Julia Crookenden (Cambridge: Cambridge University Press, 1984), pp. 85-118; E. D. Phillips, *The Royal Hordes: Nomad Peoples of the Steppes* (New York: McGraw-Hill Book, 1965); Mikhail P. Gryaznov, *The Ancient Civilization of Southern Siberia*, trans. by James Hogarth (New York: Cowles Book, 1969), pp. 131-234。

結成各種形式的政治組合與鄰近的定居民族接觸，其中較著名的就是 Herodotus 筆下的斯基泰（Scythians），以及司馬遷所描述的匈奴。

由於文獻記載缺乏，在考古學上辨識遊牧人群的遺存又有困難，[2] 學者們對於早期遊牧社會所知非常有限。由這一點來說，中國文獻中關於匈奴、東胡與西羌的記載無疑是非常的難能可貴了。利用中國文獻材料——主要是《史記》、《漢書》、《後漢書》——所作的關於漢代北亞遊牧民族的研究可說是卷帙浩繁。但是，大部分的研究都集中在這些遊牧民族與中國的戰爭、貿易等互動關係上，而忽略了對遊牧社會本身經濟生態的探討。原因是，一方面在這些中國文獻之中，對這些遊牧人群的社會經濟只有簡單的描述，學者們難以作進一步的發揮；「逐水草而居」「不事農業」「畜養馬、牛、羊」「以畜肉為主食」，幾乎成了一般人對於遊牧民族的刻板印象。在另一方面，無論是中國或是希臘羅馬的早期文獻記載中，遊牧民族的野蠻、殘忍與好戰都讓人印象深刻。因此在遊牧人群與定居民族的互動關係上，許多研究者都強調遊牧人群優越的戰鬥力，以及定居國家的失敗與挫折。

這種印象的形成是由於許多早期學者將「遊牧」當作一種一般的經濟與社會現象，而認為所有的遊牧社會都有共通的經濟與社會結構。[3] 事

---

2. V. G. Childe, *Man Makes Himself* (London: Watts, 1936), p. 91; 但是如果對於遊牧社會的特質有深入的了解，加上特別的發掘技術，遊牧民族的遺存並非無法經由考古學的發掘與研究。在這方面近年來已有很好的著作，見 P. T. Robertshaw and D. P. Collett, "The Identiflcation of Pastoral Peoples in the Archaeological Record: An Example from East Africa," *World Archaeology* 15.1 (1983), pp. 67-78; Allan S. Gilbert, "On the Origins of Specialized Nomadic Pastoralism in Western Iran," *World Archaeology* 15.1 (1983), pp. 105-119; Roger Cribb, *Nomads in Archaeology* (Cambridge: Cambridge University Press, 1991)。

3. René Grousset, *L'empire des steppes*, Quatrième edition (Paris: Payot, 1980), pp. 36, 58; Walter Goldschmidt, "A General Model for Pastoral Social Systems," in *Pastoral Production and Society*, ed. by L'Equipe écologie et anthropologie des sociétés pastorales (Cambridge: Cambridge University Press, 1979), pp. 15-28.

實上，人類學家對近代遊牧社會的研究證實，不同地區的遊牧社會，在經濟生態與社會組織上會有相當大的區別。1978 年出版的一本有關遊牧民族的論文集，書名即為 *Nomadic Alternative*，[4] 充分表現出人類學家基於生態研究（ecological approach）的興趣，而專注於遊牧人群如何在不同的環境中作出特別的適應（specialization）。這種特別的適應常表現在不同的畜類組合、移動方式、輔助性生計、親屬關係、部落組織、市場關係及與定居聚落的互動模式等方面。總之，近 30 年來人類學在遊牧社會的研究上已有很大的收穫。最重要的是，由於對人類生態的興趣，這些研究告訴我們遊牧是人、動物與環境（包括自然環境與人為政治社會環境）間的一個精密體系。這個體系中任何一方的變化都將影響體系的穩定性。因此，遊牧不像一般所想的那麼自由而無牽絆；遊牧人群也不是經常能夠對鄰近的定居民族予求予取。值得歷史研究者注意的是，這個體系中的一些生態因素，如馴養動物的生物性以及環境的季節變化等，在歷史上是不變或變化很少的，因此人類學的遊牧社會研究的成果，必然有助於我們探索古代的遊牧民族。

本文的目的即在探討漢代北亞遊牧民族中匈奴的遊牧經濟，以及經由匈奴與西羌的比較，[5] 來說明一個遊牧人群的經濟與其政治組合間的關係。這個研究的要點在於：當遊牧流行在蒙古草原（以及河湟地區）時，人們如何在本身特有的環境中以這種新的生活方式獲取生活資源；而這種特有的遊牧經濟又如何改變他們的人群組合方式，以及與定居民族的

---

4. Wolfgang Weissleder ed., *Nomadic Alternative* (The Hague: Mouton Publishers, 1978).
5. 我沒有以另兩個與匈奴同時的遊牧民族──烏桓與鮮卑──來與匈奴作比較的理由是，這兩支遊牧人群在漢代曾由東北往南移及西移，在這遷移過程中，不但他們的生活環境有相當大的變遷，他們的經濟生業與政治組合方式也有相當大的改變。他們的經濟與政治組織的問題比較複雜，因此值得單獨研究。

關係。並嘗試探討匈奴生態體系（其遊牧經濟及政治組合）的內在問題，以說明匈奴在與定居國家如漢代中國的互動上，並不如許多人所認為的永遠居於優勢。

　　關於匈奴的政治結構，前人的研究成果頗為豐碩，因此本文中不再重複這些研究。關於這一方面，本文的重點在於：經由匈奴與西羌的比較，來探討遊牧人群的政治組合與其遊牧經濟間的關係。主要的問題在於：由於需要自由移動以利用分散的、不穩定的自然資源，遊牧社會的人群組成常以分散（segmentation）與平等（egalitarian）為原則，這些原則與國家組成的原則——集中（centralization）與階層化（stratification）——是相違背的。既然如此，我們如何理解歷史上遊牧國家的形成？關於集中化遊牧政治體形成的原因，學者們一向意見分歧，大致有：（1）領袖個人成就說，（2）階級演化論，（3）外部互動理論等諸說。[6] 前兩說已是老生常談，在此無需重複。關於外部互動說，近年來在人類學的遊牧社會研究中頗占優勢，因此值得一提。這種說法強調遊牧團體在空間上有極大的移動性，因此遊牧人群政治組合的易變性（fluidity）是其特徵；中央化的、階層化的遊牧社會，經常出現在制度化的遊牧與定居人群的互動關係中。[7] 換言之，如果沒有與定居民族緊密的互動，遊牧人群將組織成小的自主團體，或是分散性親族體系（segmentary lineage system）。[8] 在這個人類學的問題上，中國漢代的匈奴與西羌能提供非常難得的比較材料；在漢代，

---

6. 關於這些探討請參考 Thomas J. Barfield, *The Perilous Frontier: Nomadic Empires and China* (Cambridge, Mass.: Basil Blackwell, 1989), pp. 5-8。

7. Philip Burnham, "Mobility and Political Centralization in Pastoral Societies," in *Pastoral Production and Society*, pp. 349-360.

8. Willian Irons, "Political Stratiflcation among Pastoral Nomads," in *Pastoral Production and Society*, pp. 361-374.

雖然兩者都與中國有密切的互動關係，但匈奴曾建立起相當集中化的政治體與中國抗衡，而西羌則只能組織短暫的部落聯盟以應付戰爭。為什麼有這樣的差別？在本文中，我將說明由於遊牧是一種基本上不能自給自足的經濟生業，遊牧人群的政治組合成為一種對外尋求補充資源的策略；由於尋求輔助性資源的方法不同，因此有不同的政治組合。

關於匈奴的經濟，前人的研究已有一定的成績。中國學者馬長壽、林幹、烏恩，及日本學者江上波夫、內田吟風等在這方面都有著述。這些學者們對於匈奴遊牧經濟中的畜產、牧地，以及狩獵、農業、手工業、貿易等，以至於居住、飲食、交通皆有很好的研究。[9]但是這些研究多少皆有些不足之處，這些缺陷主要是：一，描述匈奴的遊牧經濟與輔助性經濟的種種活動，而沒有充分說明它們在整個匈奴經濟生態體系中的意義；二，只專注於直接經濟行為的探討，而忽略了遊牧經濟與遊牧社會的政治結構間的關係。因此本文除了參考前人的研究成果外，主要將結合歷史與人類學的遊牧社會研究，並將匈奴的經濟生業與政治組合當作整體體系來看待。希望藉著這個研究，使我們對匈奴的經濟與政治行為的探討，不只是作歷史現象的描述，而更進一步認識這個整體體系中各部門的關係及平衡問題，並為早期遊牧人群生態體系的研究提供一個中國方面的例子。

---

9. 江上波夫，〈匈奴の經濟活動──牧畜と掠奪の場合〉，《東洋文化研究所紀要》9（1956），頁23-63；內田吟風，〈匈奴史雜考〉，《北アジア史研究・匈奴篇》（京都：同朋舍，1975，再版1988），頁47-52；馬長壽，《北狄與匈奴》（北京：三聯書店，1962），頁59-80；林幹，《匈奴通史》（北京：北京人民出版社，1986），頁128-148；烏恩，〈論匈奴考古研究中的幾個問題〉，《考古學報》4（1990），頁409-436。

二、匈奴的遊牧經濟

在探討匈奴的遊牧經濟之前，我們要強調幾點與匈奴遊牧經濟有關的自然環境因素。

首先，蒙古高原固然是在溫帶半乾旱與乾旱氣候區，但也有部分的地區年雨量超過 300 公釐（旱作農業雨量下限）。但是一般說來，降雨量集中且變率大，是其氣象上的特色之一。因此，對於農業生產而言，自然環境中最主要的限制因素不只是乾旱，也由於雨量不穩定。這種氣象上的不穩定也表現在冬季的降雪上；突如其來的大雪對於蒙古草原地區的農業及畜牧業都造成主要災害。[10] 在世界上其他的遊牧業盛行地區，雨量的不穩定性也經常是當地氣象的主要特色之一。[11]

其次，這一地區並不如許多人所想像的單調而缺少變化；高原的中央固然是一望無際的大漠及草海，但是四周是由高山所構成，山間及附近且多森林、河流及湖泊。[12] 從歷史文獻及考古發掘看來，多山的高原邊緣，或山地與草原相接之處，才是匈奴主要的活動區。這些地區至少包括：（1）陰山及鄂爾多斯地帶；（2）漠北草原及外貝加爾地帶；（3）薩彥—阿爾泰山地區，及天山地區東部（蒲類海）（圖一）。

---

10. 《內蒙古農業地理》（呼和浩特：內蒙古人民出版社，1982），頁 9-26。張榮祖，〈中國乾旱地區陸棲脊椎動物生態地理〉，趙松喬主編，《中國乾旱地區自然地理》（北京：科學出版社，1985），頁 130。

11. P. H. Gulliver, *The Family Herds: A Study of Two Pastoral Tribes in East Africa, The Jie and Turkana* (London: Routledge & Kegan Paul LTD, 1955), pp. 17, 22-23; Derrick J. Stenning, *Savannah Nomads: A Study of the Wodaabe Pastoral Fulani of Western Bornu Province Northern Region, Nigeria* (London: Oxford University Press, 1959), p. 217.

12. Sechin Jagchid & Paul Hyer, *Mongolia's Culture and Society* (Boulder, Colorado: Westview Press, 1979), pp. 9-12；江上波夫，《內陸アジアの自然の文化》（東京：平凡社，1985），頁 16-23。

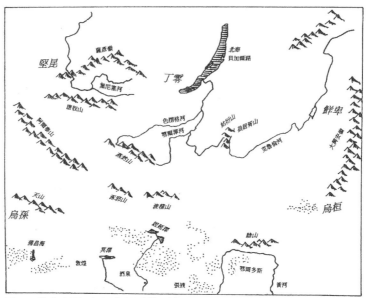

圖一　蒙古高原：匈奴主要活動區域

　　第三，大致說來，在匈奴的東方與西北方主要都是森林草原遊牧民族（以畜牧及獵皮毛動物為主要生業）；匈奴之西是西域的綠洲定居民族（以畜牧、綠洲農業及貿易為主要生業）；南方是漢帝國的北邊居民（以農業與畜牧為生業）。因此，匈奴的活動地區可視作一個大生態區，在這生態區內，包括草原、森林與山區，以及利於掌握在經濟生態上與他們能互通有無的鄰邦的地理位置。這樣的生態環境顯示，雖然遊牧是一種以動物的草食性與移動性來攝取自然資源，以克服環境中的限制因素的適應策略，但遊牧人群經常對於遊牧之外的輔助性生業非常依賴。[13]

　　以下我們將分牧區、畜類組合、季節遷移、輔助性生計等來說明這個生態體系。

---

13. 遊牧人群對間接生業（indirect subsistence）的依賴，亦見於：B. Spooner, "Towards a generative model of nomadism," *Anthropological Quarterly* 3 (1971), pp. 198-210.

（一）牧區

　　遊牧人群對土地的所有權雖不若定居農業人群那麼執著，但由於資源有限，因此對地上資源的使用權卻常不得不有所爭，因此草場或遊牧路線之爭，常是遊牧部落間戰爭的主要原因。在匈奴帝國的統治之下，部落間的草場之爭顯然在某種程度上能夠由政治力來解決。各部落劃明遊牧範圍，這就是所謂「各有分地，逐水草遷徙」。[14]

　　據《後漢書》記載，西元 73 年南單于及漢軍攻皋林溫禺犢王於涿邪山。西元 76 年溫禺犢王回涿邪山，又被南匈奴逐走。85 年，南單于獵於涿邪山，又遇溫禺犢王，南單于將他殺死。[15] 我們由溫禺犢王一再回涿邪山之事來看，匈奴諸部是不輕易放棄其牧區的。以政治力明確劃分遊牧範圍固然能減低內部各部落間的衝突，但由溫禺犢王的例子看來，它也減弱了遊牧的移動性（mobility）在適應環境變化上的優勢。

　　考古上匈奴墓葬的發現常在有森林分布的山區，墓地的選擇或許與他們的生態區沒有關連，但是我們從中國文獻中看來，草原邊緣的山地林區的確是匈奴人活動的重要區域。在這些文獻記載中，漢代中國與匈奴的接觸大多發生在涿邪山、浚稽山、燕然山、狼居胥山等地。匈奴活動的鄂爾多斯高原的戰國時期墓葬中多有木棺槨，因此，學者們認為這地區當時是有過森林的。[16] 漢初，陰山是匈奴的主要活動區域之一。據記載，當時陰山多禽獸，又出產製作弓矢的木材，因此失去陰山之後，匈

---

14. 《漢書》94a / 64a，〈匈奴傳〉，頁 1598。
15. 《後漢書》89/79，〈南匈奴列傳〉，頁 1060-1061。
16. 王尚義，〈歷史時期鄂爾多斯高原農牧業的交替及其對自然環境的影響〉，《歷史地理》第 5 輯，頁 13。

奴人對陰山仍有深厚的情感。[17] 郅支單于活動的唐奴山與薩彥嶺一帶更是有名的森林（taiga）與高地草原（tundra）交錯的地帶。在薩彥—阿爾泰山地區，匈奴與丁零及堅昆接鄰。丁零與堅昆都是遊牧民族，但亦以出產各類名鼠皮及貂皮著稱，[18] 顯然是與當地多森林的環境有關。

森林不但提供匈奴人獵場，也提供他們生活所需的木料，用來製作弓矢、穹廬的木架以及車輪。[19] 漢代匈奴溫偶騠王所居之地有一部分近張掖，匈奴拒絕漢人割此地之請的理由是，「西邊諸侯作穹廬及車，皆仰此山材木」。[20] 這些記載顯示，對遊牧的匈奴而言，草原固然可以提供牲畜草料，但產木材與禽獸的森林也不可或缺。民族誌資料顯示，高山林場對於遊牧民族來說最重要的還是高地遲來的春季及融雪，在夏季乾旱期提供「第二春」，或是在冬季提供避風寒的山谷。但是，文獻中對於匈奴的冬夏居所幾乎完全失載。

雖然森林對於匈奴人來說非常重要，但有一點我們必須強調——匈奴不是森林遊牧民族，在這一點上他們與鄰近的丁零、堅昆、鮮卑、烏桓等有顯然的不同，後者遠較匈奴依賴狩獵以及皮毛貿易。

總而言之，一個理想的匈奴牧區可能包括三種生態因素：（1）廣大的草原，它的廣度足以在不同的主要季節提供水草資源；（2）森林與山區，不但能供應他們獵場與製作車具、穹廬、弓矢的木材，而且能在草原不適居住的時節提供另一個生存空間；（3）鄰近定居聚落的地理位置，以取得自己無法生產製造的日常用品或穀類。

---

17. 《漢書》94b/64b，〈匈奴傳〉，頁 1614-1615。
18. 《三國志》30，〈烏丸鮮卑東夷傳〉，頁 739，引《魏略》〈西戎傳〉。
19. 《漢書》94b/64b，〈匈奴傳〉，頁 1614-1617。
20. 《漢書》94b/64b，〈匈奴傳〉，頁 1616-1617。

（二）畜類組合

《史記》中對於匈奴的遊牧經濟有一段概括性的敘述：

> 匈奴……居於北蠻，隨畜牧而轉移。其畜之所多則馬、牛、羊，其
> 奇畜則橐駝、驢、驘、駃騠、騊駼、驒騱。逐水草遷徙，毋城郭常
> 處耕田之業，然亦各有分地。毋文書，以言語爲約束。兒能騎羊引
> 弓射鳥鼠，少長則射狐兔用爲食。士力能彎弓盡爲甲騎。其俗寬則
> 隨畜，因射獵禽獸爲生業，急則人習戰攻以侵伐，其天性也。[21]

在這段敘述中，已提及匈奴的畜群是以馬、牛、羊為主，其他還包括
驢、騾與駱駝。[22] 基本上這是正確的；這一點從文獻與考古資料都可得到
證明，而且與近代南西伯利亞及蒙古草原的遊牧生態也相吻合。在考古發
掘上，在秦漢時期與匈奴有關的墓葬中，內蒙準格爾旗西溝畔的墓葬殉有
馬、羊與狗；伊克昭盟補洞溝的墓葬中男人殉葬馬，女人殉葬牛、羊。[23]
寧夏同心倒墩子的匈奴墓葬有牛、羊殉葬。[24] 俄國伊里木盆地的匈奴墓葬

---

21. 《史記》110/50，〈匈奴列傳〉，頁1177。
22. 駃騠、騊駼、驒騱究竟為何牲畜，學者們有不同的意見。於此我認為江上波夫的研究最有說
    服力，他認為駃騠是西域傳入的良種馬，騊駼是蒙古草原野馬，驒騱指的是草原野驢。見氏
    所著〈匈奴の奇畜、駃騠・騊駼・驒騱に就きて〉，《エウラシア古代北方文化》，頁
    177-224。無論如何，這些動物在匈奴畜產中皆屬少數，且可歸入馬與驢的範疇中，在本文中
    不單獨討論。
23. 伊克昭盟文物工作站，內蒙文物工作隊，〈西溝畔漢代匈奴墓地〉，見於《鄂爾多斯式青銅器》
    （北京：文物出版社，1986），頁377；伊克昭盟文物工作站，〈補洞溝匈奴墓葬〉，見於《鄂
    爾多斯式青銅器》，頁394。
24. 寧夏文物考古研究所、中國社會科學院考古所寧夏考古組、同心縣文物管理所，〈寧夏同心
    倒墩子匈奴墓地〉，《考古學報》3（1988），頁335。

有牛、馬、羊、駱駝、驢陪葬；[25] 外蒙的特布希烏拉、諾音烏拉匈奴墓葬則殉有馬、牛、羊。[26] 雖然關於匈奴的考古資料不能算是豐富，但也表現出中國記載中所稱的「其畜之所多則馬、牛、羊」，而駱駝及驢、騾等則是罕有的「奇畜」。

在中國史料中有許多漢軍擄獲匈奴牲畜，或匈奴首領率眾及牲畜來降的紀錄（見表一），這些紀錄也可對於匈奴的畜類組合提供我們一些訊息。

表一　漢軍與匈奴戰爭中擄獲匈奴畜牲紀錄 [27]

時間	地點或對象	牲畜種類及數量
127 BC	河南地，樓煩、白羊王	羊（牛羊）百餘萬
72 BC	蒲離候水	馬牛羊萬餘
	烏員、候山	馬牛羊二千餘
	候山	馬牛羊七千餘
	雞秩山	牛馬羊百餘
	丹余吾水	馬牛羊七萬餘
	右谷蠡庭	馬牛羊驢贏橐駝七十餘萬（或，馬牛驢贏橐駝五萬餘匹，羊六十餘萬）
AD 49	北匈奴	馬七千匹、牛羊萬頭
AD 89	稽落山、私渠比緹海	馬牛羊橐駝百餘萬頭

---

25. 林幹，〈匈奴墓葬簡介〉，收於《匈奴史論文選集 1919-1979》（北京：中華書局，1983），頁 388-389；烏恩，〈論匈奴考古研究中的幾個問題〉，《考古學報》4（1990），頁 433。
26. 林幹，〈匈奴墓葬簡介〉，頁 382-385。
27. 資料來源如下：127B.C.，見《漢書》94a/64a，〈匈奴傳〉，頁 1603 及《史記》110/50，〈匈奴列傳〉，頁 1186；72 B.C.，見《漢書》94a/64a，〈匈奴傳〉，頁 1609，及《漢書》70/40，頁 1346；A.D.49，見《後漢書》89/79，〈南匈奴列傳〉，頁 1058；A.D. 89，見《後漢書》23/13，〈南匈奴列傳〉，頁 304。

從上表中也可看出，匈奴的畜牲以馬、牛、羊為主，其中又以羊的數量為最大。橐駝（駱駝）、驢、贏（騾）等駄獸的擄獲只出現兩例。其一在西元前 72 年，漢軍五道出擊匈奴，常惠所率的烏孫及西域兵是最西方的一路軍隊，只有他們有擄獲驢、贏、橐駝的紀錄。另一次是在西元 89 年，竇憲伐北匈奴至燕然山、稽落山、私渠比緹海，這是竇憲伐匈奴最深入西北方的一次，這次戰役的擄獲中也有駱駝。由這兩條記載看來，似乎漢軍由西方的匈奴人那兒較常擄獲駱駝。在漢代西域城居諸國人也普遍擁有駱駝、驢、騾，顯然西方的匈奴在這方面與西域民族是相似的。總之，在漢代匈奴中，大規模的駱駝畜牧業可能尚未產生。遊牧社會的民族誌資料顯示，駱駝主要是吃樹或矮灌木的葉子的動物（browsing animal），而牛是食草的動物（grazing animal），因此這兩種動物的混合牧養是有困難，而常需在家庭或社會分工上作特別的安排。[28] 這或許是匈奴人無法大規模牧養駱駝的原因之一。

　　學者們對於匈奴人平均擁有的家畜數量一向很感興趣。俄國的研究者曾指出匈奴人平均畜數與 1918 年蒙古自治區的數值幾乎相同，前者為 19 頭，後者為 17.8 頭。[29] 日本學者江上波夫統計匈奴的人畜比得到同樣的數值（19 頭），但他所引的近代蒙古的人平均所有畜數（約在 11.21-14.65 間）卻顯示匈奴的人畜比例遠高於近代蒙古的人畜比。[30] 另一位日本學者內田吟風則不接受此一平均人畜比，據他的統計，則匈奴的人平

28. P. H. Gulliver, *The Family Herds: A Study of Two Pastoral Tribes in East Africa, The Jie and Turkana*, pp. 27-29.

29. V. S. Taskin, "Skotovodstvo u siunnu po kitaiskim istochnikam," in *Voprosy istorii i istoriografii Kitaia*, (Moscow, Izdatelstvo vostochnoi literatury); quoted from A. M. Khazanov, *Nomads and the Outside World*, trans. by Julia Crookenden (Cambridge: Cambridge University Press, 1984), p. 71.

30. 江上波夫，〈匈奴の經濟活動──牧畜と掠奪の場合〉，《東洋文化研究所紀要》9（1956），頁 30-36。

均家畜所有數遠少於近代蒙古人所有。[31] 以上幾種統計的差別，是因為學者們各取不同的中國歷史文獻資料，以及不同地區的近代蒙古牧業資料所致。這正顯示無論是近代的蒙古或是古代的匈奴中，畜產人畜比都可能有地域性的差異。無論如何，我們不能忽略，匈奴這個政治體下的人群，事實上包括陰山、長城地帶的中國北方草原地區，外貝加爾及色楞格河、鄂爾渾河、土拉河流域地區，以及薩彥─阿爾泰地區的遊牧人群。雖都以遊牧為主，這些早期的遊牧人有不同的自然環境與對外關係，因而有不同的適應。如前所言，西部匈奴可能擁有較多的駱駝、驢、騾等駄獸；因此他們與西域或更西方的直接或間接貿易在他們的經濟中應有較重要的地位。[32] 又譬如，據《漢書》記載，漢軍從河南地的樓煩、白羊王那兒擄獲的百餘萬頭牲畜可能大多是羊或牛、羊。[33] 因此，雖然基本上匈奴的畜產是以馬、牛、羊為主，但在不同地區的匈奴人所擁有馬、牛、羊的比例可能不同，因而有不同的遊牧生活韻律。

擄獲的畜類與人眾的比例，不一定反映出當時實際的人畜比例，因為我們無法知道是否每一個被捕的匈奴人都帶著他所有的畜牲，或被擄獲的動物的主人也同時被擄。相反的，匈奴率眾驅畜來降的例子，或可反映當時該部落的人畜比例。如《後漢書》記載，西元 83 年，北匈奴部

---

31. 內田吟風，〈匈奴史雜考〉，《北アジア史研究・匈奴篇》（京都；同朋舍，1975，再版1988），頁 50。
32. 俄國學者在南西伯利亞的考古學發現，顯示薩彥─阿爾泰地區的早期遊牧民族與中亞地區有密切的往來，見 Mikhail P. Gryaznov, *The Ancient Civilization of Southern Siberia*, trans. by James Hogarth (New York: Cowles Book Co., 1969), pp. 158-160。
33. 《漢書》94a/64a，〈匈奴傳〉，頁 1603。江上波夫認為這記載中的「羊」，可能是馬、牛、羊之誤（見：〈匈奴の經濟活動──牧畜と掠奪の場合〉，頁 31）。《史記》110/50，〈匈奴列傳〉中對同一事件的記載是「牛羊百餘萬」，因此江上波夫的懷疑是合理的，但我們也應考慮到樓煩與白羊是最近塞內的匈奴部落，而且他們在戰國時期即與中國北邊諸國有往來，因此他們的畜牧很可能與長城沿邊的中國農人相似，也就是以畜養羊或牛羊為主；更何況「白羊」之名也似乎暗示著綿羊在這一部落的遊牧經濟中的重要性。

落首領率 3 萬 8 千人，馬 2 萬匹，牛羊 10 餘萬來降；[34]大約每人只有馬 0.52 匹，牛羊 3-5 頭。《晉書》記載，西元 287 年匈奴都督率人眾牲畜來降，該部落有部眾 1 萬 1 千 5 百口，牛 2 萬 2 千頭，羊 10 萬 5 千口，[35]人畜比約為每人牛 2 頭，羊 9 頭。據俄國學者 Maisky 的統計，在 20 世紀初時，一個五口的蒙古家庭需要 14 匹馬、3 匹駱駝、13 頭牛，以及 90 頭羊才能生活。[36]因此，前述匈奴部落的人畜比，遠低於近代蒙古人的最低生存水平。雖然我們不能排除這些匈奴部落是在遭到畜產大量損失後才率眾來降的，但他們與近代蒙古人在畜產上的差距，更有可能反映著當時匈奴的遊牧經濟型態，以及對輔助性生業的依賴，都與近代的蒙古人大有不同。

關於匈奴的羊，在中國史料中沒有明確的指出是山羊還是綿羊。在現在的歐亞草原以及中亞的山地遊牧民族中，綿羊都是主角。但是為了遊牧的方便，綿羊群中常需混合山羊一同放牧，原因是綿羊吃草時不喜歡移動，而山羊在這時適可扮領袖的角色，使羊群能一面就食一面移動。[37]匈奴的羊可能也是以綿羊與山羊混合放牧。在薩彥─阿爾泰地區的匈奴時期 Syynchyurek 墓葬出土的動物遺骨中以綿羊與山羊為最多；同一地區，早在新石器時代 Afanas'ev 文化中已有馴養的綿羊與山羊。[38]諾顏山（諾音烏拉）的匈奴墓葬中也發現綿羊與山羊的遺骨。[39]在內蒙古涼城崞縣窯子相當於

34. 《後漢書》89/79，〈南匈奴列傳〉，頁 1060。
35. 《晉書》97/67，頁 2549。
36. I. M. Maisky, *Mongoliia nakanune revoliutsii* (Moscow: Izdatelstvo vostochnoi literatury, 1959), pp. 140-141; quoted from Khazanov, *Nomads and the Outside World*, p. 30.
37. Khazanov, *Nomads and the Outside World*, p. 27.
38. Sevyan Vainshtein, *Nomads of South Siberia: The Pastoral Economies of Tuva*, trans. by Michael Colenso (Cambridge: Cambridge University Press, 1980), pp. 51-52.
39. 林幹，〈匈奴墓葬簡介〉，頁 385。

戰國時期的墓葬中，曾發現大批的獸骨殉葬，其中以羊骨的數量最多，山羊與綿羊數量大致相等。[40] 因此，我們相信匈奴的羊中也包括綿羊與山羊。

無論如何，匈奴的遊牧主要是一種多元專化型（multispecialized type），在這種形式下的遊牧經濟較能利用更廣的自然資源，減低自然災害造成的損失，在人力調配上也最經濟。而且，動物間有生態互補而不競爭的功能。譬如，綿羊與山羊不但吃草時接近草根，而且也都能吃嫩枝葉（browsing），[41] 因此與牛、馬（草食動物）在食物上的競爭不大。馬的移動力較強，可以在遠一點的牧場放牧，無需與牛、羊競爭；牛能在較短的時間內獲得所需草食，然後在營地附近休息反芻，不需太多的照料；因此在許多遊牧民族中，牛都是由留在營地中的女人照顧，而馬由男人驅到較遠的地區就草。[42] 崞縣窰子戰國時期墓葬中，豬、狗、牛骨大多出於女性墓中，馬則出於男性墓中；[43] 伊克昭盟匈奴時期的補洞溝墓葬中男人殉葬馬，女人殉葬牛、羊，[44] 這都可視為放牧時兩性分工在墓葬中的反映。

馬與羊在歐亞草原遊牧中，有密切的生態關係。馬在冬季能踢破冰層以得到牧草，而羊吃草較馬接近草根，能啃食冰層下馬吃過的草。因此，在冬季經常結冰的草原上，馬與羊混養是必要的。[45] 再者，據研究者稱，

---

40. 內蒙古文物考古研究所，〈涼城崞縣窰子墓地〉，《考古學報》1（1989），頁 62。

41. P. H. Gulliver, *The Family Herds: A Study of Two Pastoral Tribes in East Africa, The Jie and Turkana*, p. 27.

42. Herbert Harold Vreeland, *Mongol Community and Kinship Structure* (New Haven: HRAF Press, 1962; reprint, Westport, Conn.: Greenwood Press, 1973), pp. 39-41; Robert B. Ekvall, *Fields on the Hoof* (Prospect Heights: Waveland Press, 1968), pp. 38-39; Sechin Jagchid and Paul Hyer, *Mongolia's Culture and Society* (Boulder, Colo. : Westview Press, 1979), pp. 24-25.

43. 內蒙古文物考古研究所，〈涼城崞縣窰子墓地〉，《考古學報》1（1989），頁 62。

44. 伊克昭盟文物工作站，〈補洞溝匈奴墓葬〉，《鄂爾多斯式青銅器》（北京：文物出版社，1986），頁 394。

45. Vainshtein, *Nomads of South Siberia: The Pastoral Economies of Tuva*, p. 63.

在內蒙古地區一個徒步的牧人可牧 150-200 頭羊,但如果他騎在馬上的話,則能控制約 500 頭羊,而兩個騎馬的牧人則可管理約 2000 頭羊。[46] 我們知道匈奴人的牲畜中以大量的羊為主,在這樣的畜牧型態中,馬可以節省許多的遊牧人力,並使羊得到更好的保護。

馬除了在放牧時用為座騎以利於控制及保護羊群外,主要的功能還包括擔任日常遊牧遷移中載運的工作,以及戰爭或劫略的工具。牛,雖然沒有馬那樣的移動速度,但牠強韌的體力,可能被用來牽引車重。據江上波夫的研究,匈奴的帳幕是置於車上,車帳一體,移動時主要以牛牽引。[47] 雖然馬、牛都能提供乳肉,但匈奴人日常消費的乳肉最主要的來源可能出自於羊。因為牛、馬的繁殖力與對環境的適應力都遠不如羊,而且人們又需要牠們的勞力,因此不輕易宰殺。據研究者稱,一般的牛的年繁殖率約只在 3％左右,而羊則高達 20-40％間。[48] 由中國歷史文獻中我們知道,匈奴經常受不穩定的氣候(乾旱或大雨雪)的侵襲,以致有相當高比例的畜產損失,[49] 在這種生態環境中,畜養能迅速再繁殖的羊,自然有其必要。因此,可以說羊在匈奴遊牧經濟中的重要性,除作為主要乳肉來源外,牠們強韌的適應能力,與快速的繁殖力,可減低自然災害帶來的損失,或保證在遭受損失後迅速恢復。

有些學者認為,由於遊牧的機動性,匈奴很容易脫離漢軍的攻擊。[50]

---

46. Khazanov, *Nomads and the Outside World*, p. 32.
47. 江上波夫,〈匈奴の住居〉,收於氏著《エウラシア古代北方文化》(東京:山川出版社,1948,1950 再版),頁 39-79。
48. Gudrun Dahl & Anders Hjort, *Having Herds: Pastoral Herd Growth and Household Economy.* Stockholm Studies in Social Anthropology. No.2 (Stockholm, Liber Tryck, 1976), pp.259, 262.
49. 《漢書》94a/64a,〈匈奴傳〉,頁 1610。
50. Thomas J. Barfleld, *The Perilous Frontier: Nomadic Empires and China* (Oxford: Basil Blackwell, 1989), p. 55.

但這看法忽略了匈奴也擁有大批的牛，而牛的移動性差，且需消耗大量的水，[51] 這一點使得匈奴在遷移牛群時並不如想像的容易。更重要的是，無論馬、牛、羊都不是適當的馱獸，因此匈奴的移動非常的依賴車；[52] 而依賴牛馬車的移動，與使用駱駝為馱獸的移動比較，不僅是速度慢，而且常受制於天候、路況及車輛維修上的困擾。[53]

（三）季節遷移

關於匈奴的遊牧，《史記》中只稱是「隨畜轉移」「逐水草遷徙」。雖然考古上有匈奴城鎮及農業遺跡的發現，但這只是個別的現象，由文獻及匈奴墓葬遺存看來，大多數的匈奴人過的是遊牧生活，這一點是毫無疑問的。

據 Khazanov 的研究，歐亞草原的遊牧基本上是南北式的水平移動。[54] 近代蒙古草原的遊牧遷移方式，據日本學者江上波夫描述，在夏季因牧草豐富，牧人及其牲畜多聚集於湖畔或河邊，冬季則移往山麓散居。[55] 這樣的敘述多少都簡化了草原的遊牧遷移，或只是反映部分的情形。譬如，Plano Carpini 描述中的蒙古 Golden Horde，[56] 札奇斯欽（Sechin Jagchid）描述的蒙古，[57] 以及 Vainshtein 研究的大多數的 Tuvinian，夏季都移往山

51. Khazanov, *Nomads and the Outside World*, p. 47; Stenning, *Savannah Nomads*, pp. 214-219.
52. 江上波夫，〈匈奴の住居〉，見於氏著《エウラシア古代北方文化》，頁 39-56。
53. Richard W. Bulliet, *The Camel and the Wheel* (1975, New York: Columbia University Press, 1990), pp. 22-25.
54. Khazanov, *Nomads and the Outside World*, pp. 50-51.
55. 江上波夫，《內陸アジアの自然と文化》，頁 26-27。
56. Plano Carpini, *The Mongol Mission*, p. 55; quoted from Khazanov, *Nomads and the Outside World*, p. 51.
57. Jagchid and Hyer, *Mongolia's Culture and Society*, p. 26.

區。[58] 因為山區的空氣流通較好，可避免畜疫，而且山區有融雪供應，草的生長期較長久。到了冬天，牧人要找山谷或是山的南坡下避寒。[59] 在高山草場的坡下，一方面可以抵擋寒風，一方面坡上草場的雪容易被風刮走而暴露出來。雖然移動頻繁，蒙古人在夏季及冬季營地停留的時間較長，而在春秋兩季移動較多。[60] 這是因為春季草資源不甚豐富；而在秋季，許多牧民一方面急於讓動物養膘，一方面延遲進入冬草場以保留冬草場的資源，因此遊牧的範圍較遠。雖然如此，我們也應注意，無論是蒙古草原上或是薩彥—阿爾泰地區的牧人，他們的遊牧距離、次數以及型態都隨地形、水源或牧草的生長情形常有變化。

總之，歐亞草原的遊牧經濟中有以下幾個重要因素：（1）隨地形、牧草、水源的變化，不同地區的遊牧人群有不同的遊牧方式，甚至於一些地區有某種程度的定居生活；（2）無論是採何種遊牧方式，在此一地區的遊牧民族到了冬季必然會面臨如何避冬的問題；（3）夏季的水源供應，尤其對擁有大量牛馬等大型動物的牧人來說，必然是迫切的問題；（4）四季都需考慮牧草的供應，與遊牧人力的分配問題。

有了這些認識之後，我們可以來探討文獻中關於匈奴的季節遊牧活動。首先由文獻中我們知道匈奴在一年中有 3 次的部落聚會。

「匈奴俗歲有三龍祠，常以正月五月九月戊日祭天神」。[61]
「歲正月諸長小會單于庭，祠。五月大會龍城，祭其先天地鬼

---

58. Vainshtein, *Nomads of South Siberia: The Pastoral Economies of Tuva*, p. 85.
59. 江上波夫，《內陸アジアの自然と文化》，頁 26-27; Jagchid and Hyer, *Mongolia's Culture and Society*, p. 26; Vainshtein, *Nomads of South Siberia: The Pastoral Economies of Tuva*, p. 85.
60. Jagchid and Hyer, *Mongolia's Culture and Society*, p. 26.
61. 《後漢書》89/79，〈南匈奴列傳〉，頁 1058。

神。秋，馬肥，大會蹛林，課校人畜計」。[62]

　　由這一段記載，我們可推測匈奴的季節活動。首先我們探討「單于庭」的所在。[63] 在傳統上，草原遊牧民族有四季草場，隨牧草季節變化而轉移。但冬季基本上是定居的季節，冬場也就被認為是牧民較為穩定的駐居之所。所謂單于庭應是單于較固定的駐蹕之所。草原地區的陰曆正月，氣候酷寒，正是牧民尚居於冬場之時。因此匈奴的正月之會所在的「單于庭」，無論是在何處，應指的是單于所居的冬場。晚冬是草原遊牧民族最艱苦的季節，對於漢代的草原居民來說也應如此，因此正月「小會」單于庭之意，應只是各主要部落首領到單于庭集會，並無大規模的人馬移動。

　　陰曆的 5 月，近代草原遊牧民族進入夏草場開始另一段較為定居的生活。而且由於牧草豐富，此時的聚落最大。[64] 匈奴在 5 月大會龍城，顯示在當時的遊牧經濟活動中，此時也是容易聚集大量人群，而不致於影響遊牧活動的時節。至於龍城的性質，以及龍城所在，一向爭論頗多。於此，我贊同烏恩之說，他認為龍城是由廬落聚集而成，而非有固定建築的定居城鎮。[65] 至少，根據《後漢書》記載，西元 47 年的 5 月龍祠之會，單于是居於帳中的。[66] 適於大批人畜聚集之處應是水草無缺的地方，這很可能是河邊或是湖邊的夏季草場；但是我們沒有資料說明匈奴 5 月之會

62。《漢書》94a/64a，〈匈奴傳〉，頁 1598。

63. 關於單于庭的地理位置學者們多有論述：如內田吟風，〈單于之稱號匈奴單于庭の位置に就いて〉，《東方學》第 12 輯，1956；林幹，《匈奴通史》，第 4 章。在此我們並未涉及單于庭地理位置的探討，而只是強調擁有大批人畜的單于也是居於廬落，且需隨季節移動。
64. 江上波夫，《內陸アジアの自然と文化》，頁 26-27。
65. 烏恩，〈論匈奴考古研究中的幾個問題〉，《考古學報》4（1990），頁 417。
66. 《後漢書》89/79，〈南匈奴列傳〉，頁 1058。

的地點。

陰曆的 9 月，是草原遊牧民族由較聚集的、較定居的夏季草場生活轉移到較分散的、移動性較大的秋場的關鍵時刻。匈奴 9 月之會的習俗，顯示在當時的遊牧生活中，這是在冬季來臨之前一個可能聚集大批人畜的時刻。照中國的記載，匈奴的 9 月大會蹛林，是為了課校人畜。但以匈奴帝國之大，似乎不可能將所有的人畜集中一地加以點校。因此，關於匈奴課校人畜的 9 月之會，除了「國家」層次的聚會外，可能也在組成匈奴國家的各「部落」中進行，唯有在後者中才有可能將所有的人畜聚集點校。9 月之會的另一種功能可能為聚集可動員的戰士及作戰運輸用的牛馬。我們知道劫掠常為遊牧民族獲得輔助性經濟資源的手段之一；秋季士壯馬肥，一年的遊牧工作又大體完成，這時是青壯出外劫掠或參加戰爭的最佳時機。[67]西元 88 年，南單于要求漢廷出兵助征北匈奴，他稱：

「已徠諸部嚴兵馬，迄九月龍祠悉集河上」。[68]

這個記載似乎告訴我們 9 月之會的部分功能，而且也顯示這種需要聚集大批人畜的活動是在河邊舉行。

冬季是許多遊牧民族生活比較艱難的季節。為了避風寒，牧民大多居於冬場，非有必要不做長程遷移。當後漢時，南單于受中國保護，漢廷派兵護衛南匈奴的策略是「冬屯夏罷」。[69]這個記載似乎顯示，南匈奴

---

67. E. E. Evans-Pritchard, *The Nuer* (1940, reprint, Oxford: Oxford University Press, 1969); Jagchid and Hyer, *Mongolia's Culture and Society*, p. 21.

68. 《後漢書》89/79，〈南匈奴列傳〉，頁 1061。

69. 《後漢書》89/79，〈南匈奴列傳〉，頁 1059。

只在冬季需要保護，而在夏季則無必要。對此最好的解釋是：匈奴在冬季定點屯居，人畜羸弱，所以易受攻擊；相反的，在夏季已進入遊牧期，士壯馬強，而又經常移動，無需也無法受漢軍保護。

在遊牧社會的人類學研究中有一個爭論性的主題：是否平等（egalitarian）為所有遊牧社會的本質？在許多民族誌中都顯示，遊牧經常是對於資源不穩定環境的適應，為了應付無可預料的環境變化，「平等」的確實意義是每一遊牧單位都能對己身的遊牧事宜作決定。一般說來，平等的確是遊牧社會的結構通性，但學者們也可舉出許多相反的例子。[70] 事實上，一個遊牧社會平等與否涉及其自然環境的資源供應及其穩定性、市場經濟的層次，以及此社會對外關係的複雜性等。其中，對外關係最能影響一個遊牧社會是否為平等社會。換句話說，愈依賴家內式生產方式（domestic mode of production）的遊牧社會愈平等，愈需要以高層次的政治結構來獲取生活資源的，就不免在這方面有些犧牲。匈奴便是這樣的例子；他的國家結構已成為它經濟生態的一部分，為了恐嚇勒索定居民族或其他遊牧民族，國家必須有一支四季皆可出戰的軍隊。而為了支持這樣的軍隊，必然會破壞其遊牧的季節活動，或遊牧人力的分配運用。因此，匈奴統治下的牧民必然相當程度的受其國家及國家策略的影響，而不能自由決定遊牧事宜以應付突來的環境變化。譬如西元前72年，匈奴擊烏孫，《漢書》中記載：

---

70. 關於遊牧社會的平等自主性，在遊牧社會研究中是一個有相當爭論性的問題。這方面的討論參考：Gudrun Dahl, "Ecology and Equality: The Boran Case," in *Pastoral Production and Society*, ed. L'Equipe écologie et anthropologie des sociétés pastorales (Cambridge: Cambridge University Press, 1979), pp. 261-281; Talal Asad, "Equality in Nomadic Social Systems? Notes towards the Dissolution of an Anthropological Category," in *Pastoral Production and Society*, pp. 419-428; Philip C. Salzman, "Inequality and Oppression in Nomadic Society," in *Pastoral Production and Society*, pp. 429-446。

其冬單于自將數萬騎擊烏孫，頗得老弱。欲還，會天大雨雪，一日深數丈，人民畜產凍死，還者不能十一。[71]

《漢書》中所謂的冬季是 10 月到 12 月，因此是實際的秋冬之際。由此記載看來，匈奴的軍事行動至少有時是率人民畜產共行的。在歷史文獻中，西元前 68 年也有這樣的例子：

其秋，匈奴前所得西羼居左地者，其君長以下數千人皆驅畜產行，與歐脫戰。[72]

當時在長程征伐中，帶著人民畜產共行恐怕是很普遍的。在草原行軍作戰，匈奴軍隊無法也無須像漢軍那樣依賴補給。率著人民畜產，可解決補給的問題。但是經常發動這樣的大軍，因此破壞了遊牧季節活動，對匈奴的遊牧經濟必然造成很大的打擊。前述西元 72 年的例子，便是一個為了要配合「國家」的軍事策略而違反遊牧季節活動所造成的悲劇。中國文獻中常有匈奴擄人民，或向其他民族買中國俘虜的記載。[73] 這也顯示，因為政治的集中化以及執行對外劫掠的政策，[74] 匈奴在遊牧人力的調配上有相當的困難。

最後，匈奴遊牧單位的大小，在文獻上缺乏記載。據俄國學者 Vladimirtsov 的研究，在 11-13 世紀的蒙古社會中，由許多阿烏爾（Ayil）

---

71. 《漢書》94a/64a，〈匈奴傳〉，頁 1610。
72. 《漢書》94a/64a，〈匈奴傳〉，頁 1610。
73. 《漢書》94a/64a，〈匈奴傳〉；《後漢書》89/79，〈南匈奴列傳〉，頁 1063。
74. 由匈奴國家支持的對中國的劫略策略，可參考 Barfield, *The Perilous Frontier: Nomadic Empires and China*, pp. 49-50。

及數百廬落組成庫倫（Kuriyen）的大集團遊牧相當流行。[75] 先前我們曾提及，在許多遊牧地區造成遊牧流行的自然因素不只是乾旱，更重要的是當地氣象中有太多不可預料的因素。因此，遊牧的「移動」與「分散」在遊牧生態中的重要性不只是更廣泛、更自由的利用自然資源，也是為了避免或減少無可預料的自然災難帶來的損失。[76] 中國記載顯示，匈奴被漢軍擄獲的馬、牛、羊動輒數十百萬（見表一）。而且，在自然災害發生時，匈奴常有相當大比例的人畜傷亡。[77] 這些都顯示大集團遊牧可能早在匈奴時期即已出現；匈奴經常遭受大量的人畜死亡或被擄，很可能是因為遊牧人畜相當的集中，因而減弱了遊牧的避災功能。

（四）輔助性生計：農業、漁獵、掠奪與貿易

對絕大多數的遊牧人群而言，遊牧不是一種能自給自足的生業手段，他們必須從事其他經濟活動來補足所需的物資。由於遊牧本身的移動性與季節性強，因此這些輔助性生業如何與遊牧經濟配合，是一個重要的問題。以下我們由匈奴的農業、狩獵、掠奪與貿易諸方面來說明輔助性

75. B. Vladimirtsov, *Obshchestvennyi stroi mongolov. Mongol'skii kochevoi feodalizm* (Leningrad: Izdatelstvo Akademii Nauk, 1934), p. 41, quoted from Vainshtein, *Nomads of South Siberia: The Pastoral Economies of Tuva*, p. 188.

76. Susan H. Lees and Daniel G. Bates, "The Origins of Specilized Nomadic Pastoralism: A Systemic Model," *American Antiquity* 39 (1974), p. 188; W. W. Swidler, "Some Demographic Factors Regulating the Formation of Flocks and Camps among the Brahui of Baluchistan," in *Perspectives on Nomadism*, eds. by W. Irons and N. Dyson-Hudson (Leiden: Brill Press), pp. 69-75; P. H. Gulliver, *The Family Herds: A Study of Two Pastoral Tribes in East Africa, The Jie and Turkana* (London: Routledge & Kegan Paul Ltd., 1955), pp.164, 252; Gudrun Dahl, "Ecology and Equality: The Boran Case," in *Pastoral Production and Society*, p. 271.

77. 如《漢書》中記載西元前 68 年，匈奴發生饑荒，人民畜產死去十之六七。見《漢書》94a/64a，〈匈奴傳〉，頁 1610。

生業在匈奴經濟中的重要性。

（1）農業：

有關匈奴的農業，前人已有相當的研究成果。[78] 除了中國文獻中有關匈奴的儲粟、谷稼不熟、匈奴屯田車師等記載外，又有俄蒙考古學者在貝加爾湖附近發現的穀物遺存、農具以及定居村鎮等等。因此，以遊牧著稱於中國史上的匈奴亦有農業，或者匈奴境內確實有一部分居民從事農業是無法置疑的。

關於匈奴的農業有幾點值得進一步探討：首先，民族誌資料顯示，在遊牧經濟中納入某種程度的農業活動，在遊牧民族中相當普遍。[79] 匈奴的農業是否屬於這種類型？或是，匈奴中農業人口與遊牧人口分離，如許多學者所言，匈奴的農業主要由被擄獲的漢人來經營？[80]

事實上，這兩種情況都有可能發生。首先，與匈奴有關的農業工具與穀類遺存大都出土於外貝加爾地區，而這些地區也發現與匈奴有關的定居聚落或城址；[81] 相反的，這類農業與定居的考古遺存尚未在中國北方草原地區出現過。雖然仍待更多的考古學發掘，但目前的考古材料似乎顯示，匈奴的農業與定居生活在某些地區較普遍。其次，在中國文獻中，

---

78. 林幹，《匈奴通史》，頁137-138；烏恩，〈論匈奴考古研究中的幾個問題〉，《考古學報》4（1990），頁419-420。
79. E. E. Evans-Pritchard, *The Nuer* (1940, reprint, Oxford: Oxford University, 1969), pp. 75-85; Derrick J. Stenning, *Savannah Nomads: A Study of the Wodaabe Pastoral Fulani of Western Bornu Province Northern Region, Nigeria* (London: Oxford University Press, 1959), pp. 6-8; Vainshtein, *Nomads of South Siberia: The Pastoral Economies of Tuva*, pp. 145-165.
80. 林幹，《匈奴通史》，頁138。
81. 烏恩，〈論匈奴考古研究中的幾個問題〉，《考古學報》4（1990），頁409-436；林幹，〈匈奴城鎮和廟宇遺跡〉，《匈奴史論文選集》，頁413-429。

武帝后元元年（88 BC）秋，匈奴「畜產死，人民疫病，穀稼不熟」。[82]
這時是漢人衛律當權之時，他曾勸匈奴「穿井築城，治樓以藏谷，與秦
人守之」。因此，這條常被引用來證明匈奴農業的記載顯示，匈奴經營
農業在某種程度上是受漢人的影響。雖然如此，我們不能說匈奴的農業
及農業技術完全是從漢人那兒傳入，或匈奴的農業全由漢人經營。首先，
匈奴的人口組成複雜，除了蒙古草原民族及外蒙貝加爾地區的民族之外，
尚包括西域及中國北方長城地帶的人口，不但西域與中國可能帶來不同
的農業技術，草原本身在遊牧化之前也有其農業傳統，而在某些地區，
這農業傳統似乎從未消失過。[83]

　　無論如何，匈奴的農業在其經濟生態中的地位不宜誇大。最主要的
原因是，對絕大部分的匈奴活動區域而言，自然環境都不適於農業發展。
而且，匈奴的畜產中以大量的羊為主，而大群的羊難以與農業相容。[84] 再
者，中國記載中對於同時的其他遊牧民族如烏桓、鮮卑與西羌等都提到
他們的農業活動，[85] 但對匈奴《史記》稱其「無城郭常處耕田之業」。[86]
可見據漢代中國人的觀察，農業在匈奴遊牧經濟中的重要性遠較它在西
羌與烏桓、鮮卑中為低。

---

82 《漢書》94a/64a，〈匈奴傳〉，頁 1607。

83. S. S. Sorokin, "Drevnie skotovody Ferganskikh predgorii," *Issledovania po arkheologii SSSR*
(Leningrad, 1961), pp. 164-165; T. A. Zhdanko, "Nomadizm v Srednei Azii i Karakhstane," in
Istoriya, arkheologiya i etnografiya Srednei Azii (Moscow, 1968), pp. 276-278.

84. Lawrence Krader, *Social Organization of the Mongol-Turkic Pastoral Namads* (Indiana University
Press, 1963), p. 30.

85. 漢代河湟西羌的農業可見於《後漢書》〈西羌傳〉，這方面的研究見於：Ming-ke Wang, "The
Ch'iang of Ancient China through the Han Dynasty: Ecological Frontiers and Ethnic Boundaries,"
(Ph.D. diss., Harvard University, 1992), pp. 65-71；關於烏桓的農業見於《三國志》30/30，〈烏
丸鮮卑東夷傳〉，頁 706，引《魏書》。有關著作見內田吟風，〈烏桓鮮卑之源流と初期社
會構成〉，《北アジア史研究，鮮卑柔然突厥篇》（京都：同朋社，1975，再版1988），頁8-29。

86. 《史記》110/50，〈匈奴列傳〉，頁 1177。

最後，我們不能因為匈奴所擄的漢人基本上是農業民族，而斷定他們大多被擄去從事農業生產。事實上，長城沿邊的漢人可稱是牧業農人（pastoral-agriculturalists）。除了從事專業性畜牧以致富的例子，如秦時的烏氏（《史記》129/69），漢代的卜式（《史記》30/8）、馬援（《後漢書》24/14）等外，許多北邊的歷史名人，如衛青（《史記》111/51）、路溫舒（《漢書》51/21）、王尊（《漢書》76/46）等，在少年時都曾有牧羊的經驗。不僅如此，漢代政府也曾鼓勵百姓到邊縣畜牧。[87]《史記》中稱天水、隴西、北地、上郡等地「畜牧為天下饒」。[88] 西漢時匈奴單于舉兵入漢地，因「見畜布野而無人牧」，因而識破漢軍的馬邑誘敵之謀。[89] 另外中國史籍中又有許多匈奴入塞擄漢人畜產的記載。這些資料皆顯示北方沿邊漢人農村中的畜牧業相當發達。因此，這些被擄的漢人可以替匈奴從事農業，也可以為匈奴從事牧業。蘇武遭擄後被遣至北海牧羊的遭遇，恐怕不是偶然的例子。我們從匈奴經常在戰爭劫掠中擄人，而且被擄的不只是漢人，且包括烏孫、烏桓、丁零、鮮卑等遊牧民族，這些被擄的人應有相當大的一部分流入匈奴牧業之中。

（2）行獵：

《史記》中描述匈奴的經濟生活稱：

> 兒能騎羊引弓射鳥鼠，少長則射狐兔用為食。……其俗寬則隨畜，
> 因射獵禽獸為生業。[90]

---

87. 《史記》30/8，〈平準書〉，頁569。
88. 《史記》129/69，〈貨殖列傳〉，頁1339。
89. 《史記》110/50，〈匈奴列傳〉，頁1186。
90. 《史記》110/50，〈匈奴列傳〉，頁1177。

在許多遊牧經濟中，行獵普遍有其特殊功能。一般人常認為遊牧人群因擁有大量的家畜所以肉食無缺。事實上，遊牧民的家畜是生產的成本，而且為了保障在遭受突來的天災畜疫之後仍有相當的畜產以繁殖，牧民需要經常保持最大數量的畜牲，因此不輕易宰殺充為肉食。在此情況下，如果有適合的環境，靠行獵補充肉食以避免宰殺牲畜，是許多遊牧人群必要的生計手段。前漢時南單于及其民眾曾遷到長城附近以歸依漢，後來他們請求歸北的理由之一是「塞下禽獸盡」。[91] 由此可見狩獵對他們的重要。《新唐書》中記載，降唐的突厥人曾抱怨「禁弓矢無以射獵為生」。[92] 對12、13 世紀的蒙古人而言，打獵對他們的經濟也非常重要，因此俄國學者 Vladimirtsov 稱他們「不只是遊牧人群，而是遊牧兼行獵的人群」。[93]

　　前引《史記》中對於匈奴的狩獵生活的記載，提及的獵物有鳥、鼠、狐、兔。民族誌資料顯示，在 19 世紀末及 20 世紀初，在薩彥—阿爾泰地區最普遍的獵物是松鼠、兔、狐、貂、獾，以及羚羊、鹿（roe-deer，musk-deer），及狼等，其中又以松鼠、兔為最普遍。[94] 現今在蒙古草原上，最優勢的獸種就是各種鼠類如田鼠、黃鼠、兔尾鼠、沙鼠等等。[95] 雖然在遊記及蒙古史詩中提到的在蒙古草原或森林所獲的獵物大多是大型動物，[96] 但這些材料往往將狩獵當作一種英雄式的行為來記載或歌頌，因而不能反映出遊

91. 《漢書》94b/64b，〈匈奴傳〉，頁 1614。
92. 《新唐書》215b/140b，〈突厥下〉，頁 6051。
93. Vladimirtsov, *Obshchestvennyi stroi mongolov. Mongol'skii koche voi feodalizm* (Leningrad, 1934), p. 41, quoted from Vainshtein, *Nomads of South Siberia: The Pastoral Economies of Tuva*, p.188.
94. Vainshtein, *Nomads of South Siberia: The Pastoral Economies of Tuva*, p. 168.
95. 張榮祖，〈中國乾旱地區陸棲脊椎動物生態地理〉，見於趙松喬編，《中國乾旱地區自然地理》（北京：科學出版社，1985），頁 130。
96. Roy Chapman Andrews, *Across Mongolian Plains* (New York: D. Appleton and Co., 1921); Lobsangdanjin, *Altan tobci* (nova), trans. by C. R. Bawden and S. Jagchid (Cambridge: Harvard University Press, 1953), 1: pp. 24-25.

牧人群為了生計的日常狩獵行為。由《史記》及民族誌的記載看來，似乎小型動物才是匈奴人補充肉食的主要來源。再者，草原上的大型草食動物都有移棲性以適應不穩定的自然資源，[97] 這也使得牠們難以成為有固定牧地的匈奴人穩定的獵取對象。相反的，以上提及的小型動物都是定棲性動物，因此匈奴人能經常獵獲牠們以補充肉食。但在另一方面來說，也因為牠們是定棲性動物，過度的補殺可能造成「禽獸盡，射獵無所得」的結果。

除了打獵之外，匈奴人可能也靠採集補充部分食物。採集對象包括小型囓齒動物及可食植物。蒙古草原的鼠類大多是穴居且有冬眠的習性，[98] 因此較容易被掘獲。《漢書》稱蘇武在匈奴曾「掘野鼠去草實而食之」。[99]《元史》曾記載有遊牧部落的小孩掘草根為食；[100]《蒙古秘史》中也有婦女採掘根莖以助食的記載。[101]

（3）掠奪：

掠奪在許多遊牧社會中都是一種生態適應的手段。[102] 有關匈奴對外的劫掠，《史記》中記載：

> 其攻戰……所得鹵獲因以予之，得人以為奴婢，故其戰人人自為趨利……故其見敵逐利如鳥之集，其困敗則瓦解雲散矣。[103]

---

97. 張榮祖，〈中國乾旱地區陸棲脊椎動物生態地理〉，頁 130。
98. 同上，頁 129-130。
99. 《漢書》54/24，〈李廣蘇建傳〉，頁 1150。
100.《元史》1/1，〈本紀第一‧太祖〉，頁 2。
101.《蒙古秘史》校刊本，額爾登泰與烏雲達賚校（張家口：內蒙古新華書店，1980），卷 2. 74，頁 735。
102. E. E. Evans-Prichard, *The Nuer*, pp. 69, 84; Louise E. Sweet, "Camel Raiding of North Arabian Bedouin: A Mechanism of Ecological Adaptation," *American Anthropologist* 67 (1965): pp. 1132-1150.
103.《史記》110/50，〈匈奴列傳〉，頁 1181-1182。

以下是根據《史記》、《漢書》、《後漢書》記載，匈奴對中國劫掠發生的季節分布：

表二　匈奴對中國劫掠的發生季節分布

年代／季節	春	夏	秋	冬	資料來源
201 BC			＊		
200 BC				＊	HS 1b/1b：52
182 BC		＊		＊	HS 3/3：65
177 BC		＊			HS 4/4：73
169 BC		＊			HS 4/4：74
166 BC				＊	HS 4/4：75
158 BC				＊	HS 4/4：76
148 BC	＊				HS 5/5：81
144 BC		＊	＊		HS 5/5：82、SC 11/11：205
142 BC	＊				HS 5/5：83
135 BC	＊		＊		HS 6/6：87
129 BC				＊	HS 94a/64a：1603
128 BC			＊		HS 6/6：88
126 BC		＊	＊		HS 94a/64a：1603
125 BC		＊			HS 6/6：89
124 BC			＊		HS 94a/64a：1603
122 BC		＊			HS 6/6：90
120 BC			＊		HS 6/6：91
102 BC			＊		HS 94a/64a：1606
98 BC			＊		HS 6/6：100
91 BC			＊		HS 6/6：102
90 BC	＊				HS 6/6：102
87 BC				＊	HS 7/7：104
83 BC			＊		HS 94a/64a：1608
AD 45				＊	HHS 89/79：1057
AD 62				＊	HHS 89/79：1060
總計	4	7	11	8	

SC ＝史記；HS ＝漢書；HHS ＝後漢書
春＝ 1-3 月；夏＝ 4-6 月；秋＝ 7-9 月；冬＝ 10-12 月（漢曆）

基本上，遊牧人群的掠奪可分生業性掠奪（subsistence raids）與戰略性掠奪（strategic raids）；前者是為了直接獲得生活所需的資源，因而它必須配合遊牧經濟的季節活動，後者是為了威脅恐嚇定居國家以遂其經濟或政治目的，為了達到此效果，它經常是不定期發生。[104] 上表顯示雖然匈奴對外劫掠發生在秋季較多，但更重要的是他們在四季皆可能發動攻擊。因此，匈奴的對外劫掠是很明顯的戰略性劫掠的例子。Thomas Barfield 曾形容匈奴劫掠中國的方法為「外邊疆策略」（outer frontier strategy）；[105] 我們由匈奴的劫掠季節也可看出，這種劫掠的確是一種策略性的軍事行動。這樣的軍事行動對於一般部落組織中的遊牧民族來說，是有困難的，因為在任何季節發動軍隊，表示在任何季節許多牧民都可能被迫離開遊牧經濟。像這樣的策略只能存在於某種遊牧社會——在這社會中，牧民不完全依賴 Marshall Sahlins 所謂的「家內式生產方式」（domestic mode of production），[106] 而且有遠比「部落」來得複雜的政治組織。

　　匈奴除了掠奪中國外，它與鄰近的遊牧部族之間也彼此掠奪。

「冒頓以兵至大破滅東胡王，擄其民眾畜產」。[107]

「丁令比三歲入盜匈奴，殺略人民數千驅馬畜去」。[108]

「建平二年，烏孫庶子卑援疐合侯人眾，入匈奴西界寇盜牛畜，頗殺其民。單于聞之，遣左大當戶烏夷泠將五千騎擊烏孫，殺數百人，

104.Ming-ke Wang, "The Ch'iang of Ancient China through the Han Dynasty: Ecological Frontiers and Ethnic Boundaries," (Ph.D. diss., Harvard University, 1992), pp. 77-78.

105.Barfield, *The Perilous Frontier: Nomadic Empires and China*, pp. 49-51.

106.他在所著 *Stone Age Economics* 中提出這樣的概念並定義為「由家庭團體及親屬關係組成的經濟」。*Stone Age Economics* (New York: Aldine Publishing Co., 1972), p. 41。

107.《漢書》94a/64a，〈匈奴傳〉，頁 1597。

108.《漢書》94a/64a，〈匈奴傳〉，頁 1610。

略千餘人，毆牛畜去」。[109]

　　值得注意的是，依照中國的記載，匈奴的掠奪，無論是對定居農業
聚落或是遊牧團體，其虜掠的對象主要是畜產與人民。[110] 因此，不如一
般所認為匈奴對中國的掠邊主要是為了需要農產品，實際上，為了增添
或補充牲口及人力似乎更為重要。關於對外劫略人民及畜產在匈奴的遊
牧經濟中的意義，將在下面說明。

　　（4）貿易：

　　關於匈奴的對外貿易，林幹曾以文獻與考古資料說明他們與漢、烏
桓、羌、以及西域，甚至裡海東岸地區皆有貿易往來。[111] 札奇斯欽（Sechin
Jagchid）則指出，匈奴與漢代中國的戰爭與和平，與漢廷是否願開關市
貿易有絕對的關係；無關市，則有戰爭。[112]

　　匈奴與漢之間又有一種貢賜關係；匈奴向中國進貢物品，而中國
賜予他們等值或更豐厚的賞賜。余英時認為這是另一種形式的貿易。[113]
Thomas Barfield 曾計算漢賜予匈奴最豐厚的一筆賞賜，其中的穀類也只
能供應 700 個牧民一年之需（以穀類只占其總食物消耗量的五分之一計
算），而其他的如酒與絲等只是與民生無太大關連的奢侈品。因此，他
認為匈奴由和親之約及貢賜關係中獲得的漢帝國賞賜，基本上是被單于

109.《漢書》94b/64b，〈匈奴傳〉，頁 1617。

110.江上波夫，〈匈奴の經濟活動──牧畜と掠奪の場合〉，《東洋文化研究所紀要》9（1956），
　　頁 45-60。

111.林幹，《匈奴通史》，頁 145-148。

112.Sechin Jagchid and Van Jay Symons, *Peace, War, and Trade Along the Great Wall* (Bloomington:
　　Indiana University Press, 1989), pp. 21-22, 24-51.

113.Ying-shih Yü, *Trade and Expansion in Han China* (Berkeley: California University Press, 1967), p. 103.

用來賜給各部落首領，然後再由各部落首領轉賜下去，以此鞏固單于及各級首領的地位，而對於匈奴治下牧民的生計無補。也因如此，匈奴必須以劫掠與關市來滿足牧民的生活所需。[114]

　　一般認為中國並不需要與匈奴貿易，相反的匈奴卻十分依賴與中國的貿易。譬如，札奇斯欽認為北亞遊牧民族與中國的和平共存繫於雙方穩定的貿易關係，遊牧人群是樂於以和平的方法來獲得生活所需，只有當這種關係被切斷時遊牧民族才會發動戰爭去獲取生活資源，因而他將遊牧與定居的中國間的戰爭歸因於中國經常打斷這種和平的貿易關係。[115]這看法並不十分正確。以農村的生產方式而言，尤其是混合農業，農人的確比專化遊牧民在經濟上更能自足。但對於城鎮中的商人而言，他們是可能由與遊牧人群的貿易關係中取得極大的利益，而對這種貿易極感興趣。問題是像那樣常受到自然環境中不穩定因素打擊的遊牧生產方式，是否能經常有盈餘來進行這種貿易是有疑問的。[116]譬如，伊朗的一支遊牧人群 Baluch 與定居而從事灌溉農業的 Shahri 為鄰，在豐年時 Baluch 樂於與 Shahri 保持貿易關係，但在荒年時，Baluch 幾乎沒有什麼牲畜可供交易，因此他們必須掠奪 Shahri，在這種狀況下，他們兩者根本無法建立起穩定的交易關係。[117] 況且，我們在前面曾提及，為了供應生活所需，以及避免受到自然災害所帶來的無法恢復的畜產損失，遊牧人都希望保持最大數量的畜產。一個農人知道他穀倉裡有多少存穀可稱為「盈餘」，

114. Thomas Barfield, "The Hsiung-nu Imperial Confederacy: Organization and Foreign Policy," *Journal of Asian Studies* XLI. 1 (1981), pp. 52-54.

115. Jagchid and Symons, *Peace, War, and Trade Along the Great Wall*, pp. 24-51.

116. Khazanov, *Nomads and the Outside World*, p. 203.

117. P. C. Salzman, "The Proto-State in Iranian Baluchistan," in *Origins of the State*, eds. by Ronald Cohen and Elman R. Service (Philadelphia: Institute for the Study of Human Issues Publish, 1978), pp. 130-131.

但對於一個牧人來說，有多少畜產可稱為盈餘是難以估計的，因為自然災害帶來的損失無法預估。因此，對遊牧民來說，以經常穩定的畜產來供應市場是有困難。[118]

以匈奴與中國的貿易而言，匈奴依賴與中國的關市貿易這一點可說是毫無疑問。但是，顯然匈奴與中國間無法建立持久的正常貿易關係；破壞和平貿易關係的不只是中國，同時也是由於匈奴背約擾邊。我們應注意，即使是在雙方最穩定的貿易往來時期（景帝至武帝初），匈奴盜邊之事仍不間斷。[119] 況且，匈奴經常受到自然災害的打擊，在這些時期他們更不可能以畜產供應市場。在中國文獻中，也記載了匈奴經常對中國及烏桓、烏孫等鄰邦發動攻擊以擄掠畜產，顯示在畜產的自然增殖之外，他們經常需要以這種方式來補充畜產以應（1）生活所需，（2）對外交換，及（3）自然損失。這些歷史材料與民族誌材料顯示出同一現象：遊牧與定居人群間不容易建立起穩定的貿易關係，遊牧人群也難以只賴對外貿易來對外取得所缺的生活物資。

三、匈奴帝國與匈奴遊牧經濟的關係

對於遊牧人群經濟與政治形態之間的關係的研究，Pierre Bonte 與 Harold K. Schneider 曾有不同的意見，Schneider 認為經濟因素決定政治形態，Bonte 則指出政治的構成是決定經濟社會結構與變遷的主要動因。[120]

118.譬如，19 世紀時俄羅斯商人大量收購 Kazakh 的畜產以供應市場，曾造成當地遊牧人群的災難。資料見 Khazanov, *Nomads and the Outside World*, p. 204。

119.《漢書》94a/64a，〈匈奴傳〉，頁 1602。

120.John G. Galaty and Philip Carl Salzman eds., *Change and Development in Nomadic and Pastoral Societies* (Leiden: E.J. Brill, 1981), pp. 50-67.

這樣的辯論經常在馬克思與非馬克思主義學者間發生，是難有結果的，但是這顯示了學者們都注意到政治結構與經濟結構間的密切關係。從匈奴的例子中，我們將說明這個早期的遊牧社會是以某種政治形態來支持或補足它的經濟生態；在此，經濟生業與政治組織同為適應特殊環境的策略。

在先前我們曾提及，遊牧盛行的地區不只是缺乏農業資源，更重要的是這些資源不穩定，譬如：不穩定的雨量，突來的高溫或低溫，無法測知的大風雪等。在這樣的地區，遊牧的移動性使得牧民及其財產（畜牲）得以在適當的時候，以適當的組合來利用自然資源或逃避災難。而為了隨時以適當的人群組合來適應環境的變化，遊牧社會的結構需要有彈性，而且每一基本遊牧單位對於本身的遊牧事宜需有相當的決定權。基於這些原則，最常在一個遊牧社會中見到的便是所謂的「分散性結構」（segmentary structure）。[121] 這樣的結構最能從右圖中顯示：

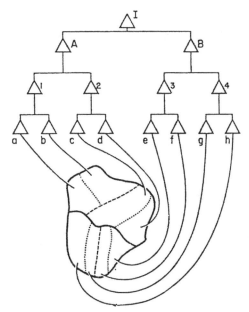

採自 Paul Bohannan, "The Migration and Expansion of the Tiv," *Africa* II, 1954：3。

121.Evans-Pritchard, *The Nuer*, pp. 142-150; Fredrik Barth, "Segmentary Opposition and the Theory of Games: A Study of Pathan Organization," *Journal of the Royal Anthropological Institute* 89 (1959), pp. 5-21; Pierre Bonte, "Segmentarité et Pouvoir chez les éleveurs nomades sahariens. Eléments d'une problématique," in *Pastoral Production and Society*, pp. 171-199; Marshall D. Sahlins, "The Segmentary Lineage: An Organization of Predatory Expansion," *American Anthropologist* 63 (1961), pp. 322-345.

在這樣的結構中，一個遊牧團體的大小有相當的彈性。在作戰時，他們可以根據外來敵對力量的大小，以團聚適當的力量來自衛或攻擊；戰後，立即解散各自回到遊牧單位之中。中國史料顯示，匈奴聚散之速也讓漢人吃驚，如《史記》所言：「其見敵則逐利如鳥之集，其困敗則瓦解雲散矣」。[122] 在平時，他們也須依據地形、牧草生長的狀況，隨時調整遊牧團體的大小。

關於匈奴的國家組織，前人已有很好的研究，[123] 我們無需重複這些探討。在此，我們的重點是匈奴國家組織[124] 與其遊牧經濟的關係。謝劍及其他學者皆認為匈奴的國家結構基本上是由單于領導，以下有以單于子弟分封的本土二十四部，各地方領袖於其領地內又設置裨小王、相、都尉、當戶、且渠為弼輔。又以騎為單位，由什長、百長、千長構成地

122.《史記》110/50，〈匈奴列傳〉，頁 1182。

123.謝劍，〈匈奴政治制度的研究〉，《史語所集刊》41（1970），頁 231-271；林幹，《匈奴通史》，頁 23-32；護雅夫，〈匈奴的國家〉，《史學雜誌》59：9（1950），頁 1-21；〈二四大臣——匈奴國家の統治機構の研究〉，《史學雜誌》80：1（1971），頁 43-60；Thomas Barfield, "The Hsiungnu Imperial Confederacy: Organization and Foreign Policy," *Journal of Asian Studies* XLI. 1 (1981), pp. 45-61。

124.「國家」（state）的概念及其本質，在所有討論人類政治演化的研究中都是一個爭論的主題，對於「國家」的定義學者們多有不同的見解。至於稱匈奴的政治組合為「國家」，我是基於以下的理由：（1）如謝劍先生所言，「匈奴並非簡單的部落社會，其政治制度中，確已發展出相當程度的權限劃分，固定的官位層次結構」（謝劍，頁247）；（2）以對外關係而言，匈奴以一個中央化的政治體來進行它的對外關係。我們對於「國家」的了解與定義經常是基於定居民族的例子；但是由於遊牧社會的結構特色，一個遊牧人群的政治組合經常與定居人群的有基本的差異，因此在討論遊牧國家時我們對國家需有一個更寬廣的定義。在本文中稱匈奴的政治組合為「國家」，主要是以此相對於在遊牧社會中更為普遍的「部落」（tribe）與「部落聯盟」（confederation）組織。它們最大的差別是，遊牧部落與部落聯盟沒有常設行政系統，而其結合經常是基於親族關係，這是為了應付外來挑戰的暫時凝聚，而遊牧國家則有常設的行政系統並以整體來進行對外關係。謝劍之文見於〈匈奴政治制度的研究〉，《史語所集刊》41（1970），頁 231-271。關於國家定義的一般性探討可參考 Henry T. Wright, "Recent Research on the Origin of the State," *Annual Review of Anthropology* 6 (1977), pp. 379-397; Ronald Cohen, "Introduction," in *Origins of the State*, eds. by Ronald Cohen and Elman R. Service (Philadelphia: Institute for the Study of Human Issues Publish, 1978), pp. 1-20。

方基層組織。[125] 林幹則指出，匈奴的各級官吏都是大大小小的軍事首長，除單于親自統軍作戰外，自左右賢王以下，直到大當戶，也都分別統軍，指揮作戰。[126] Barfield 則對中央及地方的關係有獨到的見解，他認為各加盟或被征服部落的首領是在各二十四長的統領下被納入帝國的行政系統內，而二十四長似乎是單于的地方代表。他並指出，這個體系最弱的一環是在加盟地方首領與帝國官員（二十四長）之間的關連上。因為地方首領雖名義上是國家政治階層的一環，但他們的權力來自於民眾的擁護，而在地方上享有相當的自治權。他並舉例說明，匈奴部落團體對他們自己的首領的忠誠勝於對單于的忠誠。[127]

以此看來，匈奴的左右賢王、二十四長以至於千長、百長、什長的組織，似乎就是一種由上層級而下的分散性結構。因此，可以說匈奴的政治組合是建立於有利於遊牧生活的社會結構之上，或至少是不違背遊牧經濟中的分散原則。但是，是否匈奴的「國家」對他們的遊牧經濟毫無不良影響呢？我相信並非如此。在一個部落組織中的分散性結構是沒有階級性的，在上圖中 a、b、c、d 這些自主的基層單位之上沒有常設的統治機構及領袖，因此他們是平等的、自主的。[128] 但是在匈奴的國家組織及國家政策下，是否每一遊牧單位對於遊牧事宜仍然能自作決定？這一點恐怕是有困難。

首先是遊牧經濟中的人力問題。我們知道，在任何形式的遊牧經濟

125.謝劍，〈匈奴政治制度的研究〉，《史語所集刊》41（1970），頁 264-265; Thomas Barfield, "The Hsiung-nu Imperial Confederacy: Organization and Foreign Policy," *Journal of Asian Studies* XLI. 1 (1981), pp. 48-49.

126.林幹，《匈奴通史》，頁 27。

127.Barfield, "The Hsiung-nu Imperial Confederacy: Organization and Foreign Policy," pp. 49-51.

128.Marshall D. Sahlins, *Tribesmen* (Englewood Cliffs, New Jersey: Prentice-Hall, INC., 1968), pp. 50-51.

中，人力的運用都是相當大的問題。不但畜牲需要照顧，而且由於動物草食的習性不同，有時還需分群照顧。此外，取乳、製酪、剪毛、照顧初生動物，以至於打獵、採集、貿易等輔助性經濟活動，都需要相當的人力。因此在一個遊牧家庭中的分工是包括所有的成年男女以及老年人及幼童。[129] 匈奴的畜產以羊為主體，而民族誌資料顯示，羊是最需要人力照顧的牲畜。[130] 匈奴為了維持一支大軍，在任何季節隨時對中國發動攻擊，顯然嚴重影響到遊牧人力支配。匈奴解決人力問題可能有兩個途徑；一是採大集團遊牧，一是對外擄人以補充人力。這或許能解釋為何匈奴的畜產常大批的死於災變，或被漢軍大量擄獲，以及匈奴對外劫掠時常擄人民而去。

其次，匈奴的軍事行動，以及由此引起的敵對國家的反擊，毫無疑問的會嚴重影響他們的遊牧經濟。如前述西元前 72 年冬，匈奴擊烏孫，軍還時遇上大雪「人民畜產凍死，還者不能什一」。在此之時，丁零、烏桓、烏孫又乘其弱出兵攻擊，匈奴損失近三分之一的人民及一半的畜產。[131] 這些畜產的損失固然是由於天災及戰爭，但由於國家的軍事行動，而造成的遊牧失期所導致的損失應該是更嚴重且普遍。譬如，西元前 72年漢軍對匈奴的大舉出擊，匈奴「老弱奔走，敺畜產遠遁逃」，因此漢軍擄獲很少；但中國文獻中也記載著，這時匈奴民眾及畜產因「遠移」而死者不可勝數。[132]

129.Rada Dyson-Hudson and Neville Dyson-Hudsom, "Nomadic Pastoralism," *Annual Review of Anthropology* 9 (1980), pp. 21-25, 55.

130.Lawrence Krader, *Social Organization of the Mongol-Turkic Pastoral Nomads* (The Hague: Mouton & Co., 1963), p. 30.

131.《漢書》94a/64a，〈匈奴傳〉，頁 1610。

132.《漢書》94a/64a，〈匈奴傳〉，頁 1609。

匈奴的國家組合對其遊牧經濟本身是不利的，但匈奴輔助性經濟中的劫掠與貿易卻靠著「國家」來推動及擴大其效果。劫掠，除了直接獲得物資外，不定季節的劫掠更能發揮恐嚇或騷擾的效果，而不定期的軍事動員又必須依賴具有國家規模的政治組織來支持。以這種策略性的劫掠，匈奴從烏桓、及西域諸國那兒得到稅收與貿易權，從中國那兒得到和親、歲賜與貿易的利益。部分的利益又經由單于及其下的部落首領系統分配下去，以此匈奴的國家組織得以鞏固。[133]

由這樣的關係看來，我們可以說匈奴這樣的政治組合是它整個經濟體系的一部分。在這樣的政治組合之下，匈奴的經濟生態可能如下。首先，在地方的層次，部落的組合占領一個生態區，在這生態區內有遊牧所需的草原及森林，但由於自然環境中的無可預測的因素太多，使得遊牧的生產不可依賴。而且無論是遊牧或是狩獵（在固定牧區內獵取定棲動物），增加人力的支出都無法保證收獲的相對增加，因而有超部落的國家組織出現。在匈奴國家的層次上，匈奴生態區的邊緣擴及與森林遊牧民族、綠洲定居民族、及漢農業定居民族接壤的地區，因此與這些民族的往來（貿易與掠奪）也成為它經濟生態的一部分。這個組合一方面是建立在原有的遊牧社會組織之上，以期不妨礙遊牧經濟；另一方面以優越的移動性及戰鬥力，來對外取得補充性生活資源及奢侈品，而這些補充性生活資源及奢侈品經由領導系統分配下去，整個領導體系便可賴以維持。這整個體系的弱點在於，匈奴的「國家」機構及其策略不免影響遊牧經濟，其中最嚴重的問題便是它破壞了遊牧經濟中分散的原則，以及人力運用的平衡。

133.Barfield, "The Hsiung-nu Imperial Confederacy: Organization and Foreign Policy, " pp. 52-54.

四、匈奴與西羌在遊牧經濟 與政治組合上的比較

匈奴的遊牧經濟與其國家組織的關係，可經由與漢代河湟西羌的政治經濟比較而凸顯出來。

在東進之前，漢代西羌的主要活動地區是今西寧河谷及黃河上游；此即漢史上有名的河湟地區。在這兒，造成遊牧的環境因素是高度；高度限制了農業的發展，使依賴農業的新石器時代先民只能活動於狹小的河谷地區，而廣大的高地植物資源未能開發使用。因此，當受到西元前1000-500年間歐亞草原的遊牧化波及時，這一地區的人群也逐漸減低農業在他們經濟中的重要性，而開始過一種依賴馴養動物的草食性以利用環境資源的移動性生活。這個遊牧化的過程很清楚的在當地的考古遺存上表現出來：在齊家文化時期之後，特別是在卡約文化時期，當地的人群逐漸放棄養豬而偏好飼養馬、牛、羊；放棄大型陶器而使用便於攜帶的小型陶器；偏好小型飾物，及隨身攜帶的磨石及小刀；可稱為農具的工具消失；由隨葬豬的下顎骨轉變為隨葬馬、牛、羊的腿骨或趾骨。[134]

漢代河湟西羌的經濟生活可略述於下：首先，他們擁有的畜類主要是馬、牛、羊。只有在羌亂時東進的羌人部落才擁有較多的驢、騾、駱駝等。他們沒有犛牛或尚未大規模牧養這種動物；因此，他們也無法利用近代遊牧藏族使用犛牛才能利用的高海拔植物資源。在另一方面，至少他們中的一些大部落仍從事農業，因此肥美谷地是諸部落爭奪的對象。

134.關於河湟地區的先民由仰韶—龍山式農業演化為遊牧的過程，請參考：Ming-ke Wang, "The Ch'iang of Ancient China through the Han Dynasty: Ecological Frontiers and Ethnic Boundaries," (Ph.D. diss., Harvard University, 1992), pp. 14-57.

總之，因為要照料農作，以及沒有大規模牧養旄牛，他們活動的生態空間應是河谷及附近的山區高地。[135]

　　一個兼營農業的羌人遊牧團體的季節移動可能如下：春季，從一年的第 4 個月開始離開冬草場。首先移到較低的谷地「就田業」，待整地播種完成之後，才開始一年的遊牧工作。夏季，基本上是分散遊牧的季節。夏秋都是豐盛的季節，經過一夏的牧養，到了秋季，畜牲肥壯，羌人的麥作也在這時收穫。士強馬壯，一年的遊牧工作又大體完成，因此這也是羌人出外劫掠的季節。冬季是羌人的艱難季節，此時他們居於山中避寒，這是一年中的定居季節。比起夏季來，這時的羌人也較聚集。這種冬季生活延續到 3 月底。[136]

　　與匈奴相似的是，羌人的遊牧也不是一種能自足的經濟生業，他們也有一些輔助性生業，如農業、狩獵、劫掠與貿易等等。但是在對不同輔助性生業（狩獵除外）的依賴上，西羌與匈奴有相當大的差別。首先，西羌可能遠較匈奴依賴農業。如前所述，《史記》對匈奴經濟概括性敘述中說匈奴是沒有田業的；目前考古學上所見的匈奴時期的農業只集中在某些地區。以自然環境來說，草原也是農業難以獲利的地區。因此，以漢式農業強大的滲透力，在秦漢時也只能以長城自限。但是，河湟地區的情形則不同。黃土沿西寧河谷及黃河河谷一直分布到河湟地區，在仰韶時期，仰韶式的農業文化即沿黃土分布及東部河湟。一直到近代，還是有黃土就有農業存在。[137] 在中國文獻中，有許多羌人種麥或穫麥的

---

135. 同上，pp. 61-71。
136. 同上，pp. 71-79。
137. Robert B. Ekvall, *Cultural Relations on the Kansu-Tibetan Border* (Chicago: The University of Chicago Press, 1939), pp. 4-5.

紀錄。漢羌衝突的關鍵就在於對河湟農業帶的爭奪；漢朝政府一方面驅逐羌人，一方面移民開墾。而羌人則一再要求回故土「就田業」，或攻擊漢人的屯田區。[138]

其次，羌人對中國的掠奪，與匈奴所為也大有不同。歷史文獻顯示，在西元 107 年的羌亂之前，西羌對中國的掠邊有季節記載的有 7 次，其中有 6 次都發生在 7 月至 10 月；[139] 因此我們知道這是一種配合遊牧季移的劫掠方式，也是一種生態性的掠奪；與匈奴不定季節的戰略性掠奪不同。尤其明顯的差別是：匈奴掠邊的目的除了掠奪人畜之外，主要在於要求和親、賞賜與通關市。但河湟西羌並沒有作這些要求，因此漢廷對於羌人掠邊問題無法以通關市或賞賜來解決。

最後，西羌與匈奴不同的是在對外貿易上；對外貿易在西羌的經濟生態中似乎沒有多少重要性。首先，以河湟的地理環境來說，高山狹谷使得交通不易，因此這是個不適於長程貿易活動的地區。其次，羌人的馴養動物以馬、牛、羊為主，而在這深谷險隘的地區，此三者都不適於作為組成商隊的馱獸。[140] 再者，如前所言，通關市並非他們與漢人衝突的經濟動機；在中國記載中也很少見西羌的貿易活動。唯一的紀錄是西羌將中國俘虜賣給匈奴。[141] 有些學者以《史記》中「西有羌中之利」的

138.關於漢羌衝突的經過可參考：Margaret I. Scott, "A Study of the Ch'iang: with Special Reference to their Settlements in China from the Second to the Fifth Century A. D." (Ph.D. diss., University of Cambridge, 1952); R. de Crespigny, *Northern Frontiers: The Policies and Strategy of the Later Han Empire* (Camberra: Australian National University Press, 1984), pp. 54-172；周錫銀、李紹明、冉光榮，《羌族史》（成都：四川人民出版社，1984），頁 53-110。

139.Ming-ke Wang, "The Ch'iang of Ancient China through the Han Dynasty: Ecological Frontiers and Ethnic Boundaries," (Ph.D. diss., Harvard University, 1992), pp. 76-78.

140.J. F. Downs and Robert B. Ekvall, "Animal Types and Social Types in Tibet," in *Man, Culture, and Animals*, ed. by Anthony Leeds and Andrew P. Vayda (Washington D.C.: American Association for the Advancement of Science, 1965) , p. 176.

141 《後漢書》89/79，〈南匈奴列傳〉，頁 1063。

記載（129/69，頁 1339），或是以《後漢書》中所載，東漢初「天下擾亂，唯河西獨安，而姑臧稱為富邑，通貨羌胡，市日四合」（31/21，頁396），來證明漢羌貿易的重要性。[142] 姑臧屬武威郡，位於河西自不待言。事實上，所有這些或所謂畜產富饒，或與商業活動有關的「羌中」或「羌」的記載，都指的是河西地區及其地的非漢居民，而與《後漢書》〈西羌傳〉中的主角「河湟西羌」無關。[143] 在漢代，河湟地區無論如何也稱不上富庶；除了賣漢人俘虜給匈奴外，我們也見不到該地的羌人有其他商業活動。

前面我們曾提到匈奴的遊牧經濟無法自足，而它的國家組織可在某種程度上彌補這個缺陷。以遊牧國家的力量才能在任何季節發動劫掠，以直接取得物資或所缺的人力，或以這種劫掠威嚇鄰邦以得到貢稅或貿易權。那麼與西羌的遊牧經濟對應的政治組織又是如何呢？從中國文獻中我們知道，適與匈奴相反，西羌的政治組織主要是以父系氏族為主體的各部落，他們在對付中國時至多也只能結為暫時性的部落聯盟，且每一次在聯盟組成時都要先「解仇、交質、盟詛」，戰爭一結束，聯盟即瓦解。[144] 他們從未組成像匈奴那樣的中央化的政治組合。

---

142. Ying-shih Yü, *Trade and Expansion in Han China* (Berkeley: California University Press, 1967), pp. 105-106；周錫銀、李紹明、冉光榮，《羌族史》，頁 107。

143. 黃烈曾提出羌的概念有一個由中原西移的過程；見黃烈，〈有關氏族來源與形成的一些問題〉，《歷史研究》2（1965），頁 104-106。我在博士論文中也曾提出：從商代到秦漢，華夏人對於「羌」的觀念，表現出華夏人自我界定的西部族群邊緣；隨著華夏族群的擴張，這個族群西方邊緣在地理上也逐步西移。至於羌中的地理概念，在秦漢之際也有一個由洮河流域遷於河西，再移到河湟的變遷過程。由《漢書》地理志中所載羌中、南羌中的位置，以及《史記》張騫列傳中所描述張騫欲由西方返漢路線中的「羌中」所在，以及居延漢簡中記載的羌人與羌中，都顯示在西漢司馬遷的時代「羌中」主要指的是河西一帶。見 Ming-ke Wang, "The Ch'iang of Ancient China through the Han Dynasty: Ecological Frontiers and Ethnic Boundaries," pp. 98-140。

144. 《漢書》69/39，〈趙充國傳〉，頁 1335-1336；《後漢書》87/77，〈西羌傳〉，頁 1028、1030。

這一點或許與西羌的遊牧經濟有關。與匈奴相同，他們的純遊牧經濟不能供應生活所需；但與匈奴不同的是，他們並沒有發展出一種超越部落的政治及軍事組織，以團結力量向河湟之外取得生活資源（無論經由貿易或掠奪）。相反的，他們傾向於在部落間解決；由於資源匱乏，部落間為了爭草場而互相掠奪。無止的部落戰爭使得各部落間互相猜忌、仇恨。在這樣的生態下，部落成了最重要的社會組織，任何超部落的政治結合都是短暫的。在每一次結盟與中國對抗之後，西羌的部落聯盟即解散，又回到各部落分立中；這顯示，影響他們遊牧經濟的政治因素中最重要的不是與中國的關係，而是部落間的關係。即使在與中國作戰期間也是如此。漢代平羌將領趙充國曾稱，西羌在冬天不敢攻擊中國，一方面因為此時他們的馬羸弱，一方面是因為恐怕青壯盡出時，留守的部落婦孺會受其他部落攻擊。[145] 在 20 世紀初時，河湟地區的遊牧社會中這種部落間的相互仇恨的現象也曾吸引西方人類學家的注意。[146] 事實上，早在兩千多年前，中國的伐羌將領如趙充國者，即深深了解河湟西羌的此一社會文化特色。[147]

Rada Dyson-Hudson 與 Eric Alden Smith 曾建立一個人類的領域性（Human Territoriality）的生態性解釋。他們認為「領域」的產生是由於重要的生存資源在某一時間空間中很豐富且可以預測，控制這些資源便可得到利益，如此使得付出代價來利用及保衛此一區域變得非常重要。

145.《漢書》69/39，〈趙充國傳〉，頁 1341。

146.Robert B. Ekvall, "Peace and War Among the Tibetan Nomads," *American Anthropologist* 66 (1964), pp. 1119-1148.

147.趙曾謂：「羌人所以易制者以其種自有豪，數相攻擊勢不一也」，見於《漢書》69/39，〈趙充國傳〉，頁 1335。

148.Rada Dyson-Hudson and Eric Alden Smith, "Human Territoriality: An Ecological Reassessment," *American Anthropologist* 80 (1978), pp. 21-41.

[148]Emanuel Marx 也曾以中東遊牧民族的例子說明，部落是一種生計單位，控制一個能供應多種資源的領域，這領域也就是「生計區域」（area of subsistence），它的大小主要是由牧民在不同季節的遊牧需要來決定。[149] 以上學者的研究，事實上都是希望探索遊牧人群的政治組合或「領域」的大小，與其經濟生態間的關係。他們的探討多少都只注意與遊牧直接有關的自然資源，或將在一定區域內的人類經濟生態視為一個封閉的體系。由匈奴與西羌的例子，我們可以說一個遊牧人群的政治組合及其所控制的領域的大小，固然和其地的四季水草資源的分布有關，但更重要的是決定於資源的可預期性（predictability），他們從何處得到可靠的輔助性資源，以及他們在與什麼樣的人群組合打交道以取得這些輔助性資源。以匈奴而言，各部落在自己的「分地」中的資源不足以維生，而且這些資源難以預期，因此有超部落的「國家」來將生業區域擴張至與中國、西域及烏桓、鮮卑等接觸的地區，因此得以從掠奪、貿易或貢稅中擴張其生存資源（較穩定且能預期的生存資源），以減少或消除部落間的相互掠奪。因為向外取得資源的對象是如烏桓、鮮卑那樣的大部落聯盟，或如漢代中國那樣的龐大帝國，因此超部落的國家成為爭取及維護資源的重要政治組合。以河湟西羌而言，他們所生存的環境也是一個資源匱乏的地區。但是可能由於河湟地區的地理封閉性，以及高山狹谷的地形，使得他們對外交通不便，難以發展對外關係以取得輔助性生活資源。在另一方面，一個部落若能控制一個如大小榆谷[150]那樣的美好山谷，

149.Emanuel Marx, "The Tribe as a Unit of Subsistence: Nomadic Pastoralism in the Middle East," *American Anthropologist* 79 (1977), pp. 343-363.

150.大小榆谷數見於《後漢書》〈西羌傳〉，土地肥美，為西羌各大部落爭奪之地，也是漢羌必爭之地。其位置約在青海省貴德、尖扎之間。

在谷地種麥，在附近的山地遊牧，生存所需大致無缺。因此，以這種混合經濟手段，一個美好的山谷便為自然資源穩定，值得傾力保護與爭奪的對象。如此，資源競爭的對象，以及向外獲取輔助性資源的對象，都是其他的西羌部落；「部落」便成了保護本身利益並向外取得輔助性生存資源最重要的政治組合。

五、結論

在本文中，我們首先探討了匈奴的遊牧經濟。由匈奴的畜類組合、牧地、季節遷移來描述他們的遊牧生活方式。由於遊牧不是一種能自給自足的經濟手段，輔助性生業也必須當作遊牧經濟或生活的一部分來考慮。因此，我們也探討了匈奴的農業、狩獵、掠奪與貿易。在這探討中，我們發現匈奴的掠奪與貿易與它的「國家」組織有相當關連。在第三節中，我們說明了匈奴如何在遊牧的分散性社會結構上建立其國家組織，這個政治組合控制一個生態空間，其中不但包括與遊牧有關的草原與森林，而且在其邊緣還能以劫掠與貿易來對外取得資源。由國家組織來支持對外的劫掠，並以此得到貢稅、貿易的利益，部分的利益又用來鞏固國家領導系統。因此，匈奴的國家組織可說是為了補足遊牧經濟的一種設計。我們並以漢代另一個內陸亞洲的遊牧人群西羌來與匈奴作比較。河湟西羌在經濟生業上與匈奴最大的不同是在於輔助性生業上；他們較依賴農業，而較少依賴對外貿易。所謂向外取得輔助性資源，事實上就是向其他羌部落掠取，因此部落成為最重要的政治組合形式。由此看來，河湟西羌的部落組織也可以視為配合當地遊牧經濟，保護或向外取得生存資源的一種人群結合。

遊牧帝國及其中的英雄故事常讓我們對於這種生活方式有許多憧憬。在許多學術研究中，我們也經常讀到遊牧帝國對於周鄰的定居國家予求予取的歷史。[151] 事實上，遊牧國家並不是在任一方面都占有優勢；由於人類學的遊牧社會研究，我們知道一個遊牧人群的經濟及其社會結構間有緊密而又敏感的關係，而且都受某些結構性原則影響；其中「分散」可能是最重要的結構原則。由匈奴的例子來看，過度集中的政治組合及由此產生的對外政策，顯然嚴重影響了遊牧經濟與社會的分散性，也影響了遊牧人力的分配。這是匈奴國家政治組合最大的弱點，也部分解釋了為什麼匈奴一再受創於大量的畜牲被擄或死於天災，在它的內部又不時有部落分裂的活動，同時他們又需要在戰爭中擄取畜產人民。這一切都顯示建立在遊牧經濟及遊牧社會結構上的國家組合，自有其內部的弱點，這弱點主要在於遊牧經濟的季節性移動，與社會組織自由聚散的能力，有時不免受國家的影響。

　　Khazanov 曾指出，基本上遊牧社會的生產方式是不能自足的（nonautarky）；它不但不能離開輔助性的經濟活動，而且也不能脫離為了克服經濟的單一性所從事的政治與社會活動。[152] 這的確是精闢的見解。顯然，遊牧人群經濟的自足性會有差異，而將由不同的輔助性生業來補足；譬如農業、採集、狩獵、貿易或掠奪。其中貿易與掠奪影響遊牧民族的對外關係；而對外關係又決定他們的政治組合形式。[153] 匈奴與西羌

---

151. Thomas J. Barfield 認為匈奴的國家構造足以對付來自中國的壓力，因此中國對匈奴的征伐大多徒勞無功。見氏所著 *The Perilous Frontier*, pp. 51-59。

152. Khazanov, *Nomads and the Outside World*, p. 70.

153. Philip Burnham, "Spatial Mobility and Political Centralization in Pastoral Societies," in *Pastoral Production and Society*, p. 358.

的例子，印證了遊牧是對特定的生態環境的適應，[154] 以克服環境中農業資源的貧乏及不可預期性。這兩個早期遊牧社會的例子也說明為了適應特定環境，一個遊牧經濟體系不只是由生產工具或經濟手段來決定，同時也由其社會結構與政治組織來補足。

參考書目 ———————————————————

- 《史記》。臺北：藝文印書館。
- 《漢書》（《漢書補注》）。臺北：藝文印書館。
- 《後漢書》（《後漢書集解》）。臺北：藝文印書館。
- 《三國志》（《三國志集解》）。臺北：藝文印書館。
- 《新唐書》。臺北：鼎文書局，正史全文標校本，1979。
- 《元史》。臺北：鼎文書局，正史全文標校本，1980。

——本文原刊載於《中央研究院歷史語言研究所集刊》64：1（1993.03），頁 9-50。中央研究院歷史語言研究所集刊授權使用。

———————————————

154.Steven A. Rosen, "Notes on the Origins of Pastoral Nomadism: A Case Study from the Negev and Sinai," *Current Anthropology* 29 (1988), pp. 498-506.

一、遊牧民族經濟與社會結構的關係

① 核心關懷在於自然環境如何影響遊牧族群的生活方式、人群的組合型態，以及與定居族群之間的互動。

② 匈奴實際上與漢代中國互動時，不如我們想像中有優勢。

二、匈奴的遊牧經濟

① **自然環境：**

溫帶乾旱和半乾旱氣候區、雨量不穩定；活動範圍為多山的高原邊緣、山地與草原接壤的地方，包含草原、森林、山區；位在有利溝通四周族群的地理位置。

② **牧區：**

草原：廣度足以提供不同季節的水草資源。

森林和山區：作為獵場、木材來源（製作穹廬、弓矢等），以及草原不適合居住時的生活場域。

鄰近定居族群的位置：取得自己無法生產的日常用品。

③ **畜類：**

羊：主要肉、乳類來源。良好的適應、繁殖能力，可以降低自然災害的損失。

馬：放牧的坐騎，利於控制、保護羊群，也負責載運工作，或是為戰爭、掠奪的工具。

牛：用來牽引、載運物資。例如：匈奴的帳幕就安置在車上，移動時

由牛來牽引。

有些學者強調遊牧的機動性，有利匈奴逃離中國的攻擊。但是匈奴也擁有大量的牛、車，造成移動速度較慢，且容易受到天候、路況、維修的影響。

④ **季節遷移：**

不同地區的自然環境，影響了不同族群的遊牧型態。

⑤ **輔助性生計：**

遊牧並非完全自給自足，需要其他經濟活動補充不足的物資。

農業：有從事農業的紀錄，但不能過度誇大其影響力。

狩獵：補充肉食，減少宰殺豢養的牲畜。

掠奪：為了威嚇定居國家來達到經濟、政治目的的戰略性劫掠為主。

　　　掠奪的對象為畜產或人民，而非一般認為的農產品。

貿易：不容易建立穩定的貿易關係。

三、匈奴帝國與遊牧經濟的關係

① 遊牧社會最常見的組織型態為「分散性結構」。

② 匈奴國家組織的結構，基本不違背分散原則，也有助於對外劫掠、貿易的成效。

③ 但國家對人力的召集、軍事行動招致敵對國家的反擊，也影響了匈奴的遊牧經濟。

四、匈奴與漢代河湟地區西羌的比較

① 羌人較匈奴依賴農業。

② 羌人對中國的掠奪，為配合遊牧季節遷移的生態性掠奪。

③ 對外貿易似乎在不具太重要的經濟地位。

④ 西羌的政治組織以父系的部落為主，偶有短暫的部落聯盟。比起組成超越部落的組織，對外進行貿易或掠奪，他們更傾向在部落之間解決資源匱乏的問題。

⑤ 兩者的差異在於，彼此生活領域擁有的資源與其可預期性，因而以不同的社會結構和政治組織，補足其經濟體系的不足。

|導讀| 梁其姿，〈明末清初民間慈善活動的興起：以江浙地區為例〉

陳識仁

中國古代由官方主持的慈善機構，大約自南北朝時期開始出現，此後歷代皆有。由於此時濟貧救難活動深受佛教思想影響，此類活動也引起不到非議，並受政府監督。唐武宗滅佛運動後，改為由國家出資、地方名望父老管理，濟貧的責任從宗教團體落在政府身上。宋代以後，扶弱濟貧一直是當政者責無旁貸的道德任務，寺院雖一直扮演輔助的角色，但重要性已遠不如唐代。

到了南宋，在中央政府積極推動與地方官員意願升高的條件下，慈善機構的設立既普遍又多樣。但長期下來，經常遭遇到財務上的困難，漸漸需由依靠地方人士的捐資、捐田，慈善事業的經費已有部分改由私人負擔，主要推動者與經營者仍是官方。當時的扶弱濟貧，是一種道德上的責任而非實際的管理問題，它是一種理想主義，容易導致經費與管理問題。明朝在洪武帝推動下，全國普設養濟院，既是慈善事業也是社會控制的方法，清乾隆以後，官僚式的管理愈趨成熟。只是，不論明清，慈善機構內部的貪污舞弊問題，始終無法根治。

梁其姿教授又以明末清初的浙江地區，作為觀察慈善活動變化的窗

口，發現民間從事並推動慈善活動的力量日益興起，並由此分別探討：1. 慈善活動背後的觀念；2. 慈善活動與重建社會秩序之間的關係；3. 慈善活動的實際效能問題。

要之，明末清初的民間活動反映兩種主要變化：一是中央政府在管理方面漸失其主動性，由地方精英分子取而代之，這些人的身分複雜，包括了生員、商人、知識分子與一般富戶。這種由地方精英分子所推動的慈善機構，比起過去以官方為主的慈善機構比較起來，更有組織性、持久性，能避免貪污舞弊，可以長時間推動並維繫。另一則是民間在思想上的變化，此時各類地方慈善機構的籌建者與領導人，往往是名不見經傳的「善人」，這說明民間的思想已起了相當大的變化，善書的普及很可能是思想變化的重要因素，而同善會的成立與各種慈善活動的快速制度化，可說是這類思想的具體例證。

┌─ ◆ 108 課綱相關條目對照說明 ─────────────────┐
梁教授的文章對應「民間社會組織的型態」（條目 Gb-V-1）、「社會組織與國家的互動」（條目 Gb-V-2），可以了解民間社會組織的宗旨、運作方式等，以及與政府合作互動的關係。
└───────────────────────────────────┘

延伸閱讀

1. 梁庚堯，〈家族合作、社會聲望與地方公益：宋元四明鄉曲義田的源起與演變〉，收錄在中央研究院歷史語言研究所編，《中國近世家族與社會學術研討會論文集》（臺北：中央研究院歷史語言研究所，1998），頁 213-237。
   本文對應「民間社會組織的型態」（條目 Gb-V-1）。
2. 邱澎生，〈由蘇州經商衝突事件看清代前期的官商關係〉，《臺灣大學文史哲學報》43（1995.12），頁 37-92。
   本文對應「民間社會組織的型態」（條目 Gb-V-1）、「社會組織與國家的互動」（條目 Gb-V-2）。
3. 莊吉發，〈清代民間宗教的源流及其社會功能〉，《大陸雜誌》82：2（1991），頁 1-16。
   本文對應「社會組織與國家的互動」（條目 Gb-V-2）。

明末清初民間慈善活動的興起：
以江浙地區為例

梁其姿*

　　16世紀末期，一種新的民間慈善活動開始普遍，到了17、18世紀，這種活動，已發展得相當成熟，各種機構相繼成立。清初開始雖然政府的權力慢慢介入這些活動，不過，仍然無法完全取代民間的力量。這個趨勢在江浙地區尤為明顯，本文以此地區的慈善活動發展為例，對這一問題作初步的探討。[1]

　　在各種慈善事業之中，我們對收容棄嬰堂的育嬰已有初步的認識。[2]本文只著重於處理貧、病、老者較一般性的慈善組織及機構。

　　為了突出民間慈善活動的性質，本文先簡略地描述在明清以前寺院及中央政府推動的慈善活動。然後，我們利用方志、文集、各種官箴、外國人的遊記等資料重建明末清初江浙地區的慈善活動。最後，透過對

＊　香港大學香港人文社會研究所所長兼歷史講座教授、李約瑟─毛奇文基金教授、中央研究院院士。研究領域為近代中國的慈善組織、晚清至現代時期中國醫療及疾病、近代中國的食物與健康、科技與近代東亞的形成。

1. 有關這方面的研究並不多，至目前，我們只見過日本學者夫馬進〈善會、善堂の出發〉一文，小野和子編，《明清時代の政治と社會》（京都大學人文科學研究所，1983），頁189-232。夫馬進的看法與我們相近，即認為明末清初為民間慈善事業興起的時期，為此時社會的特色之一。
2. 梁其姿，〈十七、十八世紀長江下游之育嬰堂〉，中央研究院三民主義研究所編，《中國海洋發展史論文集》（1984），頁97-130。

這些活動的分析，我們希望進一步了解此時期的江南社會。

一、寺院與中央政府推動的慈善事業

（一）唐宋時期

官方所組織的慈善機構，最早可追溯至南北朝時代的六疾館與孤獨園。[3] 但是組織較完善，而且維持較久的應是唐代佛寺所主持的悲田養病坊。[4] 從今天能看見的資料中看來，悲田養病坊的創立，不會晚於 8 世紀初。公元 717 年（開元 5 年）宋璟有奏：「悲田養病，從長安已來，置使專知，且國家矜孤恤窮、敬老養病，至於按比，各有司存……」。[5] 武后的年號長安，從公元 701 至 704 年，悲田院「置使專知」在 8 世紀初，其本身的成立應早於此，毫無疑問。但政府已有監督之權，也是不爭的事實。

直至 9 世紀中期，救濟貧人的組織，仍為佛教寺院所主持及出資。直到 845 年（會昌 5 年），武宗廢天下僧寺，悲田養病坊才改由政府資援，從該年 11 月李德裕的奏文，可看出悲田院已遍布各地，寺院被廢後，不得不倚賴官資：「悲田出於釋教，並望改為養病坊……其兩京望給寺田十

---

3. 見《南齊書》，卷 21，文惠太子條；《梁書》，卷 3，〈武帝本紀〉；《北魏書》，卷 8，〈宣武帝本紀〉永平 3 年；引自道端良秀，〈唐代寺院の社會事業──悲田養病坊に就て〉，《叡山學報》15（1937），頁 18、26。

4. 有關唐代悲田的研究不多。我們知道較早期的日本學者曾作過一些探討，但我們只有機會參考道端良秀〈唐代寺院の社會事業──悲田養病坊に就て〉一文，其他如吉本慎子的〈中晚唐時代に於ける佛寺院の社會的勢力──二、三の營利事業について〉，《史窗》21（1962）；那波利貞的〈唐朝政府の醫療機構と庶民の疾病に對する救濟方法に就きての小考〉，《史窗》17、18（1960），則至今仍無緣讀到。佛家以施濟貧困為三福田之一。以供父母為恩田，供佛為敬田，施貧為悲田。
盧健榮先生向我們提供了一些唐代的有關資料，謹此致謝。

5. 《欽定全唐文》，卷 207，頁 7 上。宋璟在武后時為御史中丞，玄宗時為相。

頃，大州鎮望給田七頃，其他諸州，望委觀察使量，貧病多少，給田五頃，以充粥食。……」自此之後，養病坊由國家出田資助，而管理者則由當地有名望的父老當之。[6] 於是，濟貧的責任從宗教團體落在政府身上。

　　唐政府對於寺院的慈善事業，早存猜忌之心，717 年宋璟的奏議，目的即在於罷悲田養病坊，他認為這些組織藉收養之名，匿藏了許多身分可疑的人。同時他還舉了孔子禁止子路在衛國出私財濟民的故事，以說明「人臣私惠，猶且不可，國家小慈，殊乖善政」。不過宋璟舉子路之例並不恰當，因為孔子反對的原因，是害怕子路因此得罪衛君：「汝之民為餓也，何不白於君，發倉廩以賑之？而私以爾食饋之，是汝明君之無惠，而見己之德美矣」。[7] 對於國家推動的善政，孔子顯然並不反對。但是，孔子這番話卻指出了私人慈善活動所可能引起的政治性的猜忌（當然，孔子所憂慮的還包括子路魯莽的性格）。早期宗教團體的救濟活動遭受非議及政府的監督，多少受這種想法的影響。濟貧的工作，是當政者責無旁貸的道德任務，這種態度到了宋代更明顯。

　　宋代政府，尤其南宋政府在救濟貧老病者的工作上，表現得最為積極。[8] 據吳淵（1190-1257）之說：「竊嘗考祖宗時，在京有四福田院，外郡有居養安濟院」。[9] 宋初的福田院，因唐代悲田院的舊制，可見自宋之初，中央政府已普遍地成立濟貧的機構。不過，福田院似乎並非長年地

---

6. 《唐會要》（世界書局，1974），卷 49，〈病坊〉，頁 863。李德裕，武宗時為相。
7. 《孔子家語》，〈致思第八〉，收錄在《四部備要》卷 2（臺北：中華書局，1968），頁 2 下-3 上。
8. 有關宋代政府的救濟政策，王德毅先生作過較詳細的研究：《宋代災荒的救濟政策》（中國學術著作獎助委員會，1970），頁 202；〈宋代的養老與慈助〉，《宋史研究集》第六輯（1971），頁 399-428。
　　我們並感謝黃寬重先生向我們提供許多宋代有關的資料。
9. 吳淵，《退菴遺集》，〈廣惠坊記〉，收錄在《四庫全書珍本七集》（臺北：商務）八〈江湖小集〉，卷 71，頁 12 上。

收容貧病，只是在冬季收容無依之人。[10] 全國性有規劃地、長年地收容貧老病人的政策，該是蔡京（1046-1126）在崇寧（1102-1106）初年才實施的。他把貧人分兩大類：貧老無依者在居養院，貧病者在安濟坊，給養來自常平倉。[11] 不過，居養與安濟的功能其實並沒有如此清楚的分別，而是因地而異。宋代中央政府自始即普遍地成立機構以收容貧老之人，寺院雖一直扮演輔助的角色，[12] 但其重要性已遠不如唐代。

宋南遷以後（1127-1279），慈善機構的成立更為普遍，而且名稱亦日益多樣化。除了中央政府的積極推動外，地方官的個人意願亦是極重要的因素。我們可從吳淵於 1211 年在今蘇州吳縣建廣惠坊時所記的文字中，窺出當時創建的經過及該機構的大概規模與功能：「淵獨念言窮州陋邑，獨有所謂居養安濟之所，吳門甲三輔，多名守富課租，不應有此缺典。既領印，即括夫田之沒入於王官者、廢絕於緇黃者。未幾，則么以財市民膏腴者，寸積尺累。厥數既登，迺卜地、鳩材為屋七十程，總土木夫役費錢緡九千六百八十，米石三百一十七。既成，扁曰廣惠坊，廳堂耽如，廊廡翼如，男子婦人各有位置。倉廩庖湢，井臼牀几，鼎鼎備具，無一乏缺適然，而疾病者又別室以居之。大者人日粟一升半，月錢三十有三，小半之，米則三殺其一焉。夏則湯沐，冬有衾纊，病有藥，死有槥，額以二百人為率，亡者得續，此其大略也」。[13] 這是較詳細的一段描寫。在宋明的方志中，我們不難讀到南宋政府以及個別地方官創建

10.《宋史》（臺北：鼎文），卷 178，頁 4338-4339。熙寧 9 年（1076），知太原韓絳言：「在法，諸老疾自十一月一日州給米豆，至次年三月終。河東地寒，乞自十月一日起支，至次年二月終止：如有餘，即至三月終」。

11.《宋史》，卷 178，頁 4339；王德毅，《宋代災荒的救濟政策》，頁 124。

12.《宋史》，卷 178，頁 4339-4340：「安濟坊亦募僧主之……遺棄小兒，雇人乳養，仍聽宮觀、寺院養為童行」。

13. 見註 9。

或修建這類機構的紀錄。[14] 吳淵所謂「窮州陋邑，猶有所謂居養安濟之所」，恐非誇大之辭。

　　不過，這種在理想上對貧老病者照顧得無微不至的機構，很快地便遭遇到財務上的困難。而且浪費的情形似乎亦相當普遍。在居養院成立之初，即見這種弊端：「……州縣奉行過當，或具帷帳、雇乳母、女使，靡費無藝，不免率斂，貧者樂而富者擾矣」。這種過分奢侈的做法，在方志（如《嘉泰會稽志》）和《宋會要》等資料中，亦有記載。[15] 南遷之後，政府已漸不能單獨維持慈善機構的龐大支出：「紹興（1131-1161）以來……儲蓄有限，而振給無窮，復以爵賞誘富人相與補助。」上述吳淵之建廣惠坊就得借富人之力，同時，我們知道華亭（松江）安濟院在紹定（1228-1234）之前就得依賴當地人的捐田，其給養再不是單純的來自常平倉。[16] 慈善事業的經費已部分地由私人負擔，[17] 但是，主要的推動者與經營者仍為官方。[18]

---

14. 例如淳熙 3 年（1176）陳峴重建蘇州府居安養濟院（見［明］盧熊著，《蘇州府志》，卷 8，頁 16 上）；陳耆卿，《赤城志》，收錄在《四庫全書珍本十一集》（臺北：商務），卷 5，頁 12 上，《蘇州府志》，1804 年，卷 22，頁 7 下 -9 下（吳長州二縣）；吳淵在吳縣除建廣惠坊外，還建了濟民藥局，見註 8，頁 9 上 - 下。

15. 《宋史》，卷 178，頁 4339。《嘉泰會稽志》，見王德毅，《宋代災荒的救濟政策》，頁 93：「居養院最侈，至有屋卅間者。初，遇寒惟給紙衣及薪，久之，冬為火室，給炭，夏為涼棚，什器飾以金漆，茵被悉用氈帛，婦人小兒置女使及乳母。有司先給居養安濟等用度，而兵食顧在後……。」《宋會要稿》，恩惠條：「嘉泰元年（1201）……造養濟院一所……計支用錢三千二餘貫，米二十石……以養濟一百人為率，歲約用米四百七十餘石，錢六百貫文。」同上書，頁 130-131。

16. 《宋史》，卷 178，頁 4340；在方志中，我們亦找到地方人士贊助慈善機構的資料，如 1786《婁縣志》，卷 2，頁 10 下；頁 13 下 -14 上所載之紹定 6 年（1233）的「安濟院管田記」石刻。該碑文除說明安濟院已有幾百年歷史外，還這樣記著：「……里多善人……捐而周之」，石碑下方還刻有田畝細數及捐贈人的姓名，同時這些田地還獲得免稅。

17. 宋代富人賑濟飢民，可以補官資。見曹彥豹，《昌谷集》，〈湖北提舉司申乞賑濟賞格狀〉，收錄在《四庫珍本初集》，卷 8，頁 1 上。

18. 劉子健教授透過劉宰的研究，發覺當時私人賑濟，「至少需要官吏的默認」。見〈劉宰和賑飢——申論南宋儒家的階級性限制社團發展（下）〉，《北京大學學報》4（1979），頁 54。

居養院等機構所遭遇到的經費與管理上的問題，是整個政策趨於理想主義的自然後果。這裡所謂理想主義，就是說對宋代統治者而言，救濟貧老病者純粹是道德上的責任，而不是一個實際的管理問題。上述吳淵的記載是這種理想主義的最佳具體說明。施政者只針對如何給予貧病者最妥善的照顧，卻沒有周詳地考慮財政與管理的問題。雖然其動機可能有較複雜的政治性社會性因素（如儘量收容會構成社會不安的難民），但其重點一貫地放在照顧貧民上，是非常明顯的。從遺留至今、為數不少的有關資料中，我們甚至看不見被救濟者應具的資格（除了年齡上的限制），亦摸不清這些機構的起碼運作情形。因此，這些機構的效率，得視乎個別地方官的意願和能力。[19]

（二）明清時期

　　濟貧的態度，到了明一代，慢慢有所改變。[20]

　　明太祖在立國初即令天下置孤老院（後易名養濟院），他對貧困者的關切，主要來自本身的經歷：「昔吾在民間，目擊其苦，鰥寡孤獨，飢寒困踣之徒，常自厭生恨不即死……吾亂離遇此，心常惻然……」。[21] 太祖對這個問題的重視，使得許多州縣在明立國之初即創建或重修濟貧老的機構。至少在我們研究的地域——江南地區——絕大部分的縣治在洪武間已

---

19. 黃震（1213-1280）的〈社倉記〉（1271）是一個啟示，對於社倉一類的用意良好的機構，他這樣批評：「然有治人無治法，良法易泯，流弊難防」。見葉盛（1470-1474）著，《水東日記》（北京：中華書局，1980），頁370。
20. 有關明代養濟院的研究，較詳盡者星斌夫的〈明代の養濟院について〉，見《星博士退官記念中國史論集》（1978），頁131-149。
21. 《皇明寶訓》，洪武卷4，頁41下。

設有養濟院。

　　不過，明的養濟院很快地便擺脫了宋居養院式的理想主義，而施展了社會控制的功能。在仁、宣二宗（1425-1435）時期，明代政權早期的武力主義已完全被儒家之文人政治所取代。[22] 就在這個時期，京城的養濟院出現了新的條例：入住的貧老病者必須在當地有注籍，而且得先向鄉長申報獲得許可。沒有注籍的人，只能接受蠟燭、旛竿二寺的糧食救濟。[23] 加上養濟院普遍有名額限制，外來的流民不得其門而入，無疑是地方社會控制強化的一個徵象。到了英宗時代（1436-1449），養濟院作為社會的控制的工具這一事實，就更加明顯了：順天府的大興宛平二縣各設養濟院收容京城的乞丐。[24] 把京城的乞丐集中養濟院大半是為了市容的問題。關於這點，1466 年（成化 2 年）禮部尚書的奏言說得最清楚：「今京城街市多有疲癃殘疾之人，扶老携幼，呻吟悲號，非徒足以干天地之和，而四夷朝使見之亦或將為所議」。因此，憲宗令養濟院收容無家及外來的乞丐。[25] 為了維護國家的面子，順天府的養濟院得收容「不合法」的流乞。但是這個難題到了 1493 年（弘治 6 年），就有很明確的解決方法，因順天府養濟院不能再收容日益增多的外來流乞，在每年冬

---

22. Edward L. Dreyer, *Early Ming China* (Stanford U. Press, 1982), pp. 221-236.

23. 《明史》，卷 78，〈食貨志二〉；蠟燭、旛竿二寺設於兩京，由內府光祿寺大官署管理。內設有飯堂，每日用米六石製粥濟貧。遇荒年，又兼收流乞，見《明會典》，1587 本，卷 217，光祿寺，頁 116；南京光祿寺，頁 28 上。
　　有關順天府貧民得經鄉長許可入養濟院一事，見劉宗周（1578-1645），《劉子全書》1808 年刊本，卷 24，〈保民訓要〉，頁 21 上；而養濟院名額限制的規定之開始，因地而異，原因亦不詳，1684 年的《六合縣志》有較詳細的描寫：從洪武開始至萬曆期間，皆有知縣重修該院的紀錄，舊例本只限每人日給米一升，人數不定，但「近不知何時，遂定額三十二名⋯⋯每月共給米九石六升」，見卷 4，頁 54 上 -55 上。

24. 《明實錄》，卷 278，〈英宗〉，頁 7 上，天順元年（1457）5 月壬申。

25. 《皇明寶訓》，卷 1，〈成化〉，頁 39 下 -40 上。

季過後，即把這些無注籍的貧老病者遣回原籍。自此之後，這個做法已成定例，亦不單限於順天府了。[26]

　　16世紀西歐商人到中國南方行商，往往對養濟院都有極深刻的印象。卑烈拉（G. Pereira, ca 1530）與達庫魯斯（G. da Cruz, ca 1520-1570）都在他們的遊記中寫下他們的觀感。前者的描寫更是充滿讚歎，他認為設置各地的養濟院，收容了大量的窮人、瞎子、跛子、不能工作及無依的老人，所以「我們在路上從沒有見過乞丐」。這位好奇的葡萄牙商人甚至去打聽了進入養濟院的手續，發覺申請入院的人必須先向地方官證明他的身分狀況，然後始能獲准收容。而另一個葡萄牙商人品妥（F. M. Pinto, 1509-1583）從寧波至南京途中，就曾經在某個小鎮的養濟院內居住療傷：「那個挺乾淨的房間有十四張妥妥當當的牀舖，還有一張桌子，幾張椅子……（養濟院的負責人）還找來了一個醫生替我們看病……（我們離去之前）他在一本厚冊子上寫下我們的名字，我們跟著簽了名……這樣，我們所花的費用才可以報帳……」。[27] 這些外國人的遊記顯示了養濟院在16世紀的確扮演了維持地方社會秩序的角色。把當地乞丐收進院中，把外來的流乞遣回原地，無疑是減低略帶危險性的人群聚居的一個辦法。不過，這些外國人只看見養濟院充滿效率的一面，對其管理方面的困難就全不了解了。

26.《皇明寶訓》，卷3，〈弘治〉，頁1下-2上，弘治6年（1493）11月；卷7，〈嘉靖〉，頁38上-下，嘉靖40年（1561）。又《明會典》載嘉靖6年（1527）詔：「……各城地方，有在街啼哭號乞丐者歸屬民籍，送順天府養濟院，屬軍衛，送牖竿蠟燭二寺給養，外處流來三百里內者，驗發本貫官司收養。三百里外，及不能行走者，一律送二寺給養……」，見卷80，頁7上。沈榜的《宛署雜記》亦嚴厲地指出宛平縣養濟院該遣流乞回原籍，其理由有五，不出維持順天之社會秩序。見《宛署雜記》（北京古籍出版社，1980），頁91。

27. C. R. Boxer ed., *South China in the 16th Century* (London: Hakluyt Society, 1953), pp. 30-31, 123. Fernao Mendes Pinto, *La Pérégrination. La Chine et le Japon au XVI siécle.* (Paris, 1968), pp. 62-64.

在明代，養濟院始終是行政管理上一個相當棘手的問題。不論是順天府或其他州縣的養濟院，都經常發生各種舞弊貪污的情形。尤其在明中葉後，此類記載就更多了，這方面的資料讓我們看到養濟院另一具體的面貌。

養濟院最嚴重的弊端就是貧老的冒認問題，即或者由於胥吏的貪污，引進了本來不合資格的人，又或者已死去的貧老不銷案，而院方繼續以其名義領錢糧。這樣不但帶來極大的浪費，而且間接令真正有需要的人被摒諸門外。曾在 1590-1593 年間當順天府宛平縣令的沈榜（1550-1596），在他著名的《宛署雜記》中，就詳細地述說了當地養濟院的舞弊情形：長久以來，地方官鑑於「仁政」所在，不敢過分嚴格地查點，致使貧老中的「會頭」盤據其間，「亡者十不開一，存者十不給一，而利遂歸一人。」當沈榜親往查點時，報名冊卷竟是「得之亂籍中」，而冊中所錄 90 歲以上的人竟達 90 多名，可見虛報情形之嚴重。經他半年的整頓，「遂得除百餘名，即可省米數百石，庫布百餘疋」。不但京城如是，其他州縣亦不例外。1605 年版《武進縣志》有下列的記載：「（嘉靖）二十三年（1544），知府符驗案查冒濫之弊：有家資百數金者、有父子俱在者、有子孫並居者、有夫婦同處者、有人死而名存者，即前後銷名，有以一人而當二人者，有以一名而銷三名者……隨將冊內男女七百餘名內，除病故及有子女親族，並積有盈餘，自能度日者革去，實存五百三十一名……。」1579 年的《杭州府志》裡所載的餘杭縣養濟院亦有類似的情形：「詭情匿迹之徒，往往竄名院戶以冒歲支，是貧者未必賑，而賑者未必貧……」1684 年的《六合縣志》所載有關其養濟院在明末時期的一般趨向竟是：「法日敝，惠日減，鰥寡者益不得聊生矣」。[28] 可見養濟院的舞弊情況在明末時期已相當嚴重

及普遍。

　　舞弊情形的發生，主要原因之一當然在於有司的疏懶甚至貪污。最了解這其中的微妙之處的沈榜，以婉轉的語氣描述了官吏的因循苟且：「委官稍繩之法，則群然噪呼，引其老而瞽者百十人，穢身結衣，集長安道，候九卿過，則環泣而乞怜……其穢既不可近，而麾之又不得去，過者率所窘。有司懼得罪，無敢點查者……」，群乞的團結竟令負責的官吏不敢查點，這段表面上替他們辯護，實際上該令他們羞顏的描述，寫盡了管理京城地區養濟院的困難。而外省養濟院的困境，則在於中間圖利的人太多，如上述武進縣的失敗，在於「里老之受賄，吏書之通同，斗級糧長的之影射。錢糧本以哀窮民，乃以養奸宄矣！」陳龍正（1585-1645）亦觀察到養濟院的貪污情形：「本邑（嘉善縣）養濟院初入時須買囑之費十金……故今養濟院中非盡貧漢，貧漢有填溝壑耳！」[29] 這種種的舞弊都在「仁政」一詞之下，或在地方上掌有實權的「里老、吏書、糧長」的勾結之下，得到嚴密的保護。外來的地方官，除非有沈榜般的精力與決心，一般難免苟且了事。

　　養濟院代表著統治者的仁政，同時間接地加強了社會控制。因此，就算在實際管理上，所遭遇的困難日益嚴重，地方官仍是不斷地重建與增建所轄地的養濟院。尤其在 15 世紀中葉後（成化年間），各地的養濟院不斷被重修，直至崇禎末年，至少，從江南地區的方志中，我們可觀

---

28. 《宛署雜記》，頁 89-91，1605《武進縣志》，卷 3，頁 88 上 - 下；1579《杭州府志》，卷 51，頁 9 下；1684《六合縣志》，卷 4，頁 54 下。星斌夫，〈明代の養濟院について〉，頁 147-149 中還有其他類似的例子。

29. 《宛署雜記》《武進縣志》同上；陳龍正，《幾亭外書》，崇禎（1628-1644）刊本，卷 4，頁 36 下 -37 上。劉宗周亦曾因養濟院的腐敗而上疏，見《劉子全書》，卷 15，〈欽奉明旨推廣德意以拯畿輔黎遺疏〉，頁 12 上。

察到這大概的趨勢。[30] 而且，可以說到了明末，江浙地區幾乎沒有一個縣是沒有設養濟院的。而且，我們估計養濟院到了此時，在理論上已有一定的規格。在清初流傳甚廣的官箴《福惠全書》，就這樣寫著：「至於養濟院，宜親詣查勘，傾圮者即設法修理，湮沒者即設法起蓋，其式中堂三楹，後室五間，左右各五間，繚以周垣，室後各留隙地數尺，便於廁淨。中堂為孤貧公聚之所，後室有婦人者居之。左右男子居之。門外植木坊，榜以養濟院」。清初養濟院，荒廢者甚多，《福惠全書》作者黃六鴻（1651 年舉人）所記，該為明末之格式。[31]

有趣的是，雖然養濟院一直維持至明末，但其他沿自宋代的慈善機構，如惠民藥局，就大部分漸被廢除了。[32] 至於宋的慈幼局之舉，更是自元以來一蹶不振。因此，可肯定的一點是，明政府的濟民政策已失去了前述宋代的理想主義。養濟院之得以保存，除了其象徵「仁政」的意義外，

---

30. 如 1640《義烏縣志》所載的養濟院的沿革，是一典型例子：「去縣西一四○步，洪武初成立養濟院以處無告，知縣張永誠遵制建。久廢，正統間縣丞劉傑奏准。後二年，知縣劉同於故址重建。弘治間知縣呂盛、正德間知縣洪通，皆常修葺。嘉靖五年（1526）知縣林文焯，二十一年（1542）知縣梅凌雲俱重修其制：正屋三間、側屋各五間，外為門屋一間。萬曆二十三年（1595）正屋圮，知縣周□英僉保正陳思言重建。崇禎十二年（1639）知縣熊人霖捐俸，委善民吳恩有重修。」，卷 4，頁 14 下。一般方志亦往往提及養濟院的規模，如 1572《高郵州志》所載「隆慶三年（1569），修大門一間，官廳三間，孤貧房四十四間……」，卷 1，頁 9 上；1496《句容縣志》：「洪武四年（1371）始建房五間，成化五年（1469）……修房屋廿四間，弘治元年（1488）……知縣王僙買地增建房屋廿二間，前後共計五十一間，周圍牆切」，卷 2，頁 14 上 - 下；而有關名額限制記載的，一般明中期以後始見到例子，如 1676《溧水縣志》，卷 3，頁 33 下：「額定八十六名」；1597《青浦縣志》，卷 1，頁 31 下：「無依者約計廿五名」。

31. 黃六鴻，《福惠全書》（1694 初版）。山根幸夫按 1850 小畑行蘭版編（臺北：九思出版社，1978 年），卷 26，〈恤孤貧〉，頁 13 上 - 下。

32. 我們可從以下的方志記載中得到證實：嘉靖（1522-1566）《南畿志》，卷 9；1558《吳江縣志》，卷 5，頁 12 下 -13 上；1642《吳縣志》，卷 12，頁 3 下；1797《常昭合志》，卷 4，頁 2 上；1561《吳江縣志》，卷 5，頁 12 上 - 下，26 下；1635《長州縣志》，卷 5，頁 12 下；1824《蘇州府志》，卷 19 至卷 22；1567《儀真縣志》，卷 3，頁 11 上 - 下。

其社會控制的功能是重要的因素，雖然它的效率不一定很高。另一方面，經過明一代，養濟院漸露出其在實際管理中的各種弱點。這些弱點不但時被揭露，而且偶然亦會被修正。養濟院的管理自然地漸漸趨向「職業化」：不但對地方官而言如此，對從中漁利的胥吏亦必如是。換言之，養濟院的管理問題的重要性，漸取其道德意義而代之，這大概是這些機構經數世紀發展後的自然結果。清一代的養濟院亦直接地秉承了明的傳統。

　　清初與明初所不同的，是順治帝不及洪武帝那樣重視養濟院。從方志的記載中可看出，清初至乾隆初期這 80 多年間，許多養濟院都在荒廢的狀態之中。[33] 清代前三個皇帝似乎毫不在意養濟院的存在與否。亦不重視養濟院作為統治者仁政的象徵性。這個情形到了清代官僚制度發展至最成熟的時期——乾隆初期，才有轉機。大部分的養濟院——至少在江南地區是如此——開始被地方官重修。[34] 尤有進者，就在這個時期，所有養濟院的貧老名額及每年可支付的糧銀，都定下準確的數字。這在《大清會典事例》中非常清楚。[35] 而且，貧人申請入院的手續，又有了進一步的規定：「……如有外來流乞，察其聲音，訊其住址，即移送各本籍收養。令各保甲將實在孤苦無依者，開明里甲年貌，取具鄰佑保結，呈報州縣官……按年造冊報銷，如冒濫尅扣，奉行不力，照例參處」。[36] 有關各養

---

33. 《福惠全書》，卷 26，頁 12 下 -13 上，「往往州縣養濟院傾圮廢而不葺，孤貧多寄跡城門荒廟，口糧布花不按名交給，每致尅減正額，斃於飢寒」。
34. 例如 1691 年《蘇州府志》所載 9 個縣治的養濟院中，7 個已荒廢，見卷 5，至目前，在我們所參考過的江蘇省方志之中，沒有任何養濟院在順治期間被修建的記載，只有 5 個縣治（六合、嘉定、高淳、寶應、高郵）的養濟院在康熙期間重建，3 個（武進、崇明、甘泉）在雍正期間重修，而在乾隆期間卻有 17 個養濟院被重建。
35. 《欽定大清會典事例》，卷 216，〈戶部〉，頁 1 下 -11 上。
36. 同上，頁 2 下 -3 上。

濟院的各種規條與名額限制，每歲的糧銀額，《戶部則例》有最詳細的紀錄。[37] 中央政府對濟貧政策管理之周密，比明代又進了一大步。而宋代那種理想主義，至少在字面上，可說已蕩然無存了。養濟院在乾隆以後，似乎只是地方官所必須面對的一個管理難題。套用一個時髦的字眼，養濟院到此時已發展得十分「官僚化」了。

當然，這種「官僚化」本是針對自宋以來養濟院一直無法解決的問題：貪污舞弊。於此點，1793年（乾隆58年）的《錢穀備要》有最具代表性的說明：

> 各州縣養濟院孤貧逐一嚴查……冒濫食糧之輩，悉行革除……俱將實在人數，注明年貌，按照額內額外造冊出結，由府加結轉送上司備查。遇有汰革病故頂補新收等項，隨時報明上司。支放孤貧銀米……不得令胥役丐頭經手以致浸漁中飽；仍於年底造四柱清冊，並經過口糧柴布銀數分送上司查核。該管道府每年遇查盤時……如有房屋坍頹，孤貧不盡住院，或年貌不符，冒濫給糧者，將該管官照違例支給例降一級調用。道府不行查驗……罰俸一年。若係縱令胥役孤頭等代領以致冒領侵蝕……革職。道府不行查出，例降一級調用。倘道府有徇庇容隱，及扶同率結合，均照徇庇例降三級調用。[38]

如上述的規條嚴格執行，當然可杜絕貪污。不過，我們亦可以想像這種「官僚化」所帶來的另一副產品：進一步的社會控制及政治控制（對官僚而言）。發展至此時，我們已看不清，對執政者來說，仁政的施行

---

37. 《戶部則例》，1851，卷89，〈收養孤貧事例〉，頁17下-52上。
38. 王又槐著，《錢穀備要》，1793，卷7，頁11下-12下。

與社會的控制，在養濟院此政策上，孰重孰輕了。

以上簡略的自 8 世紀至 18 世紀後期的國家慈善政策的描述，顯示出幾個重大的轉變：慈善事業的主動力從宗教團體轉移至中央政府。同時，這些慈善事業從一些鬆懈的、充滿大同世界的理想主義色彩組織，發展至一個嚴密的、「官僚化」的、加強社會控制的機構。慈善事業的理想主義，是否就從此消失呢？我們認為不然。就在官方濟民政策在明末清初轉化的時期，在民間，我們看到一種新的、充滿理想色彩的慈善活動的興起，這是此時期的江南社會的一大特色。

二、民間慈善事業的興起：
以江浙地區為例

嚴格而言，前述寺院或宋以來宗族所推動的救濟工作（如義莊等），均屬民間的活動。不過，明末清初間發展起來的慈善事業，是另具意義的。一方面，這些活動的宗教色彩，雖仍存在，但已遠不如唐代，不能再視之為宗教性的活動。其次，所接濟的對象已擴大至地方的窮人，不單是同宗族之人。而且，這種活動，有其獨特的歷史性發展。

這種慈善活動的普遍化，約從 16 世紀後期開始，一直發展至 18 世紀。18 世紀後，政府的介入日益增加，許多慈善機構變官督民辦，這種情況一直維持至清末。從 16 世紀末到 18 世紀初，民間慈善活動比較純粹，不受官方的影響；尤其在江浙一帶，我們可看見這些活動從個別富人的捐粟賑災、建橋、建路、辦義學，發展至有組織的會社、機構，其重要性漸漸蓋過已存在數百年的政府濟貧機構。

（一）個別的慈善活動

　　個別的慈善活動，大概自古至今都可以找到例子。[39] 不過，從 16 世紀末開始，這似乎已變為一個極普遍的現象，這種普遍性即具有嶄新的意義。江浙地區的慈善家的活動，開始固定地錄於明末清初的地方志人物卷、及當時的文集之中，說明了私人行善一事，在地方治理的觀念上，占有一個前所未有的位置。而「善人」一詞，在此時亦有了新的意義內容。如 1601 年《揚州府志》在〈人物篤行〉卷（卷 18）之前就說明了「善人」在鄉里間之義：「贊曰布衣韋帶之士，事業不顯於當年而汲汲好行其德者，鄉里所謂善人也……」；常與地方「善人」交往的魏禧（1624-1681）對此詞亦有類似的解釋：「世之稱善人有二：謹身飭行矜式閭里，所謂鄉黨自好者也。輕財樂施有功德於人，所謂富好行其德者也。二者操行不同，同歸於善」。[40] 我們感興趣者，自然是他所謂的第二類善人。順治期間在揚州創建育嬰堂的閔象南（世璋）在當地即被稱「閔善人」。[41] 這些善人實際的活動是什麼呢？讓我們看幾個具體的例子：

　　張履祥（1611-1674）的《言行見聞錄》載有不少這些慈善家的善舉。這些人非紳非仕，只是當地普通的老百姓：「洞庭富室席氏雅好為德，於鄉里近山之貧者，夏則給以蚊帳，冬則給以絮衣，不能舉火則周以米，死不能殮則與以棺……以是人皆德之」。「有趙十五者，福州人，工畫。

---

39. 宋代例子見《昌谷集》，卷 17，〈黃公墓誌銘〉，頁 16：「居士……貲財百萬……賑窮恤乏無所不盡其力，後有倣釋氏之說，作龍華會……」；又卷 18，〈從兄雲夢縣墓誌銘〉，頁 19 上 - 下；及見上述劉子健文。
40. 魏禧，《魏叔子文集》（清初版，臺灣商務影印，1973），卷 12，〈新城楊善人善行實蹟跋〉，頁 20 上。
41. 1806《兩淮鹽法志》，〈人物五・施濟〉，頁 26 下；《魏叔子文集》，卷 10，〈善德記聞錄敘〉，頁 29 上。

閩俗賤女，子舉，女輒棄，十五以丹青為田，收而養之，每一人日米升，寄人乳哺三歲，任所欲取去。十五不以德，所活女亦不盡知德也……」，方志亦有類似的記載：如1846年的《重修寶應縣志》就載有一名陳言之人：「……（嘉靖）十七年（1538）大疫，施棺至千餘，二十八年（1549）飢，出粟壹千石……邑修儒學，言助白金六百兩，言孫應奎又施地開學前街通……」，又有名楊皋者：「……建忠佑橋，疏康濟河，皆皋力也……」，又有名喬夢吉者：「崇禎末江淮大飢……賑粥於北門外之泰山殿，費不下千金……終其身不怠……」，[42] 上述不過無數例子中的幾個。

除了不見經傳的「善人」，江南儒士行善之風亦相當盛。陳龍正與劉宗周（1578-1645）都曾提及嘉善縣的慈善家丁清惠：「……萬曆十五、六年（1587-1588）賑飢事……若米若布若絮若糟若金錢，乃合費三萬餘金，竭其祖藏不足，又繼以貸……民飢則煮粥，暑月慮敗給米，寒則給布絮，死則給棺，……一切設施方略，無不曲盡精微……則財與心皆自竭之……」。明朝殉節的祁彪佳（1602-1645）亦是行善者，1640年江南大飢，他親自到紹興的山區賑災，他的助手向張履祥述說祁的親力親為：「賑飢之日，寅而出，酉而入，以粥擔，醫生自隨，郡中既設法賑濟，窮鄉深谷，無不至。遇飢者先與之粥，病者與之藥，因與之米麥，銀錢有差，死者為之棺。日行數十里不知倦……，日力既盡乃已。是日所持錢米既盡，又稱貸以給之方快。少有所餘，意怏怏不樂也。其濟人一念真切如此」。[43]

---

42. 張履祥，《言行見聞錄》（1644自序），見《楊園先生全集》1871年版，卷34，頁18下-19上；卷31，頁6上；1864《寶應縣志》，卷18，〈人物篤行〉，頁13上、18下。

43. 陳龍正，《幾亭文錄》，1635，卷又一，〈題丁清惠公賑施條約〉，頁56下-57上；《言行見聞錄》，卷31，頁5上-下；祁彪佳的其他善行，請參看《甲乙日曆》附〈祁忠敏公年譜〉（臺北：臺灣銀行，1969），頁138-143。

知識分子不單參與行善的實際行動，而且還詳細的記錄了這些善舉（陳龍正、高攀龍〔1562-1626〕、張履祥、劉宗周、魏禧的文集以及各種方志是其中最具代表性者）。一方面顯示了善舉在當時江南社會，確有其實際的作用，另一方面則說明了這些行動必有其思想上的意義。這種意義在有組織的善舉中較易察覺，而同善會就是明末有組織的活動中最突出的一個。

（二）同善會的興起

同善會的成立無疑與明末士人愛結社的風氣有關係。最早的同善會，大概是楊東明於 1590 年（萬曆 18 年）在河南虞城縣成立的，比江浙地區的同善會，早了 20 餘年。在崇禎期間，江浙地區的武進縣、無錫縣、崑山縣、嘉善縣、太倉州均有同善會的設立。[44] 這些還很可能沒有包括史籍所遺漏的。如果把以其他名稱來結社濟貧的例子也算進來，恐怕數目就更多了——例如明朝殉節的黃淳耀（1605-1645）就曾在其家鄉嘉定縣，參加了同樣性質，創於 1640 年的「慧香社」；又如在揚州創立的育嬰社（創於 1634 年之前）亦屬同類的組織。[45] 江浙一帶民間善會在 17 世紀的興起，

---

44. 同善會的發展詳細歷史，見夫馬進〈同善會小史〉，《史林》65：4（1982），頁 37-76；按夫馬的研究，同善會甚至遍及福建、山東、河南、江西各省，見頁 49。

45. 黃淳耀，《陶菴全集》，收錄在《四庫全書珍本》（臺北：商務），卷 2，頁 9 上 -10 下：「侯記厚……曰『吾於來歲庚辰欲為一社，入社者人持銀錢以來，隨力多少……」；劉宗周，《人譜三篇附類記六卷》，1903 版（1634 年原序），卷 5，頁 61 下：「揚州蔡連建育嬰社，募眾協舉，其法以四人共養一嬰，每人月出銀一錢五分，遇路遺子女收至社，所有貧婦領乳者，月給工食銀六錢……三年為滿，待人領養……凡城邑村鎮，皆可做行……」。拙作〈十七、十八世紀長江下游之育嬰堂〉只猜測育嬰社於明末創立（見兩種揚州府志的說法）。如今劉宗周此條充分地證實了這種看法（而 1743《甘泉縣志》甚至以蔡璉（連）為育嬰堂的創辦人，見卷 7，頁 47 上）。有力地說明了育嬰堂的成立是明末江南善舉風氣的延續。

是毋可置疑的事實。如果說官方的養濟院漸漸喪失其原有的形象與理想，這些私人結社多少反映出民間重建某種理想的嘗試。[46] 我們以高攀龍與陳龍正分別在無錫與嘉善成立的同善會例，說明這一點。

同善會是地方互助合作性質的善會。形式上，每季在會所聚會一次，主會之人由會員推出，其人須「素行端潔，料理精明」。聚會的目的有三：其一收集會員的善款（每人會費自九分至九錢）；其二商討善款的分配（理論上三分之二濟貧，三分之一給棺），因為申請受濟的人必須經過「會中諸友平日咨訪的確」；其三是讓主會人以通俗的演講來勸人行善。為了增加演講的效果，每次的講詞會貼在會所的牆上。[47]

嘉善的同善會開始時只吸引了不到百人的會員，但到了 1641 年，已有數百名會員了。但是，申請受施的人日多，每季所籌的善款漸漸不敷支出，於是，陳龍正得開始為同善會置不動產——邑人所捐贈的不但是金錢，而且還有莊田。同善會活動日繁，規模日增，陳龍正遂於 1641 年向縣政申請建新會館，得到批准，同年「同善會館」落成。[48] 而無錫的同善會在成立 3 年餘後，人數亦甚眾，高攀龍在該會作第二次演講時說：「這個同善會，今日是第十四次了，會友有百餘人，人人皆出自心自願……」，[49] 可見各地的善會在明亡的前夕，還一直在擴大之中。

同善會的濃厚的理想主義，或曰其明顯特出的道德取向，可見於其

46.夫馬進之〈善會、善堂の出發〉強調此時期民間「放生會」的普遍化，以此說明此時釋教「生生之思想」對善舉的影響，見頁 204。「放生會」所蘊含的思想與民間所欲重建的理想必有密切的關係。

47.《幾亭外書》，卷 4，頁 88 下 -91 下，《同善會式九種》；1650《嘉善縣纂修啟禎修款》，卷 2，〈賑濟〉，頁 18 下 -19 下。

48.1724《嘉善縣志》，卷 11，〈同善會館碑記〉，頁 4 上 - 下，錢士升（1575-1652）著。錢士升因維護地方士紳地主的權益而失官。

49.《高子遺書》，卷 12，〈同善會講語・第二講〉，頁 34 上。

規條與每季演講內容之中。

　　陳龍正所訂的條款最清楚：同善會以勸善主。善款得優先發給孝子、節婦等無靠之人，其次養濟院不收，但又不願淪為乞丐的貧老病人。而「不孝不弟，賭博健訟、酗酒無賴、及年少強壯、游手游食以致赤貧者」一律禁止施濟。他還舉出四種「宜助而不助」的人：一是衙門中人，因這些人年輕時不勞而獲，年老時如貧困，只是「稍償其孽」；二是僧道，因為他們不耕而食，而且可自行廣募；三是屠戶，因為這種人「仁心必短」；四是敗家子，因其罪在於敗風俗。[50]

　　於此，我們可清楚地看見同善會的特點——它扮演了養濟院沒法扮演的角色：用道德標準來區別該被接濟與不該受惠的人。其最終的目標並非簡單地施濟於一切貧苦無依之人，而是一方面以施濟來表揚「孝子、節婦」所代表的道德標準，一方面以禁濟來懲罰敗壞風俗、殺生怠惰的「不良分子」，藉此重新整頓地方的道德風紀。

　　同善會的每季演講，即為輔助條規達到這個目標而設。同時從演講淺白的語言、通俗的內容中，我們可看出參與者是一般的老百姓，並非知識分子。試看高攀龍在第一次同善會的講話如何勸邑人行善：「……一人作歹，十人看樣，便成了極不好的風俗。這一團惡氣，便感召得天地一團惡氣……昔年福建興化府，人作惡異常，有識的人皆說道，此城必屠，不數年間，倭子來，獨攻興化府，士民都被屠殺。若不是人心風俗所為，何以有見識人先說在倭子未來之前……做好人雖喫些虧，到底總算是大便宜。做惡人雖占些便宜，到底總算是大喫虧。急切回頭，不可走差了路，害了自家，又害子孫，又害世界」。[51] 又如陳龍正的第三講：

50.《幾亭外書》，〈同善會式九款〉，同註 43。
51.《高子遺書》，卷 12，〈同善會講語・第一講〉，頁 33 下 -34 上。

「……所以貪口是消財的病……懶惰是不出息的病……心想不定是一事無成的病，人若戒此三病，除了大荒年，決不愁餓死，所以今日這會中第一助好人……若為善畢竟吃虧，難道從來聖賢個個都是呆子？若為善果無報應，難道從來書本句句都是騙人？……」。[52]

除了以簡單的、黑白分明的道理來勸導民眾安分守己、捐款濟貧外，這些演講還為官方政策作一定的宣傳工作。高攀龍在第三講中說：「太祖高皇帝是我朝的開基，聖主到今造成二百五十年太平天下，我等安穩喫碗茶飯，安穩穿件衣服、安穩酣睡一覺，皆是高皇帝的洪恩。高皇帝就是天，這言語便是天的言語，順了天的言語，天心自然歡喜……」，而這「天的言語」，高攀龍在第一講中便開宗明義地指出：「人人肯依著高皇帝六言：孝順父母、尊敬長上、和睦鄉里、教訓子孫、各安生理、毋作非為，如此便成了極好的風俗」。陳龍正的看法則比高攀龍的有較強的「地方性」，他關懷的是有關地方政策方面的問題，在創會的第一講中，他說：「……官府講鄉約，有勸有戒……這會只當是講鄉約的幫手」。第二講中，他又說：「……近日編審里長一節，多方規避，以致賦役難均……緣何設計規避，貽累小戶，天道人情，豈容汝安富長久……又如近日迎神賽會一節……只因其間有包頭數人常年從中取利，挨家斂分，小民從風而靡……」。[53] 換言之，同善會的目標主要在於保持地方社會秩序，進而維護國家整體的安定，勸人為善是手段之一。其原則是相當保守的。

我們不避冗長地引述了同善會的「講語」，主要希望說明兩點：其

52.《幾亭外書》，卷4下，〈同善會三講〉，頁97上-100上。
53.《高子遺書》，卷12，〈同善會三講〉，頁35上-下；《幾亭外書》，卷4下，頁93；〈同善會一講〉，頁96上-97上；〈同善會二講〉。

一為創立同善會的知識分子的思想背景。我們清楚地看見這些通俗的勸語中拗含著儒、釋兩教的思想，因果報應是一貫的主題，安分守己是主要所傳達的訊息。至於釋教的影響，陳龍正在第一講就說得極明白：「又近來僧家每每合做放生會，凡有善心的也欣然樂從，如今這會救濟活人，扶持好人，尤覺親切，人人……看些現在的陰隲報應，連那愛物的心，自然也觸動了，一應鳥獸蟲魚自然也會愛惜，幾曾見真實做好人的恣口殺生，這會卻是個放生的源頭」。前述黃淳耀參加的慧香社的名由亦來自佛典：「……敬上念下矜恤孤貧名慧香，此釋典也與，吾儒近子之說未嘗不與佛氏近也，宜名其社曰慧香……」。[54] 我們甚至可以推測，像高、陳二人以通俗的白話來向群眾講道的技巧，亦是受釋教之啟發。同時，同善會的興起與當時流行於民間的善書，相信亦有極密切的關係。[55] 第二點，是同善會是把這種思想俗化，以求滲透民間的一個具體的渠道。但另一方面，它又確切地反映了民間所可以接受的思想形態。換言之，同善會的規條也好，講語也好，無不是高、陳等思想家與民間思想之間的互動的結果。這種現象可說是明末江南社會之一大特色。這個複雜的思想形態，並非單純地從上而下，而是互動的結果。同時其力量也是最大的，它可以把縣內數百人結合在一起，十數年不衰，它所帶動行善的風氣甚至一直維持至清末。

「同善會」維持了多久呢？我們無法完全確知。按 1650 年（順治 7

---

54. 《幾亭外書》，卷 4 下，〈同善會一講〉，頁 93 上 - 下；《陶菴全集》，卷 2，頁 10 上 - 下。
55. 試看袁了凡的善書所表現的十條原則：（一）與人為善，（二）愛敬存心，（三）成人之美，（四）勸人為善，（五）救人危急，（六）興建大利，（七）捨財作施，（八）護持正法，（九）敬重尊長，（十）愛惜物命。其中大部分都是同善會的主旨，見酒井忠夫，《中國善書の研究》（國書刊行會，1972），頁 346。酒井忠夫認為同善會為宋以來三教思想綜合的一個產物，見同書頁 286。

年）的《嘉善纂修啟禎條款》的說法，陳龍正一手創辦「美俗賑貧，利澤深遠」的同善會，「惜乎人亡而法遂廢也」。[56] 但是史料卻指出事實並不盡然。無錫的同善會從創會開始，至少共聚會86次，一直維持至康熙年間；崑山縣、吳縣的同善會在清初均仍活躍。[57] 順治年間，揚州寶應縣兩個當地士人朱爾遠、王有容還仿陳龍正創辦同善會（見下文）。[58] 同善會的風氣似乎在康熙末年沉寂了幾十年，到了乾隆期間（1736-1795）又再次活躍。嘉善縣的邑紳首先重組了兩所同善會：一於1736年楓涇鎮成立，主要由於創辦人讀了高、陳的同善會法，決定仿建；其二於1755年嘉善饑荒後，邑紳在陳龍正同善會館原址重修。這兩個同善會至少一直維持至19世紀末期。[59] 而高郵州的當地人亦於1782年組織同善會，甘泉縣普濟堂的前身——1729年（雍正7年）成立的同善堂——亦極可能啟發自同善會。[60] 除此之外，嘉興府屬下各縣城，以及江浙地區一些鎮在乾隆以後皆紛紛成立同善會。[61] 不過，這些在首批同善會後百年成立的組織，畢竟與明末東林派知識分子所創辦的有所不同。[62] 在某些方面，它們輔助了清的另一種民營濟貧機構——普濟堂。

---

56. 卷2，頁20下-21上。
57. 夫馬進，〈同善會小史〉，頁46、52-53。
58. 1810《揚州府志》，卷32，〈人物篤行〉，頁15上-下。
59. 1892《嘉善縣志》，卷5，〈公署〉，頁11上-12上、13上-14上；這些同善會的籌辦人的傳記，均載於1800《嘉善縣志》中，卷14，〈人物行誼〉：奚仁則，頁46上-下；蔡維熊，頁45上-下；龔來楨，頁52上；黃瑛，頁52上-下；吳燦，頁53上-下等。他們均是事業上不太成功的士人。
60. 1783《高郵州志》，卷9，〈風俗善舉〉，頁9上-11上；1743《甘泉縣志》，卷7，頁47下-51下。
61. 夫馬進，〈同善會小史〉，頁54-55。夫馬進認為清代同善會特色之一是設於鎮上，如太倉州沙溪鎮、吳縣甫里鎮、江蘇青陽鎮、盛澤鎮、秀水縣新城鎮等。
62. 有關清代同善會「變質」問題，見夫馬進，〈同善會小史〉，頁54，及見下文。

（三）普濟堂的建立

雍正（1723-1735）之後，不但養濟院開始大量被重修，而且民間的慈善組織也漸漸受到政府權力的介入。

1724 年（雍正 2 年），普濟堂與育嬰堂成為政府仁政的象徵。雍正帝於當年 4 月諭：「京師廣寧門外，向有普濟堂，凡老疲無依之人，每棲息於此，司其善者，樂善不倦，殊為可嘉……又聞廣渠門內，有育嬰堂一區……與扶衰恤老，同一善舉……朕心嘉悅，特頒匾額，並賜白金，爾等其宣示朕懷，使之益加鼓勵，再行文各省督撫，轉飭有司，勸募好善之人，於通都大邑，人烟稠集之處，照京師例推而行之……」。[63] 雖然第一所育嬰堂並非建於北京，而普濟堂在外縣的成立亦不完全因為這道聖諭，[64] 但是，此後，幾乎所有官方的紀錄或方志均以北京的普、育二堂最早，並且以中央政府此次的推動普、育兩堂普遍成立的主因。而且，在一般印象之中，普濟堂、育嬰堂與傳統的養濟院一樣，是官方的機構。當然，政府在 18 世紀中期介入原為民間的慈善機構，是不爭的事實，但是普濟堂始終不是純粹的政府機構，而是來自民間慈善活動的傳統，這是下文所要說明的。

事實上，18 世紀之後，中央政府雖然開始介入民間善堂，但民間的主動力仍然存在。就算在清政權發展至最成熟的時候，慈善機構已不再如宋代一樣完全由官方策劃，普濟堂並不是養濟院。民間對本地社會事業的興趣及責任感到此時已根深蒂固。在經費上普濟堂大部分由當地人

---

63. 《世宗憲皇帝（雍正）實錄》，卷 19，頁 9 上 - 下。
64. 第一所育嬰堂建於 1655 年（揚州），京師的育嬰堂於 1662 年。高郵州的普濟堂前身施藥局則建於 1656 年，比京師普濟堂還早 6 年。

供給；1842 年的《武進陽湖合志》裡所載的 1785 年普濟堂碑記上就說得很明確：「國家於直省郡縣建設養濟院，惠利煢獨制軼三古。其民間醵金所建則普濟堂」。而《戶部則例》裡之〈普濟堂事例〉中只載有京師及九省中部分受戶部資助的普濟堂（這九省中並無包括江、浙兩省）；而「收養孤寡事例」中卻詳細地載有全國各省各縣養濟院的名額及口糧銀。足見前者只是因特別需要才向官方索取經費，而後者則完全由政府資助。同時，江浙地區普濟堂基本上完全自給自足，當毋可置疑。在管理方面，普濟堂亦是主要以地方的士紳為主，如 1815 年的《松江府志》所載之普濟堂條例即強調：「堂務永遠民為經理，不得假手吏胥致滋弊竇……」，在這兩方面，普濟堂與育嬰堂是完全一致的。[65]

　　從下列表中，我們可看出江南地區普濟堂創建的年代及其大概分布情形：[66]

---

65. 1842，《武進陽湖合志》，卷 5，頁 33 上，〈知府事金雲槐碑記〉，《戶部則例》，卷 89。受戶部資助的普濟堂除京城之外，還包括部分在福建、湖北、湖南、四川、廣東、雲南、貴州、江西等 8 省的普濟堂。晚至 1883 的《松江府志》仍指出普濟堂與養濟院之分別：「現在養濟普濟相輔並行，養濟仍由官助支編捐給發，普濟由董（事）經（理）收蕩息資放所……」，見卷 9，〈普濟堂章程〉，頁 5 上。

66. 拙文〈十七、十八世紀長江下游之育嬰堂〉亦是以此九個州府為研究之重點。我們仍以 1736 年之《江南通志》為基本材料，同時參考了以下方志以成立這個表：1880《江寧府志》；1883《六合縣志》；1808《兩淮鹽法志》；1824《蘇州府志》；1883《蘇州府志》；1904《常昭合志稿》；1933《吳縣志》；1815《松江府志》；1883《松江府續志》；1786《婁縣志》；1872《上海縣志》；1878《華亭縣志》；1879《青浦縣志》；1842《武進陽湖合志》；1814《無錫金匱縣志》；1906《武進陽湖縣志》；1840《江陰縣志》；1878《江陰縣志》；1810《揚州府志》；1741《江都縣志》；1743《甘泉縣志》；1890《重修儀徵縣志》；1783《高郵州志》；1845《高郵州志》；1827《秦州志》；1674《重修通州志》；1755《直隸通州志》；1875《通州直隸州志》；1808《如皋縣志》；1873《如皋縣續志》；1885《光緒泰興縣志》。

地方	普濟堂創建年分	備註
江寧府	1734	原明時建
句容縣	無	
高淳縣	無	
江浦縣	無	
六合縣	1724	
蘇州府		
長州縣	1709，1738	1738 年創建女普濟堂
崑山縣	無	
新陽縣	無	
常熟縣	1694	稱廣仁堂
吳江縣	無	
松江府		
府　治	1742	
華亭縣	1736	
婁　縣	1736	
上海縣	1745	稱同善堂
青浦縣	無	
福泉縣	無	
常州府		
武進縣	1774	前養老院，1745 年建
陽湖縣	1736 以前	共 6 所
無錫縣	1726	
金匱縣	1724	共 2 所
江陰縣	1726	前養老堂，共 4 所

地方	普濟堂創建年分	備註
鎮江府		
丹徒縣	無	
丹陽縣	無	
金壇縣	1736 之前	
揚州府		
江都縣	1724	
甘泉縣	1732	前同善堂，1729 年建
儀徵縣	1734	
高郵州	1724	前南北施藥局，建於 1656 及 1721 年
興化縣	1744	
寶應縣	無	
泰州	1732	
太倉州（共五縣，皆無普濟堂之設）		
通州		
州治	1736，1738	共 2 所
如皋縣	1736	
泰興縣	無	
太平府		
當塗縣	無	
蕪湖縣	無	
繁昌縣	1736 以前	

從這個表，我們可清楚地看到普濟堂大部分在 18 世紀中期建立，與育嬰堂的建立情況比較，則普濟堂的成立期普遍要晚大半個世紀，而且數目也遠比育嬰堂少。[67] 同時，我們也看出，許多地方的普濟堂是原有的其他善堂易名而成，無非為配合雍正的號召。例如江寧府的普濟堂原是「明時建」的；武進鳴鳳鄉一向有「養老堂」，至 1751 年始改稱普濟堂；江陰縣的普濟堂則是 5 所原建於順治康熙年間的養老堂所合建的。[68] 而揚州府內的甘泉縣、高郵州等地的普濟堂皆是舊制易名為普濟堂（見下文）。至於蘇州府早於 1709 年建的普濟堂，則顯然與雍正 2 年的推動沒有任何關係。

普濟堂與育嬰堂同時（1724 年）成為中央仁政的象徵，但普濟堂卻不及育嬰堂普及。主要原因之一是大部分的普濟堂與傳統養濟院的角色混淆。按《戶部則例》之〈收養孤貧事例〉：「直省州縣境內凡有鰥寡孤獨殘疾無告之人，照收養定額，收入養濟院……」，而同一書〈普濟堂事例〉則說：「凡通都大邑官設普濟堂收養老疾無告之人……」，[69] 表面上，兩者之功能毫無分別。換言之，除了由育嬰堂處理民間貧苦之人的「生」的問題外，「老、病、死」的難關，均為這兩種機構幫助渡過。因此，育嬰堂的角色是唯一而獨特的，慈幼的政策畢竟自宋以後停頓了 300 多年，到明末才漸復興。而普濟堂的重要性，就被一直存在的養濟院減低不少，其不及育嬰堂普遍，是很自然的。

---

67. 在同一地區，38 個府州縣在 1736 年前設有 44 個育嬰堂，最早者建於 1655 年（拙文〈十七、十八世紀長江下游之育嬰堂〉，頁 128-130）。而只有 21 個府州縣在 1750 年前設有 34 個普濟堂。
68. 1880《重刊江寧府志》，卷 12，頁 15 下；1842《武進陽湖合志》，卷 5，頁 37 下；1840《江陰縣志》，卷 1，頁 25 下。
69. 《戶部則例》，卷 89，頁 1 上，17 上；許多地方官亦弄不清二者之分別，例如栗熊美在〈普濟堂並育嬰堂條約〉中這樣寫著：「以養貧民有普濟堂、政先堂、體仁堂、廣仁堂、養濟院、留養院，名目不一，總為收養鰥寡孤獨、廢疾貧民而設……」，見徐棟輯，《牧令書》（1838），卷 15，頁 17 上，其所訂普濟堂例，與養濟堂無異。

那麼，既有養濟院，為何又有普濟堂呢？何焯（1661-1722）在記其家鄉長州縣普濟堂一文中說，政府的養濟院令貧人尊嚴盡喪：「一入其中，即與乞丐同列，故負性帶氣之人，有寧死不肯入者……」。同時，因入住養濟院必須在當地有注籍，所以「有羈旅窮窘或遇疾病無以自活，然本非土著，不得入者……」，因此普濟堂集邑中富人之財力，以補養濟院之不足。[70] 其實，「負性帶氣」之人，不見得就願意受普濟堂之捐助，但這至少說明了，普濟堂一般而言，沒有養濟院令人卻步的官僚氣，例子之一，就是受接濟者不須證明自己是本地人。同時，我們相信，明末養濟院的腐敗貪污情況，至少部分延續至清代，雖然官方管制日嚴，但是恐怕難於杜絕。而且，如上文所說，許多養濟院至乾隆期間仍然荒廢，貧人他往是很自然的。

　　養濟院的官僚化與僵化，讓民間普濟堂有發展的餘地。不過，我們亦可以這樣說：普濟堂源自明末以來民間慈善活動的傳統，而且，某些普濟堂的活動，有其本身的特色，與養濟院不盡相同（見下文）。普濟堂的普及與其特色，來自養濟院的缺憾。但是兩者基本上源自不同的傳統，普濟堂的成立主要來自民間對自身的最基本社會問題的醒覺。於此點上，普濟堂與明末「善人」的出現，以及「同善會」的產生，俱屬同一運動。

---

70. 1824《蘇州府志》，卷 23，〈何焯普濟堂記〉，頁 27 下 -28 下，何焯（1661-1722），長州八股文家。至於官方的收留機構自古即讓窮人感到極端的自卑，可見於通俗文學的描寫，如元雜劇〈相國寺公孫合汗衫〉中，兩老之家付諸一炬，迫得行乞：「少不得的悲田院裡學那一聲叫爹媽」、「只俺兩口兒叫化在這悲田院」，見《元人雜劇選注》（臺北：成偉出版社），頁 330-347。《儒林外史》裡，一個縣官被摘了印，縣裡的人「那個借屋與他住？只好搬在孤老院」，可算是對他最大的污辱。見（臺北：鼎文，1978），第 32 回，頁 320。何焯所言有一定的根據。夫馬進雖仍不太確定普濟、養濟的分別，但基本上仍以何焯之言為準。見夫馬進〈善會、善堂の出發〉，頁 208-209。

為了更具體地說明這個活動的興起及發展，讓我們進一步探索揚州府的各種相關慈善活動。

（四）揚州府的例子

　　揚州府在明末清初期間，不但產生了許多個別的慈善家，同時亦有同善會的組織。明末第一個育嬰社以至清初第一批育嬰堂均設於揚州，而稍後的普濟堂亦充滿特色。揚州府的例子，讓我們對民間慈善活動問題有更具體的了解。

　　揚州的慈善家大部分是活躍當地的商人（但多來自安徽省，尤以歙縣最多）。但我們不能以單純商人視之，他們與當地文人交往密切，而且家族本身即往往不乏士人，甚至當官者，他們本人就有不少原為士人。[71] 可以說，這些「善人」，不但擁有商賈獨有的財富，同時亦兼具地方官對地方事務與關切與士人的道德責任感。魏禧（1624-1681）在晚年數遊揚州時，就經常與這些「善人」交往，為他們寫壽敍、墓誌銘及紀聞錄。魏禧對他們的興趣，可能來自其慈善家的父親。我們從他生動的描寫中可看到這些慈善家的具體面貌。[72]

---

71. 有關揚州府鹽商、士人、仕官之間的微妙關係，以何炳棣的分析最詳盡：
　　Ping-ti Ho, "The Salt Merchants of Yangchou: A Study of Commercial Capitalism in Eighteenth Century China," *Harvard Journal of Asiatic Studies*, 17, 1954 (nos. 1-2), pp. 130-168; 158-165.

72. 《魏叔子文集》，卷 10，〈善德紀聞錄敍——為閔象南作〉，頁 29 上 -40 下；卷 12，〈新城楊善人善行實蹟跋〉（記楊元卿），頁 20 上 - 下；卷 11，〈程翁七十壽敍〉（記程休如），頁 67 上 -69 上；卷 18，〈歙縣程君墓表〉（記程文傅），頁 6 上 - 又 7 下；卷 18，〈歙縣吳君墓誌銘〉（記吳自亮），頁 66 上 -69 下；〈歙縣吳翁墓表〉（記吳從周），頁 64 上 -65 下；卷 18，〈三原申翁墓表〉（記申大猷），頁 85 上 -86 下。其中閔象南、程文傅、程休如、吳自亮等人資料亦可於《兩淮鹽法志》及 1810《揚州府志》的〈人物〉卷中找到。
　　魏禧之父亦是「善人」的典型，按魏禧所載：「禧先徵君年十九喪先大父，貲產值二萬金，所行利人事盡一歲之入，故家無餘……」，見〈善德紀聞錄敍〉，頁 31 上。

在魏禧最欣賞的慈善家之中，吳自亮（孟明）（1611-1676）與閔象南（世璋）（1607-?）是他描述得較詳細的兩位，此二人的背景與大部分當地的慈善家相似，皆原籍安徽省，因年輕時家道中落，逼得「棄儒從商」，跑到揚州當鹽商。且看原為崇禎末補國學生的閔象南如何白手起家，以及後來全心為善：「……遂走揚州，赤手為鄉人掌計簿，以忠信見，倚任久之，自致千金行鹽筴，累貲鉅萬。自是遂不復賈，歲入自家食外，餘盡以行善事，故君年七十有二，筴財利數十年而產不更饒」。而吳自亮之父從周（1591-1677）「雖服賈四方，資不饒而好行其德」。因此吳自亮年輕時即覺：「父母甘旨不具，多讀書何為？遂棄而業賈」。他遠比父親成功，從此家業大起，但是父子二人俱好行善，因此，當他父親晚他一年以 87 高齡去世時，竟「囊無長物」，其一生經歷與閔家如同出一轍。[73]

這些慈善家，慷慨地以他們的資財援助有急需的族人，以及族外之人。但是消耗他們財產最多的是大型地方救濟計畫的投資。如在江運險要之處設救生船（如在瓜州對外的金山），在飢荒時設粥廠，[74] 建道路、橋梁，疫作時施藥施棺，冬天置有炕之室以處貧苦的旅客，以及建育嬰堂、修養濟院等。其中需要長期投資及經營的救生船、育嬰堂等計畫，最能表現他們的精神。閔、吳二人以及程休如（歙商）（1607-?）等人成立之救生船計畫，不但包括置船及僱船夫於金山，以便隨時拯救覆舟，同時還訂立條約「凡漁船皆得救人，得生者酬以一金，死者十分之六」。[75] 而育嬰堂從

---

73. 〈善德紀聞錄敘〉，頁 30 下；〈歙縣吳翁墓表〉，頁 64 下；〈歙縣吳君墓誌銘〉，頁 66 下。
74. 有關明末清初民間粥廠的賑濟情況，法國學者 P. E. Will 描述最詳：*Bureaucratie et famine en Chine au 18e siécie* (Paris: Mouton/EHESS, 1980), pp. 125-133.
75. 〈善德紀聞錄敘〉，頁 32 下。

｜國家與社會｜明末清初民間慈善活動的興起：以江浙地區為例　　165

創立以至後來的發展，其中的困難就更多了。按魏禧的說法，「閔善人」與其友蔡商玉（我們懷疑是明末創嬰社之蔡連）於 1655 年發起收容棄嬰的組織，閔得親身去說服「諸同志」捐款以成立育嬰社館。4 年後，社員因海警四散，蔡與閔得獨力支持社館的經費及行政數月之久。久之，原有之社員或他徙，或再不捐資，管事的人又因家事引退，於是閔與友人程休如等又得重訂條約，規定社員人值 1 月，且輪值的人還得補該月不足的費用，閔一人即 1 年負責了 2 個月。由於閔的堅持與耐心，育嬰堂才得繼續維持下去。而程休如設粥廠，親身董事 40 日，共賑飢民 70 多萬名。[76] 上述例子不但顯出這些商人的誠意與精力，同時亦反映了響應他們的人亦實在不少，以致這類善舉可一直維持至清末。

魏禧所結交的這些慈善家主要為商人，或說出身自儒學傳統的商人，[77] 他們主要仍以務商為主，他們的行善，似乎是對「棄儒」這痛苦的經歷的一種補償。至少，這是魏禧對他們的了解，他往往在字裡行間流露出對他們的同情。在程文傳的墓表之後，魏友張天樞題上如下一段，更能顯出這種補償的心態：「世家子棄儒學賈，是最難轉關，是最傷心處。而學賈由於家貧，家貧由於廉吏……」，[78] 而「廉吏」與「善人」在實際行動方面，實在大有值得比較的地方。至少，善人對民間社會問題的關切，是廉吏所必具的。善人以善舉散財，廉吏則因廉潔致家貧，兩者皆顯出對財富的某種輕視。二者的價值觀是相同的。

富商以個人的財富組織個別或團體的慈善活動，而揚州的士人則秉承了明末東林派知識分子的結社行善。同善會的組織在順治 6、7 年左右

76.〈程翁七十壽敘〉，頁 69 上。
77. 吳自亮之子貢生，程文傳自其父輩以上 7 世有 8 人入仕，程休如之子亦入仕，閔象南為崇禎末補國學生。
78.〈歙縣程君墓表〉，頁又 7 上。

（1649-1650）便有，成立於寶應縣，主持人為該縣生員朱爾遠（1588-1664），為世家子弟。按其子為他寫的行狀，朱爾遠「倣高忠憲公同善會以養邑之竇人，冬則援衣，病則治藥，死則與棺，至今邑中力行不怠……」。[79] 除了朱爾遠，寶應另一貢生王有容（1606-?）亦與當地兩位士人在順治初「倡同善會賑鄉人」。王有容年輕時曾跟隨顧憲成、高攀龍，因此我們不難想像王有容立同善會的動機。[80] 至於朱、王二人是否同屬一會，這個同善會是否與高攀龍等人構想的一樣？則我們無法確知，而且這個傳統很快便中斷，直至乾隆期間再度復興，其形式與 17 世紀前期的同善會已有所區別。

　　寶應縣同善會的復興者是朱爾遠的玄孫朱宗光（1765 年貢生），他集合了同邑的士人（王希伊、劉世讜〔1771 年舉人〕）「復興同善會，賣糜粥以食飢人，全活者頗眾」。[81] 乾隆間同善會復興的風氣，可能與陳宏謀（1696-1771）當江蘇巡撫時（1757-1758）的積極鼓吹有關。至少，高郵州在 1781 年成立的同善會，其規條即參考 1758 年陳宏謀所頒布的，由當地生員十人舉會，經知州核准成立，會規 8 條，以陳宏謀頒行原式及嘉善縣楓涇同善會的舊規為本。大致上規定每月十六開會集資，會員每月至少捐贈 20 文，無最高限額，會友每月輪流任事。善款用於施藥、施棺、設救生船、給粥給衣絮等。其主要活動似乎為施粥，成會稍後即頒發施粥條例，還特別向邑中富室勸捐穀米。[82]

　　明顯地，到了 18 世紀的乾隆時代，同善會的性質已有所改變。雖然

---

79. 1932《寶應縣志》，卷 28，〈傳狀〉、〈朱克簡清封徵仕即內府中書科中書舍人私謚員純府君行述〉，頁 32 上。
80. 1841《重修寶應縣志》，卷 18，〈人物、篤行〉，頁 18 上。
81. 同上，頁 23 上 -24 上。
82. 1783《高郵州志》，卷 6，〈風俗、善舉〉，頁 9 上 -11 上。陳宏謀生平見 A. W. Hummel ed., *Eminent Chinese of the Ch'ing Period* (Taipei: Ch'engwen, 1970), pp, 86-87.

基本上，此會仍循舊例，定期集會，集資濟貧，但是每季的「講話」已被取消，會的主持再不是著名的思想家，而是一個士人集團，他們的集會亦必得到官方的許可，而且其重點已轉移至濟貧活動本身的執行。可說，同善會已「制度化」了。在這方面，同善會的形式已相當接近同期的普濟堂。甘泉縣原有的同善堂後改普濟堂，就是一個明顯的例子。[83]

普濟堂在揚州的數目，雖不及育嬰堂，其建立的年代亦較晚，但是，在某方面，它們更清楚地繼承了晚明以來民間慈善事業的傳統。

首先，讓我們看看普濟堂的經費與行政。從創建開始，普濟堂絕大部分由當地士紳與商人資助。甘泉縣普濟堂的前身同善堂開始時「僅以清貧紳士協力於市人而為之」。泰州的普濟堂的創建至捐募亦是全部由7位當地士紳負責。高郵州的普濟堂前身施藥局也是由生員王藻與張陽一手倡建，後改為普濟堂不外靠「通邑紳士商民」的捐募金錢及莊田。而興化縣的善堂除了得兩任知縣捐田外，還主要依賴本身的董事及「各姓捐送」田地以維持日常堂務。[84]就算受官方捐贈最厚的江都縣——曾知揚州府的陳宏謀不但捐俸，而且還推動捐募活動，之後的官方資助亦非常豐厚——，[85]亦得向當地人捐募。[86]在經費方面，普濟堂與育嬰堂完全一樣。有時候，同地的兩所善堂甚至有同一的經費來源（如泰州、高郵

---

83. 1743《甘泉縣志》，卷7，頁47下-51下。甘泉縣於1729年（雍正7年）由縣令倡同善堂：「令本土紳士公任厥事，為之賑粟、給絮、施藥餌、助棺槨、掩骼救焚、扶危濟困……」，至1735年（乾隆元年），同善堂始為當時縣令改為普濟堂，仍由紳士管理。

84. 1852《重修興化縣志》，卷1，頁6下。

85.《兩淮鹽法志》，卷56，頁1上-下：「……（雍正）八年（1730）揚州知府陳宏謀捐俸，並募千金屬兆組拓而廣之……前後捐田三百畝用金萬計……九年（1731）運使范廷謀改令淮商經營，歲給銀千二百兩，十年（1732）又增銀三百兩，於裁存火伏舟車項內支給……乾隆十三年（1748）鹽政吉慶，二十一年（1756）鹽政普福，三十二年（1768）鹽政尤拔世各酌增銀三百六十兩，歲支銀凡二千五百八十兩」。

86. 1743《江都縣志》，卷7，頁24下：「監生程豫、耆民李世泰共捐田六十畝……」。

州）。雍正 2 年之諭，使人認普、育二堂同一體的善堂，這種情況就不足為怪了。

不但在經費方面，普、育兩堂沒有什麼分別；在管理方面，兩者亦一樣，而且亦十分類似同期的同善會。理想的形式是每年推選當地生員 12 人經理以管理堂事。高郵州的普濟堂基本上由 12 人分月輪值，每月 2 人，如其中有人退，則另外 11 人再保舉另一人補上。這 12 人要互相覺察以免徇私。泰州的普濟堂則言明「其董事歷年更換」。[87] 不過，雖然善堂的行政平日由士紳獨力負責，但地方官有監督的權力及責任。泰州、高郵州的普濟堂就曾遭受過整頓，但事後的經營仍由當地生員繼續主持。換言之，普濟堂與育嬰堂在組織形式方面亦完全相同。到了 18 世紀中期，屬官督民辦的機構，兩者主要的分別，只在於所收容的人。

雖然，大致上普濟堂與養濟院的功能相差無幾，但是，從揚州的資料可看出，普濟堂活動的重點仍因地而異，視乎其前身機構的性質，其實並沒有一個一定模式的普濟堂。例如甘泉縣的普濟堂，原來為同善堂，其活動包括「賑粟、給絮、施藥餌、助棺槨、拾骼救焚」，改稱普濟堂後，仍以「周濟貧民之事，病給醫藥，死予櫬埋」為要。又如高郵州的普濟堂，原身為兩所施藥局（分別成立於 1656 及 1721 年），因此普濟堂仍以醫療服務為主。只有陳宏謀策劃的江都普濟堂最類似養濟院，以收養「老病無依」為主。[88] 不過，綜合揚州府各縣的普濟堂的活動，我們不難看出，最大的特色在於醫藥方面的救濟。在貧人「老、病、死」三個困難之中，

---

87. 1845《高郵州志》，卷 1，頁 51 上，54 下，1743《甘泉縣志》，卷 7，頁 48 上；1827《泰州志》，卷 7，頁 11 上。

88. 1783《甘泉縣志》，卷 7，頁 47 下 -51 下；1845《高郵州志》，卷 1，頁 50 下 -53 上；1743《江都縣志》，頁 24 上 -25 下。不單揚州府的普濟堂顯示其個別特色，其他州縣的普濟堂亦往往各有其特點，如蘇州府的普濟堂分男、女兩所。

普濟堂對「病」一事最為注重。

　　最類似養濟院的江都縣普濟堂在 1730 年新建的堂所中，分別有藥室與病房（我們記得，黃六鴻在其《福惠全書》中所描述的養濟院格式，並無藥房與病室。見上文），同時強調，「令旅病無告者就醫調治」。泰州的普濟堂的重點亦在於「收養疾病無告之人」。其 48 間屋子之中除育嬰堂、管理處、廚房等所占外，其中 12 間是收養病人之所，另外還有藥房 1 間。[89] 不過，最特出的，大概是高郵州普濟堂的醫療服務： 一直活躍至 19 世紀中的高郵縣普濟堂，在 1845 年即擁有：「……放藥廳三間……配藥房三間，堆藥房三間 、藥王殿三間……朝南廠房七間，舊十四間，朝北七間……」，廠房作病房用。[90] 足見其以醫藥為主的服務。1736 年高郵普濟育嬰堂的碑記，對這種服務的描寫就更清楚了：「普濟堂之制為大門為儀門，為診脈處，為字紙爐，為貯藥房，為製藥室，中為藥王堂，供神農像……」，而後方兩層樓共 32 楹「以處夫老而且病者」。普濟堂與育嬰堂並建，但其所占地比育嬰堂大得多。[91] 可見普濟堂已略具今天小醫院的規模。

　　具體工作上，普濟堂聘請城內大小儒醫，輪流在堂診視病人，又請藥鋪刀工切藥泡製丸散。平日的醫務工作只在上午執行，病人隨到隨診，並可領取所需的藥物，所有診病、發藥等均完全免費，「有需索一文錢者定行重究」。有病重，及無家人治理之人，則收容於後屋病房之中，每日有專人照顧服藥飯食。如病故，堂即代為殯葬。受接濟的為「凡民間一切顛連無告之人」，至於「遠方之人，或遇水火盜賊流離無所者」，

89.1743《江都縣志》，卷 7，頁 24 下，25 上；1827《泰州志》，卷 7，頁 10 下 -11 上。
90.1845《高郵州志》，卷 1，頁 50 下 -51 上。
91.同上，頁 53 下 -54 上。1 楹為 1 間。

亦根據其情況酌量收容接濟。[92]

　　照上所說，普濟堂的開支一定非常浩大，每月不但要支付醫生、藥工的薪酬，而且還要負擔相當可觀的藥材費（條例規定堂中得隨時蓄有所需藥材，而藥材得選購於省會之地）。可惜，我們已無法確知其實際數目。如所有其他善堂一樣，高郵州的普濟堂並不保留日常行政的紀錄：「本堂簿籍繁多，藥賑醫方等類亦復不少……今於本堂內修紙爐一座以便隨手送爐燒燬」。不過，我們可從1783年知州經4年的整頓後所定的規條，得知普濟堂漸入不敷支的情形：「普濟堂廣施煎劑，所費不貲，驟欲裁減又恐貧民失望。今酌定以本堂經費為準，經費有餘，照常施給，設有不足，即廣貼告白，暫停數月。總期事垂可久，毋慕虛名」。不過，這普濟堂仍一直維持至19世紀中期。[93]

　　從揚州各州縣17、18世紀的慈善活動中，可看出整個運動是有其發展的連貫性的。育嬰、普濟堂等的創始人本身就是著名的慈善家，如閔象南，如高郵州施藥局的發起人張陽、王藻，都是屬於魏禧所書的典型善人。[94] 這些既儒既商，如廉吏般關心地方事務的慈善家，就是推動地方社會事業的積極分子，他們對本地各種社會問題的具體認識，以及他們穩定、廣泛的交誼網，讓他們可持久地、有計畫地推動種種個別或有組織的慈善活動。[95] 當然，揚州為大鹽商聚居之地，在財源方面，得天獨厚，

---

92. 同上，頁54下-56下。

93. 同上，頁57上-下：〈乾隆四十八年知州楊宜崙新訂規條〉。頁65上，「嘉慶十四年（1809）邑人……重修放藥廳三間、配藥房三間……藥王殿三間、董事房六間、南廠房七間」。

94. 王藻、張陽的善舉記錄於1725《高郵州志》，卷10，頁14下-15下；1810《揚州府志》，卷32，頁3上-下。

95. 魏禧的〈程翁七十壽敘〉（見註65）載有一具體例子：魏禧於1677年冬在友人黃蓋臣家飲酒，見閔象南與一友人至，即與閔同辦育嬰堂、救生船等的程休如。閔、程、黃三人「五十年昆弟交也」，因此敢請魏看閔、黃二人面上為程寫壽序。

是構成行善風氣特盛的因素之一。不過，揚州並非一個例外，而是當時江浙地區民間善舉興盛的典型；當國家的慈善機構，如慈幼局已停頓 300 多年之後，民間的育嬰社以至育嬰堂慢慢復興了慈幼局的理想；當施藥的惠民藥局在普遍荒廢的情形之下，士紳創辦了後來發展普濟堂的施藥局，[96] 而這些機構的成立絕非由於政府的鼓勵，而是繼承了自 16 世紀末期以來慈善活動的傳統。這個新的現象，是幫助我們進一步了解此時期的江南社會的一條有效的線索。

三、民間慈善事業的分析

我們可從三方面思考明末清初的慈善問題：一是分析這些活動背後的觀念；二是探索慈善活動與重建社會秩序之間的關係；三是評估這些活動的實際效能的問題。透過這三個角度的分析，我們希望更了解民間慈善活動的性質，以及它在明末清初社會中所真正扮演的角色。

---

96. 明末士人對醫藥問題似乎有普遍深厚的關切與興趣，對疾病的危險亦有新的認識。除了上述祁彪佳的設藥局外（此事詳情見於夫馬進〈善會、善堂の出發〉，頁 203-204 及註 51），呂坤亦屢次提倡重振醫學的重要性，並批評政府對醫療服務的漠視（如惠民藥局之荒廢），見《實政錄》，卷 2，〈重振醫學〉，頁 47 上 -52 上。及見 J. Handlin, *Action in Late Ming Thonght* (U. of California Press, 1983), II /5 " As doctor to society"。謝肇淛（1567-1624）亦舉了一俗語說明末政府藥學的沒落：「俗語謂京師有三不稱：謂光祿寺茶湯、武庫司刀鎗、太醫院藥方」，見《五雜俎》（臺北：偉文圖書，1977），卷 13，頁 335。陳龍正對醫藥問題亦非常重視，亦有一定認識，曾作「保生帖」，作日用手冊，見《幾亭外書》，卷 5。近代中國最重要有關瘟疫的醫書之一，就是蘇州震澤吳有性（1582-1652）所著的《瘟疫論》，書成於 1642 年，即當地發生嚴重瘟疫一年之後。對醫療問題的關切，是否與明末江南廣泛的疫災有關？這是目前無法確定的問題，有關明末瘟疫的初探見 Helen Dunstan, "The Late Ming Epidemics: A Preliminary Survey," *Ch'ing-shih wen-t'i* III -3 (1975), pp. 1-59.

（一）慈善的觀念

　　從同善會及清初成立的各種善堂的條例中，我們可看見這些活動雖同樣是施濟於貧人，但是與傳統官方的做法比較起來，在態度上有明顯的不同：受惠的人的範圍雖然擴大了（包括被遺棄的嬰孩、遭覆舟的旅客、一般的病人等），但是施濟者對被濟者的要求亦提高了。最明顯的例子為陳龍正為同善會所訂的規條：孝子節婦優先受惠，其次是安分的貧人，而四類貧人因道德上的問題，不能被接濟。換言之，窮人被分「該受惠的」與「不該受惠的」，分別在於他們是否符合某種道德標準。這種態度，不單在道德色彩鮮明的同善會中看到，一些思想家兼地方官，亦有相同的看法，呂坤（1536-1618）是典型的例子。在其著名的《實政錄》中，他亦多次提及貧老的收養問題。作為地方官，他主要考慮養濟院的改革。如陳龍正一般，他提出應把該被救濟的人按其情況分等級，同時，他又強調，一些人雖極老極貧，但因平日「不孝不友、傷倫壞俗、奸暴邪淫、衙門害人、鄉黨生事……敗廢先業」，及婦人「淫亂潑惡、不孝公婆、凌夫敗家、素有不賢名聲」者，皆不准收。[97] 在道德上不為社會上所容忍之人，除「不孝不友」之類外，還有游手好閒之人，亦同樣被摒棄於善堂門外。對這類人的排斥，不但見於陳龍正、呂坤等的思想，清初普濟堂的條例亦常有說明，如高郵州普濟堂條規指明「游手好閒人等不得借名有病，混入留養以滋事端」。[98] 松江府的普濟堂亦有相同的條例，並且

---

97. 《實政錄》，卷2，〈收養孤老〉，頁37下-39上；卷66，頁16上-下；呂坤把貧老分三等，第一等有優先權（七十以上衰病之人，及六十以上篤疾之人）。
98. 1845《高郵州志》，卷1，頁55上；雍正2年（1724）推動普、育二堂的聖諭亦強調不能收游手好閒的人。有關養濟院的律令卻從不提此點。

警告堂內的老民「無事而食，自應安份……如出外滋事，不許復入」。[99] 對「自食其力」、「安分守己」等觀念的執著，在此時顯得非常強烈。呂坤認為與其消極地收養殘疾老人，不如教他們一門謀生之技，讓他們能自立。例如瞽目的人可學卜算、絃歌（呂坤認為歌唱可美化風俗，但是學成後卻唱「淫邪曲詞」者，則永不許再受接濟），兩足癱瘓的人可學打麻鞋、結網巾等。[100] 慈善家對不孝不友，以及無業之人明顯的卑視與排斥，是值得重視的。

這個特色讓我們不期然地聯想起西方同期同類的機構。的確，兩者有不少可作比較的地方。收容貧、病、老人及棄嬰的機構，均在 17 世紀中期在西歐地區紛紛成立。以研究這些機構聞名的法國學者傅柯（Michel Foucault, 1926-1984）認為，法國的救濟院（Hôpitaux généraux，第一所於 1656 年成立於巴黎，1676 年法皇令各大邑必須建救濟院一所）、英國的「工作院」（Workhouses，創建於 1697 年），以及德國的 Zuchthausern（創建於 1620 年），雖然有其經濟社會上的背景—— 17 世紀後期，歐洲遭受嚴重的政治經濟危機，一直維持至 18 世紀末期，「無業游民」、棄嬰等的數量突增——，但是主要因素，乃是思想觀念上的改變：貧窮在中古時代所象徵的帶神祕性的宗教意義，經過一世紀的宗教改革運動，已完全消失。從此，貧窮的、游手好閒的人被視為失敗的人，不但在生活上失敗，而且在道德上腐敗。同時，工作、事業卻獲得新的肯定，成為人生命中不可或缺的活動。這種原屬宗教範圍的觀念變化，已滲透俗世的思想之中。因此政府（不是教會）建立特別的機構，把這些被卑視的人關起來，或以工作訓練來改造他們（Workhouses 的主要活動在於強逼工作）。把這些人與其

---

99. 1815《松江府志》，卷 16，頁 8 上。
100.《實政錄》，卷 66，頁 17 上 - 下；卷二，頁 34 下 -35 上。

他正常與勤勞的人分別開來，作為對前者的一種懲罰，正是這些機構的目的。透過慈善機構，政府的律例與道德的法規，終於合為一體。[101] 英國史家希爾（Christopher Hill）的看法大致與傅柯吻合。他認為17世紀以來，喀爾文教派的思想帶來了新的工作倫理，因此貧窮從神聖淪為邪惡的見證，財富則獲得積極的意義。因此慈善活動必須把「好窮人」與「壞窮人」（游手好閒之人）分別出來，而且救濟工作必得以工作、紀律來改造貧人為原則，而不該消極地、廣泛地救濟所有貧人。[102] 如果我們把傅柯與希爾的看法進一步推論下去，顯然地，我們又回到西方資本主義升起的老問題上來，則這是本文討論範圍之外的話題了。

有趣的是，在中國同期的慈善活動中，我們可觀察到相若的現象：道德作為被救濟的標準，對「無業游民」的排斥，以新的、獨立的機構收容老、病、弱者。在19世紀中，訪問中國的歐洲人，甚至有把棲留所（短期收容貧老病的機構）與英國的「工作院」相比者。[103] 但是，很明顯地，中國與西方的大環境是迥然相異的。除了在社會經濟上之分歧外——中國的17、18世紀，尤其17世紀中期以後，至少在江南地區，為一穩定發展的時期——，[104] 在思想發展上亦毫無關連。如果說西方對貧困與財富的觀念在此時有了決定性的轉化，或工作倫理有了新的內容，而慈善機構的建立正反映了此變化，則這幾個觀念在中國此時似乎並沒

101.Michel Foucault, *Folie et déraison: Historire de la folie á l'ag classiquee* (Paris, 1961) Chap. 2.

102.Christopher Hill, "Puritans and the Poor," *Past and Present*, no. 2, (1952) , pp. 32-50. V. Kiernan 反對希爾的說法，認為希爾文中所提到的教徒 Perkins 的救濟原則，基本上是人性的、進步的。Hill & Foucault 的觀點無疑是「反啟蒙」的，我們隱約可見韋伯（M. Weber）的影子。而 Kiernan 的看法則代表了較傳統的史學家：V. Kiernan, "Puritanism and the Poor," *Past and Present* 3 (1953), pp. 45-51.

103.Camille Imbault-Huart, "Une visite à un ètablissement charitable près Changhai," *Journal Asiatique*, 1881(série 7), p. 256.

104.Ho Ping-ti, *Studies on the Population of China 1386-1953* (Cambridge: Harvard U. Press, 1959), p. 270.

有革新性的演化。例如對財富的看法，於明末仍保留著傳統曖昧的態度，試看陳龍正的說法：「貧者多高，富者多劣，此其大凡也……」，然而，財富如果是因勤儉所致，則不該被指責，只要「富則能散之」，反而，把祖宗產業敗盡致貧的人，更屬不肖，所以「貧非盡賢」。[105] 換言之，關鍵在於取財與散財的手段與動機，決定當事人是否合乎道德的是這些手段與動機，並非財富與貧窮本身。這個觀念在魏禧筆下的「善人」身上得到最具體的表現。因貧窮而「棄儒為賈」以供養父母，雖痛苦，並不可恥。而最後以施濟方式散其財，就是真儒。對貧窮，中國古代並沒有絕對的尊崇，在明清時期亦沒有絕對的卑視。而對工作的重視，則絕不是明清時期的新變化。如果我們相信馬可波羅的話，則 13 世紀後期的杭州養濟院已有點像英國的「工作院」了：「城裡這種醫院（該譯收容所，即指養濟院）很多……假如這窮人是康健的，他們就強迫他去做工」。[106]

但是，中國的慈善活動又的確有其觀念上的變化，變化在於其所依據的道德標準比前代強烈鮮明得多。以道德（孝、節、義等）標準把貧老分類是新的做法。為了確保這個原則，明末同善堂一般實行會員推薦受惠者的制度。到了清代，同善會受惠人的資格要求有時甚至比明代更嚴格。例如 1774 年訂定的平湖縣同善會規章，就以這些道德標準把待濟者分為以節婦為上的三等人，就是最突出的例子。[107] 18 世紀後期，收容清貧守節的寡婦的清節堂日漸普及，更能說明這一點。這些善堂可說是這些道德規範的具體象徵，目的在警惕「不孝不友」的人，在教化整個社會。而並非如西方的機構一樣，主要把貧人、游民與社會分隔開來，以便改造前者。

105.《幾亭外書》，卷 9，〈緒緒〉，頁 75 上，「貧非盡賢」。
106.《馬可勃羅遊記》，張星烺譯（臺北：商務，人人文庫，1974），頁 312。
107.夫馬進，〈同善會小史〉，頁 58-64。

道德規範是如何介入民間的慈善事業的呢？我們認為這與慈善家對重整社會秩序的理想有密切的關係。

（二）慈善事業與社會秩序

　　上文描述了自唐宋以來官方慈善事業與民間事業的分別，不過，在充滿變化的明末江南商業化都市社會中，兩者卻有一共同目標，那就是希望挽回傳統的社會秩序。養濟院以行政條例（年齡限制、注籍、名額）選擇被救濟的人，以求達到其社會控制的目標。而民間的慈善事業則以道德規範作為選擇的標準，其最後目的為重整地方風紀及社會秩序。陳龍正在其同善會首講中就說得很明白：「這會本是助貧，緣何又專揀好人來助，雖則為錢糧不多，其實因此勸人，使那些放肆游花、日就窮苦的生些懊悔，庶幾轉頭……庶幾人人各守本份，共成一縣好風俗」。他心目中的理想地方秩序，主要來自安分守己：「如今人家只有三等……富貴的大家放寬些，貧窮的各人要安份，中等人家不要奉上欺下……凡人守住勤儉二字……」，慈善活動可說是力求達到這理想的一種手段。[108]

　　日本學者溝口雄三認為「社會秩序的責任，開始由少數為政者集團擴散到大多數天下眾人的手中，這就是明末清初時期在社會秩序觀上的巨大變化」。[109] 慈善事業的研究可以說明這一點：以施財濟民的方式，

108.〈同善會一講〉、〈同善會三講〉，《幾亭外書》，卷4下，溝口雄三認為「平」、「均」等觀念萌芽於明末期間，最明顯的例子為此時的「均田」、「均役」主張。見〈明末清初時期在思想史上變化的歷史意義〉（1984年12月清華大學主辦「中國思想史國際研討會」中傳閱論文），頁26、32-33。富商把財富散發於貧者，是否亦屬此一趨向？是一個有趣的問題，但已在本文討論範圍之外了。

109.同上，頁29。

解救地方社會上貧窮所造成的混亂或各種問題，已成整個地方社團的責任。無數的個人慈善家、同善會以及稍後的育嬰堂、普濟堂、清節堂等，都是最好的說明。而這些活動從個人發展至結社，從結社發展至獨立機構的成立，整個制度化的過程，亦說明了地方民間團體力量的日益增強，以及其對地方社會秩序的影響。

而另一方面，這些民間機構的主要特色，[110] 是以教化的方式來重整地方社會秩序。這是與政府的救濟活動最大的分別。我們可從民間慈善活動的推動者的背景，找到一些解釋。他們包括有名氣的思想家如高攀龍、陳龍正、呂坤、劉宗周、祁彪佳等，以及深受他們影響的當地士紳與儒商。明末以來，以這些人為主力的地方社團，漸漸掌握了治理地方事務的技巧與能力。此發展與萌芽於同時的「經世」學說及思想不無密切的關係。用最簡單的話來說，把重振儒家倫理的理想，落實到實際地方治理方策中，是始自明末的趨向。以精英分子作為凝結力量的地方社團，是推動這個趨向的最有效的動力。[111]

於較具體、較大規模的管理技術問題上──如水利問題──，中央

---

110. 雍正 2 年諭是一典型的象徵性舉動，幾乎所有普濟堂的碑記序文等都標榜其教化的功用，如 1842 年《武進陽湖合志》，卷 5，頁 33 上之碑記：「……因司徒十有二教，曰以俗教安，則民不偷，以誓教恤，則民不急……亦願二三君子繁滋其義……以民為心，各務乎教之所亟也」。有關育嬰堂的教化作用，見拙文〈十七、十八世紀長江下游之育嬰堂〉，頁 123-124。

111. Jerry Dennerline 以夏允彝於 1637-1639 年在福建長樂推動的賦役改革為例，說明「經世」學派如何結合理想與現實，並得到成功。同時作者以嘉定縣作為例子，進一步分析「經世」派的影響如何加強地方精英分子對其本地利益的關切與維護（相對於國家的利益）。Cf. Jerry Dennerline, *The Chia-ting Loyalists: Confucian Leadership and Social Change in 17th Century China* (Yale University Press, 1981) Chap. 5, "Confucian Renewal and Statecraft Scholarship," pp. 151-179, 201-205；溝口雄三認對地方行政的關切與改變可從政府里甲制的崩壞與王陽明重整「保甲」、「鄉約」等運動中探其源。東林派思想家在重整地方秩序的關切是直接來於此。見溝口雄三，上文頁 59-60，及《いわゆる東林派人士の思想──前近代期における中國思想の展開（上）》（東洋文化研究所紀要第七五冊，1978），頁 134-135；第 4 章以討論陳龍正地方政策的背景及思想問題，頁 150-172。

政府的力量，自明至清，一直相當強大，甚至可說其介入地方行政的例子，有增無減。[112] 但在涉及較微妙、較具道德性的社會問題上，地方精英分子的影響力，自 16、17 世紀以來，漸漸超過中央政府。慈善活動是一個很好的例子。因此，不論明政府的中央集權發展到何種程度，在地方秩序的問題上面，它仍不得不借重新興的地方領袖的影響力。

（三）慈善工作的實際效能

讓我們回過頭來考慮這些慈善工作原要解決的問題，即民間生、老、病、死等基本的問題。明顯地，在技術上、觀念上，這些活動與機構並不曾帶來任何突破。育嬰堂沒有解決棄、溺嬰的問題，[113] 而普濟堂極富特色的醫療服務亦不像西方同期開始發展的醫院一樣，帶來醫療工作上的革命。[114] 當然，這些問題的解決，必牽涉到慈善活動本身所無法控制的範圍：例如家庭制度的演化、節育觀念的出現及普及化，以及科技的發展。不過，至少，按西方的經驗，近代醫學的突破，離不開醫療機構在 17、18 世紀

---

112. P. E. Will, "State Intervention in the Administration of a Hydraulic Infrastructure: The Example of Hubei Province in Premodern Times", 1985, to be published; "The Occurrences of, and Responses to Catastrophes and Economic Change in the Lower and Middle Yangtze. 1500-1850," Paper for the International Conference on Spatial and Temporal trends and cycles in Chinese economic history, Bellagio, August 1984, pp. 42-43.

113. 外國人的紀錄最豐富。如 W. C. Milne, *Life in China* (London, 1859), pp. 32-40; *Lettres édifiantes et Curieuses de Chine par des Misssionnaires Jésuites 1702-1770* (Paris: G/Flammarion, 1979), pp. 216-220, Lettre du Pére d'Entrecolles, 19 Oct. 1720。揚州大戶汪家之汪喜孫（1786-1847）稱當時之育嬰堂「殺嬰堂」，因其所收嬰兒：「多瘦斃，不可僂指」。見其《從政錄》（在《江都汪氏叢書》，1925 年），卷 2，〈育嬰議〉。

114. 有關法國醫療服務的沿革，見 Colin Jones, Michael Sonenscher, "The Social Functions of the Hospital in 18th Century France: the Case of Hō:el-Dieu of Nimes," *French Historical Studies*, XⅢ-2(1983), pp. 172-213.

的改革與創新。[115] 為何中國同類的機構，沒有帶來任何貢獻呢？

　　這當然是一個牽涉非常廣泛的問題，我們並無能力在此找到滿意的答案。但至少，從以上的分析，我們知道這些機構最終要解決的，其實並非全是貧人所面對的基本生存問題，而是如何維護社會秩序的問題。我們只需舉一個例子說明此點：高郵州的普濟堂定期把其管理的紀錄燒燬，以免文件堆積之累（見上文）。然而，主持人所訂的規條，其創立、重修等的經過卻刻在碑上，或載於志上，一直流傳至今。同時期的救濟院（hôpitaux généraux）的條件遠比普濟堂差，但至今我們仍可見到它們的行政紀錄，從中我們可算出每年所收的棄嬰及嬰兒、貧病人的死亡率等。[116] 因此，我們可從西方救濟院本身的資料，證明其效率的低落；但是我們只可以猜測（從方志所記載的善堂財產及組織原則等）普濟堂、育嬰堂等在早期尚具效率；而 19 世紀之後這些機構的腐敗，亦不得不依賴同類資料，以及外人的遊記作印象式的估計。[117]

　　研究中國社會史的人，往往遇到一個難題：如何計算原則與真相之間的距離。他可輕易地找到善堂各時期的沿革紀錄、規條、奏疏等。但是只有實際行政管理的歷史文獻：如育嬰堂每年收容棄嬰的數量、嬰兒、老病者每年的死亡人數、病人醫療的紀錄、收容的實況、住院者的背景等……才可以讓他對真相有較確切的了解，才可以幫助他重建一個符合今天社會的真相。不過，這些正是他無法找到的資料。

　　這段空白向我們顯示，對當時的慈善家而言，這些規條、創堂的經

---

115. 傅柯是此派說法最有力者，請參看：M. Foucault, *Naissance de la clinque* (Paris, 1963, 1983)，第七章 "Voir Savoir", pp. 108-123，分析醫院的診斷方法的發展；及 M. Foucault et al. *Les machines àguérir (aux origines de l'l.ôpital moderne)* (Paris, 1979).
116. 見拙文〈十七、十八世紀長江下游之育嬰堂〉，頁 123。
117. 見註 105，及 W. C. Milne, *Life in China*, p. 50（關於慈善機構一般的貪污腐敗）。

過等，既代表了他們的理想，就是全部的真相，而這些活動、機構的意義，即全部蘊含在這些文字之中。

因此，這些新興的組織與機構，雖然處理民間的生、老、病、死等基本問題，但是始終不能為這些問題，帶來新的解決辦法。除了外在的環境，這些機構本身的性質，是非常重要的因素。

四、結論

明末清初的民間慈善活動，反映著兩種主要的變化。一是在地方管理方面，中央政府在某些問題上，漸喪失其主動地位，取而代之的是地方的精英分子，這些精英分子的成分複雜，包括了生員、商人、較有名的知識分子以及一般富戶。

劉子健先生在〈劉宰和賑飢〉一文中，指出宋代鄉紳並沒有設立團體、改進團體的興趣和能力，劉宰的賑飢活動，始終沒有發展長久的制度，社團的缺乏是儒家的身——家——國的連串的一個大漏洞：「從南宋到清初的大思想家如王夫之、黃宗羲、顧炎武等，一直沒有想到改變連串。這大漏洞，始終是儒家制度中一貫的缺憾。」[118]

明末清初由地方精英分子所推動的慈善機構，正是長久的制度，是與以前民間類似的活動最大的差異。雖然思想家可能沒有想到「改變串連」，蓄意地增強地方社團的力量，但是，從民間慈善機構的例子裡，卻看到這股力量確實在逐漸壯大與凝固。劉宰只是暫時地解決了官方所無力處理的突發性災禍，而明末清初的邑紳卻有組織地，長期性地策劃

118.劉子健，〈劉宰和賑災（下）〉，頁54。

各種善堂與活動。這種持久性必須依賴社團精神的維繫。明末清初社會的新現象之一，該是地方社團的發展。

除了社團的興起，此時民間慈善活動還反映了另一種變化：思想上的變化。這裡指的「思想」，是指民間的思想。這種思想與較高層次的學術思想之間的複雜關係，我們在此無法有系統地說明。不過，民間思想更直接地影響了慈善活動的興起，是相當明顯的。除了明末幾個同善會的發起人之外，其他所有組織的領導人與成員均是藉藉無名的「善人」。從同善會的講話，一些「善人」的傳記，以至同時期的其他相關現象中──如善書的普及，我們可摸索到這種思想的一些理路。[119] 而同善會的建立，以及各種慈善活動在 17 世紀中期以後的迅速制度化，均是這種思想的具體說明。

不過，無論是地方社團的興起，抑或民間思想的變化，在這些新現象之中，我們仍清晰地看見傳統的力量。其實，孔子對子路的警告，至清代仍具效力。劉子健先生即認為劉宰之所以無法地把社團組織起來，是由於君主和政府「……深怕，有人利用社團的力量起來反抗……地方官是不要鄉紳來主持任何社團或社團福利的，鄉紳自動要做，至少需官吏的默認。」[120] 清代機構大部分「官督民辦」多少亦有點這個意思，但情況與南宋一代，畢竟有基本上的分別，社團在地方問題上，已有主動的組織力量。

在思想方面，我們不單清楚地看見佛教信仰在慈善事業的推展中一

119.法國學者 J. Gernet 認為 16 世紀是思想極為自由的時代，當時在學術思想與民間思想之間，釋教與傳統儒學之間，有相當活潑的交流。見 J. Gernet, "Histoire sociale et intellectuelle de la Chine," *Annuaire du Collége de France 1982-1983*, p. 599.

120.劉子健，〈劉宰和賑災（下）〉，頁 54。

貫的重要角色，[121] 而且還可觀察到這種思想極為保守的一面——極端地維護傳統道德。明末江南的都市社會，隨著商業化的加速，發生巨大的變化。慈善活動的興起，反映著民間對這些變化的一種保守的反應：希望透過強化了的傳統道德規範，重整社會秩序，以求阻緩新的變化。

——本文原刊載於《食貨月刊》15：7&8（1986），頁 304-331。梁其姿教授授權使用。

121.夫馬進，〈同善會小史〉，頁 55，乾隆期間建立的楓涇鎮同善會的「講語」改在寺院舉行，
　　可見佛教思想的影響有增無已。

一、寺院與中央政府推動的慈善事業

① **宋代以前：**

最早：南北朝時代的六疾館和孤獨園。

組織完善、維持較久：唐代寺院的悲田養病坊。唐武宗會昌毀佛後，養病坊轉由政府主導。

② **宋代：**

南宋政府尤為積極，於地方普遍設立慈善機構。以「仁政」為出發點，對於貧老病者過度的照顧，甚至有浪費的情況，造成財政負擔。

③ **明代：**

以養濟院為主，具備一定的社會控制功能，但經常發生貪污舞弊的狀況，明代中葉以後更加明顯。

儘管如此，地方官員仍然在修建養濟院上投注心力。在明末江浙地區，幾乎每個縣都設有養濟院。

④ **清代：**

乾隆年間，養濟院重新受到官方重視，訂下明確的規範，如名額、預算等，也更進一步加強社會控制的面向。

二、江浙地區民間慈善事業的興起

① 16 世紀後期由民間發起，18 世紀以後官方介入，逐漸發展為官督民辦。

② **個別的慈善活動：**地方的「善人」。

③ **同善會：**

與當時明末士人結社的風氣有關，具備濃厚的道德傾向，並且包含儒、佛兩教的思想。

④ **普濟堂：**

受到官方力量的介入，但主要為民間主導。與養濟院的角色重疊，導致普及度不高。而養濟院的僵化與官僚化，讓普濟堂有發展的空間。

⑤ **揚州府的例子：**

資助者：多為當地的商人，可能擁有士人或任官的背景，也與士人社群關係密切。

同善會：到了 18 世紀，宣揚道德的層面日漸淡薄，轉為純粹濟貧的活動，集會也需要官方的許可，與同時期普濟堂的性質相近。

普濟堂：由當地士紳、商人贊助，實際運作方式因地而異，不過著重在醫藥的救濟。

三、民間慈善事業的分析

① **慈善的觀念：**

以道德的標準區分救濟的對象。例如：不孝不友、遊手好閒之人，是不會被這些慈善機構接納。

② **慈善事業與社會秩序：**

官方與民間的目的，都是為了整頓地方的風氣與秩序。其中，民間慈善事業的盛行，反映地方菁英勢力的增強，政府也需要借助他們的力量，穩定地方社會。

③ **慈善工作的實際成效：**

這些慈善機構接濟了地方上貧、老、病的人們，但他們的目的是維持社會秩序，並沒有從根本解決問題。

四、明末清初民間慈善活動的變化

① 維護地方秩序的層面，中央政府漸漸被地方菁英取代，如地方的商人、富人、知識分子等，並組織起地方性的社團。

② 民間流行的思想，也影響了慈善活動的盛行，其中儒教、佛教都扮演一定程度的角色。

人群的移動與交流

「人群的移動與交流」本篇要點

沈宗憲

國立臺灣師範大學僑生先修部教授

　　課綱新單元「人群的移動與交流」跳脫傳統中國朝代時序架構，以東亞大陸為整體，敘述近代以前，從上古（漢末至南北朝）到近世（宋遼金元）因遊牧民族南遷建國、人民逃避天災疫病及追求商貿利益、宗教信仰等動機，而促成規模有別的人群移動。遷徙的人群帶來新生活方式，12、13 世紀中國南方出現新政經重心、思想學術流派與宗教重鎮，正是人群移動的結果。

　　明、清建國後，朝廷為填補國內部分地區因為戰爭而傷亡的人口，推動政策性移民。明代中晚期後，閩粵生活艱困，不少人民移往東南亞發展。清初施行渡臺禁令，卻擋不住到臺灣的移民浪潮。至於「下南洋、闖關東、走西口」反映清朝人民向今日東南亞、關外東北與內蒙古等地區移墾與經商的事實。

　　19 世紀以後，東亞出現跨越國界的人群移動，如朝鮮半島自然災害頻傳、國內政治不穩，加以日本的入侵，朝鮮人民越過長白山，往中國移動。19 世紀中葉後，日本國內出現向北海道的移民拓殖，以及往美洲的移民潮。19 世紀末，日本開始對臺灣、中國東北與朝鮮的計畫性移民。

清朝中葉，雲南、甘寧青地區及新疆先後爆發穆斯林與清政府的衝突，許多教徒被屠殺，倖存者不得不移往東南亞、中亞與俄國等地。19世紀中葉後，自中國流出大量人口，如到美、歐與東南亞的華工，及日、韓經商的人。

　　移民將原鄉文化帶至僑居地，為適應當地生活，習慣價值逐漸在地化；衣錦還鄉的觀念往往發揮文化回輸功能。不過，人群的移動帶來的社會流動、財富重新分配，漸漸衝擊當地社會，發生排外風潮。移民落地生根，原有的文化、國族認同隨時間流逝而有本質改變。

| 導讀 | 林冠群，〈中古時期之粟特胡及其影響唐蕃關係之研究〉

沈宗憲

　　如將亞洲大陸當成一個整體來看，北亞遊牧民族早在中國先秦時代，已經與南方漢人農業民族有所接觸，雙方關係不是和平順暢。除了秦漢時的匈奴，中國史書常以「胡」稱呼侵犯北邊領土的遊牧民族。北亞、中亞及其他地區的種族部落過去臣服於北亞霸主匈奴單于的統治，隨著漢武帝出兵攻打匈奴，並派兵經營西域，他們有些轉而往來「中國」。

　　這些民族有因自己種族分裂，不得不遷居長城以南，依附中國王朝、漢人，但後來他們的後裔在黃河流域建立國家，此即中國歷史上的十六國及北朝時代。有些民族因貿易經商往返絲路上，發揮商業交易的功能，也有機會介入亞洲霸權爭奪，扮演政治決策角色。近年來學界有關「粟特人」的研究，掀開穿梭於絲路與亞洲各政權的「胡人」面貌，中古時代隱晦不明的「昭武九姓」，曾因史官忽略而失載，如今歷史地位逐漸明朗化。中國史書中的九姓胡，不論是粟特人還是月氏人，研究顯示出，域外的民族可能在關鍵時刻左右中國歷史發展的方向。換言之，中國境內的政經發展，不只是「漢人」的專利。

　　藉由學界研究語言、地理、考古文物等成果，描述善於經商的粟特

人獲得亞洲許多國君倚重，活躍於突厥、大唐、回紇等國的情形。林冠群教授特別關注粟特人在晚唐與吐蕃的關係中所扮演的角色。尤其曾經率軍占領長安的吐蕃名臣恩蘭達札路恭，該文詳細考證他的來歷。誠如結論所說，中古時期的中亞粟特胡長期壟斷東西貿易，才能在歐亞內陸及其周邊諸國，扮演關鍵性角色，發揮重大影響力。

┌─ ◆ 108 課綱相關條目對照說明 ─────────────
│
│　　林教授的文章對應「從漢、晉到宋、元時期東亞人群移動的特色與影響」
│（條目 Ha-V-1），對於邊疆民族移動原因，以及其帶來的轉變有清晰的介紹。
│
└────────────────────────────

延伸閱讀 ─────────────────────────

1.陶晉生，〈歷史上漢族與邊疆民族關係的幾種解釋〉，《思與言》4：1（1966.05），頁 1-30。
　　本文對應「從漢、晉到宋、元時期東亞人群移動的特色與影響」（條目 Ha-V-1）。
2.田繼周，〈中國歷代民族政策略論〉，收錄在田繼周等著，《中國歷代民族政策研究》（西寧：青海人民出版社，1993）。
　　本文對應「從漢、晉到宋、元時期東亞人群移動的特色與影響」（條目 Ha-V-1）。
3.王明珂，《遊牧者的抉擇：面對漢帝國的北亞遊牧部族》（臺北：聯經出版公司，2009）。
　　本書對應「從漢、晉到宋、元時期東亞人群移動的特色與影響」（條目 Ha-V-1）。

中古時期之粟特胡
及其影響唐蕃關係之研究

林冠群[*]

一、前言

　　近讀日本間野英二（1939-）於 1978 年所發表名為〈中央亞細亞史與絲路——絲路史觀的訣別〉一文，[1]其中對於唐代時期居住於中亞河中地區的粟特人，是當時最活躍的東西貿易商人之學界共識，有如下的質疑：

　　粟特人所留下的以自己語言書寫的文獻太過缺乏，因此，這些粟特商人在故鄉粟特地方，究竟其社會地位如何？他們的活動究竟在粟特地方的經濟之中佔有多少份量？關於這些事我們到現在還弄不清楚。[2]

　　尤有進者，間野質疑粟特河中地區的富有，並非經商所致，其舉河

[*] 中國文化大學史學系講座教授、國立中正大學歷史學系兼任教授、陝西師範大學西部邊疆研究院兼職教授。研究領域為藏族史、中國史、民族史。
1. 間野英二，〈中央アジア史とシルクロード——シルクロード史觀との訣別——〉，《朝日アジアレビュー》9：1（1978.03），頁30-36。
2. 間野英二，〈中央アジア史とシルクロード——シルクロード史觀との訣別——〉，頁32。轉引自護雅夫，〈絲路和粟特人〉，收入岡崎敬等著、張桐生譯，《絲路與佛教文化》（臺北：業強出版社，1987），頁188。

中地區的阿胡拉西雅布（Afrasiyab，古代撒瑪爾罕的遺址）及彭吉肯特（Penjikent，位於今塔吉克西部澤拉夫尚河畔），所出土的建築物壁畫為證（見圖一），認為當時河中地區的富有，主要來源於以農業為中心的產業，壁畫所展現者為貴族的、騎士的社會，而非大商人活躍的商人社會。[3]

然而，眾所皆知，所謂以農業致富的論調，事實上是無法成立，因為沒有商業的支撐，純粹以農業的自給自足，未將剩餘產品外銷，並不足以致富。加諸日本專治內陸亞細亞史名家護雅夫以為：

> 沿絲路東進的粟特人不僅進入了中國，還進入了蒙古高原，在那裡組成殖民聚落，他們在突厥（552-744）、回紇（744-840）等遊牧國家的內部，不僅從事經濟活動，還活躍於政治及文化的舞台。[4]

張廣達院士亦有如下主張：

> 他們（指粟特人）在長時期內操縱著絲綢之路上的國際轉販貿易，足跡遍及歐亞內陸。［……］成為古代歐亞內陸及其周邊國家的國際商人［……］他們不僅在發展東西轉販貿易上起著關鍵作用，而且在傳播文化、促進多國之間的政治往來等方面也扮演著重要角色。［……］在政治方面，粟特人曾經充當了突厥、回鶻等許多草原遊牧汗國的政治顧問，並且作為政治使節或軍事將領來往於東西南北各國之間。[5]

---

3. 間野英二，〈「シルクロード史観」再考——森安孝夫氏の批判に関連して〉，《史林》91：2（2008.03），頁418。
4. 護雅夫，〈絲路和粟特人〉，頁198。
5. 張廣達，〈唐代六胡州等地的昭武九姓〉，收入氏著，《西域史地叢稿初編》（上海：上海古籍出版社，1995），頁249。

就上述二位名家所言，不但足以破除間野的質疑，也帶給筆者欲進一步探求粟特人究竟在唐蕃互動關係之中，是否扮演著有如促進李唐與突厥、李唐與回紇之間關係演化的角色？粟特人是否一如進入突、回汗廷般，也進入吐蕃王廷，活躍於吐蕃的政治與文化舞台？因為既然粟特人足跡遍及歐亞內陸，為何獨漏與李唐、大食、突回等同屬歐亞內陸強權的大國——吐蕃？

由於吐蕃當代文獻傳世者幾希，欲探討上述問題，有著文獻難徵之慨。然而史學精妙之處，就在於不疑之處起疑，復於文獻所載之蛛絲馬跡當中，抽絲剝繭，找尋答案，並藉以重構過往事件的輪廓與某些細節。本文主要目的除探討上文所示之問題以外，亦欲探究唐代宗（李豫，726-779）廣德元年（763），吐蕃攻陷李唐京師，並占領 13 天的事件中，是否有粟特胡涉入其間？粟特胡在此事件究竟扮演何種角色？

二、西元 7、8 世紀時期
活躍於歐亞內陸的粟特人

粟特人世居中亞兩河流域之間的澤拉夫善河（Zarafshan R.）流域地區，包括撒馬爾罕（Samarkent，古稱康國）、布哈拉（Buhara，安國）、蘇對沙那（Sutrushana，東曹國）、劫布呾那（Kaputana，曹國）、瑟底痕（Ishitikhan，西曹國）、弭秣賀（Maymurgh，米國）、屈霜你迦（Kushanika，何國）、羯霜那（Kashana，史國）、赭時（Chach，石國）等綠洲城邦，史稱「昭武九姓」。[6] 屬昭武九姓者，常取母國之古稱為其

---

6. 榮新江，《中古中國與外來文明（修訂版）》（北京：三聯書店，2014），頁 17。

姓，以示其所出，包括康、安、曹、米、何、史、石等。

　　由於昭武九姓所居之地，適處東西交通之必經，粟特人利用此地利之便而世代經商，互通東西間所需之商品，並於各必經之商路上，建立移民聚落，形成粟特人經商的網絡。[7] 特別是出於經商營利方便的需求，對於各地政治狀態以及當時各政權之間的關係，具有極為敏銳的觀察力，經常參與優勢的一方，試圖藉著優勢獲得更多的利益。例如於清代以前，中國北方遊牧民族所組成的政權，一直是中原農業朝廷的邊患，原因殆為其一：中國北方遊牧民族缺乏穀物、工具、絲織品等生活物資，必須與其南方的農業社會作貿易或物資的交換。但彼此間常因交易的問題而屢生糾葛，造成雙方的困擾，南方農業社會面對困擾則關閉邊界，不與北方遊牧民族作買賣，北方遊牧民族則因生活所需，於物資有所需求而無法透過貿易獲得之時，就自動組織起來，至農業地區掠奪所需。其二：中國北方遊牧民族位處蒙古高原，蒙古高原面積遼闊，東起於大興安嶺，西迄阿爾泰山脈、北達薩彥嶺、肯特山，南至陰山山脈。若蒙古高原諸遊牧部族一統，則勢力所及之處，包括中國東北面，如隋唐時期的奚、契丹、靺鞨等都受其徵發，蒙古高原的西面，包括今天的新疆，再向西延伸至中亞，均受其統屬。蒙古高原與其南面中原農業王朝的接界，則幾乎自東迄西，綿延千餘里的界線，蒙古高原有任何統一勢力勃興，中原農業王朝勢必受到至深且重的影響。

　　蒙古高原歷代統一的強權，自秦漢時期的匈奴啟始，中經鮮卑、柔然，至突厥於西元 555 年攻破柔然，取而代之，稱霸蒙古高原，其領土東起遼東，西至西海，南接長城，北臨貝加爾湖，東邊征服契丹，並將其北方的

---

7. 《隋書‧康國傳》記載屬昭武九姓之一的康國為：「善於商賈，諸夷交易多湊其國。」見［唐］魏徵等撰，《隋書》（臺北：鼎文書局，1980），卷 83，〈康國傳〉，頁 1849。

契骨（Kïrkïz，結骨、堅昆）以及西南方的吐谷渾都納入統治，[8]盛極一時，時值中原分裂的局面，北周、北齊競相爭取突厥的支持以壯聲勢，造成突厥勢陵中原。《周書・突厥傳》記載：

> 自俟斤以來，其國富彊，有凌轢中夏志。朝廷既與和親，歲給繒絮錦綵十萬段。突厥在京師者，又待以優禮，衣錦食肉者，常以千數。齊人懼其寇掠，亦傾府藏以給之。他鉢彌復驕傲，至乃率其徒屬曰：「但使我在南兩箇兒孝順，何憂無物邪。」[9]

上引文之「俟斤」（irkin, erkin），即攻滅柔然之木杆可汗（Muqan Khagan，553-572 在位），時值西元 6 世紀中葉時期。

（一）突厥優勢時期之粟特人

依上引《周書・突厥傳》所載，相對於分裂的中原，統一的突厥勢盛凌駕於中原王朝之上。按照上文所示粟特人的秉性，此時依附於強盛的突厥，與中原王朝貿易定能獲得大利。史籍對此並未有明確的記載，但在史籍相關載記的蛛絲馬跡之中，依稀能窺探出粟特人在突厥陣營中的活躍與影響力。《隋書・裴矩傳》記載：

> 時突厥強盛，都藍可汗妻大義公主，即宇文氏之女也，由是數爲邊

---

8. 林恩顯，《突厥研究》（臺北：臺灣商務印書館，1988），頁 2。
9. ［唐］令狐德棻等撰，《周書》（臺北：鼎文書局，1980），卷 50，〈突厥傳〉，頁 911。

患。後因公主與從胡私通，長孫晟先發其事，矩請出使說都藍，顯戮宇文氏。上從之。竟如其言，公主見殺。[10]

另《隋書‧長孫晟傳》對同一事件有更為詳細的載記：

（開皇）十三年（593），流人楊欽亡入突厥，詐言彭公劉昶共宇文氏女謀欲反隋，稱遣其來，密告公主。雍閭信之，乃不修職貢。又遣晟出使，微觀察焉。公主見晟，乃言辭不遜，又遣所私胡人安遂迦共欽計議，扇惑雍閭。晟至京師，具以狀奏。又遣晟往索欽，雍閭欲勿與，謬答曰：「檢校客內，無此色人。」晟乃貨其達官，知欽所在，夜掩獲之，以示雍閭，因發公主私事，國人大恥。雍閭執遂迦等，並以付晟。[11]

上二引文所指隋大義公主所私胡人安遂迦，觀其安姓即知似出自中亞布哈拉的粟特胡。雍閭乃突厥都藍可汗（587-599 在位）之名。據《隋書‧長孫晟傳》所載，安遂迦於大義公主慫恿都藍可汗反隋一事，似扮演獻策謀士的角色。由上引《隋書》二傳所載看來，似乎大義公主私通粟特胡為單一事件，事實上，吾人從另一史籍之載記，可以了解於突厥人周遭充斥著粟特人的身影。《通典‧邊防十三‧突厥》載云：

思摩者，頡利族人也。始畢（609-619 在位）、處羅（619-620 在位）以其貌似胡人，不類突厥，疑非阿史那族類，故歷處羅、頡利

---

10. ［唐］魏徵等撰，《隋書》，卷 67，〈裴矩傳〉，頁 1578。
11. ［唐］魏徵等撰，《隋書》，卷 51，〈長孫晟傳〉，頁 1332。

（620-630）代，常爲夾畢特勤，終不得典兵爲設。[12]

依上引文，思摩（583-647）歷經處羅、頡利二任可汗皆未受到重用，原因在於其外貌極似粟特胡所致。思摩姓阿史那為頡利可汗氏族，係承繼自其父，倘若思摩之母為突厥女，則其外貌應同於一般突厥人，然而思摩外貌卻與粟特胡相似，思摩之父可能另娶有粟特女或私通粟特女，[13] 而生下了思摩。若以此可能性推敲，其父生思摩之時間，依思摩於處羅時期已長大成人算來，其父與粟特女往來之時間，可能在都藍可汗在位的時期。[14] 按突厥素有子以母貴的習俗，[15] 思摩之母可能為粟特女，受出身影響，致未受到重用。吾人將思摩父似娶或私通粟特女一事，與大義公主私通安遂迦合觀，可以見得當時粟特人於突厥活躍的景況。

另《隋書·禮儀志》記載：

大業三年（607）正月朔旦，大陳文物。時突厥染干朝見，慕之，請襲冠冕。帝不許。明日，率左光祿大夫、褥但特勤阿史那職御，左光祿大夫、特勤阿史那伊順，右光祿大夫、意利發史蜀胡悉等，並

---

12. ［唐］杜佑，《通典》（臺北：新興書局，1963），卷193，〈邊防十三·北狄四·突厥上〉，頁1071。

13. 粟特人因遠赴他鄉經商，與他族通婚事例頗見於史籍，例如《資治通鑑》於玄宗天寶11載（752）12月記載安祿山對哥舒翰云：「我父胡，母突厥，公父突厥，母胡〔……〕」，上引文顯見安祿山及哥舒翰均屬粟特胡與突厥通婚的結晶。詳見［北宋］司馬光，《資治通鑑》（臺北：逸舜出版社，1980），卷216，「玄宗天寶十一載十二月」條，頁6916；另見程越，〈粟特人在突厥與中原交往中的作用〉，《新疆大學學報（哲學·人文社會科學版）》22：1（1994.02），頁63。

14. 護雅夫，《古代トルコ民族史研究I》（東京：山川出版社，1967），頁68。

15. ［唐］魏徵等撰，《隋書》，卷84，〈突厥傳〉，頁1865。記載：「及佗鉢卒，國中將立大邏便，以其母賤，眾不服。菴羅母貴，突厥素重之。」依上引文所述，由是得知突厥重母族之氏族名望。

拜表，固請衣冠。帝大悦，謂弘等曰：「昔漢制初成，方知天子之貴。今衣冠大備，足致單于解辮，此乃卿等功也。」[16]

上引文中之「意利發史蜀胡悉」，觀其名號，「意利發」應為其突厥官稱 iltäbir 或 eltäbir，係別部族（非可汗之族）首長官稱的漢譯；[17]「史蜀胡悉」為人名，名字第一字為「史」，顯屬出自中亞史國的粟特胡。史蜀胡悉能與二位姓阿史那氏的特勤高官一起隨染干（即啟民可汗，599-609 在位）晉見隋煬帝（楊廣，569-618），可見其應為啟民可汗之心腹。其後，史蜀胡悉仍受繼啟民可汗後立位的始畢可汗之寵信，並發揮其影響力。有關史蜀胡悉之事跡，熟悉突厥內部情勢之隋臣裴矩（547-627）云：

「突厥本淳易可離間，但由其內多有羣胡，盡皆桀黠，教導之耳。臣聞史蜀胡悉尤多姦計，幸於始畢，請誘殺之。」帝曰：「善。」[18]

裴矩上言，直指突厥可汗身邊多粟特胡擔任謀士，以其廣博的見聞及敏銳的觀察為可汗獻策，致可汗不再受隋的左右，其中尤以史蜀胡悉為代表，由是裴矩建議煬帝以計除之。煬帝同意。《隋書·裴矩傳》續載其事云：

矩因遣人告胡悉曰：「天子大出珍物，今在馬邑，欲共蕃內多作交關。若前來者，即得好物。」胡悉貪而信之，不告始畢，率其部落，盡驅六畜，星馳爭進，冀先互市。矩伏兵馬邑下，誘而斬之。詔報

---

16. ［唐］魏徵等撰，《隋書》，卷 12，〈禮儀志〉，頁 279。
17. 林恩顯，《突厥研究》，頁 88。
18. ［唐］魏徵等撰，〈裴矩傳〉，頁 1582。

始畢曰：「史蜀胡悉忽領部落走來至此，云背可汗，請我容納。突厥既是我臣，彼有背叛，我當共殺。今已斬之，故令往報。」始畢亦知其狀，由是不朝。[19]

據上引文，裴矩故使人放內幕消息給史蜀胡悉，謂以隋大內之大批珍貴物品將出售，激發史蜀胡悉身為粟特胡的本能，欲搶得先機冀圖大利。於是史蜀胡悉率部眾「盡驅六畜，星馳爭進，冀先互市」，上引文將粟特胡爭利的性格，描繪得淋漓盡致。讀史至此，不由得聯想到玄奘（602-664）西行之時也親眼目睹粟特胡同樣的行徑，玄奘云：

時同侶商胡數十，貪先貿易，夜中私發，前去十餘里，遇賊劫殺，無一脫者。比法師等到，見其遺骸無復財產，深傷歎焉。漸去遙見王都，阿耆尼王與諸臣來迎延入供養。[20]

由上引文所提及商胡數十遇害地點，靠近阿耆尼國，即今新疆焉耆附近，是為東西貿易所經的路徑之一。此商胡數十應為同行商胡大隊之一部分，為搶貿易先機而於夜半脫隊私自出發而遭盜賊劫殺。吾人觀唐代玄奘所云之商胡為爭貿易先機，以圖利之情景，與隋代史蜀胡悉為爭利而遭誘殺，竟如出一轍。

至始畢可汗在位時期（609-619），另有一粟特胡亦受突厥重任，《舊唐書‧突厥傳》記載：

---

19. ［唐］魏徵等撰，〈裴矩傳〉，頁1582。
20. ［唐］慧立、彥悰，《大唐大慈恩寺三藏法師傳》，收入《大藏經》，史傳部二（臺北：新文豐出版，1983），第2卷，頁226。

高祖起義太原，遣大將軍府司馬劉文靜聘于始畢，引以爲援。始畢
遣其特勤康稍利等獻馬千匹，會于絳郡，又遣二千騎助軍，從平京
城。及高祖即位，前後賞賜，不可勝紀。[21]

《資治通鑑》所載則與上引《舊唐書・突厥傳》稍有不同，其於隋
恭帝義寧元年（617）6月丙申記載：

突厥遣其柱國康鞘利等，送馬千匹詣李淵爲互市，許發兵送淵入關，
多少隨所欲。丁酉，淵引見康鞘利等，受可汗書，禮容盡恭，贈康
鞘利等甚厚。擇其馬之善者，止市其半［……］。[22]

上二引文指涉同一事件，卻有所迥異。一載為特勤康稍利，一載為
柱國康鞘利；一載為獻馬，一載為送馬互市。有關此疑義，可較之於唐
人溫大雅（572-629）所著《大唐創業起居注》所載，分辨二者之曲直：

［……］於是遣使以眾議馳報突厥。始畢依旨，即遣其柱國康鞘利、
級失熱寒特勤、達官等，送馬千疋來太原交市，仍許遣兵送帝往西
京，多少惟命。[23]

21. ［後晉］劉昫，《舊唐書》（臺北：鼎文書局，1976），卷194上，〈突厥傳上〉，頁
    5153。
22. ［北宋］司馬光，《資治通鑑》，卷184，「隋恭帝義寧元年六月丙申」條，頁5740。
23. ［唐］溫大雅，《大唐創業起居注》（北京：中華書局，1985），卷1，頁8。按引文中之「級
    失熱寒」，應為突厥所遣特勤之名。因為突厥官稱之中，似無類「級失」、「熱寒」之官稱，
    因此應斷句為「級失熱寒特勤」。

據上溫大雅所示，《資治通鑑》所載幾與之相近。由此可見《舊唐書‧突厥傳》此處所載，顯有舛誤。總之，粟特胡康鞘利似受突厥可汗的寵信，按上引諸史料所載，突厥使節團以康鞘利為首，其排名還在「級失熱寒特勤」之前，可見其地位之高。

突厥時至頡利可汗在位（620-630），國勢逐漸下滑，不復往日。李唐張公瑾（594-632）於唐廷剖析可攻取突厥之五點理由時，其中第五點理由為：

> 頡利疏其突厥，親委諸胡，胡人翻覆，是其常性，大軍一臨，內必生變，其可取五也。[24]

《舊唐書‧突厥傳》亦載：

> 頡利每委任諸胡，疏遠族類，胡人貪冒，性多翻覆，以故法令滋彰，兵革歲動，國人患之，諸部攜貳。[25]

上二引文俱言頡利可汗重用粟特人的弊端叢生，不得人心的狀況。果不其然，當太宗於貞觀4年（630）遣大軍討伐頡利可汗，頡利兵敗勢蹙之時，突厥內部分崩離析，突厥所屬粟特部立即有所反應，《舊唐書‧突厥傳》記載：

---

24. ［後晉］劉昫，《舊唐書》，卷68，〈張公瑾傳〉，頁2507。
25. ［後晉］劉昫，〈突厥傳上〉，頁5159。

（貞觀）四年正月，李靖進屯惡陽嶺，夜襲定襄，頡利驚擾，因徙牙於磧口，胡酋康蘇密等遂以隋蕭后及楊政道來降。[26]

然而《舊唐書‧李靖傳》卻有不同於前者的記載，其云：

突厥諸部離叛，朝廷將圖進取，以靖為代州道行軍總管，率驍騎三千，自馬邑出其不意，直趨惡陽嶺以逼之。頡利可汗不虞於靖，見官軍奄至，於是大懼，相謂曰：「唐兵若不傾國而來，靖豈敢孤軍而至。」一日數驚。靖候知之，潛令間諜離其心腹，其所親康蘇密來降。四年，靖進擊定襄，破之，獲隋齊王暕之子楊正道及煬帝蕭后，送于京師，可汗僅以身遁。[27]

比較上二引文，《舊唐書‧李靖傳》所載較《舊唐書‧突厥傳》為詳，後者內容似經刪削縮減而成，除此外，二者主要不同處，在於《舊唐書‧突厥傳》云康蘇密等以蕭后（566-648）及楊政道（618-?）來降；而《舊唐書‧李靖傳》則云康蘇密先降，李靖（571-649）破突厥後，方捕獲蕭后及楊政道。由於二者所載有詳略之分，孰正孰誤，難有定論。一般而言，載記愈詳者，愈能獲致判斷正誤的機會。然而，康蘇密降於李唐，似應於投降的當口，帶些李唐所喜之「伴手禮」，呈奉李唐，試圖取得李唐的信任，並獲得好處。若以此觀點考量，綜合上二引文所載可知，來自中亞康國的粟特人康蘇密係頡利可汗的親信心腹，其於李唐與突厥對峙

---

26. ［後晉］劉昫，〈突厥傳上〉，頁5159。
27. ［後晉］劉昫，《舊唐書》，卷67，〈李靖傳〉，頁2479。

之際，優勝劣敗即分之時，面對情勢急劇變化、倉促之間，立即應變圖求自保，遂挾持隋齊王暕之子楊正道及煬帝蕭后，向李唐投誠。上二引文顯示出其一，粟特胡康蘇密確屬突厥層峰階級，取得高位，受到信任，否則無法於第一時間即能控制住投靠於突厥的楊隋王室後裔；其二，康蘇密對於楊隋、突厥與李唐三者關係之理解，可謂已達極為熟稔程度，若平日未涉入高層的政治活動，無法得知三者關係之內幕，也無法於倉促之間，作如此機巧之應變。

（二）李唐優勢時期之粟特人

就上文所引諸史籍之載記，吾人可以了解至少自都藍可汗時期（587-599 在位），直至頡利可汗（620-630 在位）止，粟特人確曾活躍於突厥政治、社會、經濟之舞台，且影響及突厥與中原王朝之間關係的發展。隨著突厥勢力的崩解，原定居於突厥之粟特人紛紛內徙至李唐境內，重演遷居於優勢一方的戲碼。就如同榮新江（1960-）所言，唐朝建立後，不少粟特人入仕唐朝，而唐朝的統一也為粟特人的經商活動創造了條件，[28] 原雄霸大漠南北及華北地區之突厥挫敗後，粟特人徙至唐境者更見暢旺。彼等遷徙入唐的路線與沿途建立之聚落，係沿著華北與漠南之間的半農半牧地帶延展，[29] 其中最大的聚居區在於唐高宗調露元年（679），於靈州、夏州之南所設置之魯、麗、含、塞、依、契等六胡州。[30] 按粟特胡所遷徙

---

28. 榮新江，《中古中國與外來文明（修訂版）》，頁 105。
29. 詳見榮新江，《中古中國與外來文明（修訂版）》，頁 36，圖 3「粟特移民遷徙路線圖」。
30. ［北宋］歐陽修、宋祁，《新唐書》（臺北：鼎文書局，1976），卷 37，〈地理志一〉，頁 975。

入唐之農牧交接地帶，原本就是利用於不同生產型態的生民之間，作為互通二者有無的中介者，以及運用其廣博的見聞，圖獲貿易之利。例如《資治通鑑》於唐玄宗開元4年（716）記載：

> 有胡人上言海南多珠翠奇寶，可往營致，因言市舶之利；又欲往師子國求靈藥及善醫之嫗，寘之宮掖。[31]

上引文就是粟特人欲以所聞所見提供皇上，試圖藉由皇上之命獲得朝廷支持經營權目的之例。另方面，更有粟特人官至李唐戶部尚書者，如安思順（695?-756）。[32]

然粟特胡對李唐影響最大者，當屬唐玄宗天寶14載（755）的安史之亂。掀起安史亂事的首腦安祿山（703-757），以及與其齊名之史思明（703-761），俱屬李唐境內營州柳城之粟特胡。[33]彼等之所以能聚集同類，形成「幽州軍事集團」，完全是因先前大批遷徙至突厥境內生活的粟特胡，於貞觀4年（630）突厥滅亡後，轉投於李唐，由李唐安置於幽州到靈州之地區，至調露元年（679）於靈、夏南境置魯、麗、含、塞、依、契等六州，即所謂之「六胡州」，此於前文已述。至武周萬歲通天元年（696），武則天因契丹陷營州，調動包括六胡州之內的精兵往救營州，[34]此為營州粟特胡的由來，而安、史所出身的柳城就是位於營州之內的粟特聚落。[35]

---

31. ［北宋］司馬光，《資治通鑑》，卷211，「玄宗開元四年五月甲辰」條，頁6718。
32. ［北宋］司馬光，《資治通鑑》，卷217，「肅宗至德元載三月乙卯」條，頁6957。
33. 榮新江，《中古中國與粟特文明》，頁274-282。
34. 詳見［唐］陳子昂，〈上軍國機要事八條〉，《陳伯玉文集》，收入《四部叢刊初編》，第615冊（臺北：臺灣商務印書館，1975），卷8，頁69。
35. 榮新江，《中古中國與粟特文明》，頁278-279。

安祿山為蓄積反唐的資源與力量，外結唐廷官宦與失意士人，內聚同其族類的諸胡。特別是為防反唐跡象外洩，其內部必須以同心同德的同一族類精英，作為其核心。據榮新江的匯整，這些精英包括安慶緒、安慶宗（723-759）、安忠臣、安忠順、何千年、何思德、史定方、安思義、安岱、康杰、康阿義屈達干、康節、曹閏國、何元沁、安神威、安太清、安武臣、安雄俊、史思明、史朝義、康沒野波、康文景、曹將軍、何數、何令璋、石帝廷、康孝忠、康某等等。[36] 由此可見，所謂「安史之亂」，實為李唐境內的粟特胡為主體，所發動的一次欲推翻李唐王朝，取而代之的叛亂。

安史之亂持續 8 年（755-762），戳破李唐天下太平、國力充沛的假象，進而因戰亂而破壞了李唐國力與形象，使得李唐對外無法維繫原有天可汗的威勢，遭受到部分周邊諸國的挑戰與侵軼，對內則朝廷無法掌控全局，財經凋敝，社會動盪。從此李唐已如江河日下，不復往日雄風，對內對外風波不斷。學界原由日本京都學派主張中國歷史的演進有所謂「唐宋變革」的現象，即由唐朝演進到宋朝，不論在政治、社會、經濟、對外關係等各方面，都產生變革性的變化。例如在政治上，由唐三省制衡皇權到宋代皇權的提升，而演進至君主專制與士大夫政治；在社會上，由貴族壟斷的門第社會到宋科舉出身或士人為主的科第社會；在對外關係上，則由唐天朝自居的不平等對待周邊諸國，到宋朝與周邊諸國平起平坐等等；將之視為由中古時期演進至近世時期的特徵。[37] 但實際上，有學者以為當安史亂作開始，唐朝威勢不再，就已經開始朝「唐宋變革」

---

36. 榮新江，《中古中國與粟特文明》，頁 279-282。
37. 詳見柳立言，〈何謂「唐宋變革」？〉，收入氏著，《宋代的家庭和法律》（上海：上海古籍出版社，2008），頁 5-42。

的現象邁進，因此應稱之為「天寶變革論」。[38] 筆者則寧稱之為「安史亂前後變革」。

（三）回紇優勢時期之粟特人

當突厥、李唐先後勢衰之際，回紇應時而起，北亞、東亞局勢丕變。李唐為求儘快收復兩京，並穩定北亞不使乘亂內侵，遂以提高回紇地位進而與唐對等、嫁與肅宗皇帝（李亨，711-762）親生公主，以及進行絹馬交易等等措施，換得回紇的支持。回紇得到李唐所給予諸多好處，遂不出兵南侵，穩住唐回邊境，不生烽煙，進而出援騎兵助唐收復兩京，平定安史之亂。此時，唐回之間因李唐亟需回紇之奧援，顯然回紇要占優勢。此在長於評估北亞與東亞政局的粟特人而言，又是可利用的時機，依附於優勢一方，對另一方進行貿易，以圖大利。於是粟特人活躍於回紇汗庭，就如同活躍於突厥汗廷般，發揮其影響力。例如《資治通鑑》有著較為詳細且生動的記載，其云：

> 及代宗崩，上遣中使梁文秀往告哀，登里驕不為禮。九姓胡附回紇者，說登里以中國富饒，今乘喪伐之，可有大利。登里從之，欲舉國入寇。[39]

上引文所指之「九姓胡附回紇者」，即為登里可汗（?-780）身邊的粟特胡策士，彼等勸進登里可汗利用李唐有喪，進寇李唐可有大利。此

---

38. 榮新江，《中古中國與粟特文明》，頁 266。
39. ［北宋］司馬光，《資治通鑑》，卷 226，「德宗建中元年六月甲午朔」條，頁 7282。

事為頓莫賀達干所阻,並因而發動了一場血腥的政變,擊殺登里可汗並九姓胡 2,000 人,自立為可汗。[40] 換言之,回紇汗庭中的粟特胡竟然引發了汗庭中的矛盾與衝突。據唐德宗時期(李适,742-805,779-805 在位)官拜振武留後之張光晟(?-784),曾上奏朝廷形容回紇與其境內粟特胡之關係時云:「回紇本種非多,所輔以強者,群胡耳。」[41] 張光晟上言指出回紇之盛,實與粟特胡經常獻策輔佐回紇可汗有關。

在唐回經貿方面,唐回間絹馬交易的產生,乃由於李唐原有河西、隴右等養馬區失陷於吐蕃後,為因應對內對外之戰爭,需大量戰馬;而回紇本身產馬,但對李唐的絹帛則有所需求,除回紇貴族本身之需求外,另亦將絹帛輸往西方圖利。按粟特胡長年壟斷東西貿易,[42] 對於當時唐回間各自的需求,具敏銳生意頭腦的粟特人焉有不預先察覺的道理?吾人於唐回絹馬交易之中,是否有粟特人穿梭其間,扮演主導之要角,史無明言,不得而知。但在史籍蛛絲馬跡的載記之中,仍可略窺一二,例如《資治通鑑》於唐代宗大曆 8 年(773)記載:

> 回紇自乾元(758-759)以來,歲求和市,每一馬易四十縑,動至數萬匹,馬皆駑瘠無用;朝廷苦之,所市多不能盡其數,回紇待遣、繼至者常不絕於鴻臚。[……]秋,七月辛丑,回紇辭歸,載賜遺及馬價,共用車千餘乘。[43]

---

40. [北宋]司馬光,《資治通鑑》,卷 226,「德宗建中元年六月甲午朔」條,頁 7282。
41. [北宋]司馬光,《資治通鑑》,卷 226,「德宗建中元年八月甲午」條,頁 7288。
42. 香港城市大學中國文化中心編,《西域:中外文明交流的中轉站》(香港:香港城市大學出版社,2009),頁 81。另見榮新江,〈絲綢之路上的粟特商人與粟特文化〉,收入氏著,《絲綢之路與東西文化交流》(北京:北京大學出版社,2015),頁 233-234。
43. [北宋]司馬光,《資治通鑑》,卷 224,「代宗大曆八年五月辛卯」條,頁 7221。

上引文所指為回紇於絹馬交易之中的獲利，以及回紇每年來市馬之使者人數眾多的情景。據《資治通鑑》於代宗大曆 14 年（779）7 月庚辰記載：

> 詔回紇諸胡在京師者，各服其服，無得效華人。先是回紇留京師者常千人，商胡偽服而雜居者又倍之。縣官日給饔饩，殖貲產，開第舍、市肆，美利皆歸之，日縱貪橫，吏不敢問。或衣華服，誘取妻妾，故禁之。[44]

依上引文所示，粟特人實際上乃滲雜於回紇使者之中，且倍於回紇使者人數。此情此景隱然指出粟特人確實利用唐回絹馬交易，牟得利益，大賺其財。《資治通鑑》更於德宗建中元年（780）記載：「代宗之世，九姓胡常冒回紇之名，雜居京師，殖貨縱暴，與回紇共為公私之患。」[45] 於上述之例證，吾人似可確定，縱使唐回絹馬交易之促成，可能並非由粟特胡從中推動，但粟特人確實於唐回絹馬交易之中，與回紇合作，從而扮演了重要的角色。日本學者森安孝夫（1948-）亦有類似看法，其於《シルクロードと唐帝国》一書中以為，回紇於安史亂興之際，以強大的騎兵入援李唐，而取得對唐外交的優勢，粟特商人藉機與回紇合作，粟特商人狐假虎威，藉著回紇之虎威，在李唐與回紇之間大展鴻圖，以絹馬交易方式壟斷了絲路貿易之利益。[46] 誠哉斯言。

---

44. ［北宋］司馬光，《資治通鑑》，卷 225，「代宗大曆十四年七月庚辰」條，頁 7265。
45. ［北宋］司馬光，《資治通鑑》，卷 226，「德宗建中元年八月甲午」條，頁 7287。
46. 森安孝夫，《シルクロードと唐帝国》（東京：講談社，2016），頁 280。

三、吐蕃勢盛時期粟特人之動向

　　吐蕃早於祿東贊（mGar stong rtsan yul zung, ?-667）攝政時期（650-667），即已策劃並實踐對外擴張政策，往後吐蕃歷朝贊普如都松芒布杰（vDus srong mang po rje，676-704 在位）、墀德祖贊（Khri lde gtsug btsan，705-754 在位）、墀松德贊（Khri srong lde btsan，755-796 在位）等，均仍秉持對外擴張政策，向外積極開疆闢土，直至唐玄宗開元年間，吐蕃王朝整體態勢已形成核心為位於邏些的吐蕃贊普，轄下除吐蕃本部外，另以藩國方式統轄工布（rKong po）、娘布（Myang po）與吐谷渾（vA zha），再另立青海道軍區掌控整個青海地區；以和親方式羈縻西突厥、突騎施、小勃律等；以聯盟方式聯結大食；以兄弟之邦控制南詔；如是統有部分西域以及青海、西康、南詔等，[47] 而與李唐相對峙於青海湖東南日月山一線。此時，唐蕃雙方勢力相當，互有勝負，呈現拉鋸的局面。

　　然而，李唐於玄宗天寶 14 載（755）11 月爆發安史亂之後，影響所及，李唐國內陷入戰亂，社會動盪，生產失序，國力大餒。唐廷為求早日收復兩京，恢復秩序，以求早日平定安史，下令河隴、朔方之邊防軍入靖國難。吐蕃乘隙落井下石，大舉進犯唐境。於肅宗至德元載（756），吐蕃攻陷李唐威戎、神威、定戎、宣威、制勝、金天、天成等軍（以上諸軍轄於隴右節度使），以及石堡城、百谷城、雕窠城（今青海同仁縣境）以及嶲州（今西昌）等地；[48] 於至德 2 載（757）10 月陷西平；[49] 乾元元

---

47. 林冠群，《玉帛干戈——唐蕃關係史研究》（臺北：聯經出版公司，2016），頁 320。

48. ［北宋］司馬光，《資治通鑑》，卷 219，「肅宗至德元載十二月是歲」條，頁 7011。另見 Ariane Spanien & Yoshiro Imaeda, *Fonds Pelliot Tibetain in Choix de Documents Tibetains conserves a la Bibliotheque Nationale* (Paris: Bibliotheque Nationale, 1979), Vol. 2, B.M. Or. 8212 (187), pl. 592. 第 21-22 行。

年（758）陷河源軍（今青海西寧附近）；[50] 上元元年（760）陷臨洮西之神策軍及廓州（約今青海貴德、化隆西一帶）。[51] 至代宗廣德元年（763），吐蕃入大震關，李唐西北諸州之地，包括蘭、廓、河、鄯、洮、岷、秦、成、渭等州皆陷，吐蕃盡下隴右地。[52] 數年之間（756-763）吐蕃鯨吞蠶食唐境的結果，唐蕃的邊界為今陝西省中部之隴坻，據《資治通鑑》形容為：「自鳳翔以西，邠州以北，皆為左衽矣。」[53] 在此形勢下，吐蕃的威脅籠罩著李唐京畿，而粟特胡所聚集之鹽、靈、夏諸地，遂成為北防回紇，西禦吐蕃的重地而陷入重重的爭戰之中。[54]

就如同先前生活於突厥境內的粟特胡般，在面臨兩方勢力的拉扯之中，粟特胡較易倒向勢盛且很有可能獲勝的一方。因此在唐蕃激戰的當下，唐方敗多勝少，大批土地遭吐蕃侵占的情況下，居住於原李唐河西、隴右地，以及鹽、靈、夏等地的部分粟特胡，或因陷落來不及走脫，或因保全生命財產而投入吐蕃陣營者，或因吐蕃相對於李唐而言，優勢已成，原居於沿天山南路至河西走廊等地之粟特胡，均陷於吐蕃統治之下，而成為吐蕃之子民。事實上，粟特人對吐蕃應不陌生，因為吐蕃於控制青海地區前後，即已大舉進入西域，與大食、西突厥、李唐等競逐西域的霸權，而且粟特人由中亞前往印度經商，有時亦需途經吐蕃，例如若翻越帕米爾高原走印度河上游區，進入印度西北部，就需途經吐蕃之實質控制區，此於今拉達克地區的德蘭茨村所發現的石刻中，有一段粟特

49. ［北宋］司馬光，《資治通鑑》，卷220，「肅宗至德二載十月」條，頁7038。
50. ［北宋］司馬光，《資治通鑑》，卷220，「肅宗乾元元年是歲」條，頁7066。
51. ［北宋］司馬光，《資治通鑑》，卷221，「肅宗上元元年八月」條，頁7096、「肅宗上元元年是歲」條，頁7102。
52. ［北宋］司馬光，《資治通鑑》，卷223，「代宗廣德元年七月」條，頁7146。
53. ［北宋］司馬光，《資治通鑑》，卷223，「代宗廣德元年七月」條，頁7146。
54. 張廣達，〈唐代六胡州等地的昭武九姓〉，頁258-260。

銘文載曰：

二百一十年，來自撒瑪爾罕（Samarkander）的諾斯凡作為大使，致
吐蕃可汗（khagan）。[55]

　　另於印度河上游流域亦發現有以粟特語雕製的碑刻，[56] 上述石刻銘文
即可證明粟特與吐蕃之往來。基於以上諸多緣故，不論是中亞的粟特人，
或是帕米爾高原以西經天山南路至河西走廊的所有粟特胡，對於吐蕃並
不陌生，而且可謂交手已久。

　　按吐蕃崛起以後，其與周邊諸國之相處模式，就史籍所載，與北方
遊牧汗國有很大的不同。北方遊牧汗國雖經常於秋天南下牧馬，但平日與
農業地區以物易物之貿易，卻屬經常性的活動，此稱為「互市」，史籍不
乏其載。[57] 然而吐蕃卻完全不同。吐蕃有擴張領土的欲望，不但搶占土地
且以劫掠物資、人口為主，似乎與外族的貿易還在其次。例如吐蕃與李唐
互動有 200 餘年（大約西元 634 年至 842 年），史籍載及唐蕃互市竟然僅
有 2 次，一次為唐玄宗開元 19 年（731）9 月，吐蕃遣其相論尚它硉要求

---

55. G. Uray, "Tibet's connections with Nestorianism and Manicheism in the 8th-10th Centuries," in
　　Ernst Steinkellner & Helmut Tauscher (eds.), *Contributions on Tibetan Language, History and
　　Culture* (Delhi : Motilal Banarisidass Publishers, 1983), p. 406.
56. N. Sims-Williams, "The Sogdian Inscriptions of the Upper Indus: A Preliminary Report," in Karl
　　Jettmar (ed.), *Antiquities of Northern Pakistan: Reports and Studies*, Vol. 1 (Mainz: P. von Zabern,
　　1989), pp. 131-137.
57. 例如〔西漢〕司馬遷，《史記》（臺北：鼎文書局，1976），卷 110，〈匈奴列傳〉記載：「孝
　　景帝復與匈奴和親，通關市，給遺匈奴，遣公主，如故約。〔……〕今帝即位，明和親約束，
　　厚遇，通關市，饒給之。〔……〕然匈奴貪，尚樂關市，嗜漢財物，漢亦尚關市不絕以中之。」
　　另札奇斯欽教授對此亦有精闢的見解，詳見氏著，《北亞遊牧民族與中原農業民族間的和平
　　戰爭與貿易之關係》（臺北：正中書局，1972），頁 361-381。

於赤嶺（今青海日月山）互市；[58] 另一次為唐憲宗（李純，778-820）元和10年（815）11月，吐蕃請求於隴州邊界互市。[59] 筆者以為唐蕃之間經貿活動甚少入史的原因，可能有如下四點原因：其一，可能因頻繁的使節團派遣，隨著使節團所攜貨品，作「變相的小規模互市」；其二，唐蕃之間的承平時期，唐蕃邊境民眾的互通有無，應屬正常且自然之現象，然而唐蕃之間承平日少，戰爭日多；其三，吐蕃藉由戰爭手段，劫掠李唐邊區百姓的物資，並擄掠人口入蕃等，此現象符合中原西陲氐羌系部族，乃至於西藏高原部族的習性，以掠奪為生產輔助手段之一，[60] 此為蕃唐邊境互動的普遍現象；其四，吐蕃透過與李唐的盟會，藉李唐有所求之機，向唐方要索所需之物資，如絹帛等。上述四種管道，特別是透過邊境戰爭所附帶的掠奪行為，占了大部分的比例，因此在唐蕃雙方的正常經貿關係的建立，站在吐蕃的立場上，似無需太在意，這也從史籍較少記載雙方經貿活動之中反映出來的現象。[61] 雖然有上述原因導致史籍正式記載唐蕃互市為稀罕之事，但仍足以證明吐蕃的擴張實意在土地的占有，其他的利益似乎仍在其次。

張廣達院士（1931-）亦有相似的見解，其於檢視敦煌文獻所載吐蕃占領敦煌以後的作為，曾歸納出相當精煉的結論云：

在吐蕃統治（敦煌）時期，吐蕃徵課實物，排擠商業，擅長經商的

---

58. ［北宋］司馬光，《資治通鑑》，卷213，「玄宗開元十九年秋九月辛未」條，頁6796。
59. ［北宋］司馬光，《資治通鑑》，卷239，「憲宗元和十年十一月己丑」條，頁7720。
60. 王明珂，《遊牧者的抉擇：面對漢帝國的北亞遊牧部族》（臺北：聯經出版公司，2009），頁184-188。另見林冠群，《唐代吐蕃宰相制度之研究》（臺北：聯經出版公司，2015），頁62-65。
61. 林冠群，《玉帛干戈——唐蕃關係史研究》，頁598-599。

昭武九姓肯定是受到壓抑〔……〕。[62]

　　張院士上言點出了吐蕃於占領東段絲路以後，實際上只意在占領土地擴張疆域，並未著意於經貿的利益上，因此，在吐蕃治下的銳意於經商獲利之粟特胡，遂處於「無用武之地」的狀況。是以大陸學者楊銘（1952-）亦因之推測以為，西域的粟特人與吐蕃可能始終處於敵對狀況。[63] 然而所謂「人在屋簷下，不得不低頭」，於吐蕃治下的粟特人就不得不適應吐蕃當局的作風，一些粟特人接受吐蕃的徵召，擔任了地方官員，諸如都督（togdog）、副千戶長（stong zla）、部落水官（sdevi chu ma ngan）、部落營田官（sdevi zhing dpon）等職官。[64] 既然吐蕃治下的粟特人，並不排斥為吐蕃王朝效勞，諒亦有粟特人活躍於吐蕃中央，只是史籍未載，亦未見及史料上有明確的直接證據。然而就個別人物之姓氏、事蹟上，或可推敲出其族屬為粟特胡的可能性，而且在唐蕃關係上曾發揮相當大的影響力。此人物可能就是曾於西元 782 年至 783 年，官拜吐蕃首席宰相的恩蘭達札路恭（Ngan lam stag sgra klu khong）。

四、恩蘭達札路恭疑似粟特胡論析

　　吾人於相關史籍的載記中，發現至少有五處疑點，讓筆者懷疑恩蘭達札路恭並非出自於吐蕃本土的氏族。首就其姓氏恩蘭（Ngan lam）而言：按 ngan 字為名詞，意為惡、不幸、污辱，[65] 是為具負面意義的單

---

62. 張廣達，〈唐代六胡州等地的昭武九姓〉，收入氏著，《西域史地叢稿初編》，頁 267。
63. 楊銘，〈唐代吐蕃與粟特關係考述〉，《西藏研究》2008：2（2008.04），頁 7。
64. 詳見楊銘，〈唐代吐蕃與粟特關係考述〉，頁 7-8。
65. 楊質夫，《藏漢小辭典》（臺北：蒙藏委員會，1976），頁 151。

字，由 ngan 字所衍生的詞彙亦全屬負面意義的語詞，諸如 ngan vgro（惡道）、ngan ngon（惡、卑鄙）、ngan pa（惡、劣、醜、謗人者、卑鄙粗下者）等。[66]lam 字則為道路、行程。[67]ngan lam 二字合觀則其本義為：「惡習、放縱、行為卑鄙」，[68]於張怡蓀（1893-1983）所編之《藏漢大辭典》上則解作：「邪道、歧途、墮入歧途」。[69]筆者以為吐蕃貴族焉有取姓意含如是負面低劣者，因此 Ngan lam 可能是蕃文音譯，而非吐蕃貴族原有的姓氏。而且吾人查閱相關史籍，如《賢者喜宴》所著錄〈墀德松贊興佛證盟詔書〉中，參與興佛盟誓的全體臣工之所屬氏族，計有 32 支之多，竟然未有恩蘭氏（Ngan lam）之蹤跡，[70] Ngan lam 既於墀松德贊時期立有大功，且曾擔任首席宰相，位極人臣，理當於墀松德贊（742-797）之子墀德松贊（764-815）繼立時，支持朝廷弘佛政策，然於當時朝廷最重大之盟誓場合竟然缺席，其中蘊涵有重大意義，即 Ngan lam 氏家族並非佛教徒，而是不支持佛教信仰的異教徒。另於同上書所載吐蕃十八采邑之中，享有采邑的 18 支氏族之中，亦無恩蘭氏的蹤影；[71]又如《賢者喜宴》與《五部遺教》所登載吐蕃軍事建制各翼（ru）及各千戶（stong sde）官員名錄之中，恩蘭氏族亦渺無蹤跡。[72]上述所提及各種職位、享有采邑的吐蕃氏族，總計有 70 支，竟無恩蘭氏族的存在。此是否意味著

---

66. 楊質夫，《藏漢小辭典》，頁 151。

67. 楊質夫，《藏漢小辭典》，頁 564。

68. 楊質夫，《藏漢小辭典》，頁 151。

69. 張怡蓀主編，《藏漢大辭典》（北京：民族出版社，1993），頁 648。

70. dPav bo gtsug lag vphreng ba, *Chos vbyung mkhas pavi dgav ston*《賢者喜宴》(New Delhi: International Academy of Indian Culture, 1962), 葉 129 上第 3 行 - 葉 130 下第 7 行。

71. dPav bo gtsug lag vphreng ba, *Chos vbyung mkhas pavi dgav ston*《賢者喜宴》，葉 19 下行 3-5。

72. dPav bo gtsug lag vphreng ba, *Chos vbyung mkhas pavi dgav ston*《賢者喜宴》，葉 20 上行 4 至葉 20 下行 1。另見 G. Tucci, *Tibetan Painted Scrolls*, Vol. 3 (Suffolk, GB: Antique Collectors Club Ltd., 1949), pp. 737-738.

恩蘭氏族屬外來者，並非吐蕃本土固有的氏族，因而無法享有本土氏族應有的特權，與贊普王室所賜之恩典，必須極力爭取立功的機會，以便獲得贊普的賞識與恩賜，值得推敲。

另方面，從藏語 Ngan lam 的發音上看，Ngan 是否可能是粟特胡「安」姓的藏語譯音？此由敦煌文獻所著錄粟特人擔任敦煌地方官員的姓名中看到，所有「安」姓均書寫以藏文「Van」，[73] 並非以「Ngan」字呈現。然而，筆者以為敦煌文獻所記載的對象，是居住於敦煌地區的粟特人，彼等已大部取用漢式名字，或以漢語譯粟特名之音而取字，因此敦煌文獻所載者，係以漢字「安」的發音，以藏語 Van 來表達；設若以藏語直接音譯粟特語，而非透過漢字「安」，如此是否仍以 Van 來呈現，大有疑問；而且也無法排除 Ngan lam 可能是直接譯自粟特胡之姓名的可能性；由是，吾人是否可以藉上述之推敲，認為依照藏文 Ngan lam 的發音，Ngan 很有可能是「安」的音譯，lam 則可能為其原有名字；或者就是其粟特名字的音譯，而 stag sgra klu khong 則是其入蕃後，所取用的吐蕃式名字。簡言之，就是在其原有姓名之後，再取吐蕃式名字。也因此英國理查遜（H.E. Richardson, 1905-2000）懷疑恩蘭氏（Ngan lam）可能出自中亞地區的氏族。[74]

次就漢文史籍所載恩蘭達札路恭擁有一漢式名稱而言：《舊唐書·吐蕃傳》記載吐蕃於廣德元年（763）以吐谷渾、党項羌之眾 20 餘萬，由李唐降將高暉引入李唐京師之後，提及立故邠王男廣武王承宏為帝的

---

73. 例如副都督安本義（to dog vog pon Van bung yig）、安興子（Van hing tse）等，詳見 P.T. 1089 第 12、64 行。P.T. 1089 轉引自王堯、陳踐，〈吐蕃職官考信錄〉，《中國藏學》1989：1（1989.04），頁 103、107。
74. H. E. Richardson, "Ministers of the Tibetan Kingdom," *Tibet Journal*, Vol. 2, No. 1 (Mar., 1977), p. 20.

吐蕃大將「馬重英」之名。[75]《資治通鑑》亦載：

> 吐蕃入長安，高暉與吐蕃大將馬重英等立故邠王守禮之孫承宏為帝，
> 改元，置百官，以前翰林學士于可封等為相。[76]

上述漢文獻所提及的馬重英，即為代宗永泰元年（765）乘僕固懷恩（691-765）叛唐之際，率領蕃軍侵唐的吐蕃四大將領之一的馬重英。[77]
比對蕃方文獻《敦煌古藏文卷子》B.M. Or.8212(187)〈吐蕃大事紀年〉虎年（762）所載：

> Zhang rgyal zigs // dang / Blon stag sgra dang Zhang stong rtsan dang
> Zhang / btsan ba las stsogs pas / Keng shir dra ma drangste Ke(Keng)shi
> phab // rGya rje bros // nas / rGya rje gsar du bcug /

> 尚結息（Zhang rgyal zigs）、論達札（Blon stag sgra，即恩蘭達札
> 路恭）、尚東贊（Zhang stong rtsan）、尚贊磨（Zhang btsan ba）
> 等引兵至京師，陷京師，李唐皇帝出逃，另立新的李唐皇帝。[78]

---

75. ［後晉］劉昫，《舊唐書》，卷196上，〈吐蕃傳上〉，頁5237。
76. ［北宋］司馬光，《資治通鑑》，卷223，「唐代宗廣德元年冬十月戊寅（初九）」條，頁7151-7152。
77. ［後晉］劉昫，〈吐蕃傳上〉，頁5240。記載：「吐蕃大將尚結息贊磨、尚息東贊、尚野息及馬重英率二十萬眾至奏天界」，其中尚結息贊磨應為尚贊磨，尚息東贊即為尚東贊。
78. Ariane Spanien & Yoshiro Imaeda, *Fonds Pelliot Tibetain in Choix de Documents Tibetains conserves a la Bibliotheque Nationale* (Paris: Bibliothèque nationale de France, 1979), B.M. Or. 8212 (187), pl. 594. 第53-54行。

上引文的 4 位將領之名，並未有漢史籍所錄之「馬重英」，其餘 3 位皆同。因此，李方桂院士（1902-1987）將蕃方文獻所載之恩蘭達札路恭，比定為漢籍所載之馬重英，李方桂院士更嘗試解釋為何恩蘭達札路恭另名為馬重英。其以為恩蘭達札路恭可能與夫蒙靈察一般，取姓馬。李方桂院士舉《舊唐書‧李嗣業傳》所載，夫蒙靈察又為馬靈察，夫蒙為羌部落人之名，因此恩蘭達札路恭有可能屬羌部落人，而取馬姓。[79] 筆者以為李方桂院士上述的推論，似值得進一步商榷，因為恩蘭達札路恭另名馬重英，與夫蒙靈察又為馬靈察，二者同取「馬」姓似相彷彿，但夫蒙靈察與恩蘭達札路恭二人似乎不存有任何的相似性，因為第一，夫蒙靈察將原姓「夫蒙」改為「馬」，保留原有名字的形式，明顯與恩蘭達札路恭另名「馬重英」的形式完全不同，二者間似難「同理可證」；第二，恩蘭達札路恭另有漢式名字「馬重英」一事，有多種可能性，或有可能「馬重英」為其本名，則其可能來自於大食或中亞已信奉伊斯蘭教取名為 Mahmet 或 Muhamud 者，進入中原後，取其原名第一音，再取「重英」為名，而成馬重英，入蕃爾後再改用吐蕃姓氏名諱；或有可能其為早已進入中原之外族人士，為方便與中原人士往返而取用漢式名字，而早為中原人士所熟知，故於效力於蕃廷後，雖已改名換姓，但仍為中原人士所熟知，故仍稱其馬重英，而不名其蕃式姓名。朱悅梅教授（1969-）則另持一說，其據西北民族大學格薩爾研究院蘭卻加教授（1956-）告知，謂「馬重英」並非恩蘭達札路恭的漢文名字，而是 rMa khrom（瑪曲節度）的漢語音譯，朱教授據此以為恩蘭達札路恭正於西元 704 年前後駐瑪曲節度統領吐蕃東

---

79. 詳見 Fang Kuei Li 李方桂 , "Notes on Stag Sgra Klu Khong," in Ernst Steinkellner & Helmut Tauscher (eds.), *Contributions on Tibetan Language, History and Culture* (Delhi : Motilal Banarisidass Publishers, 1983), pp. 175-177.

道之軍。[80] 朱教授言下之意指恩蘭達札路恭因此為唐人載為「馬重英」。
按此說早於 1982 年王堯（1928-2015）於《吐蕃金石錄》已言及「馬重英」
的藏文對音為「rMa grom」。[81] 但筆者以為有所疑義，其一：恩蘭達札路
恭於敦煌文獻吐蕃大事紀年中，首次出現於西元 762 年，為攻占長安的蕃
軍將領之一，在此之前，敦煌文獻吐蕃大事紀年並未載及恩蘭達札路恭之
名，而且 704 年至 762 年，間隔了 58 年，似乎不太可能，而且朱教授未
提任何依據，指恩蘭達札路恭於西元 704 年前後駐於瑪曲節度；其二：按
rMa khrom 或 rMa grom 與馬重英之間的藏漢音轉，應以唐代時期唐蕃漢
蕃語之間的音轉為準，不能以今音度之，因此 Khrom 的漢語音譯，可能
是「乞隆姆」或「克隆姆」，而非今音的「沖姆」；若以「馬重英」以蕃
語音譯則為「ma jung ʔe」，[82] 顯然，「英ʔe」韻母與 m 韻母並不吻合。
更何況敵方邊防重地機關名稱，唐方將之誤載或誤解為人名，其無知如
此，可能性極低矣。另有大陸學者任小波（1981-）重新解釋了「馬重英」
的意思，提出了馬重英可能為藏文 rMa grom 的漢文音譯，而 rMa grom 有
二解，一為吐蕃位於青海地區接界李唐的邊防機構之名稱；二為據埋藏本
古籍《五部遺教》所載吐蕃中翼「十六境域」（yul gru bcu drug）之中，
就有恩蘭及彭域二地，就位於拉薩北邊，是為恩蘭氏族的領地，該地設有
rMa grom（馬氏軍鎮）因而得名；而〈恩蘭達札路恭紀功碑〉原始位址就
在此，即今拉薩北方的蔡公堂（Tshal gung thang）支村，任氏綜合上言以
為：「馬重英」當即出自吐蕃本部又從黃河上游領兵東進並攻陷長安的

---

80. 朱悅梅，〈吐蕃東境（鄙）五道節度使研究〉，《中國邊疆史地研究》24：1（2014.03），
　　頁47。
81. 詳見王堯編著，《吐蕃金石錄》（北京：文物出版社，1982），頁90。
82. 詳見周季文、謝後芳，《敦煌吐蕃漢藏對音字匯》（北京：中央民族大學出版社，2006），
　　頁156、201。

rMa grom（馬氏軍鎮）的譯音；恩蘭達札路恭在漢文史籍中被稱作「馬重英」，蓋因其曾擔任彭域千戶長，亦即為馬氏軍鎮統帥之職。[83] 按恩蘭達札路恭領軍攻入長安的時間為西元 763 年，事成後回蕃，方受贊普賜贈彭域，其氏族成員被永久賦與彭域千戶長之職，此於〈恩蘭達札路恭紀功碑〉之第 41 行至 47 行有載：

sku srungs vphan yul bavi stong dpon du gzhan su yang myi gzhug par blon stag sgra klu khong gi myes po gsas slebs gyi bu tsha rgyud peld las gang rngo thog pav / dmangs vdrang ba gcig / sku srung vphan yul bavi stong dpon g-yung drung du stsald par gnang ngo // [84]

禁衛軍彭域千戶長之職，永不授與他人，論達札路恭之先祖色臘的子孫後代之中，任何有一能力且能公正待民者，永遠授與禁衛軍彭域千戶長之職。[85]

　　由上引碑銘所載即知，並非如任氏所云恩蘭達札路恭本身曾任彭域千戶長，這是任氏的誤解，此其一；其二，如任氏所云，所謂 rMa grom 有二處，其中一處位於吐蕃中翼之恩蘭氏族的領地，領地就稱為 rMa grom，任氏又將之視為「馬氏軍鎮」，此似乎值得商榷，因為按吐蕃的地方建制，蕃廷於吐蕃本部地區設立翼（Ru）及千戶（sTong sde），於

83. 任小波，〈公元 763 年吐蕃陷長安之役──吐蕃王朝軍政體制探例〉，《歷史地理》33（2016.03），頁 108-117。
84. 〈恩蘭達札路恭紀功碑〉正面碑銘第 41-47 行。詳見王堯編著，《吐蕃金石錄》，頁 66-67。
85. 譯文參酌王堯編著，《吐蕃金石錄》，頁 83，並依原文文意對譯文作部分更動。

軍事占領區方設立 Khrom 或 Grom（軍鎮），此已為中外學界之定論矣！如是，於吐蕃本部的核心區中翼，焉有設立 rMa grom 馬氏軍鎮的可能？更何況 rMa 氏確屬吐蕃氏族之一，怎可能與另一姓氏 Ngan lam 有所交互使用或混淆呢？總之，因恩蘭達札路恭另有一漢式姓名，更增其為非吐蕃本土固有氏族的可能性。

參就其宗教信仰而言：羌部落的宗教屬於薩滿教，較接近於吐蕃原有的本波（Bon po），因此在取用漢姓之時，除非改宗伊斯蘭教，取用伊斯蘭式之名，否則衍用伊斯蘭式的「馬」姓之可能性極低；據藏文史籍如《大臣遺教》、《王統世系明鑒》、《新紅史》、《拔協》、《賢者喜宴》諸書，均載達札路恭毀佛或信奉本波之事蹟，例如《王統世系明鑒》記載：

國王（墀松德贊）雖喜愛佛法，但是大臣瑪尚仲巴杰與達扎路恭（Ta ra klu gong）等人勢大，其餘人不能對抗。[86]

《新紅史》則載：

王子墀松德贊十三歲繼王位。大臣瑪祥仲巴杰及達熱祿恭（rta ra klu gong）等不喜佛法者權勢甚大［……］。[87]

《賢者喜宴》記載：

---

86. 薩迦・索南堅贊著，陳慶英、仁慶扎西譯著，《王統世系明鑒》（瀋陽：遼寧人民出版社，1985），頁 164。
87. 班欽索南查巴著，黃顥譯，《新紅史》（拉薩：西藏人民出版社，1984），頁 25。

當由漢人梅果（rgya me mgo）、天竺阿年達（rgya gar ava nanda）及精通漢語者加以翻譯。此三人在海波山（has po ri）的鳥穴內將佛典譯成藏語。這時，另外之大臣恩達剌路恭（blon po ngam ta ra klu gong）及舅臣（ma zhang）等等來到跟前，說道：「你們三個勤奮人在那裡做什麼？舅臣的小法有載：人死如果做冥福，定予隻身流放；不得奉行供養南方泥婆羅之神佛。這些你們沒聽到嗎？凡所行之諸多事務，如與佛法言論相同者，無需稟告於王，即當埋於沙中，然後以小法懲處。這是否還要辯論？」於是，對於此事，整事大臣會議（bkav yo gal vchos pavi mdun sa）接到緊急信息［……］。[88]

上引三文之達扎路恭（Ta ra klu gong）、達熱祿恭（rta ra klu gong）、恩達剌路恭（Ngam ta ra klu gong），指的就是恩蘭達札路恭（Ngan lam stag sgra klu khong），只不過後世史籍將 Ngan lam 合為 Ngam，stag sgra 簡化為 Ta ra 或 rta ra，khong 字則與 gong 字互通。上引三文顯指恩蘭達札路恭屬反佛大臣之陣營，與贊普在宗教上持對抗的態度。但究竟上述藏文史籍大部屬西元 12 世紀以後問世之「教法史籍」，其內容或有荒誕不經，可信度較低，但某些情節的敘錄，似非空穴來風，有其傳承，誠如王忠所云教法史料究竟出自藏族史家之手，偶有所述，或為故老相傳，或為親見遺文遺物，[89] 不能忽略其重要性。筆者以為就其姓氏的藏文意義看來，極有可能是因其來自於中亞的異教徒，於奉佛的吐蕃贊普而

---

88. 巴臥祖拉陳瓦著，黃顥、周潤年譯注，《賢者喜宴——吐蕃史譯注》（北京：中央民族大學出版社，2010），頁 125。筆者依《賢者喜宴》原文對譯文作了部分調整。原文見 dPav bo gtsug lag vphreng ba, *Chos vbyung mkhas pavi dgav ston*《賢者喜宴》，葉 78 下，行 3-6。

89. 王忠，〈前言〉，收入氏著，《新唐書吐蕃傳箋證》（北京：科學出版社，1958）。

言，其所信奉之宗教相對於佛教之正道，就是「歧途」或「導入歧途的惡道」，由於其為外來者入仕於蕃廷，立有大功，遂賜與蕃式姓氏，以代表具有異教意涵的 Ngan lam（歧途、惡道）賜之，表其所信之宗教異於佛教。就因為此姓，遂為後世藏族史家誤其為反佛者與贊普對抗，於是創作出許多事實上並不存在的情節，用以表現佛教與本教之間在唐代吐蕃歷史上的鬥爭與傾軋。

肆就其建議贊普攻取長安一事而言：恩蘭達札路恭曾參與了吐蕃於西元 763 年攻占李唐長安的行動，此事件的來龍去脈，據約立於西元 8 世紀時期邏些布達拉宮前之〈恩蘭達札路恭紀功碑〉碑銘有所記載：

btsan pho Khri srong lde brtsan thugs sgam lav bkav gros gyis rgya che bas / chab srid gar mdzad do cog duvang legs ste / rGyavi khams su gtogs pavi yul dang mkhar mang po bcom ste bsdus nas // rGya rje Hevu vgi wang te rje blon skrag ste / lo cig cing rtag du dpya dar yug lnga khri phul te / rGya dpyav vjal du bcug go //[90]

墀松德贊贊普深沈果敢，議事有方，所行政事靡不佳妙，攻取許多唐屬領土城池。唐主孝感皇帝（rGya rje Hevu vgi wang te，肅宗廟號）君臣大怖，允諾繳納絹帛，每一年奉繳絹繒五萬匹。[91]

依上引文，唐肅宗為吐蕃侵犯領土事，允諾每年繳奉吐蕃絹繒 5 萬

---

90. 〈恩蘭達札路恭紀功碑〉背面碑銘第 41-49 行。詳見王堯編著，《吐蕃金石錄》，頁 76-77。
91. 譯文參酌王堯編著，《吐蕃金石錄》，頁 84，並依原文文意將譯文作部分更動。

匹，以求止息吐蕃之繼續入侵。但隨後事情有了變化，〈恩蘭達札路恭紀功碑〉碑銘續載：

devi vog du / rGya rje yab Hevu vgi wang de grongs ste / rGya rje sras Wang peng wang rgyal por zhugs nas / Bod la dpyav vjal du ma rung ste // btsan pho thugs snyung bavi tshe Ngan lam klu khong gis // rGya yul gyi thild / rGya rjevi pho brang keng shir / Bod gyis dmag drang bavi bkav gros gyi mgo chen po gsold nas keng shir drang bavi dmag dpon chen phor //[92]

其後，李唐皇帝之父孝感皇帝崩，其皇子廣平王登基，認為不適宜向吐蕃繳納絹帛，在贊普心中不悅之時，恩蘭路恭倡議興兵入唐，攻取李唐京師。[93]

上引文指出唐肅宗駕崩，代宗（李豫，726-779）繼位後，不接受其父皇對吐蕃的承諾，而引起贊普的不滿，遂由恩蘭達札路恭提議贊普發兵直入京師。上述事件的內容及恩蘭達札路恭所扮演的角色，讓吾人憶起前文所述回紇登里可汗乘李唐國喪之際，率部眾入唐的情景。即如《舊唐書‧迴紇傳》所載：「九姓胡素屬於迴紇者，又陳中國便利以誘其心，可汗乃舉國南下，將乘我喪。」[94] 亦即，恩蘭達札路恭如同其他粟特胡一般，顯然屬長期與李唐有所互動，了解中國內情並曉知李唐政局的粟特胡，因其有此方面的專長，為贊普所信任的「中國通」，所以能向贊普

92.〈恩蘭達札路恭紀功碑〉背面碑銘第 49-56 行。詳見王堯編著，《吐蕃金石錄》，頁 77-78。
93. 譯文參酌王堯編著，《吐蕃金石錄》，頁 84，並依原文文意對譯文作部分更動。
94.［後晉］劉昫，《舊唐書》，卷 195，〈迴紇傳〉，頁 5208。

提建言，慫恿贊普墀松德贊乘隙侵漁中國。如此行徑，與依附回紇之粟特胡如出一轍。而且要求李唐每年貢奉絹帛的主意，亦可能出自於恩蘭達札路恭。由此觀之，恩蘭達札路恭屬於投靠吐蕃，效忠於蕃廷的粟特胡的可能性較高。

伍就恩蘭達札路恭因功受封賞的情形而言：按〈恩蘭達札路恭紀功碑〉碑銘記載：

blon stag sgra klu khong dang / zla gong gi bu tsha rgyud gang nye ba gcig dngul gyi yi ge chen po g-yung drung du stsald par gnang ngo //blon stag sgra klu khong gi pha zla gong gi bu tsha rgyud vpheld gyi rnams zhang lon yi ge pavi thang dang / dmag sum rgyar gnang ngo //sku srungs vphan yul bavi stong dpon du gzhan su yang myi gzhug par blon stag sgra klu khong gi myes po gsas slebs gyi bu tsha rgyud peld las gang rngo thog pav / dmangs vdrang ba gcig / sku srung vphan yul bavi stong dpon g-yung drung du stsald par gnang ngo //[95]

論達札路恭與大公之子孫最近支脈之一，永久賜與大銀字告身。論達札路恭之父大公之子子孫孫，均授與朝廷官員告身，並賜與三百軍士。禁衛軍彭域千戶長之職，永不授與他人，論達札路恭之先祖色腊的子孫後代之中，任何有一能力且能公正待民者，永遠授與禁衛軍彭域千戶長之職。[96]

95.〈恩蘭達札路恭紀功碑〉正面碑銘第35-47行。詳見王堯編著，《吐蕃金石錄》，頁65-67。
96. 譯文參酌王堯編著，《吐蕃金石錄》，頁83，並依原文文意對譯文作部分更動。

歸納上引文所載蕃廷對恩蘭達札路恭家族的賞賜，包括授與大銀字告身、賜與三百軍士、封授禁衛軍彭域千戶長之職等。上述三項中的後二項，引起筆者的注意，原因在於吐蕃本土貴族均有屬於自身的部落，當其出仕蕃廷之時，蕃廷按其官職授與告身，若立有大功者，則另授采邑與奴戶，並保證不無罪剝奪任何土地財產等，[97] 少有提及像授與恩蘭達札路恭家族兵丁與彭域（vphan yul）千戶長的永久職務。例如因擁立有功，贊普墀德松贊（Khri lde srong btsan）賞賜僧相娘定埃增（Myang ting nge vdzin）諸項當中，提及「sdevi dpon po rgyud du gnang ba（賜與其世襲部落長一職）」，[98] 原因就在於娘氏為吐蕃本土貴族，自有部落，無需贊普賜與兵丁，相較於由外地遷徙而來的粟特胡，就需要蕃廷的協助，包括賜與采邑土地，與保護其生命財產安全的軍士等。由此點看恩蘭氏族的來源，似乎與中亞粟特胡有關。

　　有關於此，另有一重要證據，即吐蕃官員於蕃廷立有大功者，獲得頒賜立碑，並撰刻銘文以記其事功之時，此碑均立於該有功官員所屬氏族之原領地，也就是其家鄉故里，以表彰其功勳，永傳後世。例如前文所提及之僧相娘定埃增，其所獲頒之石碑「諧拉康碑」，就坐落於拉薩河（sKyidchu）的上游區，即今拉薩東北墨竹工卡縣止貢區宗雪公社第五生產隊。[99] 此處應即是娘定埃增所屬娘氏（Myang）的領地，按《敦煌古藏文卷子》P.T. 1286〈小王家臣及贊普世系表〉所列，娘氏為壟若（Klum rovi ya sum）小王南巴布森帝（Nam pavi bu gseng ti）之家臣，[100] 其領地

---

97. 詳見松贊干布與韋氏家族盟誓的誓詞。王堯、陳踐譯注，《敦煌本吐蕃歷史文書（增訂本）》（北京：民族出版社，1992），頁 163-165。
98. 〈諧拉康碑甲〉西面碑銘第 42 行。見王堯編著，《吐蕃金石錄》，頁 112。
99. 王堯編著，《吐蕃金石錄》，頁 115。
100. Ariane Spanien & Yoshiro Imaeda , *Fonds Pelliot Tibetain in Choix de Documents Tibetains conserves a la Bibliotheque Nationale*. PT. 1286, pl. 554. 第 14-15 行。

位於邏些城東北拉薩河的上游區，二者正是相同的地望，於此可見，大臣紀功石碑乃立於其所屬領地，並非立於吐蕃首府邏些；又如吐蕃工布藩國國王與吐蕃贊普盟誓，誓後所立石碑，就立於工布地區，即今林芝縣米瑞區廣久公社第五生產隊。[101] 由上述二例可確證，吐蕃立碑之習，係將石碑立於當事人的領地。由此看來，恩蘭達札路恭紀功碑立於邏些布達拉宮之前，正意味其為外來者，當時並未享有采邑領地，故立之於布達拉宮之前。事後，贊普再封賜恩蘭氏族予彭域也區，按彭域（vphan yul）原為遭王室所滅岩波（Ngas povi khra sum）小王古止精波杰（dGug grivi zing po rje）之領地，現賜與恩蘭氏族，顯然恩蘭氏族確為外來氏族，應信而有徵。然而，西方學者哈梭德（Guntram Hazod, 1956-）於《古代西藏紀年：一本西藏最早歷史之譯註》一書中，論及有關〈恩蘭達札路恭紀功碑〉原始位址的問題，其以蔡公堂支村的一座大型古墓、古代恩蘭系地（Ngan lam sri）以及系長碑（Sri rdo ring）的故事為標題，進行簡要論述，包括指認距拉薩北方 12 公里處的一座大古墳為恩蘭達札路恭之墓、原恩蘭達札路恭紀功碑原位址於蔡公堂支村，係於 1693 至 94 年間由第五輩達賴喇嘛總管第悉桑結嘉錯所命，移至今布達拉宮之前，連同一塊無字碑叫內碑，雪碑就被稱之為外碑，原內外二碑都應該在蔡公堂支村，原因在於此處就是恩蘭氏族的采邑，另一采邑在彭域。[102] 另於該書頁 216 解釋吐蕃大事紀年中的一個詞彙：新恩蘭園（Ngan lam tsal gsar pa），此地原為贊旺（btsan vbang）氏族的領地，以此可證明恩蘭氏族是屬於贊旺六族（btsan vbang rusdrug）群體中的一支。[103] 筆者以為哈梭德

101.王堯編著，《吐蕃金石錄》，頁 100。

102.Brandon Dotson, *The Old Tibetan Annals: An Annotated Translation of Tibet's First History* (Wien: Verlag der osterreichischen Akademie der Wissenschaften, 2009), pp. 181-182.

103.Brandon Dotson, *The Old Tibetan Annals: An Annotated Translation of Tibet's First History*, p. 216.

以上論點多所疑義：第一，彭域是原拉薩河河谷地區地方勢力古止森波杰（dGug grivi zing po rje）的領地，原非恩蘭氏族固有的領地；第二，彼等稱蔡公堂支村原是贊旺氏族的領地，但按贊旺藏文為 btsan vbang，意即贊普臣民，可能並非氏族之姓，因為筆者曾爬梳目前所能見及之吐蕃氏族姓氏，整理成「唐代吐蕃氏族一覽表」，計有 114 支，[104] 其中並無 btsan vbang；亦有可能是直屬於贊普王室的采邑，上述贊旺六族可能就是為王室照管經營王室采邑者的代稱，有關於此，實有待進一步的考索；第三，恩蘭氏的采邑均十分接近拉薩，是為贊普王室未崛起之前強勁對手森波杰的領地，恩蘭氏族實際上並未列名於森波杰陣營之中。

再者，藏族學者江瓊·索朗次仁（1954-）以為 1434 年問世的《漢藏史集》載及：「Phyivi rdo ring」（立於棄之長碑），指的就是〈恩蘭達札路恭紀功碑〉，是為立於「Phyi」（今音「棄」）的石碑，「Phyi」古音則為「庇」，與今日蔡公堂支（Kri）村之語音為 sPi（漢音譯為「畢」），二者發音相近；又今當地耆老亦言，相傳該村有石碑「飛」至布達拉宮前的傳說，依此，索朗次仁以為西元 1694 年由第五輩達賴的總管桑結嘉措（Sang rgya rgya mtsho, 1653-1705）所命，將〈恩蘭達札路恭紀功碑〉由蔡公堂支村移至布達拉宮之前；[105] 索朗次仁續考恩蘭氏族的發祥地，認為依《第吳宗教源流》所載，恩蘭氏族為吐蕃中翼十六將（tshan）之一，由此研判恩蘭的領地位於中翼境內，境內又有山名為恩蘭仲巴山（Ngan lam gron pa ri），境內又有一座大古墳，似應為恩蘭達札路恭之墓，據上研判恩蘭氏族之起源地就在蔡公堂支村。[106] 就以上江瓊·索朗次仁的論

---

104. 林冠群，《唐代吐蕃史研究》（臺北：聯經出版公司，2011），頁 571-572，表 13，「唐代吐蕃氏族一覽表」。
105. 江瓊·索朗次仁，〈雪碑最初立碑位置考〉，《西藏研究》2015：3（2015.06），頁 38-39。
106. 江瓊·索朗次仁，〈雪碑最初立碑位置考〉，頁 40-41。

點，姑不論以語音來識別古今之地名，或以地方的傳說，作為根據來指認某事，是否為可靠踏實的方法；首先就應辨明究竟《五部遺教》所載的吐蕃中翼「十六境域」（yul gru bcu drug）之中，就有恩蘭及彭域二地的說法，與《第吳宗教源流》所載之恩蘭氏族為吐蕃中翼十六將（tshan）之一的說法，究竟是同一？還是不同？因為恩蘭是氏族姓氏、彭域是地名，而且二書所載的吐蕃地方建制是屬何時期？此攸關後續的論證；再者，恩蘭氏族所獲包括彭域或蔡公堂支村的領地，乃恩蘭達札路恭立功後，方由墀松德贊贊普封賜，如是，更能證實恩蘭氏族並非吐蕃本土的氏族。

就以上 5 處疑點看來，於唐蕃關係中，吐蕃攻占李唐京師 13 天期間，成立傀儡政府的大戲，竟可能是由一位疑似出身於粟特胡者所主導。

五、結論

綜合以上所述，生活於中亞的粟特胡，因中亞適位於東西交通的必經之地，粟特胡發展出其特有的經商能力。於中古時期，足跡遍及了北亞、東亞、南亞、西亞以及歐陸。由於其自西元 4 世紀甫初，即有紀錄顯示其已展開經商，直至西元 10 世紀止，長達 600 餘年，因而形成世代傳承的經商傳統。粟特胡經商的特色，就在介於不同生產手段的地域之間，不同的政權之間從事中介的角色，互通有無。復因長時間與廣大空間下，以家族式的形態經商，代代相傳，因而具備了豐富的國際知識，對中古時期各地域政權內部的政情、人文風貌等無不熟稔，掌握各國的語言，而成為北亞遊牧政權與東亞農業朝廷之間的溝通者，或東亞農業朝廷與南亞農牧兼營政權之間關係變化的推動者，甚至還介入各政權之

中，成為各統治階層的獻策者。

　　吾人由中亞粟特胡上述的表現，學界早有如下的認知，例如榮新江以為發動安史叛亂的首領安祿山、史思明，及其核心的將領大部屬粟特胡人，此所導致的後遺症，包括安史亂後李唐內部頻生攻擊胡人與排斥胡化的現象、中唐時代思想界對於胡化的反彈等，演成韓愈（768-824）等人發動的復古運動，其影響所致最終造成宋朝的內斂與懦弱。[107]

　　由此觀之，中亞粟特胡之所以能於中古時期於歐亞內陸及其周邊諸國，扮演著關鍵性角色，發揮出重大影響力，主要還是因為粟特胡長期壟斷東西貿易事業所致。換句話說，沒有絲綢之路與東西貿易的早先存在，就沒有居住於中亞粟特胡後來的壟斷，也就沒有粟特胡在中古時期所扮演的角色與影響力。東亞、中亞、北亞、南亞各區域於中古時期，不論其內部的演進，或上述各區域之間關係變化的推動，或云中古時期亞洲歷史演進的動力等等，竟部分繫於粟特胡身上。於此，日本脫絲路史觀論者與韓森教授（Valerie Hansen, 1958-）之質疑「絲路交通」或「絲路貿易」等，[108] 似可休矣！

---

107. 榮新江，《中古中國與粟特文明》，頁 291。
108. 韓森教授所撰《新絲路史》（*The Silk Road: A New History*）一書，書中主旨表達對所謂「絲路交通」或「絲路貿易」的重新認識。該書認為：「如果說任一時間點的運載量、交通量或旅人數量，是評估一條路線重要性的唯一判準，那麼絲路可說是人類史上旅行量最低，或者說是最不值得研究的一條路線。」其又云：「本書引用許多文書顯示絲路貿易經常是地方性的，而且規模很小。即便最熱切相信貿易量大且頻繁的人，也必須承認被大肆吹噓的絲路貿易並沒有太可靠的實證基礎。［……］出土證據在本書中佔最重要的位置，因為它是真實的、一手的：與實際的繳稅清單或商人的通行證相比，關於貿易的各種綜述顯得蒼白無力。的確，可用的證據少之又少，而且關鍵部分時常佚失，不過它們來自各個不同的發現地，為一個地方性的、小規模的貿易圖像提供可信依據。」準上所引，韓森教授質疑「絲路交通」或「絲路貿易」之主張，至為明顯。詳見氏著，吳國聖、李志鴻、黃庭碩譯，《絲路新史：一個已經逝去但曾經兼容並蓄的世界》（臺北：麥田出版，2015），頁 301、304-305。

圖一　間野英二所舉阿胡拉西雅布及彭吉肯特出土之建築物壁畫 [109]

參考書目

古代文獻

- 〔西漢〕司馬遷 SIMA, Qian
  1976 《史記》（臺北：鼎文書局，1976）。
  Shi Ji [Records of the Grand Historian] (Taipei: Tingwen Book Company, 1976).
- 〔唐〕溫大雅 WEN, Daya
  1985 《大唐創業起居注》（北京：中華書局，1985）。
  Da Tang Chuangye Qijuzhu [Court Diaries of the Founding of the Great Tang] (Beijing: Zhonghua Book Company, 1985).
- 〔唐〕魏徵等撰 WEI, Zheng et al.
  1980 《隋書》（臺北：鼎文書局，1981）。
  Sui Shu [Book of Sui] (Taipei: Tingwen Book Company, 1980).
- 〔唐〕令狐德棻等撰 LINGHU, Defen et al.
  1981 《周書》（北京：中華書局，1981）。
  Zhou Shu [Book of Zhou] (Beijing: Zhonghua Book Company, 1981).
- 〔唐〕慧立、彥悰 SHIH, Huili & SHIH, Yentsung
  1983 《大唐大慈恩寺三藏法師傳》，收入《大藏經》，史傳部二（臺北：新文豐出版，1983）。

109.資料來源：https://wikivisually.com/wiki/Afrasiab_painting，檢索日期：2019 年 9 月 3 日。

Da Tang Daciensi Sanzang Fashi Zhuan, in Chinese Buddhist Canon, History and Biographies Section, Vol. 2 (Taipei: Xinwenfeng Press, 1983).

- 〔唐〕陳子昂 CHEN, Ziang
1975 《陳伯玉文集》，《四部叢刊初編》（臺北：臺灣商務印書館，1975）。
Chen Boyu Wenji, in Sibu Congkan Chubian, Vol. 613-615 (Taipei: The Commercial Press, Ltd., 1975).

- 〔唐〕杜佑 DU, You
1963 《通典》（臺北：新興書局，1963）。
Tongdian [*Comprehensive Institutions*] (Taipei: Xinxing Book Company, 1963).

- 〔後晉〕劉昫 LIU, Xu
1976 《舊唐書》（臺北：鼎文書局，1976）。
Jiu Tang Shu [*Old Book of Tang*] (Taipei: Tingwen Book Company, 1976).

- 〔北宋〕司馬光 SIMA, Guang
1980 《資治通鑑》（臺北：逸舜出版社，1980）。
Zizhi Tongjian [*Comprehensive Mirror in Aid of Governance*] (Taipei: Yishun Publishing, 1980).

- 〔北宋〕歐陽修、宋祁 OUYANG, Xiu & SONG, Qi
1976 《新唐書》（臺北：鼎文書局，1976）。
Shin Tang Shu [*New Book of Tang*] (Taipei: Tingwen Book Company, 1976).

- SPANIEN, Ariane & IMAEDA, Yoshiro
1978 *Fonds Pelliot Tibetain in Choix de Documents Tibetains conserves a la Bibliotheque Nationale Paris* (Paris: Bibliothèque nationale de France, 1978).

- dPAV bo gtsug lag vphreng ba 巴臥祖拉陳哇
1962 *Chos vbyung mkhas pavi dgav ston* 《賢者喜宴》(New Delhi: International Academy of Indian Culture, 1962).

近人文獻

- 王忠 WANG, Zhong
1958 《新唐書吐蕃傳箋證》（北京：科學出版社，1958）。
Xin Tang Shu Tubochuan Jianzheng (Beijing: Science Press, 1958).

- 王堯編著 WANG, Yao (ed. & au.)
1982 《吐蕃金石錄》（北京：文物出版社，1982 年）。
Tubo Jinshilu (Beijing: Cultural Relics Publishing House, 1982).

- 王堯、陳踐 WANG, Yao & CHEN, Jian
1982 〈吐蕃職官考信錄〉，《中國藏學》1989：1（1989.04），頁 102-117。
"Tubo Zhiguan Kaoxinlu," Zhongguo Zangxue [China Tibetology], No.1 (Apr., 1989), pp. 102-117.

- 王堯、陳踐譯註 WANG, Yao & CHEN, Jian (trans. & an.)

1992 《敦煌本吐蕃歷史文書（增訂本）》（北京：民族出版社，1992）。
Dunhuangben Tubo Lishi Wenshu, Enlarged Edition (Beijing: Publishing House of Minority Nationalities, 1992).

● 王明珂 WANG, Ming-ke
2009 《遊牧者的抉擇：面對漢帝國的北亞遊牧部族》（臺北：聯經出版公司，2009）。
Youmuzhe de Jueze: Miandui Han Diguo de Beiya Youmu Buzu (Taipei: Linking Publishing Co., Ltd., 2009).

● 巴臥祖拉陳瓦著，黃顥、周潤年譯註 dPAV bo gtsug lag vphreng ba, Hao Huang & Runnian Chou (trans. & an.)
2010 《賢者喜宴—吐蕃史譯注》（北京：中央民族大學出版社，2010 年）。
Xianzhe Xiyan: Tuboshi Yizhu (Beijing: China Minzu University Press, 2010).

● 朱悅梅 ZHU, Yuemei
2014 〈吐蕃東境（鄙）五道節度使研究〉，《中國邊疆史地研究》24：1（2014.03），頁 41-54。
"Tubo Dongjing (Bi) Wudao Jiedushi Yanjiu [A Study on the "so blon sde lnga" in the Tubo(吐蕃) Period]," *Zhongguo Bianjiang Shi di Yanjiu* [*China's Borderland History and Geography Studies*], Vol. 24, No. 1 (Mar., 2014), pp. 41-54.

● 林恩顯 LIN, En-shean
1988 《突厥研究》（臺北：臺灣商務印書館，1988）。
Tujue Yanjiu (Taipei: The Commercial Press, Ltd., 1988).

● 林冠群 LIN, Kuan-chun
2011 《唐代吐蕃史研究》（臺北：聯經出版公司，2011）。
Tangdai Tuboshi Yanjiu (Taipei: Linking Publishing Co., Ltd., 2011).
2016 《玉帛干戈——唐蕃關係史研究》（臺北：聯經出版公司，2016）。
Yubo Gange: Tang-Fan Guanxishi Yanjiu (Taipei: Linking Publishing Co., Ltd., 2016).

● 芮樂偉‧韓森著，吳國聖、李志鴻、黃庭碩譯 HANSEN, Valerie, Guo-sheng Wu, Zhi-hong Lee, Ting-shuo Huang (trans.)
2015 《絲路新史：一個已經逝去但曾經兼容並蓄的世界》（臺北：麥田出版，2015）。
Silu Xinshi: Yige Yijing Shiqu dan Cengjing Jianrongbingxu de Shijie [*The Silk Road: A New History*] (Taipei: Rye Field Publishing Co., 2015).

● 周季文、謝後芳 CHOU, Jiwen & HSIEH, Houfang
2006 《敦煌吐蕃漢藏對音字匯》（北京：中央民族大學出版社，2006）。
Dunhuang Tubo Han-Zang Duiyin Zihui (Beijing: China Minzu University Press, 2006).

● 柳立言 LAU, Nap-yin
2008 《宋代的家庭和法律》（上海：上海古籍出版社，2008）。
Songdai de Jiating he Falu (Shanghai: Shanghai Guji Chubanshe, 2008).

● 班欽‧索南查巴著，黃顥譯 Pan-chen bSod-nams grags-pa, Hao Huang (trans.)
1984 《新紅史》（拉薩：西藏人民出版社，1984）。
Xin Hong Shi [*Deb ter dmar po gsar ma*] (Lhasa: Tibet People's Publishing House, 1984).

- 張怡蓀主編 CHANG, Yi-sun (ed.)

  1993 《藏漢大辭典》（北京：民族出版社，1993）。

  Zanghan Dacidian (Beijing: Publishing House of Minority Nationalities, 1993).

- 張廣達 CHANG, Guang-da

  1995 《西域史地叢稿初編》（上海：上海古籍出版社，1995）。

  Xiyu Shidi Conggao Chubian (Shanghai: Shanghai Guji Chubanshe, 1995).

- 間野英二 MANO, Eiji

  1978 〈中央アジア史とシルクロード―シルクロード史観との訣別―〉，《朝日アジアレビュー》9：1（1978.03），頁 30-36。

  "Chūōajiashi to Shirukurōdo: Shirukurōdo Shikan tono Ketsubetsu," *Asahi Ajia Rebyū*, Vol. 9, No. 1 (Mar., 1978), pp. 30-36.

  2008 〈「シルクロード史」再考―森安孝夫氏の批判に関連して〉，《史林》91：2（2008.03），頁 402-422。

  " 'Shirukurōdo Shikan' Saikō: Takao Moriyasu shi no Hihan ni Kanren shite [A Reconsideration of Central Asian History Centered on the Silk-Road Theory, In Light of Takao Moriyasu's Criticism]," *Shirin*, Vol. 91, No. 2 (Mar., 2008), pp. 402-422.

- 森安孝夫 MORITASU, Takao

  2016 《シルクロードと唐帝国》（東京：講談社，2016）。

  Shirukurōdo to Tōteikoku (Tokyo: Kodansha, 2016).

- 程越 CHENG, Yue

  1994 〈粟特人在突厥與中原交往中的作用〉，《新疆大學學報（哲學・人文社會科學版）》22：1（1994.02），頁 62-67。

  "Suteren zai Tujue yu Zhongyuan Jiaowang zhong de Zuoyong," *Journal of Xinjiang University (Philosophy, Humanities & Social Sciences)* , Vol. 22, No. 1 (Feb., 1994), pp. 62-67.

- 楊銘 YANG, Ming

  2008 〈唐代吐蕃與粟特關係考述〉，《西藏研究》2008：2（2008.04），頁 5-14。

  "Tangdai Tubo yu Sute Guanxi Kaoshu [Relationships between Tubo and Sute in Tang Dynasty]," *Tibetan Studies*, No. 2 (Apr., 2008), pp. 5-14.

- 楊質夫 YANG, Zhifu

  1976 《藏漢小辭典》（臺北：蒙藏委員會，1976）。

  Zhang-Han Xiaocidian (Taipei: Mongolian and Tibetan Affairs Commission, 1976).

- 榮新江 RONG, Xinjiang

  2009 〈絲綢之路上的粟特商人與粟特文化〉，收入香港城市大學中國文化中心編，《西域：中外文明交流的中轉站》（香港：香港城市大學出版社，2009），頁 75-90。

  "Sichouzhilu shang de Sute Shangren yu Sute Wenhua," in Chinese Civilisation Centre, City University of Hong Kong (eds.), *Xiyu: Zhongwai Wenming Jiaoliu de Zhongzhuanzhan* (Hongkong: City University of Hong Kong Press, 2009), pp. 75-90.

  2014a 《中古中國與外來文明》（北京：三聯書店，2014）。

Zhonggu Zhongguo yu Wailai Wenming (Beijing: Joint Publishing, 2014).

2014b 《中古中國與外來文明（修訂版）》（北京：三聯書店，2014）。

Zhonggu Zhongguo yu Wailai Wenming, Revised Edition (Beijing: Joint Publishing, 2014).

- 薩迦・索南堅贊著，陳慶英、仁慶扎西譯著 bSod Nams rGyal mTshan, Qangying Chen & Renqingzhaxi (trans. & an.)

1985 《王統世系明鑒》（瀋陽：遼寧人民出版社，1985）。

Wangtong Shixi Mingjian [*Rgyal rabs gsal ba'i me long*] (Shenyang: Liaoning People's Publishing House, 1985).

- 護雅夫 MORI, Masao

1967 《古代トルコ民族史研究 I》（東京：山川出版社，1967）。

Kodai Toruko Minzokushi Kenky I (Tokyo: Yamakawa Shuppansha Ltd., 1967).

1987 〈絲路和粟特人〉，收入岡崎敬等著，張桐生譯，《絲路與佛教文化》（臺北：業強出版社，1987），頁 178-208。

"Silu he Suteren [Shirukur do to Sogudojin]," in Gangqi Jing, Tong-sheng Chang (trans.) [Okazaki, Takashi] et al., *Silu yu Fojiao Wenhua* [*Shirukur do to Bukky Bunka*] (Taipei: Ye Qiang Publishing, 1987), pp. 178-208.

- DOTSON, Brandon

2009 *The Old Tibetan Annals: An Annotated Translation of Tibet's First History* (Wien: Verlag der osterreichischen Akademie der Wissenschaften, 2009).

- LI, Fang Kuei 李方桂

1983 "Notes on Stag Sgra Klu Khong," in Ernst Steinkellner & Helmut Tauscher (eds.), *Contributions on Tibetan Language, History and Culture* (Delhi: Motilal Banarisidass Publishers, 1983), pp. 175-181.

- RICHARDSON, H. E.

1977 "Ministers of the Tibetan Kingdom," *Tibet Journal,* Vol. 2, No. 1 (Mar., 1977), pp. 10-27.

- SIMS-Williams, N.

1989 "The Sogdian Inscriptions of the Upper Indus: A Preliminary Report," in Karl Jettmar (ed.), *Antiquities of Northern Pakistan: Reports and Studies*, Vol. 1 (Mainz: P. von Zabern, 1989), pp. 131-137.

- TUCCI, G.

1949 *Tibetan Painted Scrolls*, Vol. 3 (Suffolk, GB: Antique Collectors Club Ltd., 1949).

- URAY, G.

1983 "Tibet's connections with Nestorianism and Manicheism in the 8th-10th Centuries," in Ernst Steinkellner & Helmut Tauscher (eds.), *Contributions on Tibetan Language History and Culture* (Delhi: Motilal Banarisidass Publishers, 1983), pp. 399-429.

——本文原刊載於《臺灣東亞文明研究學刊》16：2（2019.12），頁 1-41。林冠群教授授權使用。

一、7 至 8 世紀活躍於歐亞內陸的粟特人

① 居住在史稱「昭武九姓」的中亞地區，為東西往來的必經之地，提供粟特人經商的條件。粟特人也在經商的道路上建立聚落，形成貿易的網絡。

② 為了經商的需要，粟特人對於各地政治局勢有敏銳的觀察力，往往參與優勢的一方。

③ 突厥優勢時期：屢見粟特人於突厥活躍的身影，不僅影響突厥與隋朝的關係，也於突厥勢弱之際，選擇投靠唐朝的懷抱。

④ 李唐優勢時期：安祿山、史思明即為營州粟特胡出身。安史之亂的核心集團之一，即為粟特人的菁英，可謂是一場以唐朝境內粟特人為主體，欲推翻李唐王朝的叛亂。

⑤ 回紇優勢時期：粟特人依附於回紇汗廷，並且從唐朝與回紇之間的絹馬貿易中，獲得了大量的利益。

二、吐蕃優勢時期的粟特人動向

① 安史之亂後，吐蕃趁著唐朝的動亂，奪取唐朝的土地。而原本粟特胡聚集的鹽、靈、夏等州，也成為面對吐蕃、回紇的第一道防線。在吐蕃展現優勢的情況下，原居於天山南路到河西走廊等地的粟特胡，不論是自願或強迫，都被納入吐蕃的控制之下。

② 此前，吐蕃已經將觸角伸入西域，與大食、西突厥、唐朝等角逐西域的霸權，對於粟特人來說，吐蕃也並不陌生。

③ 儘管史料沒有明確記載，透過姓氏、事蹟的蛛絲馬跡，推敲出在唐蕃關係中，有著重要地位的粟特人，可能為 782-783 年擔任吐蕃首席宰相的恩蘭達札路恭（Ngan lam stag sgra klu khong）。

三、恩蘭達札路恭是否為粟特人？

① 從姓氏恩蘭（Ngan lam，意思為惡道、歧途）來看，似乎屬於外來氏族，也無法排除 Ngan lam 為原本粟特名字的藏文音譯，而 stag sgra klu khong 為入蕃後的吐蕃氏名字。

② 恩蘭達札路恭擁有漢式姓名這點，也加強他為非吐蕃本土固有氏族的可能性。

③ 結合贊普信奉佛教，以及 Ngan lam 在藏文中的意涵，有可能就是因為他身為中亞的異教徒，因為有功而獲賜姓氏，以「惡道、歧途」來表明他異於佛教的信仰。

④ 從恩蘭達札路恭建議贊普攻取長安的經過，對照粟特人依附回紇的情形，恩蘭氏似乎就是了解中國內部情勢，並投靠吐蕃的粟特胡。

⑤ 根據恩蘭氏受封軍隊、部族，和記功碑的位置，可以推測恩蘭氏非本地的氏族，而有可能為外來的粟特胡。

|導讀| 陳國棟，〈遣使、貿易、漂流與被擄：豐臣秀吉征韓前後華人海外網絡的構成〉

沈宗憲

傳統中國以農立國，反映在民眾「有土斯有財」觀念及「安土重遷」的態度。歷代王朝重農抑商，靠海地區發展魚鹽之利，頂多是因地制宜的作法，大致說來，看不出傳統王朝積極鼓勵人民從事海外貿易或海外探險行動。

傳說中的徐福帶領數千童男童女探訪海上蓬萊仙島，屬帝王追求長生信仰。孫權派軍至海外的夷州，得數千人而回。從大臣勸孫權，國內未定，不宜勞師動眾，冒航海之險，此是單一事件。隋煬帝幾次派軍到達流求國，捕回住民數千名，是軍事行動。鄭和長期出使西洋，是少見的大規模海上行動，卻無後繼者。

歷代王朝歡迎外邦前來朝貢，也允許這些貢使與國人貿易，例如：唐以降，對朝鮮半島、日本、安南等地的政策。相反地，也有朝代為阻絕海上盜賊騷擾或政權威脅，而實施海禁、遷界的政策。過去較為人知的是，中亞地區的商人來中國貿易，他們或走絲路從西北進入，或乘船由南洋而來。

然而從考古資料看來，漢人在境外活動、定居的歷史，時間更早。由於非官方行動，史書常不載。清代趙翼《廿二史箚記》已經提到外邦來華的貢使團有唐人擔任翻譯通事。長期研究東亞貿易的陳國棟教授在〈遣使、貿易、漂流與被擄：豐臣秀吉征韓前後華人海外網絡的構成〉文中，揭露在東亞若干國際事件，如豐臣秀吉出兵朝鮮時，移居海外的華人扮演傳遞情報的角色，有助明朝應對。陳教授認為華人流落外國，有幾種可能性：被俘擄、走私與貿易、船難餘生、犯罪逃亡等。

　　不管是何原因，離散至外國的華人，有已落地生根者，但與其他地區的華人移民、中國海商形成經貿圈，分享各種政治經濟資訊。儘管他們使用不同方言，漢字卻是跨越的溝通利器，因此，多少能貢獻原鄉母國。

◆ 108 課綱相關條目對照說明

　　陳教授的文章對應「明、清時期東亞人群移動的特色與影響」（條目 Ha-V-2），有助於了解東亞海域華人社群的建立與影響。

延伸閱讀

1. 劉子健，〈背海立國與半壁山河的長期穩定——南宋政治簡論之一〉，《中國學人》4（1972），頁 1-140。
   本文對應「從漢、晉到宋、元時期東亞人群移動的特色與影響」（條目 Ha-V-1）。
2. 松浦章，〈清代帆船與海外移民〉，《海洋文化學刊》5（2008.12），頁 63-83。
   本文對應「明、清時期東亞人群移動的特色與影響」（條目 Ha-V-2）。
3. 王鴻泰，〈倭刀與俠士：明代倭亂與江南士人的武俠風尚〉，《漢學研究》33：3（2012），頁 63-98。
   本文對應「明、清時期東亞人群移動的特色與影響」（條目 Ha-V-2）。
4. 上田信，《海與帝國：明清時代》（新北：臺灣商務印書館，2017）。
   本文對應「明、清時期東亞人群移動的特色與影響」（條目 Ha-V-2）、「十九世紀以後東亞的人群移動」（條目 Hb-V-1）。

遣使、貿易、漂流與被擄：
豐臣秀吉征韓前後
華人海外網絡的構成

陳國棟[*]

一、前言

　　1582 年，日本霸主織田信長於本能寺之變（The Honnō-ji Incident）被殺，豐臣秀吉崛起。豐臣秀吉不只想要稱霸日本，他意圖朝向建立帝國的方向去發展。早在 1583 年，就要求琉球向他臣服。在 1580 年代末期和 1590 年代初期，他也致函臥亞（Goa）、呂宋（Manila）、暹羅（Thailand）、高山國（Taiwan）⋯⋯等鄰近國家，要求他們臣服。不過，他的主要目標是中國，而朝鮮（Korea）則被他視為進軍中國的必經之途。他當然試圖取得朝鮮的配合，不過朝鮮的態度曖昧。

　　據韓國學者崔官（Choi Gwan）與日本學者松浦章（Matsuura Akira）等人的研究，至晚到 1585 年時，豐臣秀吉就已經公開表示過他想要征服中國；[1]1592 年年初，正式下達侵略朝鮮的指令。在日本軍隊登陸釜山之前一、兩年期間，中國官方分別從幾個不同的海外管道獲得豐臣秀吉的

　　* 中央研究院歷史語言研究所研究員。研究領域為東亞海洋史、明清史、臺灣史、經濟史。

動向消息。豐臣秀吉的侵略行動，一直進行到 1598 年他本人身故為止。朝鮮被侵略的期間，中國官方也派出使臣與偵探，設法蒐集有關日本軍事行動的情報。這些官方爪牙一旦到了海外，同樣也需要海外的華人襄助。恰巧，在豐臣秀吉侵略朝鮮前後，中國人已經在東亞海域形成了一個海外的華人網絡，中國官府可以利用。

　　本文之重點便在整理、描述 1590 年代前後存在著的這個網絡，並且探討這些華人如何來到該網絡的節點（nodal points），以及他們在此網絡上移動的情況。

　　由於日本是主要的焦點，因此先討論日本。本來在 16 世紀中葉以前，就有中國人住到日本去，其中有些人係因弘法或出家，有些人係因為出外做生意，另外還有一些人則是擔任通事。[2] 除了這些正常的因素之外，也有一些情況特殊，例如遭到俘擄（被擄）即為其中的一種情況。此種情況與日本騷擾中國沿海的倭寇行為有關，而據川島元次郎（Kawashima Motojirō，1877 年至 1922 年）所言，所謂的「倭寇」騷擾中國，早在元代（1279 年至 1368 年）便已發生，其後斷斷續續，時鬆時緊。[3] 若依據陳波的研究，這些被擄人當中有相當高的比率還是明朝鎮守沿海的衛所軍兵。[4] 當然，其中不免也有一般民眾，包括沿海的村民，也包括利用小船在沿海從事捕撈或做小生意的一般平民。

---

1. 崔官（Choi Gwan）著，金錦善、魏大海譯，《壬辰倭亂──四百年前的朝鮮戰爭》（北京：中國社會科學出版社，2013），頁 15。松浦章著，鄭潔西譯，〈萬曆年間的壬辰倭亂和福建海商提供的日本情報〉，收入於中國社會科學院歷史研究所明史研究室編，《明史研究論叢（第 8 輯）：明代詔令文書研究專輯》（北京：紫禁城出版社，2010），頁 204。
2. 陳學霖，〈「華人夷官」：明代外蕃華籍貢使考述〉，《中國文化研究所學報》54（2012.01），頁 29-68。
3. 川島元次郎，《德川初期の海外貿易家》（大阪：朝日新聞合資會社，1916）。
4. 陳波，〈被擄人、漂流人及明代的海防軍──以朝鮮史料《事大文軌》為中心〉，收入於復旦大學文史研究院編，《世界史中的東亞海域》（北京：中華書局，2011），頁 59-84。

在明朝（1368 年至 1644 年）與室町幕府（1337 年至 1573 年）之間，原本存在著一個雙方政府認可的中日貿易，日本人稱為「勘合貿易（kangō bōeki）」，而中國人則視之為朝貢貿易。但在 1549 年以後，中、日兩國決裂，徹底終止官方往來。當「勘合貿易」存續期間，也有中國人隨著使節前往日本，從而在彼處定居者。[5] 不過，在這前後，閩浙沿海的人民也開始非法前往日本經營私人的貿易。[6] 可是在 1567 年開放海禁以前，當時因為明朝實行海禁，因此從中國移民到海外的人數還是相當有限。1567 年開放海澄月港，准許國人出海貿易，因此合法出國的人數比以往來得多，而非法出國顯然也比以往來得容易。海外華人日漸增多，並且不只是前往日本，也分散到琉球、臺灣，以及東南亞國家。當然，華人在海外長期或短期的居停，原因不必相同，也不盡相同。

無論如何，離開中國，定居海外的中國人往往會與旅居同一國的同胞相聯繫，並且透過港口與其他的華人社群聯繫，這樣便構成了一個海外華人網絡。依據中國人的法律，合法出國但不在規定期限內返國的人，以及所有非法出國的人，將失去平順歸國的權利；如果硬是要返國，則必然要遭受到處分，最嚴重時有可能為死刑。因此一旦在海外定居，華人便以不回國為常。不過，由於年復一年，還是有合法出國的華人往來不同的海外港口，因此海外華人網絡還是可以透過當年往返的這些母國商人，而與母國維持某種程度的聯繫。

當 16 世紀後半葉，東亞的華人網絡形成的時候，歐洲人也來到東亞。馬來文、葡萄牙文和後來稱作「洋涇浜英語」的 pidgin English 遞次成為

---

5. 陳學霖，〈「華人夷官」：明代外蕃華籍貢使考述〉，頁 29-68。
6. 范金民，〈販番販到死方休——明代後期（1567-1644 年）的通番案〉，《東吳歷史學報》18（2007.12），頁 75-112。

國際間的交涉語言（lingua franca），溝通交涉的雙方。不過，那是專就口語而言。東亞國際之間的通行書寫文字實為漢字，而中文為東亞跨國文書的文體。因此，華人不只活躍於華人網絡，也常常於跨民族交涉中扮演通事（翻譯者）的角色。[7]在豐臣秀吉事件前後，海外華人可獲得資訊的途徑，也因此而顯得相當廣闊。其中有些人主動提供情報給中國政府，而中國官員也稍稍援引了這個網路上的海外華人，讓他們為政府效命。

二、中國官方的情報提供者

明朝人將豐臣秀吉侵略朝鮮的前因後果，以及中國方面的應對措施，描寫得具有一定程度的完整性者，當以徐光啟（1562年至1633年）為最早。他的〈海防迂說〉仔細地評估了整個事件。這篇文章大概完成於1628年以後。[8]

---

7. 例如 Antonio Lopez 在馬尼拉西班牙總督對豐臣秀吉的遣使事件當中，就擔任起翻譯員的角色。而華人往往被認為語文能力頗強，參考 Piet van der Loon, "The Manila Incunabula and Early Hokkien Studies, pt. 1," *Asia Major*, new series, XII(1966), pp. 1-43.

8. 〈海防迂說〉見〔明〕陳子龍等編，《皇明經世文編》（臺北：國聯圖書出版有限公司，1964），卷491，頁310-345。周婉窈先說該文寫於1616至1617年之間，但就在接下一頁，她又說該文寫於1617年以後。見周婉窈，〈山在瑤波碧浪間——總論明人的臺灣認識〉，《臺大歷史學報》40（2007.12），頁127-128；亦收入於周婉窈，《海洋與殖民地臺灣論集》（臺北：聯經出版公司，2012），頁45-46。1617年即萬曆45年。〈海防迂說〉一文逕稱豐臣秀吉為「萬曆間日本之權臣」，顯然寫在萬曆紀元（1573-1620）結束以後；唯文中完全沒有觸及荷蘭人侵略澎湖（1622-1624）之事，則最可能的寫作時機當在1621年前後。不過，該文夾註又稱「近者閩中私市甚盛，而鄭帥因收其利。」鄭帥有可能指1628年接受招安擔任遊擊的鄭芝龍，因此寫於1628年後的可能性更大。當然，豐臣秀吉侵略朝鮮一事，在明朝處理該事件過程中早已有相關的描述與報告，但都不是完整的敘述。〔明〕茅瑞徵（生卒年不詳，1601年進士），《萬曆三大征考》（臺北：文海出版社，1971）一書才有比較整體性的鋪陳。不過，還是以〈海防迂說〉的評述最為徹底周延。參考李天綱，〈十六、十七世紀東亞新知識體系的建立——以徐光啟《海防迂說》為例〉，收入於澳門理工學院中西文化研究所編，《文化與宗教的碰撞——紀念聖方濟各‧沙勿略誕辰500週年國際學術研討會論文集》（澳門：澳門理工學院，2007），頁74-90。

至於近代研究，20世紀後半以來，已經有了極為豐富的研究成果。特別是最近一、二十年，由於史料的取得愈來愈方便、容易，優秀的作品更如雨後春筍，大量湧現。專就海外華人為明朝官方提供情報這件事來說，日本學者渡邊三男（Watanabe Mitsuo，1908年至2000年）顯然有特別的貢獻。他在1943年出版的《譯著日本考》[9]一書時，收錄了侯繼高《全浙兵制》當中與豐臣秀吉征伐朝鮮相關的部分，尤其是有關許儀後、鄭迵等人的敘事，為海外華人的活動提供許多難得的細節描述。這是學術界首度揭露《全浙兵制》的內容，使得原來只有片言隻字描述的事蹟變成具體可以探討的史實。經過42年之後，渡邊三男在1985年將其戰前的舊著修訂更新加厚，改題再行出版。[10] 不過，在這中間的時間，《全浙兵制》一書已經被全文完整出版過許多次了，[11] 此一研究的重要基本資料因而容易獲得。至於當代有關該事件的研究，則可謂汗牛充棟，不暇枚舉（部分作品的清單請參考本文所附的書目）。

根據既有的文獻與研究，在豐臣秀吉計畫攻打朝鮮與1598年身死之後、征朝日軍撤出朝鮮半島的十餘年間，一方面有海外華人主動提供各式各樣的情報，另一方面中國的官府也派遣軍官及商人前往海外收集祕密情報資訊，或者公開從事交涉，而這些奉派人員往往也得到海外華人的協助。

不過，所有既往的研究都鎖定在包括東北亞三國（中國、日本與朝鮮）在內的動線上，頂多就是加入琉球。其實，還應該帶進來琉球以南的臺灣（雞籠、淡水、東番、北港）與菲律賓（呂宋、馬尼拉），甚至於其他東南亞地區。後面這些地方與東北亞三國諸港共同支撐出一個華

9. 渡邊三男，《譯註日本考》（東京：大東出版社，1943）。
10. 渡邊三男，《新修譯註日本考》（東京：新典社，1985）。
11. 京都大學文學部國語學國文學研究室編，《全浙兵制考日本風土記》（京都：京都大學國文學會，1963）；侯繼高，《全浙兵制（附日本風土記）》（臺南：莊嚴文化事業公司，1995）。

人網絡，相關的訊息在該網絡上流通。

有關於豐臣秀吉入侵朝鮮前後，海外華人向中國政府提供訊息，或者協助中國官方打聽及蒐集訊息的概況，簡單列舉如下表：

豐臣秀吉事件前後資訊提供者簡表
（非完整表列，僅作參考使用）

陳申[12]	同安縣民	1588 年餉船衝礁沉破		萬曆 19 年（1591）閏 3 月抵福州。4 月面稟福建巡撫趙參魯。
鄭迥	琉球長史	原籍福建		萬曆 19 年 4 月派鄭迪入告福建巡撫趙參魯。
鄭迪	鄭迥之弟			萬曆 19 年入告福建巡撫趙參魯。
許儀後[13]	江西醫者	1571 年連船被擄	流落日本薩摩國	萬曆 19 年 9 月多次送信，可能未達？
郭國安[14]				與許儀後聯名的報告由朱均旺送交福建巡撫張汝濟。[15]
朱均旺[16]	江西商販	1577 年，遇倭被擄		萬曆 20 年 2 月 28 日帶回許儀後、郭國安密報。
林紹岐	漳州客商	自由商人		搭載朱均旺，在大岞（惠安崇武）放下他，續航前往呂宋。
沈惟敬[17]	嘉興人			應兵部尚書石星之募，送交提督李如松差遣。
許豫[18]	充龍海商			1593 年被許孚遠派至薩摩打探消息，得到許儀後的協助。
張一學	商人			
張一治[19]	商人			
史世用[20]	軍官（指揮）			許豫、史世用、鄭士元、張一學與張一治 5 人同往。[21]
黃加	福建海商			黃加、黃枝、姚明、姚治衢 4 名福建海商與史世用同往。[22]
吳左沂	海澄鳥船主			1594 年載史世用回中國，遇風。
張五郎	（張昂）[23]			1594 年，薩摩藩主島津義久遣親信張五郎赴閩見巡撫許孚遠。

劉可賢	把總／守備		二人與張五郎一同赴日（後來被以私通日本之名下獄）。[24]
伍應廉			二人與張五郎一同赴日，尋求義久協助、秀吉罷兵。
蘇八 [25]	浙江台州漁民	1580 年被擄	1590 年代初回台州，赴參將衙門報告豐臣秀吉事。

資料來源：參考文末書目

---

12. 據周志明，〈明末壬辰戰爭與中國海商〉，《福建師範大學學報（哲學社會科學版）》4（2009.07），頁 125，陳申回國報訊，有人誤以為他是勾引倭寇之奸民。參考陳懿典，〈福建案察司副使汾陽郭公墓志銘〉，《陳學士先生初集》（臺北：傅斯年圖書館藏明萬曆間 [1573-1619] 刊本），卷 12。參考陳志剛，〈明朝在朝鮮之役前後的軍事情報活動論析〉，《學習與探索》4（2011.07），頁 241。侯繼高，《全浙兵制（附日本風土記）》，頁 173-175。陳申初歸，不為趙參魯所信，將之下獄。〔清〕胡文學編，《甬上耆舊詩》（臺北：臺灣商務印書館，1983），卷 25：「有陳申者，以倭報至，言其事甚張，人情震動。公察其狀曰：『是將勾倭以自為功耳。』立械繫之，謂：『倭來即斬汝。』已而，倭竟不至。」後來因為浙江巡撫常居敬的言論影響，以及鄭迪的到來，才讓趙參魯正視陳申的報告。參考顧秉謙等纂修，《明神宗顯皇帝實錄》（臺北：中央研究院歷史語言研究所，1966），卷 239，萬曆十九年八月甲午條，頁 4429。後來他還出現在 1594 年許孚遠（1535-1596 年）派出招返呂宋華人的受遣人員當中。

13. 許儀後（一稱許三官）方著手安排朱均旺回大明的船隻，尚未成行，隨即被本國人（中國人）舉發，豐臣擬置之於死，薩摩藩前藩主島津義久請德川家康關說，獲赦。許儀後再向當時的現任藩主島津義弘求情，林紹岐之船隻乃得以揚帆出海。1593 年，商人鄭豫被許孚遠派至薩摩打探消息，得到許儀後的協助。1593-94 年時，許儀後又透過朝鮮被擄人吳景僖帶消息到中國。1594 年 10 月間，許儀後被島津義久派往朝鮮，在濟州島治療時疫。這些事蹟的考訂，參考管寧，〈許儀後事蹟考略〉，《江西社會科學》4（1992.08），頁 87-94；管寧，〈明代許儀後、郭國安等忠君報國活動事蹟考〉，《中國歷史博物館館刊》2（1994.12），頁 74-83。周志明，〈明末壬辰戰爭與中國海商〉，頁 124-128。松浦章對許孚遠從福建巡撫位置上離開之後的福建情報工作，頗有後續的描述。見松浦章著、鄭潔西譯，〈萬曆年間的壬辰倭亂和福建海商提供的日本情報〉，頁 215-216。

14. 關於郭國安的事蹟，管寧的文章已經羅掘盡矣。鄭潔西，〈萬曆朝鮮之役前後在日明朝人〉，《唐都學刊》25：2（2009.03），頁 82 也提到他後來被派往朝鮮戰場，並且擔任高階軍官，但他暗地裡幫助明朝的軍隊，提供明軍有用的情報。見〔明〕茅元儀（1594-1640），《武備志》（東京：古典研究會出版、汲古書院發行，1984），頁 2606。參考陳志剛，〈明朝在朝鮮之役前後的軍事情報活動論析〉，頁 246。

15. 侯繼高，《全浙兵制（附日本風土記）》，頁 177-185。張汝濟於萬曆 19 年 6 月間以「提督軍務」之名受命巡撫福建，大概還花上一段時間才到任。他的繼任者為許孚遠。

16. 朱均旺為江西撫州臨川縣人，在福建建寧府開鋪買賣，後來到漳州賣布，與當地人「裝銅、鐵、磁等貨」，前往交趾，因為當時交趾已經先到了 13 艘福建船，怕做不到生意，於是雇了交趾小船轉往順化貿易。不巧在抵達順化之前，就被俘虜到日本。見侯繼高，《全浙兵制》，卷 2，〈附

錄近報倭警〉，頁177-179。一位福建內地的鋪商，可以轉作長距離貿易的客商，並且輕鬆地踏上海外貿易之旅，顯見當時華人海上活動已經數見不鮮。一起被擄的也還有其他省分的人。

17. 少時隨乃父在日本經商，徐光啟說他「少習倭事，解倭語」，見〈海防迂說〉，收在《皇明經世文編》，卷491，頁324。

18. 許豫的角色頗重，其成果也頗佳，見許孚遠，《敬和堂集》（臺北：漢學研究中心，1990），卷5，〈請計處倭酋疏〉，頁70a-86a。因為他的貢獻，獲得了「名色把總」的職銜。後來他再被派去日本當間諜，參考鄭潔西，〈萬曆二十一年潛入日本的明朝間諜〉，《學術研究》5（2010.05），頁122。

19. 松浦章著、鄭潔西譯，〈萬曆年間的壬辰倭亂和福建海商提供的日本情報〉，頁213-214。顧秉謙等纂修，《明神宗顯皇帝實錄》，卷273，萬曆二十二年五月癸未條，頁5059-5060：「（萬曆二十二年五月癸未初六日）先是，尚書石星遣指揮史世用等往日本偵探倭情，世用與同安商許豫偕往。逾年，豫始歸報福建巡撫許孚遠。豫之商夥張一學、張一治亦隨續報，互有異同。孚遠備述以聞。」鄭潔西，〈萬曆二十一年潛入日本的明朝間諜〉，頁121。

20. 史世用於萬曆22年正月回航時遇風，與其承差鄭士元回到薩摩。同年8月底前往琉球，12月間回到中國時，再次遭風，同月13日始返抵泉州。關於史世用的漂流，鄭潔西有詳細的討論。見鄭潔西，〈萬曆二十一年潛入日本的明朝間諜〉，頁117-119。史世用於萬曆26年（1598）被派赴朝鮮戰場，後來著有《倭情備覽》一書。現在看不到。

21. 相關細節見於福建巡撫許孚遠的〈請計處倭酋書〉，卷5，頁70a-86a。參考李天綱，〈十六、十七世紀東亞新知識體系的建立——以徐光啟《海防迂說》為例〉，頁82-83。

22. 陳志剛，〈明朝在朝鮮之役前後的軍事情報活動論析〉，頁243。鄭潔西，〈萬曆二十一年潛入日本的明朝間諜〉，頁121-122。4人帶回朝鮮人廉思謹的信，提到沈惟敬為了促成和議，答應以皇女與豐臣秀吉和親之事。

23. 周志明，〈明末壬辰戰爭與中國海商〉，頁127。伊藤松著、王寶平等譯，《鄰交徵書》（上海：上海辭書出版社，2007），頁230-231。陳志剛，〈明朝在朝鮮之役前後的軍事情報活動論析〉，頁243。〔明〕陶望齡、陶奭齡，《歇菴集》（上海：上海古籍出版社，1995），頁529-530。松浦章著、鄭潔西譯，〈萬曆年間的壬辰倭亂和福建海商提供的日本情報〉，頁211提到許豫在日本活動，「延至今年（萬曆二十二年，1594）正月貳拾肆日，豫始得回，攜帶同伴商人鄭龍、吳鸞，並先年被擄溫州瑞安人張昂，並倭酋（島津）義久所上文書壹封、旗刀貳事、幸侃送豫盔甲壹副，又庄內國倭酋藤一雲（北鄉時久）送豫倭刀壹把，根占國倭酋平重虎（禰寢重張）送豫鳥銃壹對。……」松浦章的註說：張昂之事，亦見於島津久通，《征韓錄》，《島津史料集第二期戰國史料叢書6》（東京：人物往來社，1966），〈通事孫次郎張昂事〉。北鄉時久與禰寢重張兩人為島津氏家臣。

24. 鄭潔西，〈萬曆二十一年潛入日本的明朝間諜〉，頁123。時為萬曆23年6月，戰爭仍在進行中。

25. 鄭潔西，〈萬曆朝鮮之役前後在日明朝人〉，頁81。侯繼高，《全浙兵制》，卷2，〈附錄近報倭警〉，頁175-176。

從該表來看，豐臣秀吉事件所引發的東亞情報活動的發展，在地理上並非只限於日本與朝鮮，實際上把整個東亞海域的國家都帶進來，包括琉球、越南與呂宋（菲律賓）……等等。舉例來說，以朱均旺為例，他被報導說：

> 投狀報國人朱均旺，係江西臨川縣民。于丁丑年（1577 年）三月，搭海澄縣陳賓松課船，往交趾買賣，收順化地方。因船多，貨難賣，隨搭小船往廣南。至中途遇倭，擄往日本。[26]

朱均旺到日本後被賣入寺院，被更早被擄獲而已經受到薩摩藩藩主寵信的許儀後贖出。1590 年時，他們獲悉豐臣秀吉的意圖，多次設法想要通知中國官方，皆未能如其所願。末了，因為許儀後不便脫身，便由朱均旺親自前往中國通報。他們獲悉有一艘歸漳州商人林紹歧所有的船隻，滿載麵粉，正要出港，便想盡辦法讓朱均旺上了船。林紹歧在船到泉州府惠安縣的大岞港時，把朱均旺放下地面，馬上掉船離開。推測他續航前往馬尼拉，因為馬尼拉的西班牙人社區是麵粉的大市場。[27] 林紹歧做鹿兒島──呂宋一線的麵粉貿易，不敢在大岞久停，主要的原因應該是他去日本貿易已經違反法令，當然不能隨便冒失登陸，以免被中國官方逮個正著的緣故吧。在這個個案中，朱均旺曾經出現在漳州海澄、越

---

26. 侯繼高，《全浙兵制》，卷 2，〈附錄近報倭警〉，頁 176-177。

27. 參考 Nakajama Gakushō, "The Invasion of Korea and Trade with Luzon: Katō Kiyomasa's Scheme of the Luzon Trade in the Late Sixteenth Century," in Angela Schottenhammer (ed.), *The East Asian "Mediterranean": Maritime Crossroads of Culture, Commerce and Human Migration* (Wiesbaden: Harrassowitz Verlag, 2008), pp. 145-168. 關於馬尼拉西班牙人偏好食用麵粉的問題，可參考黃婉琪，〈食米抑或食麵──西、荷於馬尼拉、大員的糧食適應研究〉（臺北：國立臺灣師範大學歷史學系碩士論文，2014）。

南交趾、順化，差點還到了廣南。他搭林紹歧的船回到泉州，而林紹歧去了馬尼拉。這個個案涉及了中國、越南、日本與菲律賓，大大超過東北亞三國的範圍。

再來看另一個依據許孚遠（1535年至1604年）的文集所重建的個案。許孚遠受命出任福建巡撫，在萬曆21年2月28日（1593年3月30日）才入境福建。當時正逢豐臣秀吉攻打朝鮮，明朝出兵援朝。兵部尚書石星（1537？年至1599年）責成福建、廣東派員調查日本內情。許孚遠於1593年派遣屬下軍人史世用等人扮作商人，和真正的商人許豫一起從泉州同安的港口出發，前往日本九州的薩摩（鹿兒島）探問倭情。詳細的經過，在許孚遠的〈請計處倭酋疏〉當中有詳盡的報導。[28] 許豫是海澄月港附近充龍港的船商（自有船隻的貿易商），在奉命陪同史世用赴日調查情報以前，早已在海上貿易多年。[29]

許豫由中國出發。陳申則在當時已經旅居在外國。他是福建泉州府同安縣人，在他出海貿易之前，長期住在金門。1588年他申請合法的引票出國，卻是行船不順，被風吹襲到琉球。琉球人幫助他修船回國，卻又再度遭到逆境，被迫留在琉球。1590年時，琉球王府長史鄭迥獲悉豐臣秀吉有侵略中國的企圖，急於找個人到中國報信，選上了陳申。陳申在1591年陰曆4月抵達中國，稱得上是第一位由海外回到中國的報信者。他見到了福建巡撫趙參魯（生卒年不詳；1571年進士），趙參魯沒來由地懷疑他與倭寇有所勾結，將他下獄拘禁，直到豐臣秀吉的野心具體化為侵略朝鮮的舉動時才被釋放出來。[30] 陳申就此留在福建。一兩年後，趙

---

28. 許孚遠派人赴日偵探，見許孚遠，《敬和堂集》，卷5，〈請計處倭酋疏〉，頁70a-86a。
29. 現在福建省龍海縣漳州市角美鎮金山村充龍社。
30. 參考註12。

參魯去職，許孚遠繼任。許孚遠認為福建面海，雖然離開朝鮮、日本頗遠，但是仍有遭受攻擊的可能性，必須早為之計。此外，在他入境視事時，趙參魯已經執行了兵部為了防範日本襲擊而頒布的海禁命令。由於禁海，海船不許出入所有的港口，原本出國做生意而暫時旅居在國外的人員也就回不了國，只得滯留在外。許孚遠準備奏請解除海禁，但是又擔心這些人因為逾期不敢歸國，於是下令參將秦經國選派人員，攜帶准予安全回國的文件，前往呂宋招回華人，順便打探有關日本的消息。[31] 除了選派3名軍官執行該項任務之外，有趣的是，陳申也廁身在奉派人員之中。[32]

許孚遠，〈請諭處番酋疏〉云：

萬曆二十一年閏十一月（1593 年 12 月 23 日至 1594 年 1 月 20 日）內，該臣（許孚遠）看得：倭酋關白情形叵測，選委哨官郭明、顏仁、黃文英等齎文，前往呂宋，知會夷酋，密探動定回報。及訪沿海人民先時販諸番者甚眾。

邇因警報，奉旨禁商，不許往來貿易，在番百姓，懼不敢歸，見留呂宋者數十餘艘。及先後失利或削髮從俗者，不計其數，思歸不得，流落無依，情甚可憫。

今海禁復開，若不招回，恐生他患。隨頒招來票式。行據署南路參將

---

31. 〔明〕許孚遠，《敬和堂集》，卷6，〈請諭處番酋疏〉，頁 8a-b：「案照萬曆二十一年閏十一月內，該臣看得：倭酋關白情形叵測，選委哨官郭明、顏仁、黃文英等齎文，前往呂宋，知會夷酋，密探動定回報。及訪沿海人民先時販諸番者甚眾。邇因警報，奉旨禁商，不許往來貿易，在番百姓，懼不敢歸，見留呂宋者數十餘艘。」

32. 〔明〕許孚遠，《敬和堂集》，卷6，〈請諭處番酋疏〉，頁 12a-b。〔明〕張燮，《東西洋考》（北京：中華書局，2000），卷5，〈東洋列國考〉，「呂宋」條，頁 89-91。這件史實，馬尼拉方面的西班牙人也有記載，參考 Emma Blair and James Robertson (eds.), *The Philippine Islands: 1493-1898* (Cleveland, Ohio: A.H. Clark, 1903-1909), vol. 15, chapter fifth.

秦經國選委海澄縣商人朱良材、魏德、周元、陳申等齎往招回。[33]

不過，就在陳申等人出發前幾個星期，馬尼拉總督 Gómez Pérez
Dasmariñas（1519 年至 1593 年）意圖征伐摩鹿加群島，徵調相當數量（據
稱約 250 名）的華人擔任槳帆船（galley）的划手，卻發生事變，華人殺
了總督。不久之後，Gómez Pérez Dasmariñas 之子 Luis Pérez Dasmariñas
出任總督，正好是陳申等一行人到來之時。當時中方想要蒐集有關日本
的情報，呂宋總督則想要抓到凶手以為父復仇，因此頗能協調合作。
1610 年代末期張燮的《東西洋考》述及此事說：

明年（1594 年），閩撫遣賈舶招回久住呂宋華人，酋為給糧以歸。
致書及辭，重訴父冤。【呂宋嗣王具文一道，用金篋封識；另小書，
用紅羅包裹，附賈舶攜來。內稱：郎・雷氏・敝裏系・勝是貓吝
爺氏（Don Luis Pérez Dasmariñas），奉干系蠟國主命，鎮守東洋
呂宋等處。蒙差官來探日本消息、招回唐人。日本近雖稱兵入境，
然彼國有征伐之兵，敝國有備禦之固；況日本熟知敝國士卒精壯，
遇敵無不爭鋒，何足以懼？……】[34]

---

33. 〔明〕許孚遠，《敬和堂集》，卷 6，〈請諭處番酋疏〉，頁 8a-b。
34. 〔明〕張燮，《東西洋考》，卷 5，〈東洋列國考〉，「呂宋」條，頁 81-91。許孚遠在〈請
諭處番酋疏〉一疏中也說明：「本年（1594 年）……據偵探倭情哨官黃文英等齎到金篋一箇，
亦藏夷文一道。……」而勝是貓吝爺氏信件之中文版即稱：「郎・雷氏・敝裏系・勝是
貓吝爺氏，奉干系蠟國主命，鎮守東洋呂宋等處，稱：蒙差官來探日本消息，招回唐人。日
本近雖稱兵入境，然彼國有征伐之兵，敝國有備禦之固。況日本熟知本國士卒精壯，遇敵無
不爭鋒，何足以懼？」與《東西洋考》同。見〔明〕許孚遠，《敬和堂集》，卷 6，〈請諭
處番酋疏〉，頁 6a。《東西洋考》顯然就是直接抄錄的信函中文本。

陳申也被安排到呂宋招回海外華人，順利達成任務。許孚遠再云：「臣所遣朱良材、魏德、周元、陳申等招回壓冬流落二千餘人，新酋且為資其糧食而遣之歸。」[35] 新酋當然是指 Luis Pérez Dasmariñas。許孚遠因此達到一個結論說：

況日本素與呂宋交通，我因呂宋而得日本之情者十有四五。其來文且云：「彼國有征伐之兵，敝國有備禦之固。士卒精壯，遇敵無不爭鋒。」則固結呂宋，使之自守，以爲外援，尤有不可輕絕之道。[36]

許孚遠特別強調呂宋等於提供了一半的日本情報。這當然是誇張性的說法，但是日本人旅居呂宋者不少，[37] 而華人又經常擔任東亞國際交涉的翻譯人員。[38] 此說亦有合理之處。

1594 年年中，也就是陳申、黃文英等人一行從呂宋返回中國之後，許孚遠在接受人民陳情與屬下報告，經過研議之後，向北京的中央政府提出〈疏通海禁疏〉，建議取消因為豐臣事件而宣告的海禁政策。取消海禁

---

35. 〔明〕許孚遠，《敬和堂集》，卷 6，〈請諭處番酋疏〉，頁 12a-b。許孚遠，〈招還販番百姓行秦參將〉也提到派陳申到呂宋招回華商。

36. 〔明〕許孚遠，《敬和堂集》，卷 6，〈請諭處番酋疏〉，頁 12a-b。

37. 當時日本人在菲律賓活動的情形相當熱絡，可參考 Henri Bernard, "Les Debuts des Relations Diplomatiques entre le Japaon et les Espgnols des Iles Philippines (1571-1594)," *Monumenta Nipponica*, 1:1(January 1938), pp. 99-137；以及 Madalena Ribeiro, "The Japanese Diaspora in the Seventeenth Century – According to Jesuit Sources," *Bulletin of Portuguese-Japanese Studies*, 3(December 2001), pp. 53-83。

38. 例如 Antonio Lopez 在呂宋與豐臣秀吉交涉時所扮演的角色。相關史料見 Emma Blair and James Robertson (eds.), *The Philippine Islands: 1493-1898*, vol. 9；相關討論見 Donald F. Lach, *Asia in the Making of Europe*, vol. I(Chicago: University of Chicago Press, 1965), "The Century of Discovery," book 1, p. 306. C. R. Boxer, *The Christian Century in Japan, 1549-1650* (Berkeley: University of California Press, 1951; 1974), pp. 471-472。

的論點不是本文的重點，不擬全面性處理。不過，他強調貿易存續時，容易透過華商網路獲得國際情報亦為開海必要性的考量因素之一。他說：

> 邇者關白陰蓄異謀，幸有商人陳申、朱均旺，在番探知預報，盛爲之防，不至失事。今既絕通商之路，非惟商船不敢下水，即如宣諭、哨探之船亦無繇得達。設或夷酋有圖不軌如關白者，胡由得而知之？[39]

　　許孚遠於是強烈主張解除海禁。他說：「且使中國商貨通於暹羅、呂宋諸國，則諸國之情常聯屬於我，而日本之勢自孤。日本動靜虛實，亦因吾民往來諸國，偵得其情，可謂先事之備。」[40]許孚遠的作為確實有其意義，因為菲律賓事實上當時也受到豐臣秀吉的威脅，雙方既有合作的空間也有合作的必要。

三、海外華人網絡的形成

　　中國人出海到外國貿易，從而在海外暫居或者常住，至晚在唐代末年已經發生。而偶發的海外戰爭，也可能導致短期海外華人聚落的形成。例如元初征討爪哇，部分軍人因病滯留加里曼丹島西南面海中的勾欄山（Pulau Gelam）養病，後來汪大淵經過，發現「今唐人與番人叢雜而居之」。當 13 世紀末以後，已經在東南亞一個小小的島形成了海外的社群。[41]
　　至於琉球「閩人三十六姓」的形成則是海外華人社群當中來歷最為

39.〔明〕許孚遠，《敬和堂集》，卷 5，〈疏通海禁疏〉，頁 19b-29b。此見於頁 21b。
40.〔明〕許孚遠，《敬和堂集》，卷 5，〈疏通海禁疏〉，頁 27b-28a。
41. 王頲，〈元王朝與爪哇的戰爭和來往〉，《史林》4（2006.08），頁 151。

清楚的一個。相關的討論十分豐富。簡單地講,在明、清時代,在琉球以擔任翻譯為主要職務的這批人,他們血統上或法理上的祖先都來自中國福建,而他們的職務使其必須學習中國文化,因此對中國有很高程度的認同。豐臣秀吉事件當中的鄭迵就出身自這樣的一組人群。

琉球因為有「閩人三十六姓」,因此在與中國維持朝貢關係一事上,這些人扮演重要的溝通角色,自然不在話下。有趣的是,我們發現在明代開放海禁(1567 年)以前,其他朝貢國家往來中國,擔任使節團翻譯的人物,往往也是華人。1567 年以前,華人出國為法所禁,這些人是怎麼出國,怎麼在國外住下來的呢?以下先引幾條史料做參考:

沈德符,《萬曆野獲編》云:

然正統元年(1436 年),更有爪哇國入貢使臣名「財富八致滿榮」[42]者,自稱福建龍溪縣人,姓洪,名茂仔,取魚為業,被倭虜去,逃至爪哇,為改今名。遣充使,進方物,今乞復業。上命給口糧腳力,送還其家。……

時爪哇同遣使臣名郭信,其國王名揚惟西沙。上賜特敕,具海船遣回,并以永樂間真臘等十一國貢使附之同行。

至正統三年(1438 年),爪哇使臣亞烈馬用良、通事良殷、南文旦奏:「臣等俱福建龍溪人,因漁飄墮其國,今殷欲與家屬同來者還鄉,用良、文旦欲歸祭祖,造祠座,仍還其國。」上命殷冠帶還鄉閒住,用良、文旦但許祭祖,蓋援洪茂仔例也。

弘治十年(1497 年),又暹羅國通事奈羅,自言為福建清流縣人,

---

42. 案,這幾個字可能是 "Saifu Patih Manjung" 的譯音。

因渡海飄至其國，今使回，便道乞展墓歸國，許之。

至正德（1506年至1521年）間，鄞人宋素卿，爲日本國王婿，更異矣。

成化十三年（1477年），暹羅使臣坤祿羣謝提素英必、美亞二人入貢。其名美亞者，汀州士人謝文彬也，官拜「坤岳」，即中華「學士」。[43]

　　沈德符（1578年至1642年）發現在15世紀時，有幾位擔任爪哇和暹羅朝貢使臣的人，他們分別出生於福建龍溪、福建清流與福建汀州；他們自陳旅居國外的原因不外是被倭寇捕擄，或是遭風漂流。15世紀時，旅居外國係屬違法。當這些人以外國使節身分回到中國時，給予中國方面被賊捕擄或遭風漂流等那樣的理由，雙方才可以有一個下台階。至於所言是否屬實，並非重點。沈德符提到的個案屬於16世紀者只有宋素卿一人，留在稍後再討論。

　　清朝著名的歷史學家趙翼（1727年至1814年）也在《廿二史箚記》一書中檢討《明史‧外國傳》所見的華人擔任外國通事（翻譯者）的事情。他說：

　　《明史‧外國傳》，……成化四年（1468年），日本貢使至，其通事三人，自言本寧波人，爲賊所掠，賣與日本，今請便道省祭，許之。五年（1469年），琉球貢使蔡璟言，祖父本福建南安人，爲琉球通事，擢長史，乞封贈其父母，不許。十四年（1478年），禮部奏言，琉球所遣使，多閩中逋逃罪人，專貿中國之貨，以擅外番

---

43. 沈德符，《萬曆野獲編》（北京：中華書局，1959），下冊，「華人夷官」條，頁934-935。

之利。時有閩人胡文彬[44]入暹羅國，仕至坤岳，猶天朝學士也，充貢使來朝，下之吏。正德三年（1508年），滿剌加入貢，其通事亞劉，本江西人蕭明舉，負罪逃入其國，隨貢使來，尋伏誅。五年（1509年），日本使臣宋素卿，本鄞縣朱氏子，名縞，幼習歌唱，倭使悅之，縞叔澄因鬻焉。至是充使至蘇州，與澄相見。[45]

　　趙翼生存的年代比較晚，因此他從《明史》當中所見到的華人擔任外國通事的個案自然比沈德符來得多。相關人員的籍貫，就福建一省而言，還有泉州府南安縣人；此外則有江西人以及浙江鄞縣（寧波）人。所舉旅居海外的原因，有的係被倭寇捕擄，賣到日本；不過，不少人卻被認定是負罪逋逃之人。後面的說法，顯然是官府的設想。若由當事人自陳，大概還是脫不了漂流或被擄這樣的說法。

　　趙翼和沈德符一樣，都提到了正德5年（1509年）的宋素卿事件。這是個有名的個案，目前已經有了不少優秀的研究成果。[46]《明武宗實錄》在正德五年四月庚子條下也有紀錄云：

　　　日本國使臣宋素卿，本名朱縞，浙江鄞縣人，弘治間潛隨日本使臣

---

44. 按，即謝文彬。陳學霖，〈暹羅貢使「謝文彬」事件剖析〉，收入於陳學霖，《明代人物與傳說》（香港：香港中文大學出版社，1997），頁275-306。其主要關鍵性史料為當時南京兵部尚書王恕（1416-1508）的審案報告〈參奏南京經紀私與番使織造違禁紵絲奏狀〉，收入〔明〕王恕，《王端毅奏議》（臺北：臺灣商務印書館，1974），卷4，頁12b-26a。據稱：謝文彬販鹽，正統13年（1448），遭風漂流至暹羅大城（Ayutthaya），後來擔任暹羅官員，被派到中國朝貢。因為訂造中國法令所禁止的各式緞匹，並且與攬戶發生糾紛，從而捲入官司。

45. 〔清〕趙翼，《廿二史劄記》，〈海外諸番多內地人為通事〉條，見〔清〕趙翼撰、杜維運考證，《廿二史劄記》（臺北：史學出版社，1974），下冊，頁786-787。

46. 宋素卿，本名朱縞。他後來也涉入「嘉靖大倭寇」事件。參考陳小法，〈明代「潛入日本」的寧波人宋素卿雜考〉，《海交史研究》1（2005.06），頁51-61。

湯四五郎逃去，國王寵愛之，納為壻，官至綱司，易今名，至是充
正使來貢。[47]

　　《明武宗實錄》說得比較含蓄，說宋素卿是偷偷地跟著日本使臣逃
往該國的。趙翼則直說那是因為他自幼習唱，為日本使臣所喜愛，於是
被他自己的叔叔賣掉，才跟著使者前赴日本。

　　陳學霖曾多次就中國人在外國為官或在外國擔任通事等職務做過研
究，[48] 而其〈「華人夷官」：明代外蕃華籍貢使考述〉[49] 一文中，羅列了
東亞國家使節團當中的海外華人，極有見地。不過，他提到的個案也是
以 15 世紀較多，16 世紀前半已少，後半更少。

　　16 世紀初宋素卿的情況，已略見於前。日本使臣策彥周良（Sakugen
Shūryō，1501 年至 1579 年）於 1539 與 1547 年兩度入華朝貢，隨團通譯
有幾位海外華人。其中後面的那次有一位通譯名叫錢宗詢者。陳學霖云：
「錢氏原籍浙江定海，祖得（保），為倭寇擄去，居其國，後得倭王垂憫，
待遇遂隆。子宗黃，乃官為入貢中國通事。至是，其子宗詢亦同來。」[50]
錢宗黃、錢宗詢父子於 1547 年到中國，宗黃之父當年則是被倭寇擄掠之

---

47. 費宏等纂修，《武宗毅皇帝實錄》（臺北：中央研究院歷史語言研究所，1966），卷 62，正
　　德五年四月庚子條，頁 1360。

48. 陳學霖，〈記明代外番入貢中國之華籍使事〉，《大陸雜誌》24：4（1962.02），頁 16-
　　21；Hok-lam Chan, "The 'Chinese Barbarian Officials' in the Foreign Tributary Missions to China
　　during the Ming Dynasty," *Journal of the American Oriental Society*, 88:3(July-September 1968),
　　pp. 411-418；陳學霖，〈「華人夷官」：明代外蕃華籍貢使考述〉，頁 29-68。相關問題亦可
　　參考和田久德，〈十五世紀のジャワにおける中国人の通商活動〉，收在市古教授退官記念
　　論叢編輯委員會編，《論集近代中國研究》（東京：山川出版社，1981），頁 581-609。

49. 陳學霖，〈「華人夷官」：明代外蕃華籍貢使考述〉，頁 29-68。頁 31-39：日本；頁 40-48：琉球；
　　頁 48-54：暹羅；頁 54-59：爪哇；頁 59-63：滿剌加。

50. 陳學霖，〈「華人夷官」：明代外蕃華籍貢使考述〉，頁 38。

人。被擄時間應該就在 15 世紀末、16 世紀初。

再回來補充討論趙翼在《廿二史箚記》中所提到的：琉球使節團的成員當中，頗多福建籍的犯罪逃亡者的問題，這些人「狡詐百端，殺人放火」，但卻被琉球用為使臣。趙翼所據為《明史》，而《明憲宗純皇帝實錄》下面這段文字亦頗值得參考：

> （成化 14 年〔1478 年〕4 月）己酉。禮部奏：琉球國已准二年一貢，今其國王尚圓既故，而其世子尚真乃奏欲一年一貢，輒引先朝之事，妄以控制諸夷為言。原其實情，不過欲圖市易而已。況近年都御史奏其使臣多係福建逋逃之徒，狡詐百端，殺人放火；亦欲貿中國之貨，以專外夷之利。難從其請。命止依前敕二年一貢。[51]

琉球本來有「閩人三十六姓」，但從其先人移入琉球到成化年間，已經將近百年。琉球貢使團員當中，也使用了不少初代移民。而明朝的言官認定這些人都是逃亡者，都是殺人放火、陰險狡詐之輩。

從以上擔任外國使節團成員的海外華人的來歷來看，那些海外華人出現在海外邦國的原因，都不是合法的自然移民，因為出國旅居或長居本來就是法所不許。因此，一旦必須與中國官府接觸（如擔任旅居國家的朝貢使節團成員），必然要設法減輕罪責，否則就會被認定為是逃亡者、罪犯、叛國者。最常提的藉口是被擄，因為身不由己，不應被責難。[52] 即使是在 1567 年以後，前去日本仍為非法。不過，在沿海及海上活動的人口常常遭人捕擄，從而流

---

51. 劉吉等纂修，《明憲宗純皇帝實錄》（臺北：中央研究院歷史語言研究所，1966），卷177，成化十四年四月己酉條，頁 3198。
52. Linda Colley, *Captives: Britain, Empire and the World 1600-1850* (London: Pimlico, 2003). Linda Colley 主要講北非、西亞及印度，可惜沒有論及中國。

258　課綱中的中國與東亞史

落海外，畢竟也是事實，未必只是個藉口。例如以下《明世宗實錄》所見：

（嘉靖 37 年［1558］正月乙亥）先是，三十五年（1556 年），倭
寇自浙直敗還，入海至琉球國境上。中山王世子尚元遣兵邀擊，盡
殲之。得中國被虜人金坤等六名。至是遣陪臣蔡廷會等入貢，献還
坤等。因言遠夷窮島，入貢之使，須乘夏令，遇南風迅始得歸國。
乞如三十四年（1555 年）例，聽于福建海口，每歲自行修買歸舟，
不候題請。上嘉其忠順，許之。仍賜敕獎諭，賞銀五十兩、彩幣四襲。
獲功人馬必度及廷會等俱厚賜遣之。[53]

1556 年時，琉球曾經英勇地擊退侵入邊境的倭寇，順便救出 6 名中
國的被擄人。

有一位在琉球擔任「都通事」的福建人鄭肇祚，他原本被日本人擄
走到日本，後來才落腳在琉球。曹永和的研究引用鄭肇祚的家譜說：

元祖都通事諱肇祚。肇祚字允保，原是福建長樂人也。嘉靖年間，
日本人鶴屋將監攻入福建，劫掠民家。時肇祚幼而不能逃避，被虜
至日本，居豐後地方。至於嘉靖年間，彼國主憐之，放回。至中山，
當是時，中山三十六姓子孫凋謝，鮮有諳中國文字言語者，故先王
晉之，賜宅于唐榮，以補三十六姓。[54]

---

53. 徐階、張居正等纂修，《明世宗肅皇帝實錄》（臺北：中央研究院歷史語言研究所，
    1966），卷 455，嘉靖三十七年正月乙亥條，頁 7703。按，蔡廷會為閩人三十六姓之後，數
    度率團入貢大明。參考陳學霖，〈「華人夷官」：明代外蕃華籍貢使考述〉，頁 48。
54. 曹永和，《中國海洋史論集》（臺北：聯經出版公司，2000），頁 286。

不只是福建人遭到擄掠，廣東沿海的居民往往也有類似的遭遇。《粵大記》卷32云：

【萬曆】五年（1577年），倭寇突外洋，滅之。

日本薩子馬國賊合黨三百、舟二十餘，至溫州南兊外洋，風擊舟壞散奔。有倭舟俄帥四十餘人奪白艚，突犯大鵬外洋。帶管海道副使孫光祖奉督撫方畧，帥叅將胡震督兵追勦，至九洲洋。賊懼，棄舟登黃楊山叢林中拒敵。各兵奮勇，生擒二十三人，斬級六顆，奪其舟械及被虜（擄）者八名。[55]

顯見薩子馬（日本九州薩摩藩）的入侵者在行動時還帶著遭到他們擄掠的中國人。

當豐臣秀吉侵略朝鮮期間，福建巡撫許孚遠在〈請計處倭酋疏〉當中就提到：「浙江、福建、廣東三省人民，被虜日本，生長雜居六十六州之中，十有其三。往居年久，熟悉倭情，多有『歸國立功』之志。」當然，所謂海外華人「多有『歸國立功』之志」其實是誇張的表述，至多只能說有一部分或少部分吧。重點在於僑居或定居日本的通用理由是「被擄」。雖然事實也常是如此。明代時倭寇經常騷擾中國，經常也挾帶人口而走。

擔任豐臣秀吉攻伐朝鮮統帥之一的九州大名加藤清正（Katō Kiyomasa，1562年至1611年），在事過境遷之後，向中國示好。1602年（慶長7年，萬曆30年）時，他以福建人王天祐為翻譯，將華人俘虜

---

55. 參考〔明〕郭棐，《粵大記》（北京：書目文獻出版社影印本，1990），卷32。〔明〕應檟修，〔明〕劉堯誨重修，《蒼梧總督軍門志》（臺北：學生書局，1970），卷21。相關研究見張增信，《明季東南中國的海上活動‧上編》（臺北：中國學術著作獎助委員會，1988）等時人著作。

87名送還福建。《明神宗實錄》記錄此事如後：

> 倭國王清正將被虜人王寅興等八十七名，授以船隻、資以米豆，并
> 倭書二封，與通事王天祐送還中國。天祐原莆田人，少而被虜，久
> 住倭國，娶妻，生子女二人，原無歸國之意。來書復類華字跡，果
> 否出自清正，皆不可曉。福建巡撫以其事聞。下兵部覆議。閩海首
> 當日本之衝，而奸究時搆內訌之釁。自朝鮮發難，挫衄而歸。圖逞
> 之志，未嘗一日忘。今迹近恭順，而其情實難憑信。與其過而信之，
> 寧過而防之。除通事王天祐行該省撫按，逕自處分；王寅興等聽發
> 原籍安插；及將倭書送內閣兵科備照外，請移文福建巡撫衙門，亟
> 整飭舟師，保固內地，仍嚴督將士偵探，不容疎懈。上然之。[56]

在16世紀末、17世紀初，從海上來的勢力搶掠中國沿海人口的，
葡萄牙人就是這麼做；不過最惡名昭彰的應該是荷蘭人，雖然他們來得
晚一點。例如，巴達維亞城的締造者昆恩（Jan Pieterszoon Coen, 1587-
1629）就曾下令前往閩粵沿海擄掠華人，以充實爪哇、摩鹿加（Moluccas）
與班達群島（Banda Islands）的勞動力。[57]

---

56. 顧秉謙等纂修，《明神宗顯皇帝實錄》，卷371，萬曆三十年四月癸卯條，頁6953-6954。
57. 程紹剛譯註，《荷蘭人在福爾摩莎》（臺北：聯經出版公司，2000），總督 J. P. Coen 的東
    印度事務報告書，1622年9月6日（荷蘭國家檔案館檔案 VOC 1076, fol. 3-26），頁11：「為
    使巴達維亞成為公司的貿易集散地……，請您派來大批人員和可靠的家庭來巴城、安汶和班
    達。不然，我們也將無能為力，不可能有所作為。我們還將所有在中國沿海、馬尼拉和其他
    地方捉獲的中國人用來補充上述地區的人口。」相關事實可參考以下作品：T'ien-tse Chang,
    Sino-Portuguese Trade from 1514 to 1644: A Synthesis of Portuguese and Chinese Sources (Leiden:
    E. J. Brill, 1934), p. 86; T'ien-tse Chang, "China and the Netherlands East Indies," *China Quarterly*,
    3:1 (Winter 1937-38), p. 48. C. R. Boxer, *The Dutch Seaborne Empire, 1600-1800* (London: Penguin
    Books, 1965), p. 265. W. P. Groeneveldt, *De Nederlanders in China('s* (Gravenhage: Martinus
    Nijhoff, 1898), p. 320.

被擄是事實，但如前所述，也有可能只是純粹的藉口。至於非因被擄而流落異國的其他原因，還可能有以下幾種狀況：

（一）走私與貿易

1567 年開放月港之前，明朝治下的人民在海禁的規定下，不免發生因走私而旅外，因未依法返國而滯留異邦的事實。其實，明朝才建國不久，走私之事就已經發生。洪武 4 年（1371 年）12 月，諭大都督府諸臣曰：

> 朕以海道可通外邦，故嘗禁其往來。近聞福建興化衛指揮李興、李春私遣人出海行賈，則濱海軍衛豈能無知彼所為者乎？苟不禁戒，則人皆惑利而陷于刑憲矣。[58]

明太祖下令實施海禁。沿海衛所的軍官與士卒負責守海防，李興、李春卻「監守自盜」，最早出海私下貿易。[59]

明太祖之子明成祖時，鄭和下西洋。到宣宗時，還再下西洋一次。鄭和下西洋於宣德 8 年（1433 年）完全結束，全國嚴格實行海禁。然而就在正統 9 年（1444 年），距離「下西洋」的中止不過才 11 年，就有一件重大走私案件被揭露。《明英宗實錄》，卷 113 云：

---

58. 董倫等纂修，《明太祖高皇帝實錄》（臺北：中央研究院歷史語言研究所，1966），卷 70，洪武四年十二月乙未條，頁 1307。

59. 鄭潔西，〈關於隆慶萬曆前期倭寇的兩個問題——被擄人和犒倭賞格〉，收入於李慶新編，《海洋史研究（第二輯）》（上海：社會科學文獻出版社，2011），頁 202-225。

廣東潮州府民濱海者，糾誘旁郡亡賴五十五人，私下海通貨爪哇國，因而叛附爪哇者二十二人，其餘具歸。復具舟將發，知府王源獲其四人以聞。上命巡按御史同按察司官并收未獲者户長鞫狀，果有蹤跡。嚴錮之，具奏處置。[60]

所謂「叛附爪哇者二十二人」係指滯留海外不歸者。他們構成早期的華人「離散社群」（diasporas）。潮州人走私下海到爪哇貿易，為的是買賣胡椒。

走私出海貿易。其實頗為熱絡，明代始終不絕。在破獲走私爪哇的那群人後，次年（正統10年，1445年）也發生了逮獲走私到日本的人員。《明英宗實錄》卷133云：

福建福州府民有私下海通番者，巡按監察御史陳永棻、署都指揮僉事王勝不嚴守備，請執問如律。上命宥之。[61]

其實走私海外的事層出不窮。例如，孝宗弘治14年（1501年）3月時，

江西信豐縣民李招貼與邑人李廷方、福建人周程等，私往海外諸番貿易，至爪哇，誘其國人哽亦宿等齎番物來廣東市之。[62]

---

60. 陳文等纂修，《明英宗睿皇帝實錄》（臺北：中央研究院歷史語言研究所，1966），卷113，正統九年二月己亥條，頁2278。
61. 陳文等纂修，《明英宗睿皇帝實錄》，卷133，正統十年九月戊戌條，頁2658。
62. 劉健、謝遷等纂修，《明孝宗敬皇帝實錄》（臺北：中央研究院歷史語言研究所，1966），卷172，弘治十四年三月壬子條，頁3127-3128。

又如，嘉靖 15 年（1536）7 月：

兵部（議）覆御史白貴條陳備倭事宜……龍溪、嵩嶼等處，地險民獷，
素以航海通番為生。其間豪（右）之家，往往藏匿無賴，私造巨舟，
接濟器食，相倚為利，請下所司嚴行禁止。[63]

到了 16 世紀前期，福建省的漳、泉兩府盛行通番貿易。明人洪朝選
（1516-1582），說：

嘉靖甲辰（1544 年），忽有漳通西洋番舶，為風飄至彼島（日本），
回易得利，歸告其黨，轉相傳走，於是漳泉始通倭。異時販西洋，
類惡少無賴，不事生產。今雖富家子及良民，靡不奔走。異時維
【唯？】漳緣海居民，習奸闌出物，雖往，僅什二三得返，猶幾幸
少利。今雖山居谷汲，聞風爭至，農畝之夫，輟耒不耕，齎貸子母
錢往市者，握籌而算，可坐致富也。於是中國有倭銀，人搖倭奴之扇，
市習倭奴之語，甚豪者佩倭奴之刀。[64]

依洪朝選所言，違禁下西洋販易早已有之，而販倭則始於 1544 年！
不過，這應當是專指福建地方而言的吧，因為浙江早已販倭；事實上，
福州販倭的時間也應該比洪朝選所知悉的來得早。

---

63. 徐階、張居正等纂修，《明世宗肅皇帝實錄》，卷 189，嘉靖十五年七月壬午條，頁 3971。
64. 洪朝選，〈瓶臺譚侯平寇碑〉，文載《芳洲先生摘稿》，卷 4。文題中之「譚侯」為邑主（同
    安縣知縣）譚維鼎（廣東新會人）。〈瓶臺譚侯平寇碑〉原碑碑文收在何丙仲，《廈門碑誌
    彙編》（北京：中國廣播電視出版社，2004），頁 17-21。何丙仲註明錄自洪朝選著，方友
    義編注，《芳洲先生文集》。本段引文出自頁 17，以《廈門碑誌彙編》為準。

走私販海，偶爾遭遇海難漂流他國。例如，嘉靖 26 年（1547 年）3
月乙卯：

> 朝鮮國王李峘遣人解送福建下海通番奸民三百四十一人。咨稱：福
> 建人民故無泛海至本國者，頃自李王乞等始以往日本市易，為風所
> 漂；今又獲馮淑等，前後共千人以上，皆夾帶軍器、貨物。[65]

還有，由於走私者經常往來，因此也在海外形成華人聚落。舉例而
言。在 16 世紀以前，坊津就是日本與中國貿易的重要港口，是茅元儀
（1594 年至 1640 年）《武備志》所提到的日本三津之一，而且是往返日
本商船的必經之地。

> 津要：國有三津，皆商舶所聚，通海之江也。西海道有坊津（薩摩州
> 所屬）、花旭塔津（筑前州所屬）、洞津（伊勢州所屬）。三津惟坊
> 津為總路，客船往返必由。花旭塔津為中津，地方廣闊，人煙湊集，
> 中國海商無不聚此。地有松林，方長十里（名十里，有百里）。松土，
> 名法哥煞機，乃廂先也。有一街，名大唐街，唐人留彼相傳，今盡為
> 倭也。洞津為末津地方，又遠與山城相近，貨物或備或缺；惟中津無
> 不有。貿易用銀金銅錢。憑經紀，名曰「乃隔依理」。[66]

---

65. 徐階、張居正等纂修，《明世宗肅皇帝實錄》，卷 321，嘉靖二十六年三月乙卯條，頁 5963-
 5964。
66. 〔明〕茅元儀輯，《武備志》（臺北：華世出版社，1987），第廿二冊，卷 231，頁 9881-
 9882。「法哥煞機」即 Hakosaki，日文漢字寫作「箱崎」。《武備志》說「法哥煞機」即是「廂
 先」，其實也就是箱崎，今屬福岡市所轄。花旭塔津即博多津（Hakata no tsu），今亦屬福岡市。
 坊津即現在九州鹿兒島縣南薩摩市的坊津町。洞津（Anatsu）即安濃津，也寫作安乃津、或
 阿野津，即現在三重縣的津市。

即使是 1567 年明朝開放漳州月港、准許國人出海活動以後，對日貿易仍然非法，赴日貿易或從事其他活動依舊為法所不許，但赴日者還是大有人在。以下之文字見於福建泉州晉江縣的商人與長門國藩主毛利氏貿易的識別旗幟。年代是 1584 年，開放月港已經 17 年，不過就大明政府而言，赴日貿易還是一件非法的事情。

> 大明國泉州府
>
> 晉江縣有商船
>
> 隻候來年六月
>
> 到此港口看旗
>
> 號比對一同齊
>
> 來買賣餘事無記
>
> 萬曆十二年十月吉日書
>
> 知證人王祿【花押】
>
> 船主蔡福【花押】
>
> 立字人李進【花押】[67]

　　當然，既然月港已開，海禁已除，合法者也就變得更容易掩護非法者，地方官為此深感困擾。1624 年漳州人沈鈇上書福建巡撫南居益等地方首長，說道：

---

67. 此為高洲謙三氏藏，廣島縣立歷史博物館提供，收在國立歷史民俗博物館編，《東アジア中世海道：海商・港・沈没船》（東京：國立歷史民俗博物館，2005）。推測這是福建泉州晉江縣的商人，透過長門國赤間關（下關市）代官高須氏，與長門國藩主毛利氏貿易的約定旗號。

夫彭湖大灣上下，官兵船隻把港，則番船不許出入、紅夷不許互市，無待言者。然泉、漳二郡商民，販東西二洋，代農賈之利，比比然也。自紅夷肆掠，洋船不通，海禁日嚴，民生憔悴，一夥豪右奸民倚藉勢宦，結納遊總官兵，或假給東粵高州、閩省福州及蘇杭買貨文引，載貨物出外海，經往交趾、日本、呂宋等夷，買賣覓利，中以硝磺器械，違禁接濟更多，不但米糧飲食也。禁愈急而豪右出沒愈神，法愈嚴而衙役賣放更飽。且恐此輩營生無路，東奔西竄，如李旦、黃明佐之儔，仍走夷鄉，代為畫策，更可慮也。[68]

其實地方首長也心知肚明。天啟5年4月戊寅朔（初一日，1625年5月6日）福建巡撫南居益題奏：

聞閩越三吳之人住於倭島者，不知幾千百家，與倭婚媾，長子孫，名曰「唐市」。此數千百家之宗族姻識，潛與之通者，實繁有徒。其往來之船，名曰「唐船」，大都載漢物以市於倭；而結連萑苻，出沒澤中，官兵不得過而問焉。[69]

---

68. 1624年沈鈇〈上南撫臺暨巡海公祖請建彭湖城堡置將屯兵永為重鎮書〉，原錄自《四部叢刊・三編》（上海：商務印書館，1936）景印崑山圖書館藏稿本《天下郡國利病書》第38冊，今收入《清一統志臺灣府》（南投：臺灣文獻委員會，1993），附錄，頁52。沈鈇，號介庵，漳州詔安人，萬曆（1573-1620）初年曾經一度出任廣東順德縣令。秦炯撰修，〔康熙〕《詔安縣志》（臺北：國家圖書館藏康熙三十三〔1694〕年重刊本微卷），卷11，頁10，〈人物〉，頁10傳記錄其相關生平云：「沈鈇，號介庵，清骯不投時好，年二十五成進士，令順德多惠聲，有觸笠摟妻、毀田抵糧諸殊政，兩舉卓異，嘗慕海剛峰為人，服食淡泊，終身未嘗服一繡、嚼佳味、居一高廈，陋室、藍縷恬如也。……居家倡置學田以贍儒生，創橋、路以便行旅，建文昌、文公諸祠，以興文學，置亭觀以開福田，接引承學，教誨子弟，所著有大學古本、浮湘、鍾離、蘭省、石皷諸集，彭湖、紅夷諸議，年八十有四。」
69. 溫體仁等纂修，《明熹宗哲皇帝實錄》（臺北：中央研究院歷史語言研究所，1966），卷58，天啟五年四月戊寅朔條，頁2661。

（二）船難餘生者

　　如前所述，陳申就是出海貿易之時，船隻發生危難，因而旅居在外。貿易船舶如此，在沿海捕魚或做小生意，海象無常，因此遭風漂泊的事情偶爾也會發生，因此漂流到日本、琉球或者其他東亞地區的情況也同時存在。日本西側的海岸經常發現中國人的遇難船舶，雖然少見於東岸。[70]

　　這些船難的餘生者通常會待在他們所獲救的國度，不過有時候也有機會被遣返回本國。例如 1547 年（明嘉靖 26 年），朝鮮國王李峘（1534 年至 1567 年）就遣返了「福建下海通番奸民三百四十一人」。李峘的咨文說：「福建人民故無泛海至本國者，頃自李王乞等始，以往日本市易、為風所漂；今又獲馮淑等，前後共千人。以上皆夾帶軍器貨物。」[71]

　　李峘特別強調這些「為風所漂」的海難餘生者攜帶武器，隱含有指控這些人本非善類的意思。不過，李峘也說福建人向來不到朝鮮，也就意味著福建人出現在該國顯然是因為遭遇海上風險的緣故。

（三）犯罪逃亡者

　　前舉《明實錄》等文獻提及都御史認定琉球朝貢使節團成員當中的閩人，往往是盜匪亡命。罪犯流亡海外，並不罕見，並且當然不限於福

---

70. 中國船舶不進入太平洋，因此少有機會出現在日本的東海岸。參考 Charles Wolcott Brooks, *Early Migrations: Early Japanese Wrecks Stranded and Picked Up in the North Pacific Ocean, Ethnologically Considered* (San Francisco, California: Reprinted from the Proceedings of California Academy of Sciences, 1876).

71. 徐階、張居正等纂修，《明世宗肅皇帝實錄》，卷 321，嘉靖二十六年三月乙卯條，頁 5963-5964。

建人。此處再補充一個實例。方才所引李峘的咨文也暗指朝鮮遣還的船難者恐怕本非善類之意。事實上，旅居海外的華人中更明確有因罪出亡者。舉例如下：

朝鮮戰爭結束後，明軍在北京向皇帝獻俘。萬曆 27 年（1599 年）4 月 20 日，執行 61 名俘虜死刑。一位路過的觀察者張大復記錄道：

時有一跛卒及一人坐沙上。……其一人曰：虜縛象所時，有與其故人言者。余就其人問故，曰：「此紹興某也，殺其兄而投虜，冀免誅。今竟懸首西市，豈非天道哉。……」

坐沙上之跛卒與某人亦為觀者。「象所」指監牢。紹興人殺兄逃亡，亡命日本，卻在豐臣秀吉侵略朝鮮的戰爭中以日本人的身分成為明軍的俘虜而遭受死刑。[72]

此外，也還有一些其他類似的理由。這種種的因素，造成 16 世紀末以前，在中國境外的東南亞、東北亞形成華人離散社群，而這些離散社群與所在的城市、港口構成了一個海外華人的網絡，海外華人在此網絡上移動，主要利用這個網絡來從事貿易，當然也在這個網絡上流通信息。豐臣秀吉侵略朝鮮前後，這個網絡正好被利用來提供訊息給中國政府。

---

72. 鄭潔西，〈萬曆朝鮮之役前後在日明朝人〉，頁 80-83。鄭潔西在頁 80 引張大復，〈觀東征獻俘〉（《聞雁齋筆談》，「四庫全書存目叢書」子部第 104 冊。臺南：莊嚴文化事業公司，1997，頁 563）一文為據；頁 82 提到禦倭經略邢玠的奏疏對該次獻俘及行刑有詳細描述。參考〔明〕邢玠，《經略禦倭奏議》（北京：全國圖書館文獻縮微複製中心，2004），頁 175-226。

四、華人網絡與資訊提供者

壬辰戰爭爆發前夕，陳申指出參加侵韓日軍的華人有兩千多人。[73]
1603 年馬尼拉大屠殺時，受難的華人在 25,000-30,000 人之間。[74] 雖然在
豐臣秀吉侵略朝鮮前後，散居海外東亞地區的華人究竟有多少？實際上
無從估計，但已經具有一定程度的規模則無庸置疑。從其流落海外的經
歷來說，這些人也沒有太強烈的理由要對明朝政權效忠（血統或文化的
因素除外）。然而在豐臣事件中，還是出現了相當數量的愛國者或者願
意與中國官方合作的海外華人。畢竟中國人多，什麼人都會有。

我們說，除了血統與文化的因素之外，海外華人並無強烈的理由要
去作出效忠祖國的行為，畢竟他們都沒有機會參與政治，也就不會主動
介入。事實上，他們的祖國官員一般也都認為他們去國離鄉，根本上已
經不忠於國家。例如，1603 年西班牙人在馬尼拉血腥屠殺華人之後，福
建巡撫的言論便具有一定程度的代表性。當時的巡撫徐學聚在〈報取回
呂宋囚商疏〉這篇奏疏中，先是簡略提到豐臣秀吉侵犯朝鮮，被大明援
軍挫敗的事情：「日本諸島，犯我屬國，朝廷三遣吏兵，屠殄釜山，恢
復朝鮮，還直其王以守宗廟。」旋即話鋒一轉，引用他自己寫給馬尼拉
的西班牙統治者的書信內容，說道：

> 皇帝以呂宋久相商賈，不殊吾民，不忍加誅。又海外爭鬥，未知禍首；

---

73. 鄭潔西，〈萬曆朝鮮之役前後在日明朝人〉，頁 81。

74. 《明史》、《明實錄》皆有關於張嶷事件的資料。張嶷事件發生在萬曆 30 年（1602）7、8
月。徐學聚，〈報取回呂宋囚商疏（撫處呂宋）〉認為 1603 年的大屠殺即肇因於張嶷事件。
參考陳國棟，〈馬尼拉大屠殺與李旦出走日本的一個推測（1603-1607）〉，《臺灣文獻》，
60：3（2009.09），頁 33-62。

又中國四民，商賈最賤。豈以賤民，興動兵革？又商賈中棄家遊海，
歷冬不回，父兄親戚，共所不齒，棄之無所可惜！兵之，反以勞師。
終不聽有司言。[75]

　　不過，部分為真不等於全體為真，反之亦然。華人散居各地，海路
可通，在 16 至 17 世紀間開始出現一個華人海外交通貿易網絡。只要存
在這樣一個網絡，便有讓中國官方透過該網絡以及網絡上的華人獲悉情
報的可能性。這在一時之間，在東亞世界，尚沒有另外一個民族具有相
似的條件與優勢。即使在歐洲人來到東亞之後，馬來語、葡萄牙語和洋
涇浜英語先後成為交涉用語（lingua franca），不過亦僅限於口語溝通。
至於在書寫方面，由於不同方言群的華人都使用一樣的漢字，部分東亞
國家也使用漢字（如朝鮮、日本、琉球與安南），由於華人所在多有，
容易找人譯讀，以解其義，因此漢字成為跨文化場合書寫性的溝通媒介。
中文為東亞世界文書往來的常用文字，同時也促成其他民族的人利用和
倚賴華人的網絡，使得華人網絡上可以獲得的訊息更具多樣性。其實，
雖然一般說來，華人的外文口語或許不準確、不優雅，但是能達到溝通
的目的。他們因此有機會在涉及多民族的場合擔任口譯的工作，例如在
1590 年 6 月 24 日，一封由馬尼拉主教薩拉札（Bishop Salazar）呈送給西
班牙國王菲律普二世（King Philip II）的函件裡，就他的觀察與理解，對
當地的華人的買賣、職業與技能做了詳盡的描述。他提到在馬尼拉的兩
個華人社區 Tondo 和 Parián 共居住著六、七千名華人，而年復一年還有
幾千名貿易商隨船來去。說明了在豐臣事件之初，馬尼拉的華人社群規

---

75. 徐學聚，〈報取回呂宋囚商疏（撫處呂宋）〉，《皇明經世文編》（臺北：國聯圖書，
　　1964），433/4a-7a。

模頗為可觀。主教還報告當地有 4 名道明會（Dominican）神父負責對華人居民作工。其中，有兩位神父會中文：Miguel de Benavides y Añoza（ca. 1552-1605）會聽會說，Juan Cobo（高母羨，ca. 1546-1592）不但會聽會說，而且還會寫。因此，在豐臣秀吉對呂宋發出要求臣服的指令之後，呂宋就派出高母羨擔任使節前往日本辦理交涉。但是一人難以負擔繁重。因此在該回呂宋與豐臣秀吉交涉過程中，馬尼拉華人 Antonio Lopez 也被選用為翻譯人員，從而扮演一定分量的角色。[76]

　　至於中文在國際交涉上的使用，從《德川初期の海外貿易家》或大阪府立圖書館編，《南方渡海古文獻圖錄》……等重製的 16、17 世紀日本與東南亞國家往來的文書中，都可以輕易地獲得證實。[77]

　　17 世紀的文獻畢竟較不易獲得。等到 18 世紀以後，文獻就更能證明書寫式的中文在東亞國際交涉上的重要性的確與日俱增。例如，1777 年時，暹羅的財政部長（phrakhlang，中文常稱「大庫」）就曾致函巴達維亞的荷蘭總督，詢問以後雙方往來的書信是否可以使用中文以代替暹羅文字。稍早，1767 年時緬甸攻陷暹羅王城大城（Ayutthaya），暹羅中斷與巴達維亞的往來。其後鄭昭（1734 年至 1782 年）重建秩序，成為暹羅國王。財政部長希望使用中文的原因或許與鄭昭為華裔身分有關，但背後一般性的理由當然是懂中文的人要比看得懂暹羅文的人來得容易許多。[78] 至於口語翻譯

---

76. Piet van der Loon, "The Manila Incunabula and Early Hokkien Studies, pt. 1," *Asia Major*, new series, XII(1966), p. 16: "The most informative account of the Chinese in Manila, their trade, occupations and skills, is that written by bishop Salazar in his letter of 24 June 1590 to King Philip II." 參考 Emma Blair and James Robertson (eds.), *The Philippine Islands*, 1493-1898, vol. 7, p. 212.

77. 川島元次郎，《德川初期の海外貿易家》；大阪府立圖書館編，《南方渡海古文獻圖錄》（京都：小林寫真製版所出版部，1943；京都：臨川書店，1992）。

78. Han ten Brummelhuis, *Merchant, Courtier and Diplomat: A History of the Contacts between the Netherlands and Thailand* (Lochem, Gent: Uitgeversmaatschappij de Tijdstroom, 1987), p. 55.

272　　課綱中的中國與東亞史

方面，華人也是不可多得的幫手。例如 1853 年，美國海軍將領 Commodore Perry 抵達神奈川（Tokyo Bay），陪同之通事，即為廣東人羅森。[79]

五、結語

唐朝時杜環因為在怛羅斯之役被俘，到了亞俱羅（今伊拉克的庫法），在當地看到一個由他這樣來自大唐俘虜所構成的一個離散社群（diaspora）。南宋時，中國商人為了販運印度棉布，到了現今印度坦米爾省的大巴丹（Nagapattinam）。居住當地的華人在南宋度宗咸淳 3 年（1267），蓋了座佛塔、立了座碑，70 來年後汪大淵經過，還親自把碑文抄寫到他所著的《島夷誌略》裡。到了元代以後，華人在東南亞的離散社群陸續出現。明初鄭和七下西洋，造訪過像是舊港（蘇門答臘的巴鄰龐）這樣的華人社區，也創造了像是馬六甲這樣的大型海外華人聚落。雖然在宣宗宣德 8 年（1433）以後，官方不再有下西洋之舉，並且朝廷也厲行海禁，不許人民出海，不過始終未能禁絕。

已經旅居外國的華人，有時候得以伴隨外國使節團回國觀光；國內之人則因走私、被擄、船難、逃亡……等主動或被動的因素，而在不同的外國建立起離散社群。到了明穆宗隆慶元年（1567），朝廷開放海禁，合法出口貿易的人群更具規模，促成了海外離散社群的擴大與發展。在此之前數十年，葡萄牙人已經來到遠東，而在明朝開海貿易才 4 年時，西班牙人也在馬尼拉開埠。荷蘭人、英國人步武其後。到了 16 世紀末時，包括

---

79. 〔清〕羅森著，王曉秋標點，史鵬校訂，《日本日記》（長沙：嶽麓書社，2008）。參考 Geoffrey Parker (ed.), *The World: An Illustrated History* (New York: Harper & Row, 1986), p. 326，並參考其原藏於美國海軍學院博物館（US Navy Academy Museum）的插圖。

東北亞、東南亞都在內的東亞臨海地區，已有為數不少的華人離散社群。這些社群並不孤立存在，而是透過船舶往來，彼此形成一個相互聯繫的網絡，有些華人不只活躍於單一的離散社群，往往還在網絡上來來去去。

離散社群中的華人與當地土著、與東來的歐洲人之間有所來往。由於在不同的地方都有機會見到華人，因此書寫的中文便成為方便的通訊工具——即使方言不同，漢字識讀還是不成問題，所以華人也常常有機會擔任翻譯者。這些人穿梭於不同民族之間，便有從其他民族獲取資訊的機會——即使不夠精準、不夠深入。若是這些人當中還有人對祖國具有一定程度的忠誠，則在涉外的事件當中可能主動提供或者被動為政府取得情報。如上所述，在豐臣秀吉侵伐朝鮮事件的過程中，我們就看到這樣的一個具體實例。

參考書目

一、傳統文獻

中文

- 〔明〕董倫等纂修，《明太祖高皇帝實錄》。臺北：中央研究院歷史語言研究所，1966。
- 〔明〕陳文等纂修，《明英宗睿皇帝實錄》。臺北：中央研究院歷史語言研究所，1966。
- 〔明〕劉健、謝遷等纂修，《明孝宗敬皇帝實錄》。臺北：中央研究院歷史語言研究所，1966。
- 〔明〕劉吉等纂修，《明憲宗純皇帝實錄》。臺北：中央研究院歷史語言研究所，1966。
- 〔明〕費宏等纂修，《明武宗毅皇帝實錄》。臺北：中央研究院歷史語言研究所，1966。
- 〔明〕徐階、張居正等纂修，《明世宗肅皇帝實錄》。臺北：中央研究院歷史語言研究所，1966。
- 〔明〕顧秉謙等纂修，《明神宗顯皇帝實錄》。臺北：中央研究院歷史語言研究所，1966。
- 〔明〕溫體仁等纂修，《明熹宗哲皇帝實錄》。臺北：中央研究院歷史語言研究所，1966。
- 〔明〕王恕，《王端毅奏議》。臺北：臺灣商務印書館，1974。
- 〔明〕邢玠，《經略禦倭奏議》。北京：全國圖書館文獻縮微複製中心，2004。
- 〔明〕侯繼高，《全浙兵制（附日本風土記）》。臺南：莊嚴文化事業，1995。
- 〔明〕茅元儀，《武備志》。東京：古典研究會出版、汲古書院發行，1984。
- 〔明〕茅瑞徵，《萬曆三大征考》。臺北：文海出版社，1971。

- 〔明〕許孚遠，《敬和堂集》。臺北：漢學研究中心，1990。
- 〔明〕陶望齡、陶奭齡，《歜菴集》。上海：上海古籍出版社，1995。
- 〔明〕張大復，《聞雁齋筆談》。臺南：莊嚴文化事業公司，1997。
- 〔明〕張燮，《東西洋考》。北京：中華書局，2000。
- 〔明〕郭棐，《粵大記》。北京：書目文獻出版社影印本，1990。
- 〔明〕陳子龍等編，《皇明經世文編》。臺北：國聯圖書出版有限公司，1964。
- 〔明〕陳懿典，《陳學士先生初集》。臺北：傅斯年圖書館藏明萬曆間 [1573-1619] 刊本。
- 〔明〕應檟修，劉堯誨重修，《蒼梧總督軍門志》。臺北：學生書局，1970。
- 〔清〕胡文學編，《甬上耆舊詩》。臺北：臺灣商務印書館，1983。
- 〔清〕趙翼撰，杜維運考證，《廿二史箚記》。臺北：史學出版社，1974。
- 〔清〕秦炯撰修，[康熙]《詔安縣志》。臺北：國家圖書館藏康熙三十三 [1694] 年重刊本微卷。
- 〔清〕羅森著，王曉秋標點，史鵬校訂，《日本日記》。長沙：嶽麓書社，2008。

日文

- 島津久通，《征韓錄》，《島津史料集第二期戦国史料叢書 6》。東京：人物往來社，1966。

二、近代論著

中文

- 何丙仲，《廈門碑誌彙編》。北京：中國廣播電視出版社，2004。
- 吳一煥，《海路・移民・遺民社會：以明清之際中朝交往為中心》。天津：天津古籍出版社，2007。
- 曹永和，《中國海洋史論集》。臺北：聯經出版公司，2000。
- 張增信，《明季東南中國的海上活動・上編》。臺北：中國學術著作獎助委員會，1988。
- 程紹剛譯註，《荷蘭人在福爾摩莎》。臺北：聯經出版公司，2000。
- 陳學霖，《明代人物與傳說》。香港：香港中文大學出版社，1997。
- 黃婉琪，〈食米抑或食麵——西、荷於馬尼拉、大員的糧食適應研究〉。臺北：國立臺灣師範大學歷史學系碩士論文，2014。
- 鄭樑生，《明代中日關係研究：以明史日本傳所見幾個問題為中心》。臺北：文史哲出版社，1985。

日文

- 大阪府立圖書館編，《南方渡海古文獻圖錄》。京都：小林寫真製版所出版部，1943；京都：臨川書店，1992。

- 川島元次郎，《德川初期の海外貿易家》。大阪：朝日新聞合資會社，1916。
- 川島元次郎，《朱印船貿易史》。大阪：巧人社，1929。
- 京都大學文學部國語學國文學研究室編，《全浙兵制考日本風土記》。京都：京都大學國文學會，1963。
- 幸田成友，《日歐通交史》。東京：岩波書店，1942。
- 渡邊三男，《譯註日本考》。東京：大東出版社，1943。
- 渡邊三男，《新修譯註日本考》。東京：新典社，1985。
- 國立歷史民俗博物館編，《東アジア中世海道：海商・港・沈没船》。東京：國立歷史民俗博物館，2005。

西文

- C. R. Boxer, *The Christian Century in Japan, 1549-1650*. Berkeley: University of California Press, 1951; 1974.
- C. R. Boxer, *The Dutch Seaborne Empire, 1600-1800*. London: Penguin Books, 1965.
- Charles Wolcott Brooks, *Early Migrations: Early Japanese Wrecks Stranded and Picked Up in the North Pacific Ocean, Ethnologically Considered*. San Francisco, California: Reprinted from the Proceedings of California Academy of Sciences, 1876.
- Donald F. Lach, *Asia in the Making of Europe*, vol. I. Chicago: University of Chicago Press, 1965.
- Emma Blair and James Robertson (eds.), *The Philippine Islands: 1493-1898* . Cleveland, Ohio: A.H. Clark, 1903-1909.
- Geoffrey Parker (ed.), *The World: An Illustrated History*. New York: Harper & Row, 1986.
- Han ten Brummelhuis, *Merchant, Courtier and Diplomat: A History of the Contacts between the Netherlands and Thailand*. Lochem, Gent: Uitgeversmaatschappij de Tijdstroom, 1987.
- JaHyun Kim Haboush, et al. eds., *The Great East Asian War of 1592 and the Birth of the Korean Nation*. New York: Columbia University Press, 2016.
- John-Paul A. Ghobrial, "The Secret Life of Elias of Babylon and the Uses of Global Microhistory," *Past and Present*, no. 222 (Feb. 2014), pp. 51-93.
- Linda Colley, *Captives: Britain, Empire and the World 1600-1850*. London: Pimlico, 2003.
- Ronald P. Toby, *State and Diplomacy in Early Modern Japan: Asia in the Development of the Tokugawa Bakufu*. Princeton, N.J.: Princeton University Press, 1984.
- T'ien-tse Chang, *Sino-Portuguese Trade from 1514 to 1644: A Synthesis of Portuguese and Chinese Sources*. Leiden: E. J. Brill, 1934.
- W. P. Groeneveldt, *De Nederlanders in China('s* (Gravenhage: Martinus Nijhoff, 1898.

三、譯著

- 伊藤松著、王寶平等譯，《鄰交徵書》。上海：上海辭書出版社，2007。
- 崔官著，金錦善、魏大海譯，《壬辰倭亂——四百年前的朝鮮戰爭》。北京：中國社會科學出版社，2013。

四、期刊論文

中文

- 文廷海，〈明代碧蹄館之一及中日和談考實〉，《四川師範學院學報（哲學社會科學版）》2（2001.03），頁 9-13。
- 王頲，〈元王朝與爪哇的戰爭和來往〉，《史林》4（2006.08），頁 151。
- 吳偉明，〈17 世紀的在日華人與南洋貿易〉，《海交史研究》1（2004.06），頁 51-58。
- 周志明，〈明末壬辰戰爭與中國海商〉，《福建師範大學學報（哲學社會科學版）》4（2009.07），頁 124-128。
- 周婉窈，〈山在瑤波碧浪間——總論明人的臺灣認識〉，《臺大歷史學報》40（2007.12），頁 93-148。亦收入於周婉窈編，《海洋與殖民地臺灣論集》，臺北：聯經出版公司，2012，頁 3-64。
- 范金民，〈販番販到死方休——明代後期（1567-1644 年）的通番案〉，《東吳歷史學報》18（2007.12），頁 75-112。
- 孫衛國，〈朝鮮史料視野下的石星及其後人事蹟略考〉，《古代文明》6：4（2012.10），頁 63-72。
- 陳小法，〈明代「潛入日本」的寧波人宋素卿雜考〉，《海交史研究》1（2005.06），頁 51-61。
- 陳文壽，〈試論壬辰倭亂后日朝初期議和交涉〉，《韓國學論文集》9（2002），頁 58-69。
- 陳文壽，〈朝清倭情咨報系統與清朝的政策〉，《韓國學論文集》11（2003），頁 51-70。
- 陳志剛，〈明朝在朝鮮之役前後的軍事情報活動論析〉，《學習與探索》4（2011），頁 240-248。
- 陳偉明，〈明清粵閩海商的構成與特點〉，《歷史檔案》2（2000.06），頁 80-87。
- 陳國棟，〈馬尼拉大屠殺與李旦出走日本的一個推測（1603-1607）〉，《臺灣文獻》60：3（2009.09），頁 33-62。
- 陳學霖，〈「華人夷官」：明代外蕃華籍貢使考述〉，《中國文化研究所學報》54（2012.01），頁 29-68。
- 陳學霖，〈記明代外番入貢中國之華籍使事〉，《大陸雜誌》24：4（1962.02），頁 16-21。
- 管寧，〈明代許儀後、郭國安等忠君報國活動事蹟考〉，《中國歷史博物館館刊》2（1994.12），頁 74-83。
- 管寧，〈許儀後事蹟考略〉，《江西社會科學》4（1992.08），頁 87-94。

- 鄭潔西，〈萬曆朝鮮之役前後在日明朝人〉，《唐都學刊》25：2（2009.03），頁 80-83。
- 鄭潔西，〈萬曆二十一年潛入日本的明朝間諜〉，《學術研究》5（2010.05），頁 115-124。
- 鄭潔西、楊向艷，〈萬曆二十五年的石星、沈惟敬案——以蕭大亨《刑部奏議》為中心〉，《社會科學輯刊》3（2014.05），頁 136-139。

日文

- 中島樂章，〈十六世紀末の福建——フィリピン——九州貿易〉，《史淵》144（2007.03），頁 55-92。
- 岩生成一，〈豐臣秀吉の臺灣征伐計畫について〉，《史學雜誌》38：8（1927.08），頁 750-763。
- 岩生成一，〈豐臣秀吉の臺灣島招諭計畫〉，《史學科研究年報》7（1941），頁 75-118。

西文

- Gustav Voss, "Early Japanese Isolationism," *Pacific Historical Review*, 14:1 (March 1945), pp. 13-35.
- Henri Bernard, "Les Debuts des Relations Diplomatiques entre le Japaon et les Espgnols des Iles Philippines (1571-1594)," *Monumenta Nipponica*, 1:1(January 1938), pp. 99-137.
- Hok-lam Chan, "The 'Chinese Barbarian Officials' in the Foreign Tributary Missions to China during the Ming Dynasty," *Journal of the American Oriental Society*, 88:3(July-September 1968), pp. 411-418.
- J. L. Alvarez, "Dos Notas Sobre la Embajada del Padre Juan Cobo," *Monumenta Nipponica*, 3:2(July 1940), pp. 657-664.
- John-Paul A. Ghobrial, "The Secret Life of Elias of Babylon and the Uses of Global Microhistory," *Past and Present*, no. 222 (Feb. 2014), pp. 51-93.
- Madalena Ribeiro, "The Japanese Diaspora in the Seventeenth Century – According to Jesuit Sources," *Bulletin of Portuguese-Japanese Studies*, 3(December 2001), pp. 53-83.
- Piet Van der Loon, "The Manila Incunabula and Early Hokkien Studies, pt. 1," *Asia Major*, new series, XII (1966), pp. 1-43.
- Piet Van der Loon, "The Manila Incunabula and Early Hokkien Studies, pt. 2," *Asia Major*, new series, XIII (1967), pp. 95-186.
- T'ien-tse Chang, "China and the Netherlands East Indies," *China Quarterly*, 3:1 (Winter 1937-38), p. 48.

五、論文集論文

中文

- 松浦章著、鄭潔西譯，〈萬曆年間的壬辰倭亂和福建海商提供的日本情報〉，收入於中國社會科學院歷史研究所明史研究室編，《明史研究論叢（第8輯）：明代詔令文書研究專輯》，（北京：紫禁城，2010），頁198-216。
- 李天綱，〈十六、十七世紀東亞新知識體系的建立——以徐光啟《海防迂說》為例〉，收入於澳門理工學院中西文化研究所編，《文化與宗教的碰撞——紀念聖方濟各・沙勿略誕辰500週年國際學術研討會論文集》，澳門：澳門理工學院，2007，頁74-90。
- 李光濤，〈朝鮮「壬辰倭禍」原因考〉，收入於李光濤編，《明清史論集》（臺北：臺灣商務印書館，1971），頁425-432。
- 李光濤，〈明人援韓與稷山大捷〉，收入於李光濤編，《明清史論集》（臺北：臺灣商務印書館，1971），頁433-436。
- 陳小法，〈宋素卿與日本〉，收入於陳小法編，《明代中日文化交流史研究》（北京：商務印書館，2011），頁154-185。
- 陳波，〈被擄人、漂流人及明代的海防軍——以朝鮮史料《事大文軌》為中心〉，收入於復旦大學文史研究院編，《世界史中的東亞海域》（北京：中華書局，2011），頁59-84。
- 陳尚勝，〈壬辰戰爭之際明朝與朝鮮對日外交的比較——以明朝沈惟敬與朝鮮僧侶四溟為中心〉，收入於復旦大學韓國研究中心編，《韓國研究論叢（第十八輯）》，（北京：世界知識出版社，2008），頁329-354。
- 鄭樑生，〈萬曆朝鮮之役（一）〉，收入於《中韓關係史論文集》（臺北：中華民國韓國研究學會，1983），頁279-371。
- 鄭潔西，〈關於隆慶萬曆前期倭寇的兩個問題——被擄人和禦倭賞格〉，收入於李慶新編，《海洋史研究（第二輯）》，上海：社會科學文獻出版社，2011，頁202-225。
- 鄭潔西，〈16世紀末日本豐臣秀吉侵略朝鮮與整個亞洲世界的聯動——以萬曆二十年明朝「借兵暹羅」征討日本議案為例〉，收入於李慶新編，《海洋史研究（第一輯）》，（上海：社科文獻，2010），頁124-140。
- 鄭潔西，〈十六世紀末的東亞和平構建——以日本侵略朝鮮戰爭期間明朝的外交集團及其活動為中心〉，《韓國研究論叢（第二十四輯）》，（上海：社會科學文獻，2012），頁283-308。
- 鄭潔西，〈16世紀末明朝的征討日本戰略及其變遷——以萬曆朝鮮之役的詔令資料為中心〉，收入於中國社會科學院歷史研究所明史研究室編，《明史研究論叢（第8輯）：明代詔令文書研究專輯》，頁217-228。

日文

- 和田久德，〈十五世紀のジャワにおける中国人の通商活動〉，收入於市古教授退官記念論叢編輯委員會編，《論集近代中国研究》（東京：山川出版社，1981），頁 581-609。
- 岩生成一，〈有馬晴信の臺灣島視察船派遣〉，阪上福一編，臺灣總督府博物館《創立三十年記念論文集》（臺北：臺灣博物館協會，1939），頁 287-295。
- 岩生成一，《一六一六年暹羅國日本遣使考：在暹日本移民に關する一研究》（[出版地不詳、出版者不詳]，1933）。臺史所檔案館内使用。
- 森山恒雄，〈豐臣期海外貿易の一形態續論——肥後加藤氏關係の新出史料の紹介をかねて——〉，收入於箭内健次編，《鎖國日本と國際交流》（東京：吉川弘文館，1988），上冊，頁 202-235。

西文

- Nakajima Gakusho, "The Invasion of Korea and Trade with Luzon: Katō Kiyomasa's Scheme of the Luzon Trade in the Late Sixteenth Century," in Angela Schottenhammer (ed.), *The East Asian Mediterranean: Maritime Crossroads of Culture, Commerce and Human (Migration.* Wiesbaden: Harrassowitz, 2008), pp. 145-168.
- Wai-ming Ng, "Overseas Chinese in the Japan-Southeast Asia Maritime Trade during the Tokugawa Period (1603-1868)," in Ng Chin-keong (ed.), *Maritime China and Overseas Chinese Communities in Transition, 1750-1850* (Wiesbaden: Harrassowitz, 2004), pp. 213-226.

　　——本文原刊載於《季風亞洲研究》2：1（2016.04），頁 1-38。陳國棟教授授權使用。

一、華人海外網絡的建立

① 豐臣秀吉在 1592 年正式侵略朝鮮後，中國官方透過使節或偵探，蒐集日本的軍事情報時，就利用了當時在東亞海域已經成形的華人網絡。

② 這些華人旅居海外的原因，以住在日本的狀況為例，有些人為了弘法、做生意、擔任通事，而有些人則是被騷擾中國沿海的倭寇俘虜。

③ 1567 年明朝開放海禁，不論合法或非法，愈來愈多人移居日本、琉球、臺灣以及東南亞國家，在當地建立自己的華人社群，也透過港口與其他社群互通有無。

④ 儘管超過一定期限，或是非法出境的華人，返國便會遭受懲罰（重者死刑），他們仍然可以透過每年合法出國的商人，獲得母國的情報。

⑤ 16 世紀後半葉，隨著歐洲人來到東亞，馬來文、葡萄牙文和洋涇浜英語（pidgin English）陸續成為國際交涉的語言，但通行的書寫文字、跨國文書都使用漢字，增添了華人重要性。

二、中國官方的情報提供者

從他們提供情報的過程，可以看到涉及的範圍不只日本、朝鮮，包含整個東亞海域的國家，如琉球、越南、呂宋（菲律賓）等。

三、海外華人網絡的形成

① 琉球「閩南三十六姓」為來歷最為清楚的海外華人社群。

② 在明朝開放海禁以前，許多朝貢國家使節團的翻譯人員，已經由華人擔任，反映當時華人旅居海外的情形，例如：被擄、走私與貿易、船難餘生者、犯罪逃亡者。

四、華人網絡與資訊提供者

① 雖然居住海外的華人人數不可考，但應該具備一定程度的規模。而他們除了血緣、文化的關係外，也沒有強烈的理由效忠明朝，但豐臣秀吉征韓的事件中，還是有許多願意與中國官方合作的海外華人。

② 由於漢字為東亞世界書面往來的常用文字，其他民族仰賴華人的情報，或是聘請華人擔任翻譯人員，讓流通於華人網絡的資訊更為多樣化。

呂實強，〈近代四川的移民及其所
發生的影響〉

沈宗憲

　　中國歷史上大規模的人群移動，像秦始皇、漢武帝實施移民首都的
政策，又如明清時代派軍隊駐守邊境，防禦外敵入侵，也有軍眷偕同定
居的情形。不過，最慘烈的莫過於朝代更迭、政權輪替之際，遭受兵禍
荼毒而喪命的百姓，使地區人口大量減少。

　　明太祖有鑑於元末大亂而實施移民政策，恢復人口稀少地區的生產
力。明末，流寇四起，人命傷亡更勝於以往；尤其是四川地區，遭受張
獻忠部隊屠殺，當地許多城鎮幾乎成為廢墟荒地。清朝入關後，推動國
境內移民，時間早於閩粵人民自發性移居海外。

　　呂實強教授〈近代四川的移民及其所發生的影響〉一文雖名為近代，
實際從清康雍乾時期的移民著手分析。該文呈現不同時期移民的進取性，
並利用方志資料進行南溪、合州、雲陽三縣的個案分析。當外省移民進
入四川後，陸續成立同鄉會館，其性質從鄉人聯誼，轉變成資助科舉的
場所。四川的同鄉會館具對比性的是，設立地點遠及鄉鎮而不限於城市，
會館成員也包含農民。有時，會館接受官府指示，發揮地方行政的功能。
有些會館衍生出多重作用，包含警衛、社會救濟、公共工程、商務管理、

徵稅、生產等，無異於小型政府行政單位。

　　外省移民藉由會館互助，但定居四川，逐漸在地化、土著化，與當地人民通婚、合作，互相交流，形成新的文化內涵。在晚清歷史上，四川保路風潮敲響清帝國喪鐘。呂教授此文提到自明朝起，四川住民多外省移入，是否開疆闢土的奮鬥精神，鍛鍊出當地堅忍不服輸的毅力？幫會如哥老會與移民的關係，有待學者更多研究。

┌─ ◆ 108 課綱相關條目對照說明 ─────────────────────┐
│　　呂教授的文章對應「十九世紀以後東亞的人群移動」（條目 Hb-V-1）、│
│「十九世紀以後東亞的人群移動的變遷及其影響」（條目 Hb-V-2），了解移│
│民對在地帶來的動能，並促成新的人文風氣。　　　　　　　　　　　　　│
└──┘

延伸閱讀

1. 何炳棣著，葛劍雄譯，《明初以降人口及其相關問題（1368 —— 1953）》（北京：三聯書店，2000）。
　　本文對應「十九世紀以後東亞的人群移動的變遷及其影響」（條目 Hb-V-2）。
2. 全漢昇、王業鍵，〈清代的人口變動〉，《中央研究院史語所集刊》32（1961），頁139-180。
　　本文對應「十九世紀以後東亞的人群移動的變遷及其影響」（條目 Hb-V-2）。
3. 黃宗智，《華北的小農經濟與社會變遷》（香港：牛津大學出版社，1994）。
　　本書對應「十九世紀以後東亞的人群移動的變遷及其影響」（條目 Hb-V-2）。
4. 李伯重，《火槍與帳簿：早期經濟全球化時代的中國與東亞世界》（臺北：聯經，2019）。
　　本書對應「十九世紀以後東亞的人群移動」（條目 Hb-V-1）。

近代四川的移民
及其所發生的影響

呂實強[*]

社會既為人所構成，人口的增減與流動自然為形成社會變遷的一項重要因素。關於人口增減對地方經濟的關係，將於另文討論，本文擬專就屬於流動一方面的移民及其所發生的影響，加以探索與分析。

一、移民與川省人口的變動

川省人口在明代後期，大約在 300 萬上下。明神宗萬曆 6 年（1578），約為 310 萬。[1] 嗣後，以兵亂匪劫相繼，[2] 人口自難免有所損失。但最大的傷害，為崇禎年間的流寇，特別是崇禎 17 年（1644）張獻忠再度入川，占據重慶成都，全川大部為其所攻破。所至州縣，恣意屠殺，川人死亡慘重，幾至城郭掬為茅草，市集盡成廢墟。[3] 迨清朝平定流寇之後，直到

---

[*] 前中央研究院近代史研究所所長，2011 年去世。研究領域為中國近代史。
1. 見《明會典》，卷 19；一波，〈四川人口的消長〉，《四川文獻》38，頁 20-21。
2. 如萬曆 17 年（1589），楊應龍之亂，焚刧餘慶、草堂二司，興隆、偏鎮、都勻各衛及江津縣川南各地。（見《明史紀事本末》，卷 64，〈平楊應龍〉）熹宗天啟元年（1621），奢崇明、安邦彥之亂，傷害亦相當嚴重（見同上書，卷 69，〈平奢安〉）。
3. 其情況將於另文中說明，於此不贅。

順治 18 年（1611），呈報戶口，全川僅 16,000 餘人。[4] 此一數字自然並不可靠，因許多地區，根本尚未建立行政組織，戶口自無法調查。且甫經平定，殘存者劫後餘生，或逃亡叢山峻嶺之中，尚未能完全歸來。況為避免賦稅徭役，一般人民亦不願申報。然據此數字，仍可想及經張獻忠屠殺之後，川省人口之凋零。

由於自然環境的優良，清廷更採取積極的政策，鼓舞獎勵各省向川省移民，使其人口得以迅速的增加。在康熙末年，已達 40 萬。自雍正元年（1723）到乾隆 50 年（1785），約 70 年間，更增至 950 萬，為康熙末年的 20 餘倍。迄道光 30 年（1850），又增至 4,400 餘萬，約為乾隆 50 年的 5 倍。道光 30 年以後，增加趨向緩慢，到宣統 2 年（1910），僅至 5,000 萬左右，60 年間，增加僅約 600 萬，約為道光 30 年時的 12%。[5] 自民國元年迄 5 年，不僅未有增加，反而略有減少，稍低於 5,000 萬之數。[6]

就以上數字可以看出，自清朝初年迄道光 30 年（1647-1850），約 200 年間，川省人口增加的速率，遠超過一般自然人增率標準。所以如此，自然是移民進入的結果。移民的人數究竟有多少，因為沒有可資依據的數字，只好加以概略性的估計與推算。如果以雍正 2 年（1724）人口總數 409,311 人，作為遺留的土著之數（因為前此尚在逃亡者逐漸返回，移民因時局不靖，可能增加較為遲緩），又以當時戶口調查不澈底，如編列往往限於地主與佃戶，客戶、官吏、士兵、地方士紳優免之丁額，以

---

4. 見《合川縣志》（民國 9 年），卷 12，〈戶口〉，頁 2，引《皇朝文獻通考》，卷 19，〈戶口〉，頁 3，言「四川布政司人丁一萬六千九十六」。
5. 所列數字係據《皇朝文獻通考》，卷 19，〈戶口〉；及全漢昇、王業鍵，〈清代的人口變動〉，《中研院史語所集刊》32；《嘉慶四川通志》，卷 65，〈戶口〉；《支那省別全志》，頁 23；《政治官報》，宣統三年二月初七日，第 1201 號，四川總督趙爾巽奏。
6. 見懷襄，〈四川的人口〉，《四川文獻》22，頁 15，云「內務部曾於民國元年舉辦戶口調查，於民國五、六年陸續發表，關於四川人口數為四八、一二九、五九四」。

及傭保僕奴等，並不列入，而邊遠和災害之區可免編查，故儘量從寬，以此一總數之一倍，即 818,622 人，作為基數，再以四川自然環境良好，用一般傳統社會人口成長率（0.65％）稍高一點之 7.5‰計算，則到 1850 年，屬於土著者應為 5,186,000 人，占此時全部人口的 11.8％；移民及其繁衍者為 38,978,000 人，占全部總數 88.2％。

至道光 30 年（1850）以後，直迄清末，川省人口增加之遠較從前為緩慢，其年增長率，僅為 0.213％，低於一般成長率的 0.65％甚多，則與若干經濟與社會的因素有關。首先，就川省的田地與人口的比率而言，在清初直迄乾隆末年的 150 年間，農民的耕地，一直是十分豐裕的。其情況可於下表看出：

年代	人口	土地（畝）	平均每人畝數
雍正 2 年（1724）	409,311	21,445,616	52.39
乾隆 18 年（1753）	1, 368,494	45,941,667	33.57
乾隆 31 年（1766）	2,958,271	46,007,126	15. 55
乾隆 57 年（1792）	9,489,000	46,277, 113 （取乾隆 31 年與嘉慶 17 年平均數）	4.88
嘉慶 24 年（1819）	25,665,000	46,547,100 （嘉慶 17 年之數）	1. 81
道光 30 年（1850）	44,164,000	46,381,900 （咸豐元年）	1.05
同治 12 年（1873）		46,383,400	
光緒 13 年（1887）		46,417,400 [7]	

道光而後，直迄清末，川省田地未見顯著增加。雖然其中難免有新墾之地，並未申報，但數量不致太大。此應顯示平低易耕之地，多已墾殖，

---

7. 據《清朝文獻通考》，卷 1、2、3、4，〈田賦〉及卷 19，〈戶口〉。

在耕作技術等方面，尚未能有顯著改善之前，已不易大量拓展。這對外省之欲移民者，自減低其嚮往之意。

更重要的，為道咸而後，全國各地，到處遭受戰亂的破壞。自道光30年太平天國起事，不久便進展至長江流域。咸豐3年（1853）占領南京之後，北伐西征，到處烽火。即以同治3年（1864）湘軍攻克金陵作為太平天國的覆亡，亦已綿延15年，擾及十八省。而於其聯繫結合與影響鼓舞之下，如黃淮流域的捻，兩粵閩臺的天地會，雲貴陝甘以至新疆的回、苗與白蓮教等，雖不如太平軍勢力之盛，但亦蹂躪甚為嚴重。許多繁庶之區，因成荒涼。皖南、江寧各屬「市人肉以相食，野無耕種，村無炊烟」；皖北則「但有黃蒿白骨，並無民居市鎮」；江南「幾無地不焚，無戶不虜，一望平蕪，荊棘塞路」；浙江「人民死喪流亡，田屋荒燬，男婦露宿野處，道殣相望」；江西「人烟寥落，不聞雞犬聲，惟見飢民殭斃，道塗相屬」；華北、湖廣、兩粵等處，大致相類。雲南、貴州、陝西、甘肅，較之長江流域，更為嚴重。[8] 據估計，在咸同以迄光緒初期的動亂之中，所喪失人口，約在 2-5,000 萬之間。[9] 此外，水旱災的頻仍，如光緒3至4年間，山西、河南、陝西一帶的大旱，餓死者亦達 950 萬之多。[10] 這些因素，使川省以外各省，人口大減，空地增多，川人反有外移者。如《廣安州志》云：「同治初，陝亂平，有鬮土開荒赴陝者矣！光緒中，黔苗靖，有移家挈子入黔者矣」！[11]《南溪縣志》亦言：

---

8. 俱見郭廷以，《近代中國史講稿》，〈太平天國〉。
9. 太平天國之亂死亡人數，據 W. W. Rockhill 估計，為 2,000 萬人；A. P. Happer 估計為 5,000 萬人。俱見王士達，〈近代中國人口的估計〉，載《社會科學雜誌》1：2 及 2：1。
10. 見陳高墉編，《中國歷代天災人禍表》，卷九；《清史稿》，〈災異志一〉；死亡人口，係據 Rockhill 之估計，引自同上王士達文。
11.《廣安州新志》（光緒33年刊，民國16年重刊），卷10，頁4。

「咸同以來，人滿而地不加闢，間有徙家滇黔以謀生者」。[12]

二、由分離而融合

在清代移民入川，特別是康雍乾時期，多半是在政府政策性的鼓勵支持下而進行的，所以往往是由原籍同族或鄉親組合集體而來。他們在到達之後，往往仍用其原來的方言，沿襲其家鄉的習俗，自成其小單位的聚落或社會。至於地方官亦不得不遷就此事實，於一般地方基層幹部鄉約之外，另設客長，以為統束。如《廣安州志》云：「戶籍以明初上籍曰舊，以康熙客籍曰新，凡楚人居其大半。著籍既久，立家廟，修會館，冠昏喪祭，衣服飲食，語言日用，皆循原籍之舊，雖數十世不遷也」。[13]《南溪縣志》云：「經明季喪亂，土虛無人。康雍之際，粵閩湘贛之民，紛來占插，而以湖廣麻城鄉孝感鄉為最夥。土著人擯斥之，力不勝也。於是，官為設客民之長，以約束之，號曰客長。歷時既久，習俗同化，漸通婚姻。其始，各省僑民，自為婚姻，不雜他族」。[14] 若干州縣，甚至有各客籍之間，互分氣類，相互鬥毆與爭訟之事。如《什邡志》云：「張獻忠蹂躪之後，土著稀少，四方僑寓，率多秦楚閩粵之人，人心不諧，黨類攸分，生氣鬥訟，往往有之」。[15] 於此可見，當移民到達川省之後，彼此之間，以地緣之不同，有相當時期不能融洽。

但歷世久遠，在同一文化的薰陶，同一政府的統轄下，各省各地所

12.《南溪縣志》（民國 26 年），卷 4，〈禮俗下〉，頁 1。
13.《廣安州新志》，卷 10，頁 4。
14.《南溪縣志》（民國 26 年），卷 4，〈禮俗下〉，頁 1。
15.《什邡縣志》（嘉慶 18 年刊），卷 18，〈風俗〉。

遷入的後裔，自然漸趨土著化。雖然有些仍然保持其故鄉的風俗習慣，但不論舊籍與新籍及各新籍之間，彼此的隔閡與歧視，已逐漸泯失。嘉慶18年所修之《什邡志》，於言四方僑寓諸多不和之後，又云：「近日時加勸諭，習久相安，漸歸醇厚」。[16]《中江志》云：「吾邑多由閩粵楚贛而來。先至者或恣睢自雄，今則靡相齟齬，互通婚姻，歡洽大和，無復南人來土之患矣」![17]《大竹縣志》言：「竹民……自楚湘粵贛閩五省遷竹者，……鄉談亦各自不同。其後習與俱化，原籍鄉談之存在者百不得一，竹中人乃自有所謂竹中語」。[18]《犍為志》更指出其各籍人士，卒至和樂相處，精誠無間，遂能產生力量，而推動各方面之進步與繁榮。志云：「罹獻賊屠蜀之禍，犍人亦被荼毒，民鮮孑遺，所存者後皆目為老里人，第亦百僅一二而已。……由湘鄂贛閩粵諸省移來占籍者，其中尤以湘鄂人居多。……道咸時，各場承辦地方公務，有五省客長之目。沿城暨所屬場鎮，亦多建有各省會館。顧省籍雖異，而無種界上之分岐，用能各安於無事，以生以息，相助相友，縣境遂成樂土，彬彬然有衣冠文物之盛，因而構成今日之庶富，詩書之族，所在多有」。[19]

三、客民開拓潛力的發揮

就川省居民入籍的時間加以觀察，顯示古老之族多衰萎不振，明清時代移入者，則多富朝氣，而清代又顯較明代者為佳。今試以西南之南

16.同上。
17.《中江縣志》（民國19年），卷2，〈風俗〉，頁13。
18.《大竹縣志》（民國17年），卷10，頁4。
19.《犍為縣志》（民國26年鉛印），〈居民志〉，頁6。

溪，川中之合州與川東之雲陽三州縣為例，加以檢討。三地均為物產豐盛，交通利便，易於謀生繁庶之區，於川省自然環境之優越，具有相當之代表性。

（一）南溪

《南溪縣志》所載其境內氏族，除一區未經調查從闕，餘二、三、四、五各區共 72 族。移民來源為：

湖廣　27

湖北　23

湖南　9

江西　4

廣東　2

江蘇、安徽、浙江、福建、廣西　各 1

（另 2 不詳）

其入籍時間：

明代　12

順治　18

康熙　31

雍正　2

乾隆　6

咸豐　2

（另 1 不詳）

論及各族發展，該志列舉：在二區，為劉、戴、徐、王人丁最旺，顧、曾財富最多。其中劉、戴、徐均為清順康之世由湖北來縣者，王則為明末，顧為明末，曾為康熙時。此外，尚有殷、稅、侯，均明時望族，稅氏明末即衰微，殷氏清初亦微，僅侯氏尚居其祖先初墾之故地。三區唐氏，人尚繁庶，為清末徙入。陳、李繁衍殷實，俱清初入籍。趙氏富甲一鄉，康熙年間來。四區以李、莊、張氏為豪族，明中葉由湖北移來，雖嬰明季之亂，迄今仍然不衰。其餘王、劉、洪等，均約在清初。宋家場張氏子孫繁衍，為明朝著族。羅龍場聞、謝、張等族，亦均清初入籍者。五區氏族以牟、涂、顏、李、譚、侯為最早，均為明已定居者。清嘉慶後，牟、顏、譚、侯皆式微，僅涂、李猶盛。其餘牟坪場之胡、曾、周氏，毗盧場之馬、陳氏，李端場之鄒、廖、羅、程氏，馬家場之段、李諸氏，均為清順、康、雍、乾時期所移入者。[20]

由上可知，南溪縣民，明代以前之舊族已經罕見。即明代者所占比例亦屬有限。十之八九，均為清代移入者。然經篳路藍縷，數代辛勤經營之後，漸形富庶，人文亦蔚然繁興。

（二）合川

《合川志》所列之氏族，僅限於「士族」，其主要者更特為作「士族譜」，所取自進士舉人以下，貢生監生以上，而能父子傳衍，或兄弟繼承之族姓，又能立祠修譜，力敦雍熙者。其畢業中學校以上者同，但亦須有祠有譜。[21] 在此項標準下，共得 95 姓，253 族。

---

20. 見《南溪縣志》（民國），卷4，〈禮俗下〉，頁 1-7。
21. 見《合川縣志》（民國9年），卷首，〈采訪條例〉，頁1。

1. 古戶

此處所謂古戶，係指在宋明之世，已有功名，惟其祖先系統不明者。計共 47 族，茲將其各家最後功名列下：

最後功名	家數	百分比	姓氏					
宋	1	2.1	梁氏					
明	16	34.0	孔氏 樊氏 袁氏	高氏 文氏 鄭氏	曾氏 丁氏 杜氏	陸氏 龐氏 匡氏	仲氏 康氏	胡氏 熊氏
康熙	5	10.6	丹氏	蕭氏	程氏	蘇氏	黃氏	
雍正	2	4.3	鄒氏	黃氏				
乾隆	7	14.9	任氏 郭氏	羅氏	王氏	譚氏	蔣氏	趙氏
嘉慶	3	6.4	朱氏	劉氏	李氏			
道光	5	10.6	陳氏	歐陽氏	鄧氏	吳氏	邱氏	
咸豐	2	4.3	周氏	唐氏				
同治	2	4.3	何氏	徐氏				
光緒	2	4.3	張氏	戴氏				
清末	2	4.3	彭氏	楊氏				
共計	47	100.0 [22]						

2. 一般

此處所謂一般，係指其世系較為明確，而有紀錄可資依據者。其中除始祖來州年代不詳與最後功名不詳者外，得 106 族。茲分列於下：

22.《合川縣志》，卷 9，〈士族〉，頁 1-95。

來州年代	數目	最後功名	數目
宋	3	宋	2
		乾隆	1
明	7	康熙	1
		雍正	1
		同治	1
		光緒	1
		清末民初	3
清	96	康熙	1
		嘉慶	1
		道光	6
		咸豐	2
		同治	6
		光緒	12
		清末民初（包括光緒末、宣統及民初）	68[23]

　　由上之統計，可以看出，所有古戶之中，其最後功名，在明朝者較多，在清代者漸減，至光宣間，即清末已更形寥落。明確移入之戶，宋代者至清末已無具有功名者。明代者至清末尚有。惟清朝移入者，則起初功名甚少，光緒時，大為增加，於清末民初，更蓬勃紛起。

（三）雲陽

　　《雲陽縣志》載全縣氏族 178 個，除 14 族不詳其來源，共餘分別為：

23.同上，統計所得。

土著　13　（其中本縣屬 2）

湖北　83

湖南　41

江西　12

福建　7

安徽　3

廣東　3

陝西　1

河南　1

其中湖北占 46.7％，而麻城一地 36 族，占 21％，湖南為 23％。

以移入年代而言，在張獻忠之前者為 34 族，中有 21 族為洪武年間
所移入。清初而後，計：

順治朝　7

康熙朝　36

雍正朝　12

乾隆朝　54

嘉慶朝　14

道光朝　4　[24]

---

24. 以上俱見《雲陽縣志》（民國 24 年鉛印），卷 23，頁 1-9。

該志檢討各族盛衰，謂《華陽國志》稱：朐忍大姓有扶、先、徐氏。現則先氏已無聞，扶、徐則於明季喪亂之後，迄無繁庶之象，且均陵夷不顯。其他金氏、鄭氏、辛氏，均宋元前著姓，今則率皆式微凋零，幾至已無見聞。袁氏，清初一支入贅汪氏，曾有功名，後竟衰絕，其餘仍「聚族耕鑿，漸有讀書好古之士」。餘如蒲氏，明初舊族，「餘裔繁多，溫飽者不及半數」。向氏，「稱明時由湖北來遷，實土族遺黎也。……今其族仍蕃，但皆力農自給，或散走南北鄉及鄰縣，傭保力作，及為佃農，至棻不可紀，族蕃亞於蒲氏，非無富者，顧久不知讀書，率椎魯不文」。孫氏，亦云麻城人，實明土著。子孫甚蕃，但無人事著聞。譚氏，洪武間由麻城來，以院莊壩為最蕃，今遂衰耗，次則仰坪，近世頗有聞者。殷氏、李氏、程氏，洪武中由麻城移入。殷、李子孫不顯，惟程氏在清末最盛。北張氏，明萬曆間自陝西城固遷入，清世頗多儒士，用詩書孝友顯於閭里。楊氏，自稱麻城人，亦萬曆間來蜀。居縣南泥溪壩垂三四百年，丁眾數千。其人樸僿少文，貧富無恆，大率皆有恆產，農田畜牧，歲時儲積，過從游衍，皞然有古風。子弟不事文學，暇則漁獵山澤，擊鮮命酒，朝市紛更，而舉族宴然，無改於舊。謝氏，明天啟間自麻城來，雖多士人，顧無顯者。就上所載，似居留愈久者愈較萎靡，鮮有振興。[25]

　　至清代移來之族，則多富朝氣，有進取之力。就所列之族，如盧氏，道光間自閩省貿遷來縣。「咸同間門戶極盛，喜賙貧乏，務為慈惠事。崇尚儒術，以學行教其子弟，皆隸學官為諸生，游膺鄉舉，任列縣教職，聲譽藉甚。遭庚午（同治 9 年）水災，家道中落。然其子孫皆食貧植品，不墜家法。縣人言行誼，推盧氏」。縣西大姓彭、謝、鄔、涂，其先皆

25.見《雲陽縣志》，卷 23，頁 9-15。

楚人，遷蜀約百年。世代富厚，田畝相接，互為婚姻。「其於居積若天性，累世相嬗，根柢盤固，雖經喪亂，無損於舊」。彭氏，湖北大冶人，乾隆間來。「初以賣膏圜寒具為業，後為人濬陂塘，漸致殷阜。傳子至孫，益恢張富贍。所購田毘連數縣，入穀至溢萬石。清世兼行武科，彭氏世習弓馬，以武舉於鄉者三人，諸生倍之。或以材官供職兵部。故言武科者稱彭氏」。薛氏，亦大冶人，於乾隆間遷蜀者。有兩宗。「居興福寺者產沃而丁較少。同光間貢生瑞圖頗修文行，為縣聞人。既席先業，繼起者益務積蓄，乃大豐。殖田財與彭氏埒。其一宗居東橋井，族郎稍眾，耕讀相資，頗親問學，但多寒畯耳。世變以來，材儁輩出，多以文武幹略自致通顯，聲華與興福寺埒」。[26]

　　其他如閔氏，江西人，乾隆間來縣定居。以私財置湯口渡船，利濟至今。「光緒中，紹貢官南中，其仲季居縣序有聲，時稱三閔。後人尚襲儒業，或用貿遷居積，漸致饒衍」。雲安鹽場大姓陶氏、郭氏，均黃岡人。遷蜀後，俱業鹽竈煤礦，世食其利，積資鉅萬。太平軍時期，蜀鹽濟楚，益臻饒富。後同光間，設局官運，復加票厘，鹽商消歇；兩族仍能巍然為縣之古族。戴氏，麻城人，乾隆中來縣。「咸同中有華萬者，伉健有志略，振起商務，居民漸繁，數十年遂成大族，勺眾財立會館，市政整肅，威惠大彰，鎮人像祀之。其族亦日殖盛，讀書應考，人競向學，至今猶為大姓」。[27]

　　以上各例，似已可說明川省居民，入籍愈後者，愈能振作其精神，發揮其潛力。《資州志》言，該縣「元以前之土著，無一聞者。優勝劣敗，天演公例，然歟」！[28] 但如就川省自然環境加以考慮，則氏族未必本有

---

26. 同上。
27. 同上。
28. 《資中縣續修資州志》（民國 18 年影印），卷 10，〈雜編‧拾遺〉，頁 15-16。

優劣，惟以移民而來者，多經棄家跋涉，迨至其地，又須刻苦墾殖，勤勞不息，方可以維持其生存。經數代之後，方可望進入安定而謀求發展。此種開拓精砷，對其子孫自當有深切的影響。遂可能於若干代之後，由安定而進向繁榮。當清末民初，外力入侵日亟，中國面臨空前變局之時，廣大的客民後裔，乃能發揮其祖先開拓精神的潛力，奮起以為因應。

四、會館眾多及其演變

　　會館為同鄉組織的一種，在北京，會館最初設立，大約是為同鄉士官公餘之暇聚會聯誼之場所。後來逐漸演變為以接待與協助進京應試同鄉舉子為主要宗旨的一項社會機構。自然，對一般同鄉也會儘量給予幫忙，在雍、乾之世，謝濟世已言：「京師之有會館也，貢成均詣公車者居停之所也。無觀光過夏之客，則大小九卿、科通部曹、翰林中行、評博、候補、候選者以次讓。無宦遊之人，則過往流寓者亦得居。非土著則不可，儌於人亦不可，例也」。[29] 於商業活動，則似不著重，甚至有的會館，明定商人不得居住，亦不得寄存貨物。[30] 各省省會與大城鎮之會館，則多屬同鄉工商業者為拓展業務便利而設立，但有的也有仕宦者參加。對過往或應試同鄉官員士子等，亦樂予給以協助和照顧。綜合以上可知：一般會館的任務，不外協助同鄉應試士子，推進同鄉工商業務，與便利同鄉間聚會聯誼等等。但川省的會館，則具有若干另外的特色。第一，參加會館者，不僅官宦工商，農民亦為會館的基本會眾；第二，設立甚為普遍，不僅通都大邑，即村鎮鄉場，亦往往設有；第三，會館功能，於上述一

---

29. 謝濟世，《以學集》，引自李家瑞，《北平風俗類徵》，下冊，頁398-399。
30. 《重續歙縣會館志》，續錄後集，頁13-15上（見何炳棣，《中國會館史論》，頁18-19所引）。

般所具有之外，更及於若干屬於地方行政方面的事務。

形成這些特色之原因，主要自為移民眾多。當大批的移民，由各省各州縣到達四川之後，他們各自保持著本來的風俗習慣，使用其故鄉的語言。民國《大足縣志》描述云：

清初移民實川，來者各從其俗。舉凡婚喪時祭諸事，率視原籍通行者而自為風氣。厥後客居日久，婚媾互通，乃有楚人遵用粵俗，粵人遵用楚俗之變例，然一般固無異也。……

本縣語言，舊極複雜，凡一船人率能兼採兩種語言：平時家人聚談或同籍人互話，曰打鄉談，粵人操粵音，楚人操楚音，非其人不解其言也；與外人接，則用普通話，遠近無殊。六七十年以前之人牙牙學語，習於鄉談，成年之後，時與外人接觸，自能操普通話。近三四十年來，學校適齡之童，出就師傅，鄉談遂失其傳。惟中鰲場之玉皇溝一帶，其居民以原籍湖南之永州、會同兩處者為多，頒白之叟，尚能鄉音無改也。[31]

在上述情況下，以鄉土，即地緣為基礎的團結互助與一般社會活動的中心，即會館，自然便應需要而產生。再加以各地移民之間的隔閡，以及地方政府為求政令的易於下達，這些會館，遂又被賦予若干行政方面的權力與責任。如民國《犍為縣志》所云：

同籍團體以會館為集中地。……客籍領以客長，土著領以鄉約，均

31.《大足縣志》（民國 34 年印），卷 3，頁 59-60。

為當時不可少之首人。每年慶神演戲，同籍諸人，長幼咸集，酒食宴會無虛日。……在科舉時，遇有同籍人弋取科名者，會眾以私財致餼外，會館列有公份餼贈。他如爭議事項，必先報約、客（即鄉約、客長），上廟評理。如遇涉訟，亦經官廳飭議而始受理焉。又會館按年以衣帽銀兩酬約、客，為其常近長官故也。故約、客地位，實為官民上下之間樞紐，非公正素著之人，不能膺是選也。[32]

再如重慶之會館，其功能除前述一般京師及各省會館所具者外，據竇季良氏歸納，尚有：

一、警衛事項——包括保甲、團練、城防、消防。
二、慈善救濟事項——包括育嬰、掩埋、救生、賑災、濟貧、積穀及管理善堂。
三、公用事項——修九門碼頭。
四、商務事項——訂各幫規則。
五、徵收事項——包括釐金及斗捐。
六、生產事項——闢園育桑。[33]

至於其設立普遍的情形，可以從該省各地方志中充分的看出。就今日所能看到的約 130 餘州縣的志書中，即有 100 餘州縣有會館的紀錄。而每州縣之中，少則三五所，多至數十所，幾遍及各重要鄉鎮。如大足，湖廣會館，在城內，即禹王宮；四鄉有禹王宮，多為寶慶府會館，城內

---

32. 《犍為縣志》（民國），〈居民志〉，頁 51-52。
33. 竇季良編著，《同鄉組織之研究》（正中書局，1943），頁 76-80。

之該府會館則為召公祠；貴州會館，即惠民宮；廣西會館，即壽佛宮；黃州會館，即帝王宮；永州會館，即濂溪祠；江西會館，即萬壽宮；福建會館，即天上宮。各鄉鎮之會館亦有20餘所。[34] 如縣竹，城內有湖廣館、江西館、廣東館、陝西館、福建館。城外 9 個場鎮，計有湖廣館 8，廣東館 8，江西館 7，陝西館 7，福建館 1，共 31 所。[35] 如中江，城中有湖廣館，即關聖宮及續修禹王宮；廣東館，即天后宮；福建館，即天上宮；江西館，即萬壽宮。各鄉會館不下數十處。[36] 如新寧，志書中除列載各館名稱及建立者外，並加按語云：「邑多楚人，各別其郡，私其神，以祠廟分籍貫，故建置相望」。[37] 其餘各州縣甚多，毋須逐一列舉。

如此眾多的會館，在地方社會中的影響力，自然是甚為鉅大的。以近代化的觀點來看，這種以地緣為基礎而形成的會館，必然具有零散或分割社會的作用，加強了小群的觀念，削弱了大群的意識，而妨礙到社會近代化的進行。但在川省，各省會館係因當時的實際需要而產生，在相當時期內，曾發揮過裨益於同鄉們在社會、經濟等各方面的發展。迨經過長時期的演變，客民已漸與土著同化，通婚結好，互通有無，共營農工商業，語言、風俗習慣亦泯而為一，這些會館的功能也漸由為同鄉而轉向到為當地整個社區。這使其性質，趨向與一般地方福利團體或自治事業團體的性質相近，自不再具有對社會的分裂作用。甚至於，有些地方的會館，反而因其對社會各階層的凝固與團結作用，而有裨於近代化的推行。

在起初，由於異地寄居，為了生活或事業上的互助，精神上的慰藉，

---

34. 《大足縣志》（民國），卷 2，頁 8。
35. 《綿竹縣志》（民國），卷 12，頁 90-93。
36. 《中江縣志》（民國 19 年），卷 4，頁 10-11。
37. 《新寧縣志》（同治 8 年刊），卷 2，頁 16-17。

各籍人士，乃紛建起其會館。在鄉土觀念的籠罩之下，自然一切均為其同鄉打算，所有的喪葬、祭祀、醫藥、娛樂、社交、教育、育幼、養老、卹貧等等，外人是不能參與或享受的。[38] 這自然對社會構成一種分割作用。但從另一個角度來看，在一個農業社會之中，一向既安土重遷，除種田之外，又缺乏特殊的技能，也未必受過良好的教育，一旦或受新環境的吸引，或因家鄉生活困難而被迫攜家帶眷，或孤零單人，遠離鄉井，到達完全陌生之異地，如果沒有這些以鄉土觀念為基礎的社會組織予以聯繫溝通，則散漫孤立的移民，又何能在鄉土觀念的激勵下，發揮其榮辱一體，休戚相關的意識，慰勉鼓舞，共同為開拓美好的新家園而奮鬥？

繼而在他們辛勤的努力下，新家園已經穩固的建立。而子孫相承，對當地的鄉土觀念，亦在不知不覺間孕育培養。於是，地緣觀念，開始削弱，而對其所居住當地之社區一切，日增關懷。大約到咸同之世，若干不同地域的會館，遂漸趨向聯合而舉辦以地方整個人群為目標的事業。如重慶的八省會館，即係由湖廣、江西、江南、山西、陝西、廣東、福建、浙江各會館所聯合組成；其所舉辦的事業、如保甲、團練、城防、釐金、育嬰、掩埋、消防、救生、積穀、賑災、修城、訂各商幫規則等等，均已超越其各籍之範圍，而進入地方社會共同利害之範圍。至光緒末，八省會館奉川東道署之令，辦理「八省蠶桑公社」，並建桑園於佛圖關附近之鵝項嶺。宣統3年，復興縣署合辦「巴縣八省蠶桑傳習所」，改建講堂蠶室，積極從事蠶桑之改良與推廣。[39]

尤其明顯者，為大竹縣之會館。縣志云：竹邑向無地方團體之組織，其開始萌藥者，為五館公所。因住戶有土著與客籍之分，土著有宋元時入

---

38. 見竇季良，《同鄉組織之研究》，頁15。
39. 見竇季良，同上書，頁79-80。

川者，有洪武二年入川者，統稱黃州人，俗稱為本地人。其隸客籍者，則楚、湘、粵、贛、閩五省，各建會館。……五館原不相統一。光緒五年，議立五館公所，以團結之。公所職員，由五館推舉充當。地方公務，即由公所辦理。到光緒33年，邑紳為籌辦地方自治，另組城鄉公所，公舉議員，並推議長，會議地方應興應革之事，建議縣令採納執行。五館公所，方行停止，並將其管業之田租，移交新公所為經費。此項自治公所，自為五館人士所支持。直到宣統3年，城鄉議參會成立，方告停辦。[40]

綜結上文，可知川省居民，明代以上之舊戶，十分稀少，即明代入籍者，亦稱土著。十之八九，均為清初以後陸續由外省遷入者及其所蕃衍。客民棄鄉離井，跋涉山川，開闢草萊。數代之後，生活安定，漸能發揮其創業精神與進取之活力。咸同而後，外力入侵日亟，志士紛倡自強之時，川省士民乃能積極從事，創造斐然之成績，自非偶然。

（本文係得行政院國家科學會補助完成「中國近代化之區域研究——四川省，1860～1916」之一部分。）

——本文原刊載於《中央研究院近代史研究所集刊》6（1977.06），頁223-236。中央研究院近代史研究所集刊授權使用。

---

40. 見《大竹縣志》（民國17年），卷2，頁7；卷10，頁4。

重點掃描

一、清代四川人口的增長

① 明代後期，四川大約有 300 萬人口，但受到明末動亂的影響，到清順治 18 年（1661 年）清政府能掌握的只有 16,000 人左右。

② 由於四川地理環境優良，清朝鼓勵人民移民四川，人口持續增加。

康熙末年：40 萬。

乾隆 50 年（1785 年）：950 萬。

道光 30 年（1850 年）：4,400 萬。

宣統 2 年（1910 年）：5,000 萬。

二、原鄉認同到土著化的過程

① 最初的移民，往往依據原鄉聚居，保有本來方言或習俗。不同群體之間，也有鬥毆和訴訟的問題發生。

② 根據地方縣志的紀錄，隨著時間的推移，彼此之間的隔閡逐漸消弭。

三、移民開拓的潛力

　　從縣志記載各地望族的出身，可以發現明清時期移入的家族，有更好的表現與發展，其中以清代的家族更為明顯，展現移民的開拓精神。

四、會館的建立與影響

① **會館的功能：**

協助應試子弟、推動同鄉工商業務、同鄉聚會聯誼。

② **四川會館的特色：**

除了商人、官員、士人子弟，農民也是會館的會眾；會館不只設置在城市，一般鄉里也所在多有；官方也利用這些會館處理地方行政的事務。

③ **主導因素：**

四川移民眾多，故容易形成以原鄉、地緣關係結合的組織，地方政府也利用這點，來達到穩定社會秩序的目的。

④ 隨著原鄉觀念的淡化，這些會館也漸漸轉變為類似地方福利或自治團體的機構，對於在地的發展有很大的助力。

|導讀| 林桶法，〈外省人遷臺的性質與影響〉

沈宗憲

　　歷史上，為逃避戰亂、或不願當亡國奴的人民，選擇離開生長的故里。例如：秦統一六國；西晉、兩宋、明王朝滅亡時，引發人民向南、向境外逃亡避難的浪潮。難民向南逃，畢竟還在「境內」，舉目所見仍是漢人；逃往朝鮮、中南半島等地，流落異邦，存在有家歸不得的遺憾。

　　近現代最大的海外移民浪潮，當屬 1949 年中華民國政府遷臺，人數超過鄭成功率領的軍隊。由於清朝臺灣居民大多來自閩、粵移民，學者曾提出「內地化」、「土著化」及「雙向化」來解釋清朝臺灣社會的性質展變，對於 20 世紀中葉的人群移動，仍未觸及。

　　林桶法教授《1949 大撤退》第 15 章是全書結論，首先從移民動機、男女性比例、職業分布與籍貫分析明清臺灣移民與 1949 年移民的結構差異。再從文化藝術、教育與學術、社會與經濟等層面，探討來自中國各省的移民匯聚臺灣所帶來影響與衝擊。不可諱言，1949 年來臺的中國財團在臺灣重建工業生產基地，穩定財政經濟。執政當局透過教育、文學、藝術等管道，輸入中國文化系統，以取代日本殖民臺灣所建立的價值。長期的戒嚴體制約束臺灣人民的權利，集中力量對抗中國入侵。政府安置軍人家庭的眷村，成為特殊的新文化地景，來自中國各地、南腔北調

的軍人，在竹籬笆裡融合成特殊的「外省人」族群。外省菁英憑藉語言優勢，在文學、藝術、影劇等領域引領風騷，其文化優越感逐漸淡化國共戰敗的逃亡傷痛。

總的來說，日治臺灣50年，戰後臺灣人對1949年來臺移民有著熟悉的陌生感，這是日本統治臺灣50年與中華民國八年抗戰的文化隔閡。隨著日本殖民政府離開，臺灣少數文化菁英心中對「祖國」的期待也日漸消逝，之後湧現的是各種爭取政治權利的聲音，如黨外民主人士及胡適、雷震與殷海光發行的《自由中國》，後者反映出「外省人」不只有一種聲音。

本文運用官方數據、回憶錄與學界研究，多面向分析1949年移民來臺的歷史事件。其分析取徑跳脫戰後政治宣導的復國統一史觀，不凸顯迫害臺灣人的角度，體現課綱探究實作的精神，也是陶冶歷史素養，不可或缺的態度。

◆ 108課綱相關條目對照說明

林教授的文章對應「十九世紀以後東亞的人群移動」（條目Hb-V-1）、「十九世紀以後東亞的人群移動的變遷及其影響」（條目Hb-V-2），了解1949年國共內戰而撤退到臺灣的外省族群，對於臺灣的政治、社會、文化、族群造成深刻的影響。

延伸閱讀

高格孚，《風和日暖：台灣外省人與國家認同的轉變》（臺北：允晨文化，2004）。
本書對應「十九世紀以後東亞的人群移動的變遷及其影響」（條目Hb-V-2）。

外省人遷臺的性質
與影響

林桶法 *

一、移墾與逃難：
與明清時期漢人來臺的比較

　　「外省人」的意義，本來只是一個單純的相對於「本省人」的名詞概念，只要是來自外省的客旅，都會被當地人稱為外省人，如浙江人到廣東省工作，浙江人在廣東省當地就屬於外省人，民國以來由於局勢變遷與社會經濟的發展，各省都有許多外省人移居於異鄉，中國由於受到長期以來地域觀念，確實存在著認同與排擠的問題，這樣的情形若移到臺灣，本來也應該是同樣的概念，但是事實上另有一層問題。日本投降之後在臺灣所謂外省人，不只是單純相對於臺灣省籍的人，而是有一口外省腔，愛講當年打日本、打「共匪」英雄事蹟的一群人，具有時代因素的特定族群，有些人認為區分外省人是外省人自己居於優越感而劃分的，如楊開雲便認為：「其實追根究柢，本省、外省之分，不是本省人

＊ 天主教輔仁大學歷史學系名譽教授。研究領域為中國近現代史、國共內戰、檔案與口述、臺灣近現代史、抗日戰爭。

分的，而是外省人自己先分的，外省人因為初來的時候有一種優越感，
於是鴻溝就劃出來了。」[1]這種說法並不完全正確，戰後臺灣外省人的塑
造與變遷是經過較長時間才逐漸形成。[2]

　　戰後初期來臺的大陸人士已被稱為外省人，本來沒有排斥性，然因
二二八事件發生被延伸為省籍的紛爭，特別是 1949 年湧入更多的大陸民
眾，外省人變成為特定的指稱，一般而言，是指在 1945-1950 年前後，由
大陸各省陸續來到臺灣的軍公教及民眾；即使經過幾十年後已融合在臺
灣社會內，但他們仍然被稱為外省人，雖然有些人開始採用新住民來稱
呼，但社會上普遍的認知，仍泛稱外省人。這批來自中國大陸不同的省
分的軍民，移居到臺灣含有移民與逃難兩種性質。

　　「移民」一詞在中國《周禮》、《管子》書中都曾出現，另有用「徙
民」，意指人口的遷移；近代以來，西方用「移民」（emgiarte）或離散
（diaspory），有被認為是遷往國外定居的人，或國內較大多數的人口遷
移之意，亦有從地理或社會的角度界定移民者。葛劍雄在《中國移民史》
中對移民做如下的定義：「具有一定數量、一定距離，在遷入地居住了
一定時間的遷移人口。」[3]以 1949 年左右從中國大陸各地來臺的人口而
言，數量百餘萬人，從大陸到臺灣居住的時間已近 60 年，具有移民的內
涵，這一階段的移民，有學者認為是屬於政治性的移民，係指受到戰亂
因素影響，或因內戰而徙居外地者，這是相對於日本投降之前由大陸移

---

1. 楊開雲，〈兩個突破省籍地域觀念的實例——訪田中鎮長劉楚傑與鳳林鎮長邵金鳳〉，《中
　　國論壇》13：12，頁 47。
2. 這一點，東海大學歷史研究所柴雅珍的《戰後台灣外省人的塑造與變遷》（1997）碩士論文
　　有較詳盡的介紹。
3. 葛劍雄，《中國移民史》（臺北：五南出版社，2005），頁 10。

入臺灣的非政治性移民而言。[4] 由於國共內戰失利，公務人員基於職務，一般民眾基於安全等因素的考量，自 1948 年年底之後已開始有計畫的遷居臺灣，因此確有移民的性質，但不是一般個別移民的性質，而是一種政治性的移民。

然而從另外一方面，這批人到臺灣也具有相當程度的逃難性質，由於國共內戰戰火波及人民的安全，許多人被迫在短期內攜家帶眷、變賣家產倉促離開，遷徙到安全的地方，天津《大公報》有一篇〈烽火中的逃難者〉談到：

> 逃難的洪流，由華北而華中，而華南，最後有些人高飛遠走，遁往異邦，其時，這股流向只能代表上層社會，人數不多。譬如說，兩週間國內到香港的人逾萬，到台灣或其他華南各地的人數雖無統計，擁擠雜沓則在想像中。我們對這種消息，並不否認其足以加甚人心的恐慌，但冷靜予以分析，無論如何，他們總是比較少數，比較有辦法的人物，這只能算是一種逃難。或是政治的，或是財產的，或是商業的，原因不一，處境互異。[5]

這段敘述相當符合當時的情形，因此是一種逃難，1945-1950 年代初期來臺者大都有共同的歷史記憶。

逃難者在心態上大都是被迫，對於逃難地區一開始多少有過客的心態，加上來臺的領導者不斷的宣傳「一年準備、二年反攻、三年掃蕩、

---

4. 鍾豔攸，《政治性移民的互動組織（一九四六──一九九五）──台北市之外省同鄉會》（臺北：稻鄉出版社，1999），頁 2。
5. 〈烽火中的逃難者〉，《大公報》（天津），1948 年 12 月 4 日，第二版。

五年成功」，大部分民眾總希望能在戰事告一段落之後返回原鄉，有些較富裕者並沒有藉著較佳的經濟條件在臺灣大量置產。

除了逃難、移民的名詞之外，另外有部分的大陸學者甚至主張用逃離而非逃難，因為他們不認為中國共產黨占據是苦難的開端，但其實這是一種認知的問題，逃難者確實感受時局對他們而言會帶來不安與苦難，因此才需千辛萬苦到臺灣。至於國軍方面有用「轉進」來形容自大陸撤退至臺灣的部隊，中共渡江後南京、上海棄守，政府為避免國軍被完全殲滅，保存反共的希望，逐漸將軍隊撤退來臺，有些將之稱為轉進，成為臺灣人口的主要結構。

不論使用移民、遷徙、逃難、撤退或轉進都有其特定意義，交互使用應該都可以，雖然當時外省人來臺確實是一段逃難的過程，但多少有遷移的性質，本文認為並不需要刻意去統一，交錯使用遷移、遷徙、逃難、撤退、轉進等名詞更可凸顯大時代動盪的特質。1949 年的逃難潮對臺灣注入新血，文化及社會都起了變化，新的外省精英，無疑對臺灣是一股動力，對原有的臺灣居民與這批外省人而言都帶來雙向的影響。

臺灣過去為許多南島語系原住民居住的地區，自明代中葉後漢人遷臺的人數逐漸增加，[6] 其後經 400 餘年的歷史發展，呈現出許多特質，[7] 其中移民的特質特別明顯，甚至有學者認為：「整部的台灣史，也就是台灣的移民史。」[8] 亦有學者認為：「移墾社會的探討，為研究台灣史不

---

6. 荷蘭統治時期約 10 萬人，鄭氏時期（1683 年）約 15 萬。清康熙、雍正年間（1720 年）約百萬人。乾隆末（1795 年）約 130 萬人，嘉慶 16 年（1811 年）約 200 萬人，光緒 13 年（1887 年）約 300 萬人，日本投降（1945 年）約 660 萬人（其中含日本籍 60 萬人）。
7. 臺灣歷史發展的特質，有學者歸納為：政權更替頻仍、具多元文化與海洋文化的特質、近代漢民族成功的特例等，分別見黃秀政等，《台灣史》（臺北：五南，2002），頁 7-11；張炎憲，〈台灣歷史發展的特色〉，《台灣文獻》51：4（2000.12）。
8. 陳漢光，〈台灣移民史略〉，《台灣風土談》24：4（1980），頁 97。

可或缺的一環。」[9] 從 16 世紀末開始有漢人來臺墾殖，之後荷西時期、鄭氏時期、清領時期各有許多漢人來臺，特別是清領時期，來臺移墾者更多，但以福建、廣東省籍為主，特別是閩南一帶的民眾最多。

　　雖然學者都重視移民的問題，但對移民社會的問題則有不同的觀點，以清代移墾社會的轉型的探討就有三種不同的理論，其一，「內地化」理論，以李國祁為代表，李提到：「台灣自康熙時期歸入清帝國版圖後，雍正以降，清廷所推行的政策，則為使其內地化，其目的在使台灣變成中國本部各省的一部分。」[10] 其二，「土著化」理論，以陳其南為代表，陳強調：「從一六八三年到一八〇五年的兩百多年中，台灣的漢人移民社會逐漸從一個邊疆的環境中掙脫出來，成為人口眾多，安全富庶的土著社會，整個清代可以說是來自漢人由移民社會走向土著化變成土著社會的過程。」[11] 其三，「雙向化」理論，陳孔立對於上述兩種理論評論時提出：「它是雙向型的，而不是單向型的，即一方面日益接近大陸社會，一方面日益扎根於台灣當地。」[12] 不論這些爭議如何，明清時期來臺者可以歸為一個時期，稱移墾時期或移民時期都可以。日本投降後（1945-1952），再度有許多漢人從大陸來臺灣，在臺灣歷史上是時間最短，湧進最多漢人的時期，可以稱為逃難時期或撤退時期；這兩個階段，不論是來臺者的身分或來臺的原因、時間、性質及所產生的影響都不同，簡單做一比較：

---

9. 蔡淵絜，〈清代台灣的移墾社會〉，《認識台灣歷史論文集》（臺北：師大中教輔導委員會，1996），頁 84。
10. 李國祁，〈清季台灣的政治近代化——開山撫番與建省〉，《中華文化復興月刊》8，頁 5。
11. 陳其南，〈清代台灣人文社會的建立及其結構〉（臺灣大學人類學研究所碩士論文，1975），頁 5。
12. 陳孔立，〈清代台灣社會發展的模式問題——評「土著化」和「內地化」的爭論〉，《當代》30（1998.10），頁 74。

一、明中葉後陸續有漢人到臺灣移墾，清初期移民人數更多，這批移墾者大部分是屬於經濟性的移民，也就是說大部分是因為經濟或生存的原因來臺灣，[13] 這批來自閩粵的移民具有濃厚的經濟取向，以謀求經濟利益或希圖改善其生活狀況為主。[14] 他們大半趨利而來，重財之風較盛，雖然當時渡海的環境險惡，仍千辛萬苦自願而來，他們其實對於臺灣的自然與社會並不熟悉，沒有特定的認同感，只要合適的地區都可定居下來，因此不斷開發、不斷的流動，成為當時社會的一個現象，對臺灣地區的開發具有一定的貢獻。

戰後外省人來臺的原因則大部分是政治因素或戰亂因素來到臺灣，也就是避難的因素居多，這批人有些是公務人員及其眷屬，隨著政府的遷移避居臺灣；軍人則隨著軍隊撤退來臺；有部分對於共產黨的經濟政策與宗教政策沒有信心，為避免戰火的波及避難來臺，這批移民者大部分都不是自願而來，他們對臺灣也沒有特別印象，來臺後雖然也不斷的移動，但多數是隨工作移動，對臺灣文化多元化的建立有其貢獻，其性質與明清以來的閩客移民迥異。

二、男女比例方面，明清的移民，由於是移墾性質，加上清康熙其中一項不准帶家眷來臺政策，使移居臺灣者男性多於女性，李國祁教授舉大埔庄在 1721 年後的男女比例為 256：1，強調這是臺灣移墾社會的重要特徵。[15] 臺灣的人口組合既是青壯男子多而婦女少，社會上婚姻困難，男女結婚的年齡相距懸殊；此外，也延伸若干問題，如械鬥頻繁、養女

---

13. 陳漢光認為明清之季的臺灣移民從經濟性原因而言，又分為「地理環境」（閩、粵多山）、「人口過剩」、「外人要求」的三大原因。陳漢光，〈台灣移民史略〉，《台灣風土談》24：4（1980），頁98。
14. 蔡淵絜，〈清代台灣的移墾社會〉，《認識台灣歷史論文集》，頁87。
15. 李國祁，〈清季台灣社會的轉型〉，《中華學報》5：2（1978），頁133。

之風盛等現象。

國共內戰,戰亂之際雖然有些人移居到臺灣,但仍有許多人不願離開故鄉,也出現男多於女的現象,如下表:

表一　第二次世界大戰後臺灣地區男女性別比例　（單位：人）

年別	總人數	男性人數	女性人數	性別比例
1946 年底	6,090,860	3,060,527	3,030,333	101.00
1947 年底	6,495,099	3,271,504	3,223,595	101.49
1948 年底	6,806,136	3,437,660	3,368,476	102.05
1949 年底	7,396,931	3,766,018	3,630,913	103.72
1950 年底	7,554,399	3,853,799	3,700,600	104.14

資料來源：臺灣省政府統計處編印,《臺灣省統計提要》（臺中：臺灣省政府主計處,1971）,頁 26-27。

1946 年男女比例為 101.00,1950 年則為 104.14,顯示 1949 年左右逃難或移民來臺的男性人口多於女性,如加上約 60 萬國軍,1956 年外省男女的比例為 156：100。由於軍隊中士兵多數未婚,在婚姻中出現一些現象,其一,外省人內婚中,程度較高者的比例最高,外省人外婚,夫妻教育程度都低的比例超過 50％。[16] 其二,由於來臺外省人的男性比例大於女性,因此必須對外找尋對象;其三,由於一般士兵教育程度不高,加上剛到臺灣來期盼很快回到大陸,並沒有立即結婚的準備,晚婚者多,找尋合適對象愈來愈困難,只得經過各種媒介,找尋程度不高的臺籍（含原住民）結婚。

---

16. 王甫昌,〈族群通婚的後果：省籍通婚對於族群同化的影響〉,《人文及社會科學集刊》6：
　　1（1993.12）,頁 237。

三、明清時期的移民以農人、漁民及勞動人口為主。一般而言，教育程度不高，根據光緒31年底（1905年）的統計，臺灣移民的職業比，農業占75.3％，公務員及自由業僅占1.4％。[17]這批移民者到臺灣大部分從事開墾的工作。

戰後的移民者，各階層皆有，除軍公教人員及其眷屬外，移民分子較為複雜，教育程度較高，有學者指出，這批移居臺灣者，與國共內戰初期蘇北人遷居上海極為類似，大多是地主、商人和學生。[18]工作方面從事農、漁、牧者較少。

四、明清時期移民，由於大多數來自福建（閩南）及廣東（客家）兩省，因此地緣關係較濃；此外，由於移民者互為引介，有部分宗親的血緣關係。

1949年前後的移民，軍隊以蔣的嫡系部隊為主，省籍較為分散，各省都有，有些軍人未有家眷來臺，同鄉與同袍的感情較深，許多同鄉會因應而生，加重地緣的關係；此外，由於政府為安置來臺的軍人及其眷屬，興建許多眷村，形成特殊的眷村文化，無形中也形成另一種追憶與認同。

五、移民的時間，早期大陸移民從明末直到清中葉，大約200餘年，時間較久，1945年後的移民則因戰亂的關係集中在1948-1953年間，其中又以1949年為最多。雖然交通工具，日本投降後有客貨輪、軍艦等，與清季時期相較，載運量增加許多，且航行的時間縮短，但由於人數過於集中，使1949年的港口顯得十分擁擠。

---

17. 陳漢光，〈台灣移民史略〉，《台灣風土談》24：4（1975），頁113。
18. Emily Honig, *Creating Chinese Ethnicity-Subei People in Shanghai* (New Haven: Yale University Press, 1992), p. 41.

二、外省人遷臺對文化教育的影響

（一）文化藝術方面

國共內戰最後政府撤退來臺，其實是許多人所始料未及者，戰後不論是軍隊的數量、武器的精良程度、統治地區或統治區的人數，政府都具有絕對的優勢，但國共內戰到後期，政府漸趨劣勢，三大戰役之後更是節節敗退，最後撤至臺灣，約 120 餘萬人相繼來到臺灣，對於臺灣地區產生巨大的影響，有些影響是立即而明顯，有些則需要從長時間的線性觀察。外省人來臺大約 60 年，經過第一代、第二代，甚至第三代，第二代之後已產生許多變化，許多方面與當時來臺的環境已有極大的差異，僅就來臺初期（約 20 年）外省人所產生的衝擊之犖犖大者做討論。

首先就文化方面而言，文化包括文學、藝術及表現於市民社會的行為表徵，其範圍相當廣泛，如擴大到生活層面，可探討的主題相當龐雜，僅舉一些具體方面的影響。

藝術方面，雖然當時來臺的藝術專家與人才，就全中國而言，可能只是極其少數，但這些藝術人才對臺灣有若干啟迪的作用。日本投降後，大陸來臺的畫家有張大千、黃君璧等，對日後臺灣美術發展的啟發相當大。影響臺灣畫壇者，不僅是當時已成名的畫家，有些是隨家庭或軍隊來臺，日後成為畫家，如劉國松初中畢業後，進入國民革命軍南京遺族學校就讀，1949 年來臺借讀於師大附中，日後從事水墨的革新，倡導中國畫現代化，並建立抽象水墨的鮮明個人風格。又有書畫家如黃群英（1920 年生於江西省），1949 年來臺擔任公職，長期致力書法之研究，

為當代臺灣著名書家，作育英才，對臺灣書畫教育影響甚深。如此之個案甚多如李文漢、李世家等不勝枚舉。

50年代之後的建築有來臺的大陸建築師解決鄉愁的具體文化形式，1950年陳聿波在高雄臺灣銀行分行首先設計了「宮殿式」新建築，其後緊接著成群的宮殿式機構建築出現，如舊國立中央圖書館（利群／陳濯，1955）、臺北市立綜合運動場（基泰／關頌聲，1956）、臺北科學館（盧毓駿，1959）、臺北文化大學大成館（盧毓駿，1960）、臺北圓山大飯店（和睦／楊卓成，1961-1971）、臺北故宮博物院（大壯／黃寶瑜，1965）、陽明山中山樓（澤群／修澤蘭，1966）等皆是採用鋼筋混凝土建造的華麗裝飾性古典建築。除宮殿式的建築外，戰後來臺的大陸建築師有另一批留美建築菁英，他們受現代建築大師的影響如金長銘、張肇康、陳其寬、王大閎（國父紀念館建築）等人，他們反對裝飾，企圖以樸素的材料本質與清水混凝土的構架，來重新定義中國建築文化，發展新傳統形式。另有隨空軍於1948年來臺的賀陳詞（臺南市大同教巴哈伊中心）等對臺灣的建築發展都有一定程度的影響。

雕塑方面，1950年何鐵華《新藝術》雜誌創刊，倡導建立一個自由中國本位精神的文化體系，鼓吹現代美術思潮，雕塑家楊英風雖生於臺灣宜蘭縣（1926-1997），曾先後求學於日本東京美術學校、北平輔仁大學美術系、國立臺灣師範大學藝術系等，一生創作千餘件漫畫、版畫、雕刻、雷射藝術、景觀與建築規劃等各類藝術作品。自幼即是虔誠的佛教徒，楊英風震懾於中國北魏時期大佛造相莊靜、純樸剛健，因而捨棄傳統佛像造相中繁雜的紋飾，超越「形似」的階段，將空靈意境，轉化為抽象造型語言，呼應藝術形虛質實、妙化萬有的精神。他的「佛教系列」，可稱是臺灣佛教藝術創作品的最上作，並獲殊榮無數。造形以變

形與抽象為主，以本土意識與前衛理念為創作之源。[19] 這些藝術家來臺，豐富臺灣文化的內涵。

　　戲劇方面，以表演藝術團體為例，京劇是民初以來大陸的主要戲曲之一。在日本統治臺灣時期，臺灣的表演主要以布袋戲、歌仔戲及一些民間的車鼓陣為主，大陸的京劇、崑曲、話劇等相繼在臺灣生根發展，雖然許多表演具有政治宣傳的目的，但正如王安祈教授提到國軍文藝獎（俗稱競賽戲）時所說：「由於競賽戲基本上是以鼓舞國軍士氣為前提，所以選擇題材時特別強調主題意識，句踐復國、毋忘在莒、岳飛抗金、推翻蒙元之類的情節便經常搬演。近年來，競賽戲承擔了許多社會上的負面批評，但至少就當時觀眾現場熱烈的反應來看，或許我們仍不宜以一句『政治干預戲曲』來為它做籠統的論斷」；[20]1950 年代初期，雖然臺灣地區的野台表演仍以歌仔戲、布袋戲為主，但劇院的表演，京劇等表演團體特別是在室內的表演確實擠壓了臺灣本土劇曲的表演空間。

　　文學方面，大陸來臺知名的文學家不算多，但由於國民黨政府失去中國大陸的政權，來臺政府的領導者檢討失去中國大陸的原因之一是受思想的影響，因此為生聚教訓，鞏固思想，去左翼化成為當務之急的工作，1950 年 4 月，中華文藝獎金委員會成立，文藝獎給獎除有高額稿費之外，並轉介到其他報刊發表，1951 年發行的《文藝創作》月刊，成為其發表的重要園地，當時許多來臺作家喜歡在《文藝創作》發表其創作。1951 年 5 月 4 日，中國文藝協會成立，由立法院長張道藩主持，積極推動反共抗俄文學，1953 年 8 月 1 日，中國青年反共救國團大力支持的中

---

19. 朱銘先後習藝於楊英風等，創造出自己的風格，獲得國際的肯定。
20. 王安祈，《傳統戲曲的現代表現》（臺北：里仁出版社，1996），頁 92。

國青年寫作協會成立，成立典禮上，王昇提出國防文學的口號。同時國防部總作戰部設置軍中文藝獎金，促成軍中創作的風氣，《軍中文藝》也於 1950 年創刊，透過這些獎倡及對左翼思想的禁制，反共懷鄉文學，蔚為 1950 年代文壇的主流。當時在《文藝創作》發表的作家，如朱西寧、段彩華、墨人、蘇雪林、齊如山、王藍、陳紀瀅、司馬中原、張愛玲等都是由大陸來臺的外省人，他們展現出來的不僅是一種對故鄉的情懷，更重要的是推動反共抗俄的文藝氣息。充斥的作品，有時不免流於八股，到 1960 年代在文壇上激起一些鄉土文學，如黃春明等的創作，雖然有一些論辯，但對臺灣文學的發展是有助益，豐富臺灣文學的內容，文藝作品日漸豐富，使臺灣的文化加入更多元的因子。

其他知名大家，有些是經過許多波折後輾轉來到臺灣，如林語堂、蔣夢麟等，對臺灣文壇注入新的因子，深化臺灣文化的內涵。

展示文化，從大陸遷移來臺的故宮博物院、中央博物院、中研院歷史語言研究所等文物，更有其重要的貢獻，中央圖書館的典藏善本書的遷臺，增加臺灣圖書的收藏，豐富臺灣的文化內涵。

中原文化從過去的歷史而言，對邊區及附近地區具有一定的強勢，加上此次移民的數量特別是知識階層甚多，挾著政治統治的優勢，對於臺灣文化產生相當程度的影響。如普通話（即國語）的強力推行，自陳儀擔任臺灣省行政長官之後，即引介其同鄉好友許壽裳（1883-1948）為臺灣省編譯館館長，主要的任務即是推展國語文，編寫中小學國語教材，將臺灣重新拉入中國文化之內。另外又成立臺灣文化協會，發行《台灣文化》，作為中國文化植基於臺灣的媒介。

(二) 教育與學術方面

　　高等教育方面，許多原在大陸地區的大學紛紛在臺復校，大學方面，如清大、[21] 輔大、[22] 東吳、[23] 中央大學、[24] 交通大學 [25] 等不論是公立或者私立，其教學理念與立校的精神，對臺灣地區而言，不僅是傳承，也是再生，樹立不同的典範，使臺灣的高等教育更加的多元。

　　學術的發展本來就有承續性，臧振華教授就提到：

　　民國三十四年台灣光復以後，日本考古學者逐漸離開了台灣考古的舞台，而在大陸以發掘安陽殷代都城遺址聞名的一批考古學者，包括李濟、董作賓、石璋如和高去尋等，卻隨中央研究院歷史語言研究所遷至台灣。他們的到來，使得因為撤離而瀕臨中斷的台灣考古重新獲得了生機，對爾後這門學問的存在和成長，發揮關鍵性的作用。[26]

---

21. 清華大學的前身為清華學堂，1911 年正式開學，1955 年在新竹復校。
22. 輔仁大學為直屬羅馬教廷教育部之天主教大學。1925 年由美國本篤會於北京創辦，初期設大學預科名為「輔仁社」，1927 年北洋政府准予試辦，並正式將校名改為輔仁大學。國民政府統一全國後，於 1929 年呈請教育部正式立案。1959 年中國主教團、聖言會及耶穌會共同參與復校計畫，1960 年教育部核准在臺復校。
23. 東吳大學 1900 年創辦於蘇州，1949 年 12 月大陸易幟，國民政府遷臺。東吳大學在臺校友倡議復校，1951 年籌組董事會，於臺北市漢口街借屋設東吳補習學校，設法政、商業、會計及英文 4 科。1954 年教育部以東吳補習學校辦學績效卓著，核准先行成立東吳大學恢復法學院，設法律、政治、經濟、會計 4 系，並附設外國語文學系，為臺灣第一所私立大學。1957 年購得士林外雙溪土地 7 甲加上士林鎮公所贈與之土地共 15 甲，此時石超庸校友接任院長，積極推動建校事宜，兩年內完成第一棟教學大樓（寵惠堂）及學生活動中心。1961 年全校由臺北市漢口街遷到外雙溪現址。
24. 中央大學 1915 年創建於南京，大陸時期為東南的學術重鎮，素有「北北大、南中大」之稱。1962 年在臺復校。
25. 交通大學 1896 年，初名南洋公學，1921 年始稱交通大學，1958 年，始經旅美校友之倡議而奉准於新竹復校，成立國立交通大學電子研究所。
26. 臧振華，〈考古學〉，《中華民國史學術志》（臺北：國史館，1996），頁 162。

由於許多大陸學者陸續來到臺灣，使大陸的學術得以在臺灣延續，以歷史學相關的發展為例，在學校方面，臺灣在日本投降之初，僅有臺灣大學設有歷史系，其後 1946 年臺灣師範學校設有史地系，大部分的師資來自大陸如傅斯年、姚從吾、李濟、董作賓、方豪等，其中又與傅斯年引介的貢獻最大，1952 年胡適在臺大演講時提到：

> 現在台大文史的部門，就是從前在大陸沒有淪陷的時候也沒有看過有這樣集中的人才，在歷史、語言考古方面，傅先生把歷史語言研究所的人才都帶到這裡來，同台大原有的人才，和這幾年來陸續從大陸來的人才連在一起，可以說是中國幾十年來辦大學空前的文史學風。[27]

　　許多的研究大部分是民國以來的延續。[28]1950 年代進入臺大就讀的李亦園及許倬雲等，都受到這批大陸學者的薰陶，許倬雲教授多次提到臺大和史語所不少師長（李宗侗、李濟、董作賓等）對他的栽培和影響。[29]

三、外省人對社會經濟的衝擊與影響

　　大陸菁英分子加入臺灣的建設，帶動臺灣發展，臺灣土地改革及後來的經濟發展即是借重來臺的技術官僚的專業與努力，其中有許多大陸

---

27. 胡適，〈治學方法〉，《胡適哲學思想資料選》，上冊（上海：華東師範大學，1981），頁 438。

28. 1950 年代，臺灣出版有關史學的書，較重要的有張其昀《史學講話》、李宗侗《中國史學史》、許冠三《史學與史學方法》等，來臺之初的史學家被視為「史料學派」、「傳統學派」。王晴佳，《台灣史學五十年》（臺北：麥田出版社，2002），頁 17。

29. 許倬雲，《歷史分光鏡》（上海：上海文藝，1998），〈序〉，頁 1-2。

的企業或產業遷至臺灣繼續發展，對臺灣的經濟亦有一定的貢獻。

　　1949 年前後，大陸紡織工業紛紛遷臺，其中又以臺灣最缺乏的紡紗廠設備最多，華南紗廠由上海、寧波裝運紗錠 3 千枚來臺設廠，台元紡織公司由於吳舜文力主遷臺，搬遷 1 萬錠的機件來臺，雍興實業公司於 1948 年底遷臺，中國紡織公司於 1949 年 5 月在臺成立辦事處，並將華南各辦事處的物資遷臺，成立紗錠 1 萬枚、布機 3 百台的臺灣紡織廠。此外，申一紡織廠、嘉豐紡織廠、萬寶紡織廠等三家超過 1 百台動力織布機廠商從上海遷臺；針織衫衣部分有超過一半以上由上海、青島遷臺，其中較有名的如：遠東針織廠公司、建國棉織廠、慶詳棉織廠來自上海地區，六和棉織廠來自青島，[30] 除了以上公司外，另有臺北紡織公司、華南紡織公司等，不論是紡織工廠數，或設備的規模亦逐漸擴增，對於臺灣往後紡織業的發展自有其影響。

　　國民黨黨營企業如齊魯公司、[31] 天津恆大公司、[32] 濟南興濟公司、[33] 瀋陽益華公司、[34] 安徽農產公司、[35] 上海樹華公司、[36] 永業公司、[37] 臺灣

30.陳錦昌，《蔣中正遷台記》（臺北：向陽文化，2005），頁 88。

31.由於戰後接收紊亂，華北方面接收的工廠多集中在青島、天津、濟南等地，為求管理方便及確保產權，中國國民黨中央財務委員會於各地就近設公司統籌管理，其中在青島、濟南的公司設立「齊魯企業股份有限公司」（簡稱齊魯公司），1947 年 6 月創立，曾養甫為齊魯公司籌備處主任，畢天德為副主任，邵履均為監收人員。1948 年 1 月 1 日正式成立公司，曾為董事長。齊魯公司所屬的單位甚多，包括自日本接收的麵粉廠、啤酒廠、橡膠廠 3 單位，亦包括青島中國食油公司。黨史館藏，〈中央財務委員會第三十七次會議紀錄〉，1949 年 5 月 10 日，《會議》，檔號 6.3/195.13

32.1946 年河北平津敵偽產業處理局，經行政院批准，將天津 3 個利潤較大的日本工廠：東亞煙草廠、東亞麵粉廠、中華火柴廠撥交國民黨中央財務委員會，財委會接收後改組為恆大公司。由駱美奐擔任籌備主任。

33.由於齊魯公司事業龐雜，乃將濟南所屬麵粉、煙草等廠獨立，另設興濟企業股份有限公司，由邵履均為董事長。

34.齊世英為董事長。

35.由安徽省黨部與財委會合辦，於 1947 年 10 月成立，主要辦理穀米加工與農產運銷。

興台公司等，因應國民黨政策相繼遷來臺灣，對臺灣的橡膠業、棉織業的發展亦有助益。其他方面如：在青島設立多家工廠的尹致中，於 1947 年來臺創立大東工業公司，創設造紙廠，兼生產自行車，[38] 都有一定的貢獻。

　　此外，一些技術官僚[39] 到臺灣之後（如嚴家淦、尹仲容、趙耀東等），對穩定臺灣早期的金融及臺灣往後的經濟發展甚有貢獻。由於大量的外省軍人退伍後，投入臺灣公路交通的建設，許多困難地段的開通，這些外省人功不可沒。

四、臺灣族群新結構與問題：
芋仔與蕃薯的糾葛

　　大陸 120 餘萬人撤退至臺灣，直接立即的影響即是人口族群（ethnic group）結構，[40] 本來日治時期臺灣的人口結構以閩南（福佬）、客家、原住民及日本人為主，日本投降後，日本人除留用的技術人員外，大部分相繼回國，臺灣的人口結構即以閩南（福佬或河洛）、客家、原住民、外省人為主，形成四大族群。移民者當然也希望獲得認同，然由於歷史因素產生許多不和諧性，族群衝突與融合成為臺灣變動的因子。[41]

　　以戰後臺灣的族群結構而言，1945 年本省籍（含閩南、客家、原

---

36. 1946 年 9 月 19 日成立於上海，董事長趙隸華，原名庶華企業股份有限公司，後改為富民股份有限公司，其後才定名為樹華公司，主要經營農林漁牧及國內外物資運輸。
37. 1946 年 9 月成立，主要經營鹽業的運銷方面。
38. 張玉法，〈一九四九年來台的山東人〉，《歷史月刊》2000：9，頁 116。
39. 如嚴家淦、尹仲容、孫運璿、趙耀東等對臺灣的經濟發展都有其貢獻。
40. 族群的概念源於西方的人類學研究社會實體的一種範疇分類，後來被延伸代表含有共同利益及一定連帶感的人，或指有共同特質與文化傳統的一個群體。
41. 胡台麗，〈芋仔與蕃薯：台灣「榮民」的族群關係與認同〉，《中央研究院民族學研究所集刊》69。

住民），占 99％，1949 年，本省籍占 94.3％，外省人僅有 5.6％，到了
1961 年，本省籍為 87.8％，外省籍人口占 12.2％，[42] 雖然這項比例未將
軍隊人數計算在內，即使加上軍隊占臺灣總人口的比例仍不算高（約 15-
20％左右），但在政治地位上，不論是黨政的領導階層，或中央民意代表，
外省人都占有絕對的優勢，而且由於這批人居住集中於某些地區，語言
不同於原來臺灣居住的居民，形成一個特定的群體，被稱為「外省人」、
「阿山」、「芋仔」，這批人到臺灣之後，對臺灣產生一定程度的影響。

　　首先，從來臺外省人內部的融合而言，戰後初期，外省人來臺者雖
然以福建、浙江、江蘇、廣東、山東省居多，但包括大陸各省，來臺灣
之後，不僅是與臺灣省內的三大族群的融合，也是大陸各省間族群的大
融合。從民國以來，歷經軍閥統治、國民政府的統一，不僅有中央與地
方的衝突，省籍的排擠問題一直存在；戰後初期歷經共同逃難的苦難，
加上政府在安置上所形成的眷村感情，外省人與外省人之間的紛爭與競
逐可能還存在，但相互的排擠減少，在共同記憶如對日本人的仇恨，恐
共的心理及對大陸的情懷上較為一致，使原來在大陸時期的省籍問題來
到臺灣之後的確變淡。[43] 特別在國家的認同上，在臺灣的族群氛圍下，福
佬、客家、原住民在政黨支持與國家認同的立場上比較異質而分歧，相
對的，外省人則有較高的同質性。[44]

　　其次就外省人與臺灣族群間的問題，共同的語言、文化與共同的記

---

42. 吳乃德、陳明通，〈政權轉移和菁英流動——台灣地方政治菁英的歷史形成〉，《台灣論文
　　精選》（臺北：玉山社，2002），頁 377-379。
43. 其後外省人的第二代在政治的認同上也出現一些紛歧，如海峽兩岸和平統一促進會（以馮滬
　　祥、李慶華、郝龍斌等為代表）、外省人臺灣獨立促進會（以陳師孟、段宜康、田欣等為代
　　表），與本文較無直接的關係，不予討論。
44. 高格孚，《日和風暖——台灣外省人與國家認同的轉變》（臺北：允晨文化，2004），頁 9。

憶，較容易融合，相對的，不同的語言、文化則容易引起不必要的誤會，1947 年發生的二二八事件，原因之一即是來自文化與語言的差異，由於事件造成甚多人傷亡（約萬人），被宣傳成臺省人與外省人的衝突，政府遷臺之後，問題依然存在，這批渡海來臺的移民者不會使用島上通行的福佬語 （河洛語）或客家語，無法與當地居民流暢的溝通，過客的心態使他們一開始並沒有認真學習河洛語，長期以來的互不了解一開始並未改善。「外省人」在黨政軍統治地位的優勢， 代表著政治的權力與社會地位的強勢者，相當程度的擠壓部分臺籍人士的發展；大量眷村的興建，[45] 雖解決外省人居住的問題，但外省人自成為一個文化圈，無形中也是一種隔礙，本省人與外省人間好像總是存在著一些鴻溝，[46] 加上政治因素的影響，如中央民意代表及地方縣市長的選舉，有些候選人以省籍進行操作，使原本和諧的族群關係，被放大而出現一些衝突，族群間的矛盾未能消弭，成為往後臺灣相當棘手的問題。

其三相互影響，戰後渡海來臺的外省人，與臺灣土生土長的臺灣人，對這塊土地有不同的感情認同，但是，外省人與臺灣人的想法卻一直都在彼此互動下相互影響（interaction）。[47] 來臺的外省人，雖然大部分集中於臺北縣市、桃園縣、高雄縣市與臺中縣市，[48] 但其他縣市皆有，與臺灣人經過長時期相處之後， 建立起精神與物資的相互交流與影響，移民

---

45. 來臺初期為解決來臺外省人居住的問題，逐漸建造眷村，1964 年總政治作戰部接收軍眷業務，各軍種總司令部陸續成立眷管處，興建眷村，1970 年國防部的總政戰部設立軍眷業務管理處，負責眷村遷建、軍眷服務等。
46. 本省人會認為外省人不認同臺灣這塊土地，外省人會認為為何不被認同。
47. 高格孚，《日和風暖——台灣外省人與國家認同的轉變》，頁 14。
48. 以 1956 年代言，外省人在臺灣各縣市的分布，以臺北市最多，占總人數二分之一以上，其次為臺北縣、高雄市、基隆市、高雄縣、新竹縣等，外省人口比例較高者次第為：臺北市、基隆市、桃園縣、新竹市。見《中華民國戶口普查報告書》第 2 卷第 1 冊，頁 610-614。但此次統計不含現役軍人。

者帶來新的文化思維，本身亦逐漸融入整個社會中，從生活習慣到文化思維確實有一些改變。

這批外省人來到臺灣，除了適應與融合臺灣的生活文化之外，也帶來大陸時期各省的生活習慣，各省的家鄉菜充斥街頭巷尾，北方的麵食、川菜、湘菜館林立，成為許多人生活消費的地方，臺灣民眾過去的衣著儉樸，由於移居臺灣者以大陸沿海城市居多，一些高級的服飾店增多，「海風」（上海）、「港風」（香港）的奢華與時尚，對臺灣衣著帶來一些負面的評價，[49] 但大陸人的部分衣著（長袍馬褂、中山裝、旗袍）成為當時臺灣生活的一部分。相對的，臺灣的飲食文化也成為外省人生活的一部分。

對臺灣而言，1949 年可以說是接續民國以來歷史發展與臺灣歷史發展的開端。給臺灣帶來了正負面的影響，在不斷的衝擊與融合中，有許多人已成為歷史，但他們到臺灣的確增加了許多歷史的材料，所建立的多元文化價值應該值得肯定。

──本文原收錄於氏著，《1949 大撤退》（臺北：聯經出版公司，2009），頁 400-415。林桶法教授授權使用。

---

49. 蔡錦堂，〈戰後初期（一九四九──一九五〇）台灣社會文化的變遷──以《中央日報》記事分析為中心〉，《淡江史學》15（2004.06），頁 264-267。

一、移墾與逃難

① 什麼是「外省人」：凡是來自外省的客旅，就被本地人稱為「外省人」，是相對於「本省人」的名詞。

② 二二八事件後，外省人轉變為特定的指稱，為 1945-1950 年前後，從大陸各省來到臺灣的軍公教或民眾。

③ 這群來自中國大陸各省的軍民，擁有「移民」、「逃難」的兩種性質，對臺灣人也帶來雙向的影響。

④ 明清之際漢人移民與戰後外省人來臺的比較：

動機：經濟、生存；政治、動亂。

男女比例：兩者皆男多女少。

職業：農民為主；除了軍公教及其眷屬，各階層都有，且教育程度較高。

移民來源：福建、廣東兩省；各省都有，且形成特殊的眷村文化。

移民時間：從明末到清中葉，約 200 年；集中在 1948-1953 年。

二、外省人遷臺對文化教育的影響

① **文化藝術方面：**

書畫：張大千、黃君璧、黃群英等。

建築：陳聿波、關頌聲、金長銘、張肇康等。

雕塑：楊英風。

戲劇：京劇、崑曲、話劇在臺灣生根發展。

文學：反共抗俄、反共懷鄉文學等。

文化機構：故宮博物院、中央研究院歷史語言研究所等，並帶來豐富的文物。

② **教育與學術方面：**

大學：清大、輔大、東吳、中央大學、交通大學在臺復校。

學者：以歷史學為例：傅斯年、姚從吾、李濟、方豪等。

三、外省人對社會經濟的衝擊與影響

① 大陸產業、企業的遷臺，如當時搬遷來臺的紡織工業，就提供臺灣最缺乏的紡紗廠設備。

② 技術官僚，如嚴家淦、尹仲容、趙耀東等，也對於臺灣早期的金融與經濟發展有所貢獻。

③ 外省軍人退伍，投入臺灣公路交通的建設。

四、臺灣族群新的結構問題

① 以族群結構來說，1949 年本省人占 94.3 ％，外省人占 5.6 ％。到了 1961 年本省人占 87.8 ％，外省人占 12.2 ％（若加上軍隊提高到 15-20 ％），但外省人在政治地位上享有絕對的優勢。這些人也對臺灣造成一定程度的影響。

② **外省人的內部融合：**

外省人共有的逃難記憶、眷村經驗、反共意識、大陸情懷，淡化了原本可能發生的省籍衝突，在國家認同上也相對於臺灣的福佬、客家、

原住民族群,有更高的同質性。

③ **外省人與臺灣族群問題:**

語言和文化的差異、政治與社會地位的失衡、外省人眷村文化圈的隔閡等,都讓族群間的矛盾未能解決,成為臺灣棘手的問題。

④ 在飲食文化、衣著服飾等層面,外省人與臺灣人之間也相互影響。

現代化的歷程

「現代化的歷程」本篇要點

李君山

國立中興大學歷史學系副教授兼系主任

陳進金

國立東華大學歷史學系副教授

　　普通高中第三篇「現代化的歷程」主題中，計有兩個項目：一、「傳統與現代的交會」，所要探討的重點在近代東亞國家追求現代化的過程中，傳統與現代交會的歷程，及其所面對的重大挑戰。二、「戰爭與和平」，所要探討的重點在東亞國家追求現代化的歷程中，為何經常試圖透過戰爭達成大一統？戰爭是促成或阻礙了國家的現代化？

　　換言之，108課綱普通高中「現代化的歷程」主題，主要是討論東亞國家在現代化歷程中，傳統與現代衝擊與因應，同時檢討戰爭的形成與對東亞局勢的影響，著重於對於民眾的感受。也就是說，不再只從「器物現代化」、「制度現代化」和「思想現代化」的角度來詮釋近代東亞各國的現代化歷程，而且重視民間社會與現代化的激盪，例如：新興城市的發展、婦女角色的轉變，以及新媒介與新思潮的傳播與影響，這些都是與人民切身相關者。

至於「戰爭與和平」，也不再強調戰爭與民族主義或意識型態之間的關係，而是重視東亞地區人民在戰爭中的慘痛經歷，以及冷戰時期東亞地區透過區域合作與經貿統合，來消弭兩大陣營敵對關係，這些主體不僅可以讓我們反思人類如何避免戰爭，同時了解當代東亞地區紛爭（如南中國海主權爭議、朝鮮半島核武危機、釣魚臺列嶼領土爭議以及各國邊界領土爭議等）的源由，進而思考解決之道。上述主題的探討，正好呼應「從人民為主體觀點出發」與「動態分域架構」的課綱精神。

|導讀| 陳豐祥，〈近代日本的大陸政策〉

—————————— 李君山 ——————————

　　陳豐祥教授的文章分為三個部分，第一部分討論日本「大陸政策」的由來。該政策實際就是該國對於自己「自我想像」的一種投射。一方面，它是個島國，欲求跨越藩籬，只能朝向東亞大陸發展；另一方面，它的天皇中心、「萬世一系」的訴求，又使得它的思想家們，容易傾向接受西方的擴張思想，迷信向外擴張，是追求帝國光榮的不二法門。這種自我想像，是後來發展成日本法西斯運動的重要源頭。

　　第二部分介紹「大陸政策」的階段性演變。「大陸政策」雖然有它思想上的來源，但其目標和欲望，卻是隨著政治形勢的變化，呈現「得隴望蜀」、不斷膨脹的特徵，說明了這套思想和政治操作之間，密不可分的教條關係。從朝鮮到東北，從東北到滿蒙，從滿蒙到全中國，從全中國到大東亞，最後一步步將日本帶入第二次世界大戰的深淵，直到無條件投降。

　　第三部分說明「大陸政策」的特點和意義。日本帝國主義在20世紀，始終處於從屬性的本質，也就是追隨歐美列強的驥尾，設法在亂局中獲取好處。但日本軍部不能滿足這種地位，狂妄地希望挑戰這種秩序，擺脫作為附庸的自卑身分。於是「大東亞共榮圈」就變成他們驅逐歐美在亞洲勢力的一種口號，而毫不反省地發動了太平洋戰爭。

┌─ ◆ 108 課綱相關條目對照說明 ─────────────────────

　　陳教授的文章對應「東亞國家對西方帝國主義的回應」（條目 Ia-V-
2）、「東亞地區人民在二十世紀重大戰爭中的經歷」（條目 Ib-V-1），可以
了解日本對於西方帝國主義的回應，討論戰火下的東亞人民，並說明加害者
的背景。

延伸閱讀

1. 權赫秀，〈「滿洲問題」怎樣引爆了日俄戰爭？〉，《亞洲研究》71（2015.10），頁 3-26。
　　本文對應「東亞地區人民在二十世紀重大戰爭中的經歷」（條目 Ib-V-1）。
2. 黃自進，〈關東軍與九一八事變：政治背景與戰略設計為中心的探討〉，《思與言》
　　44：4（2006.12），頁 91-114。
　　本文對應「東亞地區人民在二十世紀重大戰爭中的經歷」（條目 Ib-V-1）。
3. 林明德，〈大東亞共榮圈的興亡〉，《歷史月刊》91（1995.08），頁 74-80。
　　本文對應「東亞地區人民在二十世紀重大戰爭中的經歷」（條目 Ib-V-1）。

近代日本的
大陸政策

陳豐祥[*]

「大陸政策」一詞，是中日兩國均極為通俗流行的用詞，但在一般中文辭書中卻未見有此一詞目，相關的學術著作也極為少見。所以雖然通俗流行，但國人對它的實際了解，大多僅止於籠統模糊的概念，視之為日本帝國主義侵略中國的代名詞而已。至於日本大陸政策的形成背景、目標方向、發展過程、結果影響，以及我們所採取的因應措施與態度，則少有綜合性的探討，誠令人遺憾。

一、日本自古即試圖建立大陸帝國

事實上，日本的大陸政策是一種思想與行動；日本雖僻處東亞荒陬海隅，但自古即不斷試圖發展大陸勢力，建立大陸帝國。可以說，日本民族早已踰越島國藩籬，具有根深柢固的大陸意識。所以在中日兩千多年的交流歷史中，有一項可以歸納驗證的規律，就是日本接受外來文化如有助於其民族的統一，其結果必向外侵略；而且因地緣關係，首當其

---

[*] 國立臺灣師範大學歷史學系退休教授。研究領域為日本史、近代中日關係史、歷史教育。

衝的目標必定是朝鮮，甚至以朝鮮為跳板而逞其擴張大陸的野心。唐代白江口之役、明末朝鮮之戰，都足以代表日本對大陸的野心，惟均敗於中國而未能得逞。此後歷經數百年，日本始於清末甲午戰爭中初嘗勝績，進而踵效歐美帝國主義之後塵，經由政治、軍事、經濟、文化各方面肆行侵略中國。因此，近代日本大陸政策的思想與行動，實兼具有日本歷史傳統的大陸意識，以及近代歐美帝國主義的侵略本質。誠如日本平凡社編《政治學事典》所載，大陸政策的定義是：

> 日本自明治以來對中國、朝鮮所進行的侵略政策。明治政府成立後，
> 為緩和國內保守勢力對立的險惡暗潮，不斷利用對外危機以轉移國
> 人視聽，藉以消除國內沒落士族的不平之氣，此後逐漸蛻變成以帝
> 國主義為本質的侵略主義。

二、大陸政策的階段性演變

由於日本大陸政策寓有帝國主義的侵略本質，因而在對外長期的侵略過程中，內外情勢的激盪往往影響其思想與活動，形成階段性的不同風貌與特徵。大體而言，此種階段性的思想與行動，略可分為下述五個時期：

（一）第一期由幕末以迄甲午戰前，為萌芽發軔期

此一時期由於日本社會經濟的急遽變遷，以及歐美列強的交相侵逼，學者目睹時代危機，乃倡為經世讜論以匡時濟世，其內容多已突破鎖國

藩籬與島國意識，而著眼於日本在國際社會中的生存之道。故維新初期的征韓論爭，即基於上述的觀念，其目的不僅在藉外征以弭內亂，甚至是在奠定入侵歐亞的基礎。至於對華政策，也是在不斷強調生存危機的氣氛下發展軍國主義，研擬大陸作戰計畫，企圖一舉擊潰中國，實現雄飛海外的夢想。

可以說，發軔期的日本大陸政策，是在謀求對外發展以補償列強侵略日本的損失；而明治政府由於繼承幕末以降的富國強兵及海外雄飛等觀念，企圖以中國及朝鮮為目標，躍效帝國主義的侵略政策，終於導致甲午戰爭的爆發。

（二）第二期由甲午戰起以迄日俄戰前止，是隱忍待發期

此一時期，由於近代日本經世思想的歷史傳統，以及帝國主義時代強權政治的必然發展，使滿洲成為日本大陸政策的具體目標，但也因此而遭遇先進帝國主義國家的干預，使遼東半島得而復失。

日本為後進帝國主義國家，對三國干涉還遼之辱，不得不屈從隱忍。但屈從事實上是忍辱負重的緩兵之計，所以甲午戰後，日本朝野除了表現臥薪嘗膽、整軍經武的進取精神，以期再造捲土重來的主觀形勢外；在對外方面，更積極主動參與國際事務，俾能與列強的行動協調同步，甚至爭取列強同盟支持其大陸政策，藉以重建東山再起的客觀形勢。因此，英日同盟的終獲成立，即是提供日本推動大陸政策的有力憑藉。由此顯示，日本的生存與發展之道，並非一味消極的屈從忍耐，而是在屈辱中再堅彌厲，主動進取，故能掌握新形勢，開創新機運。

（三）第三期自日俄戰後以迄辛亥革命止，為確立鞏固期

日俄戰後，日本已取得南滿的優越權益，如何確立並鞏固既得利益，成為當時各方爭論的焦點。軍方由於恃勝而驕，且昧於客觀情勢，故擬以激進手段對滿洲實施軍政統治；惟當時元老重臣尚存，對軍方的驕縱跋扈之氣猶能鎮撫，外務省的文治措施乃得以取代軍政統治。

外務省自明治維新初期以後，即不斷攀附西方帝國主義之驥尾，深諳強權外交的致勝手段之一，即是公開或祕密的連結盟國，並以他國或弱小民族為犧牲品，來達成盟國間的相互提攜與協調。因此，日本在日俄戰後的大陸經營上，即鑑於列強在華的角逐日益激烈，深知唯有進行同盟外交始能穩操勝算；即使向所視為世仇大敵的俄國，亦應虛與委蛇，結為同盟。因為日俄相結，不僅可以抗禦列強分享滿洲利益的企圖，更可藉以壓制中國的主權要求，誠屬牽制滿洲的上策。

同時，日本為掌握滿洲的經濟命脈，以及維持政治、軍事的絕對優勢，特別強化「滿鐵」的「文裝武備」功能，使之肩負日本侵略政策的特殊使命。因此，在「滿鐵」、關東軍以及外務省的所謂鐵三角拱衛下，日本在滿洲的權益已獲得完全的確立。

（四）第四期自辛亥革命起以迄洪憲帝制終，為擴張發展期

此一時期中，由於中國政潮黨爭不斷，革命運動前後相繼；更逢第一次世界大戰發生，歐美列強多已捲入戰爭，形成遠東的權力真空狀態，而予日本向中國訛詐勒索的千載良機。因此，日本軍方除了高唱出兵滿洲，並要求擴張滿蒙利益外，更先後在辛亥革命期間以及洪憲帝制時期，

與民間激進主義的右翼團體，兩度策動滿蒙獨立運動，顯示軍方武斷派不甘雌伏的野心極為強烈。

雖然上述的激進行動均為文治派的元老重臣及外務省所反對而未果，但軍方脫韁獨走之勢已成，滿蒙獨立分離的目標，即為其此後大陸政策的重要根據。至於元老重臣及外務省所代表的文治派，則鑑於同盟外交為日本生存與發展之所繫，故仍標榜國際協調原則，主張滿洲門戶開放，尊重中國主權，並抑制武斷派的滿蒙出兵計畫與獨立運動。但另方面，文治派亦不願失去擴張在華利權的千載良機，所以向袁世凱提出所謂「滿蒙五路借款」及二十一條要求；顯示日本大陸政策的行動雖有武斷與文治的分歧，但侵略的目標則並無二致。

（五）第五期自歐戰後期以迄「滿洲國」成立止，為占有控制期

在此一階段中，日本軍方基於近代總體戰觀念，為彌補日本軍需資源之不足，企圖將滿蒙納入其總體戰體系中，甚至藉此使日本脫胎換骨，實現自主性帝國主義的目的。因此，在一次世界大戰時形成的總體戰思想傳入日本不久，寺內內閣即積極以西原借款為中心，扶持段祺瑞的安福系軍閥，以達到所謂中日經濟提攜，確保日本資源自給自足的目的。

其後，由於華盛頓會議的召開，日本的軍備以及在華的權益，均受到列強的規範，致軍部賴以統制經濟資源的總體戰體制幾全遭廢止。然而軍部謀求恢復總體戰準備及擺脫華盛頓會議體制束縛的行動並未中輟，因此田中義一內閣成立後，不僅總體戰體制完全恢復，所謂日滿一體的總體戰準備亦積極策劃進行，並擬扶持張作霖割據滿洲以達成目的。惟

因駐滿的關東軍已進一步主張日本應完全占有滿蒙，甚至不惜刺殺張氏以遂目的。此種激進的滿蒙領有計畫，終於造成「九一八事變」的爆發以及關東軍的占領全滿。其後雖因政略戰略因素而成立「滿洲國」，但關東軍權高勢大，直視滿洲國為其傀儡政權，除了據有絕對的軍事戰略優勢之外，更利用滿鐵豐沛的人力物力，確立了所謂日滿一體的總體戰準備，也將近代日本大陸政策的發展推向新的高峰。

三、大陸政策的特點與意義

綜合上述，由近代中日關係的演進變遷，可知日本大陸政策的思想與行動具有如下的特點與意義：

第一，日本大陸政策的原動力，根源於其朝野人士的憂患意識或危機自覺，或甚至是被迫害妄想症，因而極力對外發展以尋求安全保障之道。譬如發軔期的「海外雄飛論」，是源於西方帝國主義侵略的危機感；維新初期的「征韓論」，則起於日本利益線——朝鮮面臨列強威脅，而且將危及日本自身的主權線；隱忍待發期的「滿洲經營政策」，則由於三國干涉還遼的屈辱與危機；擴張發展期的「滿蒙分離政策」，是為防備列強戰後重返遠東，將不利於日本；而占有控制期的「滿蒙激進政策」，則是對未來世界總體戰爭的恐懼所進行的未雨綢繆之計。然而，此種危機意識是其領導階層為便於愚弄並控制其人民而不斷蓄意營造的結果，因此所謂安全感事實上是永不可得的幻想。這是日本大陸政策的侵略思想不斷強化而行動亦日益激進的原因所在。

第二，日本大陸政策發展的過程，顯示其自卑與自大兩極的矛盾性格。日本由於是後進的帝國主義國家，對於西方先進列強不得不曲意承

歡，甚至委屈忍辱；但對於落後的亞洲弱鄰，則極盡鄙視苛虐，訛詐需索，無所不用其極。如拳亂之際，日本為期能與英國結盟，俾便進行其侵略滿洲的政策，乃自甘為英國的「遠東哨兵」，卑膝以承英國之歡；而民初袁氏帝制野心漸熾之際，則對華提出二十一條要求，且威迫備至，狂妄傲慢。此種自卑與自大的矛盾性格，源於日本長期以來處於西方先進列強的附庸地位，而又急欲東施效顰，遂發展成為從屬性帝國主義國家的性格。

第三，日本帝國主義的從屬性本質，主要是由於本身國力不足與西方列強並駕齊驅，因而不得已攀附先進帝國主義國家之驥尾亦步亦趨。惟就 19 世紀的國際情勢而言，西方列強以優勢的武力、科技、經濟、文化席捲全球且所向披靡之際，落後國家的自存自強之道，唯有起而躍效西方並徐圖進取方為上策。日本對內仿行西人之長技從事維新運動，對外效法西方帝國主義之所為，卒成就其東洋之霸業。可知日本帝國主義的從屬性作風，只是為爭取強國支持其自立自強乃至對外擴張發展的權宜之計，也是日本邁向自主性帝國主義的過渡時期。日本所以能在西方衝擊中絕處逢生，終至得與列強並駕齊驅，成為西方帝國主義衝擊下唯一能脫穎而出的亞洲國家，其從屬性帝國主義政策的策略運用，應該是一項重要的因素。

第四，在近代日本大陸政策的發展過程中，其朝野不甘於日本國家的從屬性地位，因而處心積慮謀求擺脫此種附庸性格者，以軍方表現最為積極。尤其歷經中日、日俄兩役之後，軍方氣焰更形囂張。所以在大陸政策的推動上，軍方往往僭越了外交權限而專斷獨行，形成與外務省當局步調不一的「雙重外交」現象。此種現象，元老重臣尚在時，猶能以其封建威權予以抑制，如民初由日本軍方與浪人推動的兩次滿蒙獨立

運動，均由於元老重臣的反對而未擴大。然而一旦元老凋謝，軍部的暴行「獨走」之勢已難鎮撫。所以「九一八事變」前後，由軍部及關東軍少壯軍人所標榜的國家改造運動，以及因應未來戰爭需要的總體戰準備，均足以顯示軍方專擅跋扈的「獨走」現象已如脫韁野馬，不僅快速地將日本籠罩在法西斯主義的陰影下，而且導向中日的全面戰爭與太平洋戰爭的毀滅之途。

　　總結而言，近代日本的大陸政策，是日本朝野為求實現自立自強之目的，因而主張對亞洲大陸進行侵略擴張的一種思想與行動。此種思想的特質是主張藉外征以立國威揚國權；而其行動的方針，則是以攀附西方列強之驥尾為手段，先以從屬性的帝國主義姿態蠶食鯨吞中國的利權，繼之又以此利權為資源謀求建立其自主性的帝國主義。逮至「九一八事變」爆發以及「滿洲國」成立後，代表大陸政策激進主義的軍部，大致已掌握了日滿一體的總體戰準備，具備自主性帝國主義的有利條件。然而，此時，日本的大陸政策雖已邁上新的高峰，但軍人專斷獨行的自主作風已難以遏阻，這是促成日本法西斯主義氾濫的根源，也是將日本推向毀滅的起點。

——本文原刊載於《歷史月刊》91（1995.08），頁 69-73。陳豐祥教授授權使用。

一、日本大陸政策的緣起

① 日本歷史傳統的大陸意識：唐代白江口之役、明末朝鮮之戰。

② **近代帝國主義影響：**

甲午戰爭後，從政治、軍事、文化等層面侵略中國。

二、日本大陸政策的演變

① **幕末到甲午戰爭前，萌芽發軔期：**

受到西方衝擊，著眼日本在國際生存之道，效法歐美帝國主義，以朝鮮、中國為目標。

② **甲午戰爭到日俄戰爭前，隱忍待發期：**

雖然遭遇三國干涉還遼的挫折，但後來英日同盟的成立，提供日本繼續推動大陸政策的有利條件。

③ **日俄戰爭後到辛亥革命為止，確定鞏固期：**

日俄戰後日本取得滿洲的權益，並憑藉「滿鐵」、關東軍、外務省徹底鞏固在滿洲的利益。

④ **辛亥革命到洪憲帝制，擴張發展期：**

第一次世界大戰發生，歐美列強無暇他顧，日本積極擴張在滿蒙、中國的利益，除了策劃滿蒙獨立運動未果，也向袁世凱提出「滿蒙五路借款」和二十一條要求。

⑤ **歐戰後期到滿洲國成立，占有控制期：**

受到總體戰觀念的影響，日本為了彌補自身資源的不足，亟欲將滿蒙納入總體戰體系中，才有後來的九一八事件、滿洲國成立，讓日本的大陸政策邁向另一個高峰。

三、大陸政策的特點與意義

① 動力來自於朝野憂患意識，極力對外發展以求自保，但實際上也是統治階層操作營造的結果。

② 日本作為後進帝國主義國家，在面對西方列強和東亞諸國，分別展現自卑與自大兩極的性格。

③ 因為無法與西方列強抗衡，日本只能採取從屬的姿態。這種從屬性帝國主義的策略，日本就成為西方帝國主義衝擊之下，唯一脫穎而出的亞洲國家。

④ 擺脫從屬地位的過程中，日本軍部最為積極，也逐漸在國內掌握主導權，甚至形成專斷獨走的狀態，引導日本走向法西斯主義，以及戰爭的不歸路。

|導讀| 王汎森，〈清末民初的社會觀與 傅斯年〉

———————————— 李君山 ————————————

　　王汎森教授的文章分為三個部分，第一部分討論晚清的政治思想界中，所出現的最早有關社會學和社會觀的討論。第二部分則由傅斯年在1919年前後，「新文化運動」期間，討論「社會」和「無社會」的概念和狀態。第三部分是討論傅斯年的社會觀中，所面臨的兩難局面，以及他後來逐漸脫離「造社會」的想法演變。

　　追溯整個思想源頭，從清末以來，如何「喚醒群眾」，一直是政治思想家們的集體焦慮。甚至庚子拳亂時，慈禧太后所謂「豈人心亦不足恃乎？」也有同樣的意涵。所以進入20世紀，中國為了達到「喚醒」的目的，包括政治體制的設計（立憲、開議院）、教育體系的改革（廢科舉、設學堂）、經濟力量的提倡（重商、商戰），乃至本文所討論的社會學、社會觀，都可以說是一以貫之，是這股焦慮的另一個主題呈現。

　　在本文中，從清朝末年嚴復、康有為、梁啟超討論「群學」、「人群」，以及「公民」、「鄉政」，實際重點就在自覺自治、自動自發。到了民國以後，對於「社會」的強調，更加上一層「反政府」的意涵。由於政治腐敗、政府無能，使得知識界普遍感到失望；在對政治疏離的同時，許多人更把希望寄託在社會、民眾的運動和覺醒之上。所以當1919年

「五四」學生運動發生之初，傅斯年為之喝采，說「從 5 月 4 日以後，中國算有了『社會』了。」以為這個時期，學生所自動形成的各種社會組織，以及他們和政治力量之間的對抗，就代表了中國社會的一種覺醒。

當然，隨著學生運動的氾濫和變質，以及「新文化運動」進入深水區後，所帶來左派、右派之間的分歧，在歐洲留學的傅斯年，很快就發現，光靠暴力、革命，或者利用政治力量強加於社會的改造（例如：俄國大革命），都不可能達到他們理想中的西式民主，或者社會自覺。於是原本篤信外力可以「造社會」的傅斯年，到了 1920 年代回國以後，已經完全放棄了這樣的思考模式。畢竟一味地「反政府」，是不可能創造出今日我們所熟知的現代社會的。

◆ 108 課綱相關條目對照說明

　　王教授的文章對應「西方文化傳入東亞的影響」（條目 Ia-V-1）、「民間社會與現代化的激盪」（條目 Ia-V-3），了解清末西方文明帶來的衝擊，以及邁向近代社會發展的動力。

延伸閱讀

1. 陳永森，《告別臣民的嘗試——清末民初的公民意識與公民行為》（北京：中國人民大學出版社，2004）。
   本文對應「西方文化傳入東亞的影響」（條目 Ia-V-1）、「民間社會與現代化的激盪」（條目 Ia-V-3）。
2. 王汎森，〈近代中國私人領域的政治化〉，《當代》125（1998.01），頁 110-129。
   本文對應「民間社會與現代化的激盪」（條目 Ia-V-3）。
3. 費正清，《費正清論中國》（臺北：正中，2001）。第十一章「早期近代化與清朝衰微」。
   本文對應「東亞國家對西方帝國主義的回應」（條目 Ia-V-2）。
4. 王爾敏，《中國近代思想史論》（臺北：華世出版社，1978）。
   本書對應「西方文化傳入東亞的影響」（條目 Ia-V-1）、「民間社會與現代化的激盪」（條目 Ia-V-3）。

清末民初的社會觀
與傅斯年

王汎森*

傅斯年在五四前後將近一年間，曾斷斷續續地討論到中國應該「造社會」，而且他在這個時期提到社會時，常加引號，以表示他不是在表達一種泛泛的想法。但是由於傅斯年這一方面的文字或是未收入全集，或是仍屬手稿，故有關這個問題目前為止全然未曾被討論過。傅斯年並未對「社會」的觀念進行深入而成系統的探索，本文之所以特別提出這幾篇文稿加以討論，一方面是補充目前有關傅斯年研究的缺漏，另方面是想藉它們反映傅斯年這位五四新文化運動領導者當時心態上的一個傾向。不過，由於原始材料只有一點點，本文的討論自然也受到很大的限制。

談傅斯年的社會觀，不能不談晚清以來的社會有機體論，所以本文便由晚清以來群學與社會觀念中的有機體論開始。

一、清末的社會有機體論

清末西方的挑戰使得全中國的政治運作的重心及對國力的看法都起

---

* 中央研究院歷史語言研究所特聘研究員、中央研究院院士。研究領域為明清及近代思想史、文化史。

了改變。政治的重心不再只是對內管理全國，如果只是這樣，則所有力量須唯中央的力量馬首是瞻，或者最好是除了中央，全國皆無力量。但是西力挑戰使得政治重心變成是如何使全國每一分子充分發揮其力量，並將此所有力量盡量統合在一起，以增加國家總體力量。

人們開始思索這樣一個問題：廣泛的人民參與是對國家力量的損耗還是增強？過去不少人認為「民可使由之，不可使知之」，或「防民如川」，認為百姓有權即代表中央權威的削弱，可是清末知識分子卻發現國家力量的計算是整體的。人們發現政府，尤其是在中樞掌政的人，或是軍隊，並不是國家力量的主要來源，全體人民才是。一個國家不能仰賴幾個人或幾十個人，必須是每一個「國民」或「公民」皆發揮其力量才行。故仔細考慮如何動員全體人民的力量，培植人民的智力與體力，以增加國力的總和。因此出現了兩種追求：

一、將人民從原有的限制中解放出來並啟蒙他們，使每個分子自由地發揮最大力量。二、造「社會」，將每一個分子組織起來，使得社會不再是一盤散沙，而是有組織、有力量的「有機體」。這時候英國社會學家斯賓塞（Herbert Spencer）的社會有機體論乃成了使「部分」與「整體」形成有機聯結的理論基礎。而社會有機體論與晚清以來流行的「群」與「社會」有密切的關係。

1887 年黃遵憲在《日本國志》中早已提到「社會」一詞，不過當時並未引起注意。群學則主要是經嚴復的引介而流行，[1] 而後來「社會」一詞的流行，主要是因日本思想大量介紹到中國的緣故。由於這兩個名詞

---

1. 梁啟超對「群」學傳播貢獻甚大，見 Hao Chang, *Liang Ch'i-ch'ao and Intellectual Transition in China* (Cambridge: Harvard Univ. Press, 1971) 中對此問題之精彩論述，見該書頁 95-100、105-106 等。

幾乎同時出現，觀念的差異很不易說，所以有說群即社會，[2] 也有說「社會者，有法之群也」。[3]

「群」與「社會」都指一種產生集體力量的組織，但並非集體主義。由於它們都是想在舊的親緣組織外，引起一種橫向的聯繫，所以對於傳統的個人與個人關係，群體與個人關係的組合方式都特別注意，這也就是他們一再提到的人與人之間的「鉤鎖」；譬如，「公德」即是他們所特別提倡的一種維繫各分子的新道德規範。[4]

「群」學之形成與達爾文進化論分不開，達爾文進化論進入東亞社會（及其他西歐國家，如法國），是以激進、沖垮舊文明為特徵的。可是它有其他的側面，譬如成為鼓勵集體主義的護身符。在嚴譯《天演論》中，嚴復不斷地用「群」字，而且一再強調「物競天擇，適者生存」是以「群」而不是以個人為單位進行的，如果整個國群在競爭中落了下風，則群中之個人亦將受其害。所以必須盡其可能動員國群內所有力量來參與競爭，而集體主義被認為是凝聚力量的最好手段。這一以「群」為單位而不是以個人為單位的觀念，也曾在日本思想界起過決定性作用。[5]

前面已提到過，「群」與「社會」皆受社會有機體論的影響。西方社會有機論的思想來源甚長，但作為一種學說體系則產生於 19 世紀下半葉，其中對中國產生重大影響的，是英國的斯賓塞。斯氏用生物進化論解釋社會現象，認為社會與國家是和生物一樣由簡單到複雜、不斷進化

---

2. 汪榮寶，《新爾雅》〈釋群〉，轉引自陳旭麓，〈戊戌時期維新派的社會觀──群學〉，收於龔書鐸編，《近代中國與近代文化》（湖南人民，1988），頁 390。
3. 嚴復譯，《群學肄言》（上海：商務，無出版年代），〈譯餘贅語〉，頁 2。
4. 《新民說》（臺北：中華，1978），頁 15。
5. 日本對達爾文學說的介紹比中國早了將近 20 年，後來成為東京大學校長的加藤弘之是主將。加藤因為強調物競天擇是以國群為單位，大力鼓吹集體主義，成為軍國主義的一個前導。

的有機體。社會具有三大器官系統，從事生產者相當於營養系統，商業、銀行、運輸業等於生物體的分配、循環系統，管理機構和政府等於神經系統。社會整體的性質乃依其各分子、或各細胞的品質而決定。每一部分都是一小型社會或有機體。而各部分間均相互依賴。[6]

在嚴復的〈原強〉一文及所譯《群學肄言》中，對社會有機論運用很廣。嚴書中處處可見「么匿」（unit）及「拓都」（total），或晶體與礦物，細胞與動植物的比喻。這些觀念及比喻此後皆反覆出現在各種討論中國社會建構的理論中。[7]而且也與地方自治論等主張由下而上的政治理論相結合。如《江蘇》這份雜誌在最開始便主張以鄉治作為基礎來談「群」，並與江蘇的地方自治運動融合。又由於「群」學與社會有機體論，除強調各分子自由發展其力量外，又強調各分子間能緊密結合在一起，為了達成這一點，各分子之間必須「通情」，故主張設議院、商會、學會，以議院通上下之情、以商會通商人之情、以學會通士人之情。此外，也必須練習遵守「群」的公共規範。

「群」與「社會」雖然幾乎同時出現，但兩個觀念有一更迭期。大體上從甲午之後到義和團運動之間是「群」流行的時期，此後有一段時間，「群」與「社會」交迭使用；大致要到辛亥革命前4、5年，「社會」一詞才漸流行。

甲午之後，許多新知識分子想超越傳統親緣限制去團結同志，形成自動自發的社會群眾團體以傳播啟蒙思想，或發起救國行動，最後則想

---

6. 可參考張瑞德，〈嚴復對斯賓塞社會有機論的介紹和曲解〉，《大陸雜誌》57：4，頁34-36。
7. 譬如，《新民說》，頁152。不過社會有機論主張漸變不主突變，故在清末民初政治中常被拿來作為保守的根據。嚴復因主有機體論，而有機只能漸變，不易突變，所以符合保守派如袁世凱之胃口。參考嵇文甫，〈談嚴幾道〉，《嵇文甫文集》（河南人民，1990）（中），頁66-67。

建立現代的國家。「群」有各種不同的性質，如士群（學會）、商群（公司）、國群（議院），不過，甲午戰爭後士人最熱衷的還是「士群」（學會），所以康有為說「開風氣，開知識，非合大群不可」。而此處的合群基本上是指開各種學會。在甲午戰爭之後兩年，便有人說「中國近兩年風氣驟開，頗賴學會之力」。[8] 學會有各種性質，有以政治為主，有以學術性為主，也有以改革風俗，提倡社會新風氣為主。當時中國大大小小的學會有上千個，足見其勢之盛了。

義和團運動則迫使人們更加發現晚清以來的社會有機體論有其現實的意義。拳民的無知，使得人們更加了解社會中各個分子如果不健全，國家仍然是無救的，所以當時盛極一時的下層啟蒙運動的一個理論基礎便是社會有機論，[9] 改造民族當先改造它的分子——國民。這也使得人們在談群學時，注意力得以逐漸由上轉下，由士大夫轉到群眾組織。不過他們仍未有將政治與社會分開成兩個範疇的想法。

值得注意的是，在這一段「群」與「社會」交迭使用的時期，許多人不清楚它們的分別何在。1902 年《新民叢報》第 11 號「問答」一欄，編者便這樣回答一位深為「群」與「社會」混用所困的讀者：

> 社會者，日人翻譯英文 society 之語，中國或譯之為群，此處所謂社會，即人群之義耳，……本報或用群字，或用社會字，隨筆所之，不能劃一，致淆耳目……然社會二字，他日亦必通行於中國無疑矣。[10]

---

8. 康有為，《康南海自編年譜》（北京：中華，1992），頁 29。梁啟超，《戊戌政變記》，《戊戌變法》（四），頁 10。
9. 李孝悌，《清末的下層社會啟蒙運動》（臺北：中央研究院近代史研究所，1992），頁 12。
10.《新民叢報》11（1902.06），頁 2。

3 年後，也就是 1905 年時，當《新民叢報》的「新釋名」欄解釋「社會」這個名詞時，概念便更為清楚了。編者並且清楚了解「群」之一字不足舉「社會」之全義。他足足花了 3 頁說明「社會」的定義：「社會者，有機體也」，「社會屬於有機體，凡有機體之物其全體與其各部分協力分勞乃能成長……凡有機體必有生殖有成長有代謝機能，而社會皆備之」。「社會者有意識者也」——「蓋社會以人為其分子，眾人意識之協合統一，即社會之意識也」。[11] 由此可知，當時人們已開始了解「社會」是比「人群」更深刻的東西。它所強調的是一種以自覺的努力，組合部分與全體的基礎性、自發性社會組織工作。而且也開始認識到中國是一「無社會」的國家。1904 年，《東方雜誌》第 10 期的〈社說〉上有可軒所撰〈國恥篇〉，說中國「無社會」，說「社會者以其能保公共之利益也。有公益者為社會，無公益者非社會」。[12]

　　康有為與梁啟超，而不是嚴復，對造「社會」說有重要的開啟之功。他們的文字大多出現在 1902 年以後，康有為把自己家鄉的鄉自治傳統，以及他對西洋政治的了解，及他在歐洲各國遊歷的見聞揉合起來，於 1902 年寫成了〈公民自治篇〉，這篇長文中很積極地提倡要「造公民」。這個名詞大概是當時中國首次出現的。

　　康氏心目中的「公民」是「人人有議政之權，人人有愛國之責，故命之曰公民」。所以國家的事不再全憑政府一、二人的力量，而是靠廣大的「公民」，「故昔者之國，爭在一君一相一將之才，今者之才，爭在舉國之民之才氣心識」。可見康氏「造公民」的主要思想動機還是為了強國

---

11. 《新民叢報》3：2（1905），頁 1-3。
12. 《東方雜誌》10（1904），頁 225。

——「夫歐美、日本各國之立公民也，使人人視國為己，而人人公講其利害而公議之……故其愛國之心獨切」。他感嘆「萬國皆有公民，吾國獨無公民」，所以即使中國一君一相一將之才可以與他國相敵，但論全國公民之力量，則遠遜於他國，這正是近代中國不足以與西人相對抗之由。

外國的基層有社會組織的自治力量也是他一再稱舉的。他說近代中國以舉國之力尚無法作到的政制，在西方一個鄉鎮中便全都具有了。西方「一鄉所有之政，其繁密纖悉，精詳瑣細，幾同小國之體」。他又問，「各國何以能然？蓋皆聽民自舉人而治之」，[13]而不是像中國「官代民治，而不聽民自治」。[14]

康有為認為公民國家是善良政治的最佳客觀保障。他說期待仁君行仁政是沒有保障的。因為我們不知道何時會誕生一位仁君，而且即使代代皆出聖賢行仁政，也比不上公民政體。[15]中國人民總是期待在地方上有循吏治民，但是康有為說，中國歷史上循吏只是偶一有之，可是西方公民政體之下，因為有客觀體制的保證，循吏是隨處可見的。[16]

他也回過頭來發掘中國內部中鄉自治的傳統，並一再提出「南海同人局」為例。這個「同人局」值得將來深入研究。依康有為描述，該局治下凡36鄉，男女約5萬，有局長2人，以進士、舉人、諸生充之。鄉人有訟，斷於局長。局勇有20人，由類似警官的人統之，有書記1人，司令1人。康有為說廣東到處有這類組織，如九江的同人局，統男女30餘萬人，有的地方則統數千人，組織大多相似。[17]康氏想以此證明公民自治是中國所已有，

---

13. 康有為，〈公民自治篇〉，《辛亥革命前十年間時論選集》（北京：三聯，1977），第一卷上冊。
14. 同前書，頁180。
15. 同前書，頁178。
16. 同前書，頁179。
17. 同前書，頁182。

但是他也強調，「南海同人局」不是真正的公民政體，因為「國家未為定制，而議員局長不由民舉，故時有世家巨紳盤據武斷之弊，而小民蒙壓制愚抑之害不得伸」。[18] 他認為如果國家有公民之制，則這些弊害都能免除。

梁啟超「社會」思想主要以《新民說》為代表，對後來人的影響非常大。這是康有為所不能比的。《新民說》與康有為的〈公民自治篇〉都寫於同一年（《新民說》也始於 1902 年），看不出明顯的承襲痕跡。不過康、梁師弟二人俱是廣東人，而且故鄉都有鄉自治的成規，所以他們同時闡發此義，必有鄉土經驗的根源，並將之與西方理論相溶合在一起。梁啟超感嘆中國從事「社會方面的工作空無人焉」，以至於數年中「不能組織一合式有機（社會），完全秩序，順理發達之政府」。[19] 此處所謂「有機」即「社會有機體」之簡稱。梁氏主張這個有機體的建立是要先經過對舊組織的一番破壞，[20] 並重新以「人為」構作（「其機體全由人為發達」[21]），而且要從「小」的基層「自治」作起，才可能好——「一省、一府、一州、一縣、一鄉、一市、一公司、一學校，莫不儼然具有一國之形……而國家者，不過省、府、州、縣、鄉、市、公司、學校之放大影片也。故於其小焉者能自治，則於其大焉者舉而措之矣」。[22]

梁啟超與康有為一樣，也大談他故鄉的疊繩堂、江南會、耆老會等鄉自治組織。[23] 梁父曾任疊繩堂值理 30 餘年，在一個江南會中兼任值理亦 2、30 年，梁啟超說「啟超幼時，正是吾鄉鄉自治最美滿時代。」「此

---

18. 同前書，頁 182。
19. 《新民說》，頁 150。
20. 同前書，頁 61。
21. 同前書，頁 131。
22. 同前書，頁 54。
23. 梁啟超，《中國文化史》（臺北：中華，1958），頁 58-60。

種鄉自治，除納錢糧外，幾與地方官全無交涉，以極自然的互助精神，作簡單合理之組織。」梁氏並拿它來與清末以來「官辦的自治」作對比，認為前者優而後者劣。

五四之前，人們因目睹民初腐敗黑暗的政治，而對革命徹底失望。既然政治沒有希望，不如將全部注意力放在政治以外的文化和社會工作。最明顯的變化是梁啟超。他比著《新民說》時代更加強調「社會」建設的重要。民國4年，他自述己見說「吾以二十年來幾度之閱歷，吾深覺政治之基礎恆在社會」。說「吾方欲稍輟其積年無用之政談而大致意於社會事業」，並感嘆「舉全國聰明才智之士悉輟集於政界，而社會方面空無人焉」。[24] 梁雖有此認識，但主要活動仍在政治方面，如參與討袁及護國之役，後並入段祺瑞內閣。[25] 當時知識界興起了兩種思想，第一是厭棄政治，[26] 第二是傾全力改造社會的論點逐漸興起。但年輕一代與前一代的群學家有一個相當大的不同點：他們相當清楚中國民間原有許多社會組織，卻對這些組織顯然不滿意。譬如，由宗族或鄉紳組成的育嬰堂、恤嫠會、旌節堂等，甚至於工商行會、公所都是他們所不能滿意的。他們了解這些組織的存在，卻又堅決主張中國無「社會」，那麼他們並不認為傳統社會組織符合其「社會」之標準。這有兩個原因：第一、它們不是超緣的，不是非個人化的（impersonal）的，第二、它們不是像結晶體般聯結成一種力量，只是隨需要而結合的鬆散組織。同時，他們也不再談傳統的鄉自治，因為他們不留戀傳統中國的思想與社會，也不認為

---

24. 以上分別見於〈吾今後所以報國者〉，《飲冰室全集》，冊12，頁51-54，及〈作官與謀生〉，《飲冰室全集》，冊12，頁45-51。

25. 關於梁氏此時之政治活動，參張朋園，《梁啟超與民國政治》（臺北：食貨出版社，1981），頁64-184。

26. Chow Tse-tsung, *The May Fourth Movement* (Cambridge, Harvard Univ. Press, 1960), pp. 51, 57.

「鄉自治」是真正的理想境界，所以他們大膽地說出「造社會」。在主張「造社會」的時候，他們與康有為等人不同。康、梁等人雖然把政治與社會分開，但並不認為兩者是對抗的，可是不少年輕一輩在談「造社會」時不但把兩者分開，而且認為兩者在相當程度上是相對抗的。他們還特別強調，「造社會」的工作是要落到年輕人的肩膀上。將中國無「社會」現象及「造社會」的需要說得最直接的是五四健將傅斯年。不過，因為傅斯年這方面的文字非常稀少，所以其論證層次不算清晰，推演也不太嚴密，而且也未形成一種嚴格的理論。不過這些文字代表當時青年一種模糊的感覺，覺得當時中國，除了「德先生」與「賽先生」外，還有比這兩者更為迫切的「社會」問題。他們回頭接上清季以來的社會有機體論，而且很快地把它與俄國的社會革命進行聯想。

二、傅斯年的「造社會」觀

五四運動前 3 個月，傅斯年在《新潮》1 卷 2 號（民國 8 年 2 月 1 日）中寫了一篇短文〈社會──群眾〉，在這篇文章中，傅說：「中國一般的社會，有社會實際的絕少，大多數的社會，不過是群眾罷了。凡名稱其實的社會──有能力的社會，有機體的社會──總要有個細密的組織，健全的活動力。……十個中國人所成就的，竟有時不敵一個西洋人，這固然有許多緣故：也因為西洋人所憑託的社會，是健全的，所以個人的能力，有機會發展，中國人所憑託的社會，只是群眾，只是有名無實，所以個人的能力，就無從發展」。[27] 這裡呼籲中國的「群眾」要結晶成有

---

27. 〈社會──群眾〉，《傅斯年全集》（臺北：聯經出版公司，1980），頁 1578。

機體，才能發揮力量，仍是晚清以來社會有機體論的想法。

傅氏又說：「先把政治上的社會做個例：一個官署，全是『烏合之眾』，所做的事，不過是『照例』的辦法，紙面上的文章，何嘗有活動力？何嘗有組織？不過是無機體罷咧！至於官署以外，官吏所組織的團體，除去做些破壞的事情，不生產的事情、不道德的事情，也就沒別事做了。只好稱他群眾了。又如工商界的組織，雖然比政界稍好些，然而同業的人，集成的『行』，多半沒能力的。又如近來產生的工商會，比起西洋的來，能力也算薄弱多了。這仍然是社會其名，群眾其實。至於鄉下的老百姓，更是散沙，更少社會的集合；看起中國農民，全沒自治力，就可知道他們止有群眾生活」。[28] 由這段引文可以看到他對當時中國各級所謂的「組織」是看成互相之間沒有任何聯結與鉤鎖的「無機體」。連當時最有活力的學生組織在他看來也是一樣的：

> 說到學生的生活，也是群眾的，不是社會的。就以北京各高級學校而論，學生自動的組織，能有幾個？有精神的生活，能有多少？[29]

傅氏隨時把「群眾」與「社會」對舉，前者是無機體，是一袋馬鈴薯，而後者是一有機體。「有機體」式的組織必須是自發自動的，而且遵守許多共許的規制和紀律，這些規則紀律並不使人舒服；至於「群眾」，則只是將人聚攏在一起而已——傅氏說：「總而言之，中國人有群眾無社會，並且歡喜群眾的生活，不歡喜社會的生活。覺得群眾的生活舒服，

---

28. 同前書，頁 1578-1579。
29. 同前書，頁 1579。

社會的生活不舒服。」[30] 傅斯年還要人們分別「社會上之秩序」與「社會內之秩序」之不同，前者是任何專制政體都可做到的，而後者卻需要社會內形成規則與紀律才能保持：

> 「社會上之秩序」和「社會內之秩序」很有分別。前者謂社會面上的安寧，後者謂社會組織上的系統。二名雖差在一個處字，卻不可把兩種秩序混爲一談呢。所以當袁世凱當國時代，處處都是死氣，大家雖還說他能保持社會的秩序。但是這表面上的秩序，尚是第二層緊要，比不上社會內的秩序關係重大。[31]

以上是傅氏在五四前不久所寫的。接著我要以五四以後傅斯年的 3 篇未收在《傅斯年全集》中的文字，來討論他後來的社會觀點。

第一篇文字是〈時代與曙光與危機〉。它寫在新潮的稿紙上，共有 16 頁，約 1 萬字，從文氣看來，似乎已經寫完，但卻始終未曾發表。由於這份稿件原來夾雜在歷史語言研究所的公文檔案中，沒有檔號，所以過去並未曾被發現。從文章的口氣看來，此文必定寫在五四運動以後幾個月間，從文中有「記者這次鄉居和勞動者與農民交接了一番」看來，此文應是傅斯年從北大畢業，等候前往英國留學的期間，一度返山東省親之後所寫。這篇文章與傅氏在五四前後一些零零散散的有關「社會」的言論相連繫，但所述更有系統。文中對發生在幾個月前的五四運動的社會意義有所反省，也對「社會」作為一個新範疇在當時中國政治發展中的位置作一分析。由於這篇遺稿未曾刊布，所以我在此便盡可能多加摘引。

---

30. 同前引。
31. 同前書，頁 1579-1580。

傅斯年對當時中國的傳統社會組織非常悲觀，說「以前的世代，社會的舊組織死了，所以沒有維繫與發展社會的中心能力，所以社會上有個散而且滯的共同現象。」他認為五四運動打開了這個僵局——「從五月四日以後，中國算有了『社會』了。」「直到了這番的無領袖，不用手段的不計結果的五四運動，才算真社會運動，才算把處置社會的真方法覺悟了。以後若抱這個頭緒，而以堅強的覺悟做根基，更須加上一番知識的大擴充，做下去便可渡過現狀的難關了。」他之所以認為五四之後中國才有「社會」，應該是因為五四時學生自動形成社會組織，並與政治力量形成對抗。

在這篇文章中，他首先將「有機體」社會與「機械」的社會相對立。合理的社會是有機體社會，而當時中國所有的則是機械般的社會，那是被二千年的專制歷史所陶鑄而成的。專制的時代把人民下層的自治精神全部扼殺，所以像一堆沙摶不成一塊粘土。在這個前提下，傅斯年將「封建」與「專制」作了對立性的評價。不過他所謂的封建，是西方中古或日本德川時代以前的 feudal polity 之意：

封建誠然不是一個好制度，卻還存著幾分少數人自治的精神，不至于把粘土變成沙漠，把生長體變成機械，把社會的發育換作牛馬群的訓練。

對於顧亭林的封建論，他表示相當同情，甚至認為土司也比專制好：

土司還比專制好，土司縱不能幫助社會的滋長，也還不至于把社會變成散沙一般的群眾。在專制之下只有個個人，沒有什麼叫做「公」

的，所以在個人的責任心之外，不負個社會的責任心，原是當然。所以中國的社會大半是機械似的，不能自生自長自持自動，一切全由外力。

傅斯年也強調社會的手段與政治手段之不同。他談改造社會時，將海通以來中國人的「覺悟」分成四個階段：「第一層是國力的覺悟。第二層是政治的覺悟。現在是文化的覺悟，將來是社會的覺悟。」認為以社會手段進行社會改革是必定要走的路，這是一種自下而上的，以社會力量培養政治的改革。他說：

我說句鹵莽的話，凡相信改造是自上而下的，就是以政治的力量改社會，都不免有幾分專制的臭味；凡相信改造是自下而上的，就是以社會的培養促進政治，才算有澈底的覺悟。

又說：

請看中國人崇拜政治的心理，可以知道他還不忘專制了。他總希望大人物出來，有所憑藉而去轉移社會，彷彿看得改造像運機器一般，而與培植樹木發展體力的辦法遠。

在看清近代中國的四個階段的發展將以造就有機社會為最終目標時，他還有一層體悟。即這四個階段的進程不可以跳躍前進，而是必須循序而來的——

兼程並進的進取，何嘗不是中國此刻所要求的，不過，分別看來，快走則可，隔著個牆跳過去，則不能。我以前很覺得跳牆的進取最便當，現在才知道社會的進化不能不受自然律的管轄，從甲級轉到乙級，必須甲階級試驗失敗了，試驗他的人感覺著不澈底不圓滿了。然後進入乙級，乙級的動作方有魄力，否則乙級建立在空中，力量必然薄弱。

此外，傅斯年在這篇文章中認為當時中國的社會是「兩截的」：城市社會與鄉村社會之間互不接觸，沒有任何流通的管道。故社會改造也要「兩截」的，對於農民：「只要幫助他們維持和發展他們固有的自治的意義，再灌上最小限度的智識，而以發展他們的經濟狀況為唯一目的，就夠了！」所以此後改造社會的工作，主要是針對城市社會而發。一方面要使城市社會和農民生活相接觸，另方面要在大城市中將各種職業形成的各類社會互相聯絡起來，「造出一個團結的組織，又就著這組織活動去」。

另外，他提出培養「社會的了解」與「社會的責任心」。在社會的了解方面，「譬如我們知道中國人──和世界的人──所受的苦痛和壓迫，根本上由於這個資本私有的制度，要是想好非達到資本公有的目的不可，並且還要知道從舊狀態到新狀態應該怎樣辦去。」至於社會責任心，他說近代中國：

睜著眼睛看人賣國亂政，塗炭地方，破壞代議制，絕了中華民族一線不斷的人格，不過是長吁短嘆而已，顧著身家，怕著勢力，一絲也不動……袁世凱就利用這個缺點演了一齣大悲劇，其結果這缺點

更膨脹了，就有了現在的局面。可是在這樣一個時代之內，這局面是不能常的，所以才有了五四以後的幾個社會運動。五四運動可以說是社會責任心的新發明……現在這個時代的第一曙光，還不在智覺的開展，就在這個。

而最終的目標是要把「以前的加入世界團體是國家的」，改變成「以後要是社會的」加入世界。

除了〈時代與曙光與危機〉外，我還在史語所的公文檔案中發現傅斯年的另一份未刊稿，無檔名，題為〈歐遊途中隨感錄〉，寫在 4 頁白紙上。只完成了「（一）北京上海道中」一小節。從題目可以推測它是 1919 年 12 月 26 日傅氏離開北京到上海途中所寫，所以文中有「舟中寫下，自然沒有顧及文學的工夫」一語。這一節文字較〈時代與曙光與危機〉一文稍晚，基本上也在反省「社會」的問題，但是著重在強調「個人運動」在「造社會」運動中的地位。此處我將徵引兩段原文：

社會是生成的，不是無端創作的，所以爲謀長久永安不腐敗的社會改善，當自改善個人始，若忘了個人，就是一時改的好了，久後恐不免發生復舊的運動。

他又強調：

我並不是說群眾運動不好，五四以後青年對於社會責任心 social responsibility 何嘗不是群眾運動，群眾運動是民治國家所刻刻不可少的，但不要忘改造社會並不專靠群眾運動，個人運動更是要緊。

值得注意的是，這個時期的傅斯年在相當程度上受到《新潮》社的指導老師李大釗所鼓吹社會主義革命的影響。這除了可以從早先在《新潮》上發表的〈社會革命——俄國式的革命〉這一篇短文中看出外，也可以從〈曙光〉一稿中所強調的，中國人和世界的人所受的苦痛壓迫，根本上由於資本私有制度，並想達到「資本公有的目的」等話中看出。不過，整體看來，他只撿拾一些零星觀念，而且這一類觀點在留學歐洲後便不再出現過。根據傅氏北大同學毛以亨的回憶，傅氏曾「自幸」不曾參加北大的社會主義研究會，[32] 如果對這一句話稍作推敲，可以推斷傅斯年在五四前後曾經一度被社會主義革命的觀念所吸引。

　　到英國留學，見過西方社會的實況後，傅氏於民國 9 年 7 月 3 日的《晨報》副刊發表寄自倫敦的〈青年的兩件事業〉一文。這篇文章分正、續兩篇，為《傅斯年全集》所漏收。雖然是刊於該年 7 月，但文章實際上寫於當年五四後一天。傅斯年出國後發表的第一篇文章竟然也是談「造社會」，足見他當時心中關懷重心之所在。這篇文字中意味深長地說：

> 社會是個人造成的，個人的內心就是一個小社會。所以改造社會的方法第一步是改造自己。[33]

　　青年改造好自己之後必須擔負「無中生有的造社會」的責任——「請問現在這個時候，向我們青年所要求的事業，是否和『這樣的民國』的分量相等？恐怕要重無數倍吧？但請問這個時候的青年，和那個時候的青年努力的分量差多少？事業加重了，努力也要加重的，那個時候的事

---

32. 毛以亨，〈關於傅斯年的一封信〉，《天文台》，1951 年 1 月 2 日、4 日。
33. 《晨報》，民國 9 年 7 月 3 日，第 7 版。

業是什麼？是革索虜的命，現在的事業是什麼？是無中生有的造社會。這兩件事的難易可以不假思索而下一判斷的。」[34] 他說明所謂「無中生有造社會」是：

> 看來好像一句很奇怪的話。我須加以解說。請問中國有不有社會？假使中國有社會，決不會社會一聲不響，聽政府胡爲，等學生出來號呼。假使中國有社會，決不會沒有輿論去監督政府。假使中國有社會，決不會糟到這個樣子。中國只有個人，有一堆的人，而無社會，無有組織的社會，所以到現在不論什麼事，都覺得無從辦起。[35]

這裡有現代式的強調「社會」與「政府」相對抗的意思。因為中國沒有有組織的社會，所以無法監督制衡政府；因為只有一堆人而無社會，所以任何事皆覺無從辦起。他又分析社會無組織之因說：

> 但中國今日何以竟成沒有社會的狀態？難道中國這個民族就是一個沒有組織力的民族嗎？我們就歷史上看起，這也有個緣故。當年中國政治的組織，中心於專制的朝廷，而文化的組織，中心於科舉，一切社會都受這兩件事的支配。在這兩件事下面，組織力只能發展到這個地步，專制是和社會力不能並存的，所以專制存在一天，必盡力破壞社會力。科舉更可使人在思想上不爲組織力的要求，也不能爲組織力的要求，所以造成現在這個一團散沙的狀態。[36]

---

34. 同前引。
35. 同前引。
36. 同前引。

專制與社會力不能並存的看法與晚清知識分子的看法是一脈相承的。不過科舉妨礙社會之形成這一點，則是傅氏首先說的。在《晨報》副刊7月5日所刊該文的續篇中，開頭第一句便是「無中生有的去替中國造有組織的社會，是青年的第一事業。」而無中生有地「造」，必須造成個人之間像結晶體般的粘合性：

> 所謂造有組織的社會，一面是養成「社會責任心」，一面是「個人間的粘結性」，養成對於公眾的情義與見識與擔當。總而言之，先作零零碎碎的新團結，在這新團結中，試驗社會的倫理，就以這社會的倫理，去粘這散了板的中華民國。[37]

從粘合一個一個小團體，並形成團體內的倫理與紀律，到最後「粘這散了板的中華民國」，這乃是嚴復以來社會有機體論的發展。

三、餘論

此處要接著說五四後毛澤東的社會觀。我們可以看出毛澤東受梁啟超《新民說》的影響，同時也有與傅斯年中國無社會論相似的論點。

梁啟超《新民說》中主張打破中國文化的世界主義觀念，樹立國家主義觀念，將中國看作是世界各國中之一國。接著又從國家主義中導出自治、自立的競爭觀念，又由競爭觀念導出國民觀念。並認為阻礙以上種種追求的是「家族」。毛在《湘江評論》中也批評中國數千年來只知

37.《晨報》，民國9年7月5日，第5版。

有家族，不知有國家，只知有群體，不知有個人，說中國不是一個國家組織，而是一個家庭組織，在〈反對統一〉這篇文章中說：「這四千年文明古國，簡直等於沒有國，國只是一個空架子，其門面全沒有什麼東西。」等他說社會時，便有與不久前傅斯年所寫幾篇文章相似的成分了——「說人民罷，人民只是散的，一盤散沙，實在形容得真冤枉，中國人生息了四千多年，不知幹什麼去了？一點沒有組織，一個有組織的社會看不見，一塊有組織的地方看不見」。[38]

毛澤東在 1920 年初期熱心於湖南自治運動，甚至將之提高到一種非辦不可，「一抓就靈」的高度，好像只要地方政府一成立，便可以解決所有問題。他似乎感到，必須有一種脫離中央統一的地方性自治力量，才能擺脫大一統「一鍋煮」的困局。這是當時人脫離中央專制勢力之要求的一環。在〈反對統一〉一文中， 他認為政府的力量是不夠的， 還必須靠「社會」，靠下層組織，他說：

> 中國的事，不是統一能夠辦得好的，到現在算是大明白了。中國也不
> 是全無熱心國事的人。這些熱心國事的人，也不是全然沒有知識和能
> 力。然而辦不好者，中國之大、太沒有基礎、太沒有下層組織。在沙
> 渚上建築層樓、不待建成，便要傾倒了。中國二十四朝，算是二十四
> 個建在沙渚上的樓，個個要傾倒，就是因為個個沒基礎。四千年的中
> 國只是一個空架子，多少政治家的經營，多少學者的論究，都只在一
> 個空架子上面描寫，每朝有幾十年幾百年的太平，全靠住一個條件得
> 來，就是殺人多，流血多。人口少了，不相殺了，就太平了，全不靠

38.〈反對統一〉，《時事新報》，1902 年 10 月 10 日，收在《毛澤東早期文稿》（長沙：湖南
　　出版社，1990），頁 530。

有真實的基礎。[39]

　　這一段話中，一再說中國太沒有下層組織，又強調過去二、三千年「多少政治家的經營，多少學者的論究，是只在一個空架子上面描寫」也就是說他們全未在社會組織上用心。好似清末今文家康有為抹煞二千年來經學傳統，毛在此處則一筆打翻兩千年來政治思想與政治行動的重心，認為專在「空架子的上面」描摹，而未在架子的基礎上用心，所以全無「真實的基礎」。他歸結說是因為有「中國」這個空名而妨礙了真正「國」的形成。因而接著說：中國的統一是吃虧的，故「現在唯一救濟的方法，就在解散中國，反對統一」、「我只為要建設一個將來的真中國，其手段便要打破現在的假中國。」[40]

　　在這篇文章中，毛澤東也和傅斯年一樣，顯示出晚清以來流行的社會有機體論之影響，他說：

　　有小的細胞才有大的有機體，有分子的各個才有團體。[41]

　　而「小的細胞」在這裡便指各省自治，將小細胞弄健全了，再結合成一有機體，所以說「我覺得中國現在的政府，竟如清末一樣，國人對之，不要望他改良，要望他越糟越壞。我看此際尚未壞到極處，我們不能用自力加增其壞度，卻盡可不必替他減少壞度。」[42] 他以有機體論為其湖南

---

39. 同前引。
40. 同前書，頁531。
41. 同前引。
42. 同前書，頁532-533。

自治主張找到根據，「胡適之先生有二十年不談政治的主張，我現在主張二十年不談中央政治，各省人用全力注意到自己的省，採省門羅主義，各省關上各省的大門，大門以外，一概不理」。[43] 所以他說連 10 月 10 日的「國慶」也不要慶了。

值得注意的是，五四一代知識分子逐漸地把造「社會」的思想與社會革命，尤其是俄國革命聯想在一起。譬如傅斯年的〈社會革命——俄國式的革命〉一文，[44] 便很模糊籠統地將他造社會的理想與俄國革命思想聯想在一起。創造有組織的社會的理想也與 1920 年代流行於各地的小型社團及新村主義有相當密切的關係。我們同時也可以發現「群」與「社會」皆呈顯出集體主義及創造「公共領域」（public sphere）兩種傾向。這兩種傾向常呈互相拉鋸之勢，不過後來的發展總是集體主義徹底壓倒了對「公共領域」的追求。

傅斯年在留學英、德之後，便不再提「造社會」的理論。這個意義重大的沉默表示了什麼？在傅斯年所有相關文件中並未見到任何直接資料足以對這個問題作一較為深入的探討，不過，我個人認為它反映了傅氏早年思想中一個重要的張力。

傅斯年這一輩人的社會思想有兩個來源，一個是晚清以來的社會觀，一個是李大釗所傳播的社會革命的思想。新文化運動期間，由於李大釗對新潮社的影響，加上當時俄國大革命令人樂觀興奮的消息不斷傳來，使得年輕一輩對俄國式革命有如對天邊彩雲般的嚮往，所以傅氏會倉促寫下〈社會革命——俄國式的革命〉這篇短文，表現了對俄國大革命中

---

43. 同前書，頁 533。
44. 此文未收入《傅斯年全集》，原刊於《新潮》1：1（民國 8 年），頁 128-129。

那種強調大規模的（wholesale）、主義式的、社會改造的革命的欣賞，
並取代過去那種以法蘭西革命為藍本的，強調自由民主、個人主義式的
革命。不過傅氏基本上受晚清以來的社會有機體論影響較大，即使一度
對俄國式革命有夢想，但他所一再強調的仍是社會應形成大量的自願團
體（voluntary association），社會本身要有力量，以便能對政治採取制衡
之勢。除了李大釗的影響外，傅斯年在新文化運動期間特別親近胡適，
胡適所代表的那一種點滴改良式（piecemeal）的理想，也對傅氏產生重
要影響。這兩種思想在傅氏身上同時存在，形成一種緊張關係。所以他
一方面大談「中國要有主義」，談「無中生有地造社會」，可是另一方
面他不主張暴力，也反對以外在強力改變的方式去實踐他的造社會論。
所以他的未刊文章中，寫著寫著，便又強調起造社會的前提應該是個人
的改造。在英、德生活 6、7 年，目睹了他們的社會運作之後，胡適這一
邊的拉力遠遠勝過了講主義，講大規模改造社會的一方。

　　兩種力量的緊張當然不只出現在傅氏一人身上而已，民國 8 年 7 月
間當傅氏尚未離開中國赴英讀書時，爆發了以胡適及李大釗為主的「問
題與主義」論戰，基本上也是一種大規模的（wholesale）及點滴改革
（piecemeal）之間的緊張。在論戰之後，主張以馬克思主義指導大規模
社會改造的一方慢慢地取得知識分子的信從，傅斯年則一步步地遠離了
這一思考模式，等到他在民國 15 年冬天回到中國，他與左派知識分子對
社會改造的想法早已是南轅北轍了。（本文曾在山東聊城師範學院傅斯
年學術討論會中宣讀）。

　　—— 本文原刊載於《清華學報》新 25：4（1995.12），頁 325-
343。王汎森教授授權使用。

一、清末社會有機體論

① 從過去百姓握有權力會削弱中央政府的力量，到清末知識分子認知到全體人民才是國家實力的來源。

② **知識分子的兩個追求：**

啟蒙人民，解放每個人最大的力量。

「造社會」，將每個人組織起來，成為一個有力量的「有機體」。

③ **「群」與「社會」：**

受英國社會學家斯賓塞（Herbert Spencer）的社會有機體論影響深遠。

強調各分子既能發揮自己的力量，又能彼此緊密結合在一起。

④ **從「群」到「社會」：**

甲午戰後，新知識分子為了傳播啟蒙思想、發起救國運動，創立了不同的群，如學群（學會）、商群（公司）、國群（議院）等。

義和團運動後，人們更加體會到改變社會的急迫性，關心的對象從知識分子轉到一般大眾。

此時，「社會」逐漸取代「群」，人們了解到「社會」是比「人群」更深刻的事物，並且認識到中國是一個「無社會」的國家。

⑤ **造「社會」：**

重要人物為康有為與梁啟超。

五四運動之前，人們面對民初腐敗的政治感到失望。知識界也興起了厭棄政治和全面改造社會兩種思潮。

年輕的知識分子認為：中國「無社會」，所以要「造社會」，並且政治與社會是分開的，某種程度上也相互抗衡。其中，最明確表達這種觀點的人為傅斯年。

二、傅斯年的「造社會」觀

① 〈時代與曙光與危機〉：

以創造一個有機體的社會為目標，中國需要循序漸進按照四個階段的改造，才能成就社會。同時，他認為中國的城市和鄉村社會是分開的，所以改造社會也需要採取不同的方針。

② 〈歐遊途中隨感錄〉：

強調「個人運動」在「造社會」中的重要性，也看到這個時期的傅斯年受到李大釗宣揚的社會主義革命影響。

③ 〈青年的兩件事業〉：

兩件事業：改造自己、無中生有的造社會。

中國無社會的主因：政治之於專制朝廷、文化之於科舉所支配。

造社會的重點：養成社會的責任心與每個人之間的粘結性。

三、餘論

① 毛澤東在五四後的社會觀：

受到梁啟超《新民說》影響，且與傅斯年的無社會論有相似的想法。

② 五四時代的知識分子，逐漸把社會革命（特別是俄國革命）與「造社會」連結在一起。

③ 傅斯年同時代人的思想來源是晚清以來的社會觀與李大釗傳播的社會革命思想。尤其是當時俄國革命的成功，更讓他們產生對俄國式革命的嚮往。

④ 傅斯年除了李大釗，也吸收了胡適點滴改良式（piecemeal）的思想，

更在留學英、德後，傾向胡適的作法，放棄了講主義、大規模社會改造的想法。

⑤ 胡適與李大釗的「問題與主義」論戰，也是一種點滴（piecemeal）與大規模（wholesale）改革的碰撞。論戰之後，後者也成為知識分子信奉的主流。

|導讀| 張玉法，〈戰後中國的新局與困局〉

―――――― 陳進金 ――――――

「日本投降矣！」1945 年 8 月 15 日的《大公報》用這五個醒目的大號黑體字和一個感嘆號，來報導當天全世界最重要的消息。這一天，中國對日抗戰領導人蔣介石的心情倒是平靜，他在當天的《日記》寫下：「上午七時前，接吳國楨電話，知日本已向我四國正式投降，其覆文定七時在四國同時發表，乃即默禱。在靜默中即聽得日本投降之播音，此心並無所動，一如平日靜坐。」不過，這一天確實是中國百姓遭受多年兵燹之災，終於盼得最後勝利的到來的歡樂時刻。尤其是，戰後中國的國際地位提升，躍居世界五強之一，更使中國軍民同感榮耀。只是，這樣的榮耀能持續多久呢？

1945 年 8 月日本戰敗投降，到 1949 年 12 月中華民國政府遷臺，計有 4 年多。換言之，蔣介石與中華民國政府從備受尊崇到敗逃臺灣，只花了短短 4 年的時間。戰後的中國，其國際地位如何提升？對東亞各國的布局為何？所面臨國內與國際的困局為何？回答上述諸問題，不但就能夠理解戰後中國國際地位的變化、與東亞各國的關係，同時也能說明蔣介石政權何以在短短 4 年內就喪失廣大的中國大陸領土。

張玉法教授的文章認為戰後中國新局是抗日戰爭期間開創出來的，戰後中國的困局也是在抗日戰爭中造成的。1941 年 12 月 7 日，日本偷襲珍珠港後，美國羅斯福總統有感於中國戰場對抵抗日軍和牽制日軍的重要性，決定成立中國戰區。1942 年 1 月 5 日，國民政府軍事委員會委員長蔣介石正式就任中國戰區最高統帥，領導指揮中國、越南和泰國，這是近代中國以來國家實際領導人第一次成為國際戰場的統帥。

1943 年 1 月 11 日，簽訂中美、中英平等新約，之後盟軍多國分別與中國重新訂立平等新約，使中國國際地位繼續提升。1945 年 4 月，在美、英、中、蘇四國推動下，有 51 個國家在舊金山開會討論通過《聯合國憲章》；10 月 24 日，五個常任理事國（美、英、中、蘇、法）和其他創始會員國共同批准《聯合國憲章》，中華民國成為聯合國中的五大強國之一。隨著中國國際地位的提升，其對於戰後東亞的新布局，擔負著更多的責任與義務，作者分別討論中國對於越南、泰國、緬甸、印度、朝鮮等國，尤其是蔣介石對印度獨立與朝鮮獨立的支持。

　　不過，戰後中國也因為抗日戰爭緣故，讓中國共產黨得以盤據西北一帶，又因為戰後國際局勢的變化，使得中華民國面臨諸多的挑戰；而最大的困局則是來自中共的軍事擴張，最後蔣介石被迫下野，中華民國政府則敗退臺灣。

┌─ ◆ 108 課綱相關條目對照說明 ─────────────
│　　張教授的文章對應「東亞地區人民在二十世紀重大戰爭的經歷」（條目
│ Ib-V-1）、「共產主義在東亞的發展歷程及對局勢的影響」（條目 Ib-V-2）。
└──────────────────────────────

延伸閱讀

1. 林桶法，〈國民黨大陸統治的瓦解及其退台〉，收錄在王建朗、王克武等編，《兩岸新編中國近代史‧民國卷》（上）（北京：社會科學文獻出版社，2016）。
　　本文對應「東亞地區人民在二十世紀重大戰爭的經歷」（條目 Ib-V-1）、「共產主義在東亞的發展歷程及對局勢的影響」（條目 Ib-V-2）。
2. 齊錫生，《劍拔弩張的盟友：太平洋戰爭期間的中美軍事合作關係（1941-1945）（修訂版）》（臺北：聯經出版公司，2012）。
　　本文對應「東亞地區人民在二十世紀重大戰爭的經歷」（條目 Ib-V-1）。
3. 陳永發，〈紅太陽下的罌粟花：鴉片貿易與延安模式〉，《新史學》1：4（1990.12），頁 41-117。
　　本文對應「共產主義在東亞的發展歷程及對局勢的影響」（條目 Ib-V-2）。
4. 黃奎博，〈冷戰後中共與東南亞國協之政治合作〉，《國際關係學報》15（2000.12），頁 173-214。
　　本文對應「共產主義在東亞的發展歷程及對局勢的影響」（條目 Ib-V-2）、「區域合作與經貿統合的追求」（條目 Ib-V-3）。

戰後中國的 新局與困局

張玉法 [*]

一、前言

　　戰後中國，主指 1945 年 8 月日本戰敗投降，到 1949 年 12 月中國共產黨的軍隊（以下簡稱「共軍」）將中華民國政府的主力軍完全擊敗、中華民國政府撤退到臺灣的這一段時間，共有 4 年多。不過，日本投降後，由於中國共產黨（以下簡稱「中共」）勢力的崛起，蘇聯在東亞勢力的擴張，東亞國際局勢發生巨大變化；戰勝國美、英、中、法、蘇等國對東亞國際新秩序的建立，有多方向的複雜考量，同盟國的對日和約到 1951 年 9 月 8 日始在舊金山簽字（簽字國有美、英、法等 49 國，當時蘇聯、波蘭、捷克未簽字），中華民國未獲邀請參加，而中華民國的對日和約到次年 4 月 28 日始在臺北簽字。因此，中華民國的對日戰爭狀態，直到日本投降後 6 年 8 個月才正式結束。

　　戰後中國新局是抗日戰爭期間開創出來的，戰後中國的困局也是在抗日戰爭中造成的。所謂新局，主要是中國國際地位的提升，諸多前此被日

---

* 中央研究院院士。研究領域為中國近代史、山東區域史。

本所占領的國土有機會收回，而中國躍居世界五強之一，在東亞所擔負的國際責任亦較前為重。所謂困局，主要是戰後在美、蘇對抗的國際局勢中，美國繼續秉持重歐輕亞政策，置抗日戰爭期間的重要盟友——中國，於極不重要之地；而在抗日戰爭期間在敵後發展勢力的中共，其勢力已足以與執政的國民黨抗衡，在蘇聯支持下，並有機會自國民黨手中奪得政權，使國家再度陷於戰火之中，中國喪失了早日復興的機會。

二、中國國際地位的提升

19世紀中期以後，中國積弱不振，被英、法、俄、德、日等國視為拓展殖民地的對象（初時美國在東亞的勢力尚小）。經過晚清70年，到中華民國建立之初，其情形沒有很大的改變。1924年孫中山在廣州講演「三民主義」時，把中國的國際地位定為「次殖民地」，其地位還不如殖民地。殖民地受一個外來強國的管轄，而中國則受許多國家管轄。有的國家割取中國的領土，有的國家在中國有租界和勢力範圍。中國與許多國家訂有不平等條約，中國的關稅稅率不能由自己來訂，必須與有關國家商量，即是關稅不能自主；外國人在中國犯法，不受中國法律的約束，也不由中國的法院審判，而是依據外國的法律審判，這稱為領事裁判權。其間由於中國參加第一次世界大戰，德國戰敗後於1921年與中國簽訂《中德協約》，中國從德國手中收回領事裁判權和關稅自主權。當時中國分裂，為各國所承認的北京政府由軍人主政，中國國民黨在廣州所建立的革命政府謀求打倒北京政府，統一全國。1928年國民革命軍完成北伐，大體結束了全國分裂狀態，中華民國政府即謀求從外國手中收回利權。1929年與比利時訂約，收回比利時在天津的租界；1930年與英國訂約，收回英

國所租借的威海衛和劉公島。1930 年在外交上的最大成就是與各國重訂新約，收回關稅自主權。

中國發憤圖強引起日本不安。日本自明治維新以後即與中國爭奪東亞地區的主導權，於 1894-1895 年的中日戰爭打敗中國，割取臺灣、澎湖；於 1904-1905 年的日俄戰爭打敗俄國，自俄國手中攫取中國東北南部為其勢力範圍；1931 年發動九一八事變，占有中國東北地區，並於該地區建立滿洲國；1937 年發動七七事變，全面侵略中國。日本侵略中國，最初只有蘇聯（俄國革命成功後建立蘇維埃聯邦，簡稱「蘇聯」）關心；因為當時日本對外侵略有兩派主張，陸軍主張由滿洲地區西進，進一步進攻蘇聯，海軍主張南進，攻擊美、英等國在西太平洋、東南亞和南亞的勢力。初時陸軍的主張占優勢。尤其引起蘇聯警覺的，日本全面進兵中國，是藉著「防赤」的名義，因為當時國民黨正欲放棄剿共政策，結合蘇聯和中共，共同抵抗日本侵略。因此，中國抗日初期蘇聯提供中國許多軍事援助，包括 2 億美元的貸款以及 1,000 架飛機、2,000 名飛行員和 500 名顧問。但到 1939 年德國發動對外侵略，歐洲局勢危急，蘇聯便無心再援助中國。

美國提供中國軍事援助，已遲至 1941 年 12 月 7 日日本偷襲珍珠港以後，當時中國已抵抗日本侵略 4 年多，但不能說是獨自抗日，至少頭兩年是有外援的。中國抵抗日本侵略 4 年，使美國深切了解中國的潛在國力以及中國人抵抗外來侵略的意志。與歐洲戰場比較，德國於 1940 年 5 月在法國北部突破馬奇諾防線（Maginot Line）後，英法聯軍即迅速自敦克爾克撤往英國，不足一個月德軍即進入巴黎，由法國貝當（Henri P. Pétain）元帥出面與德國訂立和約，讓德國統治法國北部和西部，而由貝當元帥在法國南部組織傀儡政權。

珍珠港事變爆發後，中國正式對日宣戰，並通知美、英、蘇三國。

美國總統羅斯福（Franklin D. Roosevelt）感到中國戰場對抵抗日軍和牽制日軍的重要性，決定成立中國戰區，由國民政府軍事委員會委員長蔣介石為最高統帥，統一指揮中國、越南（原為法國屬地，至 1941 年 7 月全為日軍占有，成為日本南進基地）和泰國（泰國於珍珠港事變後，允許日本假道進攻馬來亞和緬甸，日本乃允許泰國獨立，泰國旋與日本結盟）境內同盟國家的軍隊，並於 1942 年 1 月 1 日正式宣布。同年 1 月 5 日蔣介石在重慶就任中國戰區最高統帥，羅斯福派美國將領史迪威（Joseph W. Stilwell）為參謀長。是年 3 月 4 日，史迪威抵重慶。這是近代以來中國國家實際領導人第一次成為國際戰場的統帥。另一方面，1942 年元月，日本於攻占馬來亞之後，進攻緬甸（英國屬地），攻下緬甸第二大城毛淡棉（在仰光東南 300 公里薩爾溫江口，為緬甸對外貿易和航運的重鎮）。英國要求中國派兵參戰，中國為保衛外援通道滇緬公路，即派遠征軍進入緬甸，其間緬甸第一大城仰光陷落，英軍北撤，與中國軍隊共同守衛同古（在仰光北 250 公里，為日軍北上必經之路），中國戰區又擴大為中緬印戰場。3 月中旬，英軍在同古戰敗潛逃，中國軍隊於苦戰之後北撤。孫立人的第 38 師於 4 月 16 日趕到仁安羌（緬甸中西部城市，在伊洛瓦底江中游右岸，為石油產地），解救了英軍。此後第 38 師擴編為新一軍，在緬北作戰，緬甸淪陷後，撤至印度整訓。

美、英等反侵略的國家既與中國為盟邦，此際決定廢除以前與中國所訂的不平等條約，另訂平等新約。1943 年 1 月 11 日，中美、中英平等新約分別在華盛頓和重慶簽字。英、美兩國在新約中所放棄的特權，包括領事裁判權、上海及廈門公共租界、天津及廣州英租界、內河航行權，以及《辛丑條約》所規定的駐軍權等。其後迄於 1947 年 4 月間，中國與巴西、比利時、挪威、古巴、加拿大、瑞典、荷蘭、法國、瑞士、丹麥、葡萄牙

等國，先後都重新訂立平等新約。

在中國與盟國並肩作戰以及與世界各國簽訂平等新約的過程中，國際地位繼續提升。1943 年 11 月，美國總統羅斯福、英國首相邱吉爾（Winston S. Churchill）約蔣介石在開羅開會，會後發表宣言，與會國家共同作戰，直到日本投降為止；中國可於對日作戰勝利後收回臺灣、澎湖、中國東北四省，以及在此次中日戰爭中日本所占領的其他中國領土。這是自甲午戰爭、九一八事變，以及七七事變以後中國人的夢想，有強有力的盟國為中國背書，為中國的前途帶來了晨曦初現的美景。開羅會議以後，羅斯福、邱吉爾與蘇聯的史達林（Joseph V. Stalin）元帥會於德黑蘭（伊朗首都），蘇聯承諾於對德戰爭結束後參加對日作戰，但希望能得到國防屏障、經濟腹地和不凍港，包括獲得整個庫頁島以為回報。其間，美國總統羅斯福於 1943 年提出了集體安全的構想，期望日後能透過集體的力量，保障每一個國家的安全，不受外來侵略。這在中國也是夢寐以求的。當時法國早已戰敗投降，領導世界從事反侵略戰爭的主要國家只有美、英、中、蘇四個，被美國羅斯福總統列為「四個員警」。其後由「四個員警」共同起草《聯合國憲章》，為成立聯合國作準備。憲章草案中有一條，美、英、中、蘇四國代表，均對聯合國的決議享有否決權。初時英、蘇二國反對將中國列入，因美國的堅持而得列入；美國因法國早已戰敗投降，沒有將法國列入，法國的戴高樂（Charles de Gaulle）當時已成立反抗德國的臨時政府，英國代表堅持將法國列入，因為英國欲聯合法國以約制蘇聯。法國沒有參加聯合國的發起，但在起草《聯合國憲章》時將法國列為五個常任理事國之一。

在美、英、中、蘇四國的推動下，有 51 個國家的代表於 1945 年 4 月在舊金山開會，討論並通過《聯合國憲章》。是年 10 月 24 日，五個常任理事國和其他參與創始的會員國共同批准了此憲章。其間德國已於 5 月 9

日向同盟國投降，同盟國可以集中全力來進攻日本；日本於 8 月 14 日向同盟國投降，次日為同盟國所接受。1946 年 1 月 6 日，第一屆聯合國會員大會在倫敦召開。中華民國在聯合國中，為五大強國之一。

第一屆聯合國會員大會召開時，各國都忙於戰後重建，中國由於國共內戰爆發，重建工作困難重重。當時蘇聯向歐洲發展勢力，東德、捷克等先後變為共產國家。美國的對外援助，以歐洲為主要對象。在 1948 年 6 月美國國會所通過的援外款項中，歐洲 53 億美元，中國 4 億美元，而此 4 億美元實際上並未撥出，後來雖撥出少許，並沒有給中華民國政府，而是給予中國的其他反共勢力。美國對東亞援助的優先順序，尚在日本和韓國之後。雖然如此，中華民國作為聯合國的常任理事國，在國際上的影響力自較非常任理事國為大，到中華民國政府在大陸完全為中共打敗、遷到臺灣以後仍然如此。1949 年 9 月，中華民國駐聯合國代表蔣廷黻於聯合國提出控訴蘇聯侵略中國案，後來獲得通過；其間由於中共派軍協助北韓侵略南韓，被聯合國判定為侵略者，使中華人民共和國多年不得加入聯合國。

三、中華民國對東亞的新布局

在歷史上，中國為東亞唯一的強國。中國在東亞建立朝貢體系，視周邊弱小國家為屬國。日本自明治維新以後，與中國爭勝，提出亞洲主義，基本的主張是聯合亞洲國家，共同對抗西方帝國主義的侵略；為了聯合中國，標榜中日同文同種（同為黃種，日本文字來自中國）。日本的亞洲主義有兩派：一派為國權派，初以頭山滿、內田良平為代表，以向其他亞洲國家發展日本勢力為目標；一派為民權派，以宮崎民藏、宮崎寅藏兄弟為

代表，主張首先協助中國完成民主革命，而後推廣到亞洲其他國家，與其他亞洲國家建為平等的聯合體。後來國權派盛，民權派衰，亞洲主義變為大亞洲主義，在日本發動全面對中國侵略以後，第二次近衛內閣外相松岡洋右於 1941 年 8 月提出「大東亞共榮圈」，實欲將亞洲國家盡收為日本屬國。1942 年日本成立大東亞省，此後即將滿洲國、中國汪精衛政權、泰國、菲律賓自治邦、緬甸、自由印度臨時政府（日本支持印度脫離英國而獨立，1943 年 10 月 21 日在新加坡成立自由印度臨時政府，由印度獨立運動家錢德拉・鮑斯〔Subhash Chandra Bose〕為政府主席）等列入「大東亞共榮圈」內。

孫中山在倡導革命期間，亦宣揚亞洲主義，一方面支持菲律賓（1898 年以前為西班牙屬地，以後為美國屬地）、越南（法國屬地）等國的獨立運動，一方面爭取日本贊助中國革命。1924 年，孫中山與奉系軍人和皖系軍人結盟，推翻直系軍人所主持的北京政府，於自廣州北上共商國事途中，轉往日本，曾在日本講演「大亞洲主義」，要求日本贊助中國革命，並廢除與中國所訂的不平等條約。日本不予理會。日本決不願自動放棄在中國的利權，並視山東、中國東北等地為其勢力範圍。因此，1928 年國民革命軍北伐至山東，日本不惜製造事端，殘殺中國軍民，欲引發中日戰爭，以阻礙國民革命軍北伐。國民革命軍總司令蔣介石採「不抵抗主義」，繞道北伐。在北京主政的奉系軍人領袖張作霖撤往東北，日本怕國民革命軍追蹤而至，當張作霖所坐的火車經過皇姑屯時，引爆橋梁炸藥，將張作霖炸斃。張作霖的兒子張學良繼承父業，主持東北地區軍政，於是年底宣布歸順中央政府，次年日本即發動九一八事變將東北占有。

其後，日軍繼續向內蒙進兵，並企圖占領華北。當時蔣介石集中全力剿共，日本亦以防止中國「赤化」為號，蔣介石力謀與日本合作建設中國，

勸日本不要侵略中國，日本不應。日本決不願中國強大。西安事變發生後，在蘇聯的運作下，國共合作抵抗日本侵略。國策的急遽改變，在國民黨內部引起爭論，當日本全面侵略中國、中國不能作有效抵抗，而中共又以己身發展為主要考慮，而不能與國民黨真正合作從事抗日時，國民黨副總裁汪精衛即自重慶出走，與日本合作，並進行剿共。汪精衛所持以自解的是孫中山的大亞洲主義，此頗符合日本的國策，但孫中山的大亞洲主義是反帝國主義，建立在平等、互惠的基礎上的，而汪精衛與日本合作的原則並不是如此。

對蔣介石來說，抗日戰爭為他帶來實行孫中山大亞洲主義的契機。珍珠港事變以後，蔣介石被盟軍委任為中國戰區最高統帥，戰區除中國外，尚包括越南、泰國。其後中國軍隊投入緬甸戰場，與英軍並肩抗日，中國戰場又擴及緬印戰場，使中國與緬甸和印度發生關係。

越南原為法國殖民地，法國在越南立有傀儡政權；珍珠港事變前後，越南為日本占有，日本仍保有此傀儡政權。其間有越南共產黨領袖胡志明（本名阮必成）先後在北越從事抗法和抗日活動。抗戰初期，國共合作，中華民國政府曾給予胡志明支持，其後胡一度在廣西被捕，經中共營救獲釋。戰後北越由中國受降，南越由英國受降。英國將南越交給法國，中國一度在北越駐有軍隊。北越於 1946 年由胡志明建立「越南民主共和國」，曾容納越南國民黨，但等到中國軍隊撤走，胡志明即將越南國民黨清除。南越續為法國屬地，但遭到南越人民的反抗。越南國民黨成立於 1920 年代，係仿照中國國民黨的組織而建立，初在北越活動，1930 年代因受法國殖民當局鎮壓而衰落。部分黨員在雲南境內接受軍事訓練，並得到中國軍火供應。越南被日本占領後，該黨與胡志明的越南共產黨一度合作抗日，戰後被胡志明清除後，部分黨員逃到南越。其間，越南國民黨中央代表團

曾於 1945 年 6 月 7 日訪問重慶，蔣介石表示「一定願意幫助越南得到獨立自由」。1955 年，法國自南越撤退，由工人和農民革命黨領袖吳廷琰建立越南共和國，越南國民黨轉入地下活動。越南共和國成立後，中華民國即予承認，並建立外交關係，互換使節。

泰國原稱暹羅，在 18、19 世紀法國據越南及其周邊地區為殖民地、英國據印度和緬甸為殖民地以後，以暹羅為緩衝區，暹羅得建為君主立憲國家。二次世界大戰期間，日本侵入中南半島，法國在中南半島的殖民地為日本占有，暹羅加入日本陣營，改稱泰國，於 1942 年 1 月 25 日向英、美宣戰。暹羅駐美大使社尼‧巴莫（Seni Pramoj）反對鑾披汶‧訟堪（Phibul Songkhram）政府的親日政策，發起自由泰人運動，美、英暹羅留學生紛紛響應。1943 年 9 月，自由泰人運動人士訪問重慶，蔣介石表示，希望戰後暹羅恢復固有的獨立地位。日本投降後，暹羅宣稱對英、美宣戰無效，同盟國予以承認。1946 年 1 月，中華民國與暹羅簽訂友好條約。1949 年暹羅改稱泰國。

緬甸於 19 世紀被英國據為殖民地，原為英屬印度的一部分，至 1937 年始成為獨立的殖民地。二次世界大戰期間，日本進攻緬甸，英軍不支，中國於 1942 年 2 月派緬甸遠征軍予以援助，3 月和 4 月蔣介石且曾兩度至緬甸視察戰事。1943 年 2 月 26 日，蔣發表「告緬甸軍民書」，號召緬甸軍民抗日。緬甸遠征軍雖曾屢敗日軍，緬甸終為日軍占有。日本曾為緬甸組織獨立政府，但此獨立政府旋又加入同盟國一方，受英國控制。到 1948 年 1 月 4 日，英國正式承認緬甸獨立。獨立後的緬甸稱為緬甸聯邦共和國，中華民國於 1947 年 10 月即派塗允檀為駐緬大使，塗於次年 2 月到任。

在所有南亞的國家或地區中，在抗戰前後與中國往來較多者為印度。

印度於 19 世紀被英國據為殖民地，在第二次世界大戰中為盟軍在南亞對抗日本侵略的基地，本身並未受到日本侵略。英國和中國的軍隊在緬甸被日本打敗後，撤退到印度整訓，最後再從印度反攻。印度的獨立運動始於 19 世紀中期，斷斷續續，直到 20 世紀初年甘地倡導以不合作的手段推動印度獨立運動，聲勢才日漸壯大。抗日戰爭期間，中華民國與印度獨立黨人有所接觸。1939 年 8 月，印度獨立運動領袖尼赫魯訪問重慶，蔣介石熱烈招待。1940 年 11 月，蔣派戴傳賢訪問印度，並帶親筆函給甘地和尼赫魯。1941 年 8 月，蔣介石表示：「中國得到獨立與自由以後，第一要務當為協助印度與朝鮮獨立。」蔣介石於中國戰區成立後的次月，即 1942 年 2 月，訪問印度，為時半個月。由於印度是中國大後方的最後對外通道，中國擬建中印公路及中印航空線，印度的甘地所領導的國民大會黨（國大黨）為爭取印度獨立，正與英國殖民當局鬧事，處處採取不合作立場：而日本則利用印度人的反英情緒，以「亞洲是亞洲人的亞洲」為口號，暗地贊助印度人的獨立運動，並在新加坡支持錢德拉．鮑斯建立自由印度獨立政府。中印公路預計由康定修到印度的薩地亞（印度阿薩姆邦東北部的城市，近中緬邊界，為二次大戰期間中印公路的起點），由於藏人反對，初無所成。到 1943 年 5 月，由中美工兵隊修築，自印度阿薩姆邦的雷多經緬甸的密支那抵達昆明，亦稱雷多公路（Ledo Road）。至於中印航線，在美、英兩國的合作下，得以順利開闢，由薩地亞到昆明，因需經過喜馬拉雅山脈，飛機需隨時隨山勢之高低，調整其飛行高度，有如走在駱駝脊背上，亦稱「駝峰航線」（The Hump）。為了調解國大黨與英國殖民當局的矛盾，蔣介石希望國大黨暫時停止與英國的鬥爭，幫助英國共同對抗日本的侵略，同時也希望英國先給予印度以自治領的地位，戰後再允許其完全獨立。蔣介石的調和意見，甘地和尼赫魯皆不贊同，而英國政府亦不

對印度讓步。是年 8 月，英國當局逮捕甘地和尼赫魯，蔣介石非常震驚，召見英國駐華大使，表明同情印度人爭取獨立與自由，並請求羅斯福總統出面主持正義。英國首相邱吉爾頗為不悅，指中國干涉英國內政。戰後甘地為爭取印度早日獨立，於 1947 年與英國殖民當局協議，贊成印度（印度教）與巴基斯坦（回教）分治方案，甘地以此為印度教狂熱分子暗殺。此後直到 1950 年「印度共和國」始正式成立，由尼赫魯任首任總理，但仍留在大英國協內。

蔣介石對印度獨立與朝鮮獨立同等重視，不僅支持印度獨立，也支持朝鮮獨立。朝鮮原為中國屬國，於 1894-1895 年的中日戰爭後轉為日本的屬國，1910 年日本將朝鮮劃為日本版圖。但朝鮮不乏志於復國之士，1918年李承晚在海參崴成立大韓民國臨時政府，被選為國務總理。韓國臨時政府後由海參崴遷至上海法租界，1930 年選金九為國務總理，李承晚轉往美國活動。1940 年韓國臨時政府遷重慶，中華民國政府公開表示支持韓國獨立。1943 年蔣介石批准建立「朝鮮義勇隊」和「韓國光復軍」，並資助韓國臨時政府經費。不僅如此，蔣介石在開羅會議中，力主戰後讓朝鮮獨立，英國一度反對明言讓朝鮮獨立，僅贊成戰後「使朝鮮脫離日本統治」，在美國和中國的堅持下，終維持讓朝鮮獨立之決議，並見諸開羅會議宣言。戰後受降，北緯 38 度以北由蘇聯受降，以南由美國受降。其後美國讓朝鮮獨立運動的領袖李承晚在 38 度以南建立大韓民國，1948 年 7月 20 日李承晚當選大韓民國總統，中華民國於 1949 年 1 月 1 日承認大韓民國。另一方面，蘇聯則於 1948 年 9 月 9 日讓金日成建立「朝鮮民主主義人民共和國」，由金日成任總理。

孫中山晚年反對日本的獨霸式的大亞洲主義，而堅持本「濟弱扶傾」之旨，協助亞洲地區的人民自殖民統治中解放出來。孫中山未能完成此

志，繼承其志業的蔣介石，在抗日戰爭期間，有機會參與處理國際事務，戰後由於聯合國的成立，更有機會參與處理國際事務，乃使孫中山的大亞洲主義得以逐步實現。中國作為在抗戰中被同盟國重視的國家，隨時設法對戰後東亞的國際事務能有較合理的安排。在聯合國籌備和成立前後，中國既躋身於常任理事國，此一責任更重。這是中國在戰後的另一新局。

四、困局從國際局勢變化中產生

中國在抗日戰爭中，由於表現優異，能穩定東亞大陸的局勢，使美、英、蘇三國安心於應付歐洲戰場，並使美國能從太平洋順利進行反攻，國際地位蒸蒸日上。戰後原欲迅速復員重建，由於國內外局勢發生變化，復員重建的工作困難重重。此處先說國際局勢的變化。

抗日戰爭期間，協助中國抗戰最力的，前期為蘇聯，後期為美國。1941 年 4 月 13 日，由於日本決定執行南進政策，暫不攻擊蘇聯，而蘇聯為了應付來自德國的威脅（1941 年 6 月德國決定進攻蘇聯），亦無暇顧及東方事務，於是簽訂《日蘇中立條約》，為期 5 年。但到 1945 年 4 月 5 日，由於蘇聯已與美、英兩國簽訂《雅爾達密約》，答應投入盟國的對日戰爭，遂片面宣布廢止《日蘇中立條約》。《雅爾達密約》簽訂時，日本敗象已露，而《雅爾達密約》保證戰後讓外蒙古獨立，並將中國東北的利權讓給蘇聯，尤使蘇聯戰後在東亞能獲取重大的利益，因此蘇聯決定對日本宣戰。1945 年 7 月 26 日，時德國已經投降，羅斯福、邱吉爾和史達林在德國的波茨坦開會，中國沒有代表參加，但會後由美、英、中三國發表宣言，要求日本無條件投降。蘇聯當時尚未對日宣戰，到蘇聯參戰後史達林才在此宣言上簽字。蘇聯對日宣戰，在時機上是有所選擇的。1945 年 8

月 6 日，美國向日本的廣島投下第一顆原子彈，8 日復在長崎投下第二顆原子彈，造成極大的破壞和死傷，日人震恐。8 月 8 日蘇聯對日宣戰，即傳出日本決定投降的消息，次日此消息得到證實。10 日，日本以照會委託中立國瑞士轉達美、英、中、蘇四國，表示接受《波茨坦宣言》，向同盟國投降。蘇聯向日本攻擊的首要目標是中國東北，當時日本在中國東北建有滿洲國。蘇聯欲攻擊中國東北，並於戰後獲得外蒙古和東北的利權，必須先與中國訂約。於是中國在美、英兩國的壓力下，自 1945 年 6 月 30 日起，即與蘇聯議簽《中蘇友好同盟條約》，至是年 8 月 14 日始簽字，當日日本已正式向同盟國投降。如前所述，蘇軍早於 8 月 8 日即揮軍進入中國東北，將滿洲國消滅，日本在中國東北的關東軍向蘇聯投降。

依據《中蘇友好同盟條約》，中蘇共同抗日，蘇聯支持蔣介石為中國領袖，不援助他的敵人；蘇聯答應在日本投降後 3 週自中國東北撤兵，2、3 個月內撤完；中國答應旅順、大連為蘇聯的海空軍基地，並允許蘇聯對南北滿鐵路及其附屬事業享有所有權，同時承認讓外蒙古獨立。戰後，中華民國政府為了受降、接收與重建，在美國的協助下將大量軍隊自大西南運入華北和東北，同時南方的國軍亦迅速向北推進。在華中和華北建有廣大根據地的共軍倍感壓力。毛澤東欲將共軍開往東北，以蘇軍為依託，向國軍反擊，蘇聯基於《中蘇友好同盟條約》，初時不便公開接受，僅允許共軍以不同的名義，進入東北鄉區，伺機而動。其後由於美國的軍隊繼續留在中國，並協助國軍進入東北，蘇聯為與美國對抗，延緩自東北撤兵，並開始在軍事和經濟上援助共軍。其後迫於中國和國際的壓力，蘇聯不得不自東北撤兵，但自大城市撤兵時，常預先通知中共，作占領之準備。

雖然如此，蘇聯初時尚不支持中共以武力向國民黨奪權，當時蘇聯與美國對中華民國的共同政策是希望國共組織「聯合政府」，以穩定中國局

勢。如是，不僅蘇聯可以安享在《中蘇友好同盟條約》中所獲得的利權，而美國亦可全力協助歐洲各國復員與重建，以防止蘇聯的勢力在歐洲擴張。國共雙方在內心裡都希望迅速以武力一決勝負，但當時第二次世界大戰剛結束，世界各國都希望和平，國共雙方在表面上不得不作組織聯合政府之談判。在此前後，劉少奇還在報端宣傳，說中共只是要改革中國的土地制度，共產主義未必適合中國。國際輿論受其影響，同情中共者不少，尤其是美國太平洋學會的成員。國共聯合政府談判無成，蘇聯轉而支持中共從事武力奪權。1949 年 10 月 1 日，中華人民共和國成立，次日蘇聯首先承認，後三日，捷克、波蘭亦予承認。毛澤東於 1950 年 2 月 14 日與蘇聯訂立《中蘇友好同盟互助條約》，不僅默認外蒙古獨立、將東北的利權讓給蘇聯，而且將新疆的利權也讓給蘇聯。蘇聯在戰後對中華民國由友變敵，使中共勢力的發展有了靠山，這是中華民國在國際上的最大困局。

抗日戰爭期間蘇聯是最早援助中國的國家，希望借助於中國的抗日，使蘇聯在東亞免受日本攻擊。1941 年日本突襲珍珠港前後，日本對外侵略的南進派得勢，以攻擊西太平洋上美國的勢力以及東南亞和南亞英國、法國和荷蘭的勢力為主，蘇聯無後顧之憂，即與日本訂中立條約，集中全力應付德國在歐洲所造成的危局。美、英等國在西太平洋、印度洋、東南亞和南亞所面對的日本侵略是嚴重的，香港（英屬）、越南（法屬）、馬來亞（英屬）、新加坡（英屬）、印尼（荷屬）、菲律賓（美屬）、泰國（獨立國，但很快即受日本控制）、緬甸（英屬）等國家或地區，皆為日本占有或控制。當時法國、荷蘭已投降於德國，美國總統羅斯福感於「中國對殘酷侵略者英勇之作戰，已使美國人民和其他所有愛好自由人士產生極高之敬仰」（1942 年 2 月 6 日羅斯福致蔣委員長電），同時對中國的戰略地位極為重視，對蔣委員長尊禮有加。英國首相邱吉爾雖看不起中國，此

時也不得不借重蔣委員長。中國戰區的成立，開羅會議的召開，不是偶然的。但到 1945 年初，由於中國戰場陷於膠著，而美國在太平洋上實行跳島戰術，向日本本土進攻，使日本有向中國東北撤退之想，美、英亟需蘇聯參戰，使其攻擊日本在中國東北的關東軍（當時關東軍的人數約有 70 萬人）。在這種情形下，乃不得不犧牲中國的外蒙古和東北的利權，以誘使蘇聯參戰。

美國對中國態度轉變的另一因素是——中國戰區最高統帥蔣介石與參謀長史迪威統帥權之爭。緣中國戰區成立後美國派史迪威為參謀長，而史迪威的另一職位是美國駐中國代表。當時日本侵略緬甸、威脅印度，史迪威希望將在陝北被國軍監控的共軍調到南亞作戰，時國共合作抗日的關係已破裂，共軍在敵後肆意擴張勢力，並攻擊國軍游擊隊，不聽統帥部的命令。蔣介石面臨中共奪權與日本侵略兩種威脅，不答應將陝北的共軍調往南亞作戰。史迪威乃對美國租借給中國的戰略物資加以管控，此事引起蔣介石的震怒。羅斯福認為，作為美國駐中國代表，史迪威對美國援華物資有監控權；蔣介石只希望史迪威為聽他指揮的參謀長，不希望有另外的身分。羅斯福雖將史迪威召回，中美之間的裂痕已生。

戰後美國雖然派機艦協助中國運送軍隊，以便對華北、東北進行接收，但受到蘇聯和中共的杯葛，未能收到預期的效果。而戰後國軍士氣不振，接收官員貪污成風，使美國對中國政府的印象日壞。美國原希望中華民國政府能網羅中共及其他民主人士組織聯合政府，以息內爭，但國民黨與中共互爭對聯合政府的主導權，美國代表馬歇爾（George C. Marshall, Jr.）在中國奔走一年毫無成就，對中國政府極感失望。馬歇爾在 1947 年 1 月回國以後出任國務卿，當時美國總統已易為杜魯門。馬歇爾任國務卿至 1949 年 1 月，在此關鍵的兩年，美國對中國採取退卻政策，而蘇聯則積

極協助中共擴張勢力。

　　美國為抗日戰爭後期中華民國的盟友，戰後調解國共糾紛不成，棄中華民國於不顧，致使中華民國政府敗退臺灣。但到1949年10月1日中華人民共和國成立，蘇聯次日即承認；美國國務院於3日發表聲明，繼續承認中華民國政府為中國唯一合法的政府。韓戰爆發後，美國感於臺灣在西太平洋戰略地位的重要，才開始再援助中華民國。

五、國內的困局國民黨不能自解

　　國民黨與共產黨同為革命黨，但革命的策略不同。國民黨在革命時代即以尋求外援為務，革命成功之後，無論國家建設還是應付內亂外患，都冀望於外援。中共雖受蘇聯扶持，自1927年與國民黨分裂後，即以農村為基地，動員民眾，自力更生；抗日戰爭期間，物力極為缺乏，仍能依持農村，在艱苦中求發展。國民黨依持城市較深，城市經濟波動大，影響市民生活。作為執政黨，既需解決國內問題，又需負擔國際責任，使主政者窮於應付。1945年8月日本投降，中華民國政府實在還沒有復員的準備。幾百萬軍隊集中在大西南，如何能迅速運到日偽占領區、中共占領區、蘇聯占領的中國東北地區，以及即將收回的臺灣，是一大考驗，而這些地區背景複雜，各有各的問題。

　　日本投降後，領導抗日戰爭的中華民國政府，初本戰勝國的立場，依據同盟國家於1943年所發表的《開羅宣言》，對1894-1895年中日戰後日本所占有的中國領土（指臺灣、澎湖），以及1931-1945年中日戰爭期間日本所占有的中國領土（指中國東北、內蒙，以及華北、華中、華南的大部地區），於各地區依照盟國的規定接受日軍投降，並進行接收和

重建。接收和重建的工作困難重重，可以分三個地區來觀察：第一個地區為 1894-1895 年中日戰爭後日本所占領的臺灣和澎湖地區，第二個地區為 1931 年九一八事變後日本所占領的中國東北地區，第三個地區為 1937 年七七事變前後日本所占領的內蒙、華北、華中、華南地區。

　　臺灣和澎湖地區是於 1895 年的中日戰爭後割讓給日本，1945 年 10 月接收之際，已受日本統治 50 年。日本對臺人的殖民統治雖引起臺人的不滿，但日本法治較中國為佳。戰後中華民國政府所派的接收人員雖大體能依照有關規定進行接收，但未必能符合臺人的願望。加上部分接收人員行為粗暴，或違法亂紀，使臺人在心理上和實質上受到傷害。另一方面，在被日本統治 50 年之後，許多臺民的國家認同混亂，雖然大部分人懷著勝利的喜悅，但也有一部分人懷著戰敗的悲情，社會的矛盾頗深。加上戰後經濟蕭條，人心不定，而解甲歸來的臺籍日本兵（5 萬人以上）失業者多，更難對中國認同。1947 年的二二八事變，全臺各地有民眾暴動，占領機關、攻打要塞，臺灣有再度淪亡之虞，政府派兵鎮壓，傷及無辜，逮捕要犯，亦多冤枉。此一不幸事件，影響日後臺灣政治發展至大。茲不多論。

　　中國東北地區，自 1931 年九一八事變後由日本占領；日本在該地區扶植在辛亥革命時期被迫退位的溥儀皇帝建立滿洲國。滿洲國政府未必完全心向日本，但滿洲國南部自 1905 年日俄戰爭以後即為日本的勢力範圍，而自滿洲國成立後，日本更逐漸將蘇聯的勢力逐出滿洲國北部。滿洲國地區資源豐富，自成為日本的勢力範圍以後，日本在此投資建立輕、重工業，到抗日戰爭後期，已成為日本帝國的重要核心。當美國在太平洋戰場向日本本土進逼時，日本政府一度想遷往滿洲國。自 1941 年日本突襲美國在太平洋上的海軍基地珍珠港以後，美國即希望蘇聯能從西伯利亞進攻

滿洲國，以威脅日本的後方。但蘇聯為在西戰場對抗德國，與日本訂有中立協定，不願對日作戰。1945 年 2 月，美、英兩國為誘使蘇聯對日作戰，與蘇聯訂立《雅爾達密約》，不惜私下允許戰後使中國讓外蒙古（實際已獨立，並受蘇聯控制）獨立，並允許戰後將中國東北的利權讓給蘇聯。蘇聯雖然應允對日作戰，但遲遲不出兵。1945 年 5 月 9 日德國戰敗投降，蘇聯及其他盟國始將主力部隊自歐洲戰場調到東亞，日本備受壓力，7 月開始謀求與同盟國議和，不得要領，待美國在廣島、長崎投下原子彈，日本乃委託中立國瑞士向同盟國洽降，中國在同盟國逼迫下與蘇聯所訂立的《中蘇友好同盟條約》剛好在此時簽字。在此前數日，蘇聯對日宣戰，揮軍進攻滿洲國，將滿洲國消滅，日本駐在滿洲國的 70 萬關東軍向蘇軍投降。此後，蘇聯將日本在滿洲國地區的軍事和工業設備，以戰利品的名義掠走。

依照《中蘇友好同盟條約》，蘇聯須於日本投降 3 個月內自東北撤兵，但鑑於美國協助中國政府接收華北和東北，蘇聯以不願美國勢力進入中國東北為考量，延緩自東北撤兵。此期間，國軍大量進入華中、華北地區，原在該地日偽統治區建有根據地的共軍備受壓力，欲以蘇軍為依託，轉向東北發展。初時蘇聯怕被指控違反《中蘇友好同盟條約》（支持中華民國政府和蔣委員長），不願公開掩護共軍，建議中共與國民黨組織聯合政府。嗣以美國在華勢力日盛，而國民黨統治下的地區反蘇聲浪日高，蘇聯才放膽援助共軍在東北發展。因此，1946 年 5 月蘇軍自東北完全撤出後，東北北部已成為共軍發展的基地。而在東北南部地區，中華民國政府也只能保有一些孤立的城市。這是戰後中國東北地區首先為共軍完全占領的最大原因。

華北大部地區以及華中、華南的精華地區，抗日戰爭期間多為日偽軍

所控制；國民黨和共產黨在這些地區都建立不少游擊根據地，惟國軍的游擊根據地後來大部被日偽軍和共軍消滅。中共的勢力，在抗日戰爭之始，以「共赴國難」為名被政府收編，政治組織被編為陝甘寧邊區政府，共軍被編為八路軍和新四軍，合為國民革命軍第18集團軍。中共在日偽占領區發展勢力，政府極感憂心，政府的敵後游擊勢力思圖加以限制，但力不從心。另一方面，中共的游擊勢力極力排拒國民黨的游擊勢力，對小股日軍和日偽小據點也常突襲，勢力日漸壯大，從抗戰初起時的數萬人增至抗戰勝利時的百萬人。中共於日本投降後要求與其鄰近的日偽軍向其投降，政府不答應，於是各地的共軍向投降後的日偽軍展開攻擊，占領不少日偽政權所控制的地區。另一方面，則破壞交通，阻止國軍北上，並阻止政府接收，於是國共間的戰爭大起。

　　二次世界大戰結束後，美、蘇兩國不欲國共之間發生內戰。因蘇聯支持中共，而美國支持國民黨，如國共衝突擴大，將使美、蘇的處境陷於困難；因此，美、蘇兩國都希望國共組織聯合政府，以息事寧人。不知此二黨為理念完全不同的兩個革命黨，互不相容，一有機會即互相消滅。局外人不知中國政情，強自湊合，終歸失敗。中共眼見戰後中國局勢混亂，民生痛苦，人民對國民黨失望，認為是發展勢力的好機會。中共一面應合美、蘇的要求，與國民黨談判組織聯合政府，一面進行軍事擴張。聯合政府談判無成，國共大戰全面爆發，而國民黨節節敗退，東北及長江以北的華中地區相繼失守，平津地區亦岌岌可危。在這種情形下，美國策動中華民國副總統李宗仁與中共講和，主戰的總統蔣介石黯然下野。

　　在蔣介石下野前，國軍在中國東北地區與共軍會戰、在江蘇北部地區與共軍會戰，均告失敗，共軍兵臨長江。防守平津地區的華北剿匪總司令傅作義陷於孤立，於蔣介石下野之日向共軍投降。其後山西太原保衛戰失

敗，青島被美國第七艦隊作為監視蘇聯海軍是否自旅順、大連南下的根據地。直到 1949 年 6 月，美國察知蘇聯海軍不會南下，南下者只有中共的陸軍，第七艦隊乃棄在青島守備的國軍於不顧，偷偷撤走。當時南京、上海地區已為共軍攻占，中華民國政府已遷廣州，青島的國軍匆忙撤退到海南島。在蔣介石下野、李宗仁為代總統以後，即與中共講和。毛澤東提出八大條件逼降，李宗仁不敢答應，和談破裂。共軍渡過長江，很快攻占京滬地區及浙贛鐵路沿線地區，負責防守湖北、湖南和江西的華中軍政長官（原名華中剿匪總司令，李宗仁與中共議和時改）白崇禧率部南撤廣西，30 萬大軍最後完全潰散。

李宗仁和白崇禧均為老桂系將領，李宗仁任代總統以後所能有效指揮的只有華中軍政長官白崇禧。當時東南沿海多為蔣介石的嫡系部隊，大西南地區的四川、雲南、貴州、西康等地多屬地方軍隊，李宗仁無法指揮。蔣介石於抗日戰爭期間在大西南有聲望，東南沿海的軍事將領在蔣介石下野後也只願聽從蔣的命令。在這種情形下，蔣介石乃以黨總裁的身分，透過與行政院長閻錫山、參謀總長顧祝同的私人關係，經營東南沿海和大西南。大西南的地方部隊採觀望態度，蔣介石將原在陝西阻止共軍南下的胡宗南的部隊調到四川，此時李宗仁已託病逃往美國，蔣介石親至四川指揮，亦無能為力。大西南的地方軍政長官紛紛向共軍投降，胡宗南將殘部撤至西昌，無法與在滇西作戰的李彌會合，最後胡宗南隻身來臺，李彌的部隊則撤至緬甸北部。

東南沿海的防務原由京滬杭警備總司令湯恩伯負責，京滬杭地區失陷後，湯恩伯南下福建，負責廈門和金門地區的防務。此時蔣介石已派臺灣省政府主席陳誠為東南行政長官，負責東南沿海至海南島之間的防務。1949 年 10 月，國軍在金門擊敗共軍的進攻，使臺灣的危機暫時解除。此

時中華人民共和國已成立，首先獲得蘇聯的承認，美國宣布繼續承認中華民國政府為中國唯一的合法政府。中華民國和中華人民共和國至是分別被劃入美國和蘇聯兩大陣營，直到1971年中華人民共和國在聯合國中取代中華民國的席位，情勢才有較大的改變。

六、餘論

抗日戰爭使中國捲入美、英、蘇等強國矛盾重重的漩渦中，中國初與蘇聯合作抗日，蘇聯因德國發動對外侵略而自東亞縮手，使中國的反侵略戰爭陷於孤立者兩年。日本攻擊珍珠港後，美、英結中國為盟友，期中國能穩定東亞局勢，美國對中國的期望尤高，因此中國的國際地位不斷提升，至聯合國成立被安排為常任理事國而達於高峰。此期間，同盟國家協助中國收回前此被日本侵占的領土，中國對戰後東亞鄰國的殖民地地位也設法改善，韓、越、緬、泰、印等國能夠早日獲得獨立，與中國不無關係。

抗日戰爭中的盟友，蘇聯首先以對日宣戰為條件，正式收外蒙古為屬國，同時得將中國東北劃入其勢力範圍。蘇聯革命成功，信誓旦旦要以平等待中國，不意在2、30年以後，其立國態勢仍是19世紀的帝國主義態勢。適中共在中國革命成功，建立國家，蘇聯首先予以承認，得繼續享有並擴大中華民國政府在《中蘇友好同盟條約》中所給予的特權。英、法兩國在戰後也未改變19世紀帝國主義的姿態，法屬越南、英屬緬甸和英屬印度，在戰後數年，經由其人民奮鬥，中國和其他同盟國支持，才獲獨立。英國為維護其在東亞的利權與安全，於1950年1月5日即承認中華人民共和國；法國在東亞的利益無多，則至1964年1月27日始承認中華人民共和國。

在抗日戰爭中的三大盟友中，美國是最後承認中華人民共和國的，事

在 1979 年。這一方面是基於中華民國和美國的友好傳統，不過，美國的主要考慮還是中華民國在西太平洋的戰略地位。雖然 1980 年代以來，美國與原有的共產國家以合作代替對抗，基於戰略的考慮，美國仍然維護中華民國的安全，雖然將中華民國的名稱易為臺灣。

——本文原收錄於呂芳上編，《戰爭的歷史與記憶（4）：戰後變局與戰爭記憶》（臺北：國史館，2015），頁 20-39。張玉法教授授權使用。

一、中國國際地位的提升

① 19 世紀以降，中國被英、法、德、俄、日等國視為拓展殖民地的對象，簽訂各種不平等條約。

② 1928 年北伐結束後，中華民國政府結束全國分裂狀態，在外交上積極與各國爭取重新簽訂平等條約。

③ 自從明治維新以來，日本亟欲掌握東亞地區的主導權，故面對中國的重新振作，便加快侵略中國的腳步，如 1931 年的九一八事變、1937 年的七七事變開始全面侵略中國。

④ 隨著珍珠港事件的發生，中國正式對日宣戰，成為英、美等國的盟友。1943 年，英、美宣布廢除不平等條約，與中國簽訂平等條約。此後，至 1947 年之間，中國與巴西、比利時、挪威、古巴、加拿大等國重新簽訂平等條約。

⑤ 中國的國際地位，隨著上述的過程逐漸提升，而後更成為聯合國的創始會員國之一。

二、中華民國對東亞的新布局

① 孫中山晚年反對日本獨霸式的亞洲主義，認為應發揮濟弱扶傾的精神，讓亞洲人從殖民解放。

② 繼承其志的蔣介石在抗日戰爭期間，開始有機會參與國際事務。在二次世界大戰結束後，作為同盟國的盟友，以及聯合國常任理事國，在東亞國際事務中扮演重要的角色。

三、從國際局勢變化產生的困局

① **蘇聯對中共的支持：**

儘管簽訂了《中蘇友好同盟條約》，戰後蘇聯仍然暗中支持共軍占領中國東北。並且在國共組織聯合政府談判破局後，轉向支持中國武力奪權。在 1949 年中華人民共和國成立後，更率先予以承認。

② **美國態度的轉變：**

除了戰爭期間蔣介石與史迪威的不和，戰後目睹國軍士氣不振、官員貪污，以及馬歇爾協調國共聯合政府失敗，對中國政府失望，採取消極的態度。

四、國民黨無法解決的國內困局

① 如何處理日本占領地區的復員與重建問題。

② 臺灣、澎湖地區：政府接受人員違法亂紀、臺灣人的國家認同，以及經濟蕭條等問題，最後導致了二二八事件的發生。

③ 東北地區：蘇聯援助中共在東北地區建立基地，日後中華民國政府只能控制東北南部地區一些孤立的城市，成為戰後東北地區最早被中共完全占領的原因。

④ 華北、華中、華南地區：中共在戰爭期間逐漸壯大聲勢，戰後更向投降日軍發動攻擊，占領不少地區，並且破壞交通，阻止國軍北上接收與復員。

⑤ 國共聯合政府的失敗，緊接著國共內戰，中華民國政府節節敗退，最後來到臺灣。

|導讀| 呂芳上，〈面對強鄰：1935年〈蔣介石日記〉的考察〉

———— 李君山 ————

　　呂芳上教授的文章主要分為三個部分，對於 1927 年國民政府定都南京以後的中日關係，做了一次完整的鳥瞰。其中第一部分「外力夾雜下的中日問題」，是用以回顧國民革命軍北伐以後，日本、蘇聯、英國等列強在中國的競爭和較量。而執政的蔣介石，深刻明白中日蘇三角關係的複雜性，也始終積極在其中，發展他的對日策略。

　　第二部分「從『親善』到『暫避兇鋒』」則說明自 1931 年「九一八事變」以後，日本推動以其為中心的日「滿」華三國提攜，同時擴張日本在中國的商業權利。蔣介石則決心貫徹其「安內攘外」的策略，一方面對外表示贊成「中日親善」，另一方面加緊對於江西中共「蘇區」的圍剿行動。然而，由於日本政府控制不了自己的軍部，軍部也不相信南京政府的「親善」說法，以致於 1935 年陸續出現「廣田三原則」和「華北自治運動」等，挑釁國民政府統治的進一步行動。蔣介石「暫避兇鋒」的想法，難以維持。

　　第三部分「面對華北自治運動的變局」探討蔣介石面對日本軍部分離華北所造成危機的反應。當時共軍業已西竄至四川、甘肅、陝西一帶。

蔣介石建立抗戰「大後方」的構想，已經露出「水到渠成」的曙光。因此1935年下半年以後，政策、態度和應付手段開始急轉直下，走向「聯蘇制日」的道路，著手和莫斯科進行談判，實際揭開了1937年中日戰爭的序幕。

┌─ ◆ 108課綱相關條目對照說明 ─────────────────────
│　　呂教授的文章對應「東亞地區人民在二十世紀重大戰爭的經歷」（條目
│　Ib-V-1），了解蔣介石對日策略思考脈絡，考量國際因素及聯蘇制日、聯日
│　制蘇的手段。
└──

延伸閱讀

1. 劉鳳翰，〈「安內攘外」期間國防防衛作戰〉，《中華軍史學會會刊》8（2003.04），頁161-201。
　　本文對應「東亞地區人民在二十世紀重大戰爭的經歷」（條目Ib-V-1）、「共產主義在東亞的發展歷程及對局勢的影響」（條目Ib-V-2）。
2. 劉維開，〈〈敵乎？友乎？——中日關係的檢討〉新探〉，《抗日戰爭研究》83（2012.02），頁142-151。
　　本文對應「東亞地區人民在二十世紀重大戰爭的經歷」（條目Ib-V-1）。
3. 李君山，〈對日備戰與中蘇談判（1931-1937）〉，《臺大歷史學報》43（2009.06），頁87-149。
　　本文對應「東亞地區人民在二十世紀重大戰爭的經歷」（條目Ib-V-1）、「共產主義在東亞的發展歷程及對局勢的影響」（條目Ib-V-2）。

面對強鄰：
1935 年〈蔣介石日記〉的考察

呂芳上[*]

一、前言

中、日兩國交往歷史實久，雙方文化之交流與互動亦極頻繁。不過，近兩百年來，東方同受歐洲工業革命影響，飽受西方的衝擊。日本 19 世紀末，以「明治維新」求富強，中國則以「自強運動」圖復興。不意，日本最後竟在甲午戰爭中，把中國打敗，從此，中國成為日本蠶食目標。由清末到民初，日本不願中國統一，似乎已成中國人共同的看法。

蔣介石於清末留學日本，對日本政情了解頗多。1926 年，蔣任北伐軍總司令後開始主持中國政局，同時面對的重要問題是如何應付日趨緊張的中日關係。1928 年二期北伐，五三濟南事件，是蔣面臨日本第一次的挑戰。自此之後，中日關係一直處在緊張之中。日本以軍國主義為國策，中國積弱既久，遂成為俎上之肉。此時主持國政者是蔣介石，當此情勢降臨之際，唯有百忍以應，內求統一，外禦侵凌：一面忍辱交涉，一面準備作戰，艱苦掙扎至十年之久，直到七七事變抗戰發生。本文特

---

[*] 中央研究院近代史研究所兼任研究員，曾任國史館館長。研究領域為近代史、婦女史。

別利用戰前 1935 年蔣介石〈日記〉，藉以觀察其處理中日關係之過程與策略。[1]

　　過去學者曾利用各種資料，從不同角度分析過抗戰前的中日關係，周開慶寫過《抗戰以前之中日關係》，成書至早（1937 年 4 月首版，1962 年臺北自由出版社再版），以當時人述當時事，自有其見地；近人因資料運用之便，如劉維開、許育銘、周美華、臧運祜、陳仁霞、鹿錫俊、柯博文（Parks M. Coble），分別運用檔案史料，從不同面向理出戰前中日關係，成績均有可觀。[2] 近年楊天石更利用南京二檔館所藏蔣介石 1931、1933、1934 年部分或全份日記抄本，討論此期間蔣對日謀略，客觀也見功力。[3] 筆者計畫利用〈日記〉資料作 1935 至 1937 年蔣應付中日問題策略的分析，本文先以 1935 年作討論範圍。

1. 本文所使用的〈蔣介石日記〉（以下簡稱〈日記〉），係蔣氏孫媳蔣方智怡女士提供之影本。原件為商務印書館印製的「中華民國二十四年日記」本，24 開，內分提要及空白二大部分。提要欄蔣均闢為「雪恥」欄，註記警語、格言、感言；空白本文蔣又分之為「預定」及「注意」二大項，以條列方式記錄重要事項，每天記載大約不超過 300 字。依日記格式，每週有「本週反省錄」、「下週預定表」，月底有「本月反省錄」、「本月大事預定表」，均以毛筆書寫。其中反省錄值得重視。
2. 劉維開，《國難期間應變圖存問題之研究，從九一八到七七〉（臺北：國史館，1977）；許育銘，《汪兆銘與國民政府：1931 至 1936 年對日問題下的政治變動》（臺北：國史館，1999）；周美華，《中國抗日政策的形成，從九一八到七七》（臺北：國史館，2000）；臧運祜，《七七事變前的日本對華政策》（北京：科學文獻出版社，2000）；陳仁霞，《中日德三角關係研究，1936-1938》（北京：三聯，2003）；鹿錫俊，《中國國民政府の對日政策，1931-1933》（東京大學出版會，2001）；Parks M. Coble, *Facing Japan: Chinese Politics and Japanese Imperialism, 1931-1937* (Cambridge, Mass.: Harvard, 1991). 中文譯本見馬亞俊譯，《走向最後關頭：中國民族國家建構中的日本因素，1931-1937》（北京：科學文獻出版社，2004）。
3. 楊天石，〈盧溝橋事變前蔣介石的對日謀略：以蔣氏日記為中心所作的考察〉，《蔣氏秘檔與蔣介石真相》（北京：社科文獻社，2002），頁 377-403。

二、外力夾雜下的中日問題

　　1927 年 4 月開始，國民革命軍底定長江以南地區，於南京定都，蔣介石隨後繼續統軍北進，行將結束中國分裂之局。此時在日本國內，軍人與文人發生政策爭論，緩進之「幣原外交」被排斥，代之以田中義一的武力論，田中隨即組閣任外相，於是以武力干涉中國，並進而企圖征服中國、征服世界之行動，遂接連上演。[4] 中國遭此強凌，亦不得不忍辱圖強奮鬥，直至 1937 年 7 月，以瀕臨「最後關頭」，乃起而全民作戰，此一中日戰爭遂演變為二次大戰。

　　同一時期，當日本對華侵略之際，臨境之蘇俄及其扶植下之中共，乃至地方軍事勢力亦同時滋生事端。舉例言之，日本發動九一八事變之時，蘇指使中共組織蘇維埃政權，擴大反政府力量，復出售中東路於日本，助長其野心，日本亦趁中國傾全力於剿共之時，每出阻力，如一二八上海戰役、熱河、長城戰役，均迫使剿共行動中止。[5] 1931 年九一八事變以後，政府取安內攘外政策，對日態度被視為消極政策，於是「抗日救國」遂成地方實力派反中央的藉口，例如反日、反蔣的閩變，逼蔣抗日的西安事變等，均為其例，這也正是中央勢力重建過程中的一大損耗。[6] 不過位居中央領導人的蔣介石，在內外局勢的考量下，甘冒違逆民族主義大纛，仍有所堅持，一方面對內有「攘外必先安內」之決策，確認非先消除內憂無以對抗外患，一方面對日進行外交折衝，以爭取時間作抗戰之

---

4. 〈蔣總司令與日相田中義一談中日關係〉，1927 年 11 月 5 日，《中華民國重要史料初編─對日抗戰時期》，「緒編」（以下簡稱《緒編》）第一冊，頁 109-110；日本外務省，〈日本滅亡滿蒙祕密計劃〉，同上書，頁 237-265，（臺北：中央黨史會編印，1981）。
5. 參見蔣中正，《蘇俄在中國》（臺北：中央文物供應社，1957）一書的分析。
6. 參見周美華，《中國抗日政策的形成》（臺北：國史館，2000）之分析。

準備。此其中蔣介石又確曾利用國際間矛盾，進行其對日外交之施展。這一切，在其日記中均有所呈現。

　　想要了解中日關係，要先從國際利益的爭執衡量，日本想要推展在中國的發展，一定會碰上老牌的帝國主義者英國。她之成為遠東問題中的一個主角，是已經有了將近百年的歷史。從 19 世紀末葉，英國在遠東即占著絕對的優勢，直到 20 世紀初，美國、日本、俄國及德國等列強，都起來與她競爭，在華的絕對優勢才告動搖。20 世紀初，英日為共同利益而結盟，歐戰之後，日本在華已立定足跟，英國在華的利益則受美國很大的挑戰，英日乃有對華祕密合作協定出現，這是 30 年代前期，英國一直對日懷柔的原因。直到日本勢力進一步擴張，觸及英印與帝國市場時，才有轉而積極支持中國政府的動向，並與美國、蘇俄接近，走向國際和平陣線，以遏阻日德義的侵略陣營。1935 年底英國對於中國幣制改革的幫助，在遠東之大量增兵，這都表示英國的對日態度，較前已趨於強硬，這在利害衝突中的選擇，十分清楚。[7]

　　其次，俄國之於中國，有如其他的列強，在 19 世紀的末葉到 20 世紀的初年，正是猛烈侵略中國之一員。在 1917 年俄國革命成功之後，蘇聯當局曾對中國表示好感。然而從 1927 年起的中國共產黨之成長與騷擾，實由蘇俄在其背後操縱和指揮，證明蘇俄對中國，與帝俄時代一般無二。1931 年，中國遭逢「九一八」事變，蘇俄的東部國境，也受到日本的嚴重威脅，於是在客觀的形勢上，中俄始有漸趨接近的可能。而自 1927 年 7 月因中東路事件而致完全斷絕之中俄邦交，亦遂於 1932 年 12 月宣告恢復。惟自此以後，中俄關係迄少向前進步。如 1935 年 3 月中東路的非法

---

7. 參見 Stephen L. Endicott, *Diplomacy and Enterprise: British China Policy, 1933-1937* (Vancouver, 1975). 石源華，《中華民國外交史》（上海：人民，1994），頁 439-440。

買賣，與其後俄蒙協定的訂立，蘇俄當局竟為其自身的利害，無視中國的主權，使中俄國交受到了不良的影響。當時中俄之進一步的合作以制止東亞黷武者的野心，以保障各自的安全與和平，在中國固為必要，就在俄國方面說起來，也是必要的，而這正是 1935 年中俄能進一步接近的原因。

至於日俄的關係，則兩國間歷來就沒有過好的交情。在中國東北三省，最初是俄國占著優勢。其後日本強盛起來，也向著朝鮮和中國東北發展，日俄間的衝突，遂日趨激烈。1904 年至 1905 年的日俄戰爭，俄國大敗，俄國在東三省南部所得的特權，亦全部轉讓給日本。至此日、俄兩國在東北勢力的分布，遂有南北的界限。此後 10 餘年，俄國因有事於歐洲，對於遠東的侵略，比較和緩；故與日本的衝突，也不十分劇烈。歐戰期中，日本對中國乘列強無暇東顧之時，加緊侵略腳步，對於俄國在東三省北部方面的勢力，打算一舉而排除之。1917 年，俄國發生革命。次年，共黨勢力漸向東進，各國提議共同出兵西伯利亞「防赤」。日本即出兵 10 萬前赴西伯利亞，並扶助俄國白黨的勢力。同時，蘇俄對遠東的赤化政策，也頗使日本感覺不安。尤其是 1924 年孫中山採取聯俄容共政策，使日本受到重大的刺激。到了「九一八」事變，日本占中國東北，並向蒙古發展。步步向中國進攻，等於步步向俄國威脅，日俄間的形勢，時時都在緊張之中。

說到「九一八」後俄國對日的態度，因為蘇俄正埋頭於國內的建設，故希望對外的和平甚股，因之對於日本的威脅，一直取退讓態度。這種態度，至 1935 年才稍有變更；中東路的出賣，這表示蘇俄自願退出東三省北部。這項交涉，雖然直到了 1935 年的 3 月才告成功，然而開始進行則正是「九一八」事發後不久的事。這中間蘇俄曾迭向日本提議，訂立互不侵犯條約，但被日本拒絕。自 1935 年至 1936 年，俄國與偽滿常發

生邊境的糾紛，滿蒙的邊界糾紛亦時起衝突。日本的向西發展，其用意之一是在隔斷中俄的聯繫。30 年代日俄的衝突，是日趨於尖銳化了。[8]

在日本，1931 年後雖然時刻的向著蘇俄進逼，但也未必有與蘇俄一戰的勇氣。於是，中國如何的在日俄對立的形勢之下，充實自己的國力，審時度勢的運用其間，應是一種最高明的政策。蔣介石亦明瞭中、日、俄三角關係的複雜性，他也因此在其中展布了對日的策略。

三、從「親善」到「暫避兇鋒」

在日本對華政策中，1934 年年底，由日本陸軍省、海軍省及外務省三省決定的「關于對華政策文件」，是此後幾年的政策走向依據，是九一八對華政策的繼續，也是七七抗戰爆發前的對華政策。[9]其主旨一在使中國追隨帝國方針，即通過以日本帝國為中心的日、滿、華三國提攜互助；二是擴張日本在中國之商權。此一文件顯示不只把南京政府與華南、華北政權等而視之，且要「最終把南京政權逼到這樣一種境地，即該政權的存亡，繫於是否表明打開日中關係的誠意。」[10]1935 年日本以關東軍、天津軍、滿鐵為先鋒和主力，與廣田外相配合，從政治、外交、軍事等領域，主要在包括在內蒙古在內的華北地區，進行武力的侵占，於是以「華北事變」為標誌，1935 年成了九一八到七七期間，日本侵華最為積極的一年。

---

8. 參見周開慶，《抗戰以前之中日關係》（臺北：自由出版社，1961），頁 96-99；鹿錫俊，〈蔣介石的中日蘇關係觀與「制俄擴日」的構想〉，《近代史研究》2003：4，頁 50-88。
9. 島田俊彥，稻葉正夫編，《現代資料 -8- 日中戰爭 1》（東京：みすず書房，1964），頁 22-24。
10. 同上，頁 24。

1934 年底，蔣介石任國民政府軍委會委員長時，對日本侵華與中國的對應，曾口述並由陳布雷撰成〈敵乎？友乎？中日關係的檢討〉一文，以徐道鄰名義發表於《外交評論》3 卷 11-12 期。[11]1935 年年初起，南京國民政府以「安內攘外」為策略應付時局，日軍則加快侵華步伐，以文求緩，以武逼和方式進行其策略。1935 年 1 月，關東軍發動「察東事件」（熱西事件），最後形成「大灘口約」，確認自沽源到獨石口之間的停戰線，成為塘沽協定停戰線的延伸、華北事件的序幕。[12]同一時期，日外務省呼應南京政府，開始「日中親善」的活動。特別是由廣田外相有所謂「對中國不威脅、不侵略」之演說。[13]

　　本來在九一八之後，蔣介石即十分關注日本動靜，〈日記〉中，無一日不有應付「倭寇」活動與思考的紀錄。例如 1935 年 1 月，蔣在日記中透露，一方面留意日本，一方面注意與蘇聯的關係。

　　　余決心北上與倭一戰，以盡我心，至於成敗利害則聽之。榆關之事不決，無與倭寇談話餘地，對平津二地，亟須設法之安全。反省倭俄邦交。
　　　對倭以不妨礙統一與不利用及製造漢奸；販賣毒品為停止排日教育之交換條件？[14]

---

11. 收入《緒編》（三），頁 613-637。
12. 1935 年 1 月 15 日，關東軍藉口駐沽源縣境長梁、烏泥河等村落之宋哲元部侵犯偽滿國境，發起「察東事件」，結果 2 月初形成大灘會談口頭協定。參見外交問題研究會編印，《中日外交史料叢編》（三）「日軍進犯上海與進攻華北」，（臺北：1961），頁 255-256；《現代史資料 -8》，頁 489-490。
13. 《外務省公表集》14 集，外務省檔案，RSP148，SP269。
14. 分見〈日記〉，1935 年 1 月 4、7、17 日。

1月下旬，蔣對日本少壯派之凶惡氣焰表示反感：[15]

倭寇以華制華之政策爲我打破，而使其無可利用我國軍閥，強其與
我革命軍直接正面衝突。故自濟南慘案以來，中倭正面衝突，繼之
以九一八、與一二八及長城古北口之役，皆爲我打破其政策毒計之
實施。彼倭至今始知中我之計，使憤恨益甚。對于中國以夷制夷之
政策，尤加抨擊。故其獨占中華之心益急，強我攻守同盟，思使我
變倭寇之奴役，以爲祇有其智也，可笑之至。[16]

1月下旬，日外相廣田在議會發表「日中親善，經濟提攜」的談話，
釋出善意，1月29日蔣召見日本駐華公使有吉明，「請之出以誠懇與自
動」。同時認定「歐戰以後二十世紀只有復興已亡之民族，決無自強者
反被夷滅之國家，吾人可深信鄰邦決計不出奴我、夷我之下策。」[17]2月
1日，蔣在記者會表明中國對日外交方針及態度，以絕對保持主權與領土
及行政完整爲基準。〈日記〉中顯示，蔣對日本態度略趨緩和表示好感，
但並不樂觀。2月8日〈日記〉中記載其對日外交方策：

以外務省爲主體，不可四出接洽，自亂步驟。
對外交應付，處處不可忘記對英、美之關係與國際立場。
不可上「亞洲主義」之當，對日與國際均取親善。

---

15. 此大約與蔣約日大使館武官鈴木美通見面，鈴木竟爽約有關，見〈日記〉1月23、24日條；
　　秦孝儀主編，《總統蔣公大事長編初稿》（簡稱《長編》，臺北：1978）卷3，頁167。
16. 〈日記〉，1935年1月26日。
17. 〈日記〉，1935年1月30日。

對日妥協之限度。對日妥協程度須有一定限度，對英、美亦須有一種特別活動。

對日外交只可處被動地位，若欲自動謀痛快解決爲不可。

這時蔣對日外交取妥協態度，又自忖中國國力不足，因此在爭取時間的原則下，對日有「親善」之回應，也就是說不取主動而取「被動」方式。不過，值得注意的是他也同時留意國際關係的運用。[18]2月14日蔣介石在盧山向日本《朝日新聞》記者稱：「中日兩國不僅從東亞大局上看來，有提攜之必要，即為世界大局想，亦非提攜不可。……中國不但無排日之行動與思想，亦無排日必要之理由」。[19]繼蔣介石之後，2月20日，汪精衛在中央政治會議上就廣田演說發表談話，認為它「和我們素來的主張，精神上大致吻合」；表示「我們願以滿腔的誠意，以和平的方法和正常的步調，來解決中日之間之一切糾紛」。[20]3月2日蔣介石來電，對汪的報告表示贊成。7日，有吉明到南京會晤汪精衛時，對其報告和蔣的回電表示滿意。[21]至此，在蔣、汪的主持下，南京政府向日本表示了改善關係、實行親善的願望。當然蔣也知道日本政府貪求無厭，只有容忍以爭取時間。[22]與此同時，蔣、汪還決定派遣國際法庭法官王寵惠在

---

18. 1935 年 2 月 21 日〈日記〉說「注意倭俄英關係」。2 月 25 日〈日記〉中也說，「倭寇方針決不能變更，吾人惟在爭得時間，望其略爲緩和耳。」可見蔣也知道制止日本之侵華必不可能，但在爭取時間而已。

19. 《長編》，頁 172-173。蔣的談話獲得國民的諒解，他在 2 月 28 日〈日記〉反省錄中說：發表談話「表明對日外交方針與態度，實為余一生政治生命之大關鍵，國民竟諒解並多贊成。一月之間，外交形勢大變，歐美震動，自信所謀不誤，此心既決，任何毀謗危害所不計也。」

20. 《外交評論》4：2。

21. 1935 年 3 月 3、8 日，南京《中央日報》。

22. 蔣說「倭寇慾望無厭，侮辱如昔，何得望其變更夷華侵凌之方針，惟望其緩和時間足矣。」〈日記〉，1935 年 2 月 23 日。

赴海牙任職之前，順訪日本，轉達南京政府的意向。王寵惠2月19日抵達東京，在日期間曾兩度會見廣田外相，並訪晤其他日本軍政首領。他除了轉達善鄰意向外，還向廣田外相提出了改善中日關係的三項原則。廣田雖「皆表同意」，但又表示「惟滿洲問題，希望中國現時暫勿提起，若以解決此問題為中日親善之先決條件，則不但幸而好轉之兩國感情將生變化，且恐兩國鄰交因此逆轉」。[23]

此外，南京政府在1935年上半年還採取了一系列對日親善的舉動。2月13日南京政府頒布〈取消抵制日貨令〉。27日，蔣介石、汪精衛聯合發布〈廢除排日命令〉，中央政治會議通告各報社、通訊社，禁止刊載排日和排貨言論。28日國民黨中常會免去領導排日的邵元沖中央宣傳部長之職，由葉楚傖繼任。5月17日，中日雙方同時宣布，派駐對方國的公使升格為大使，中方首任駐日大使為蔣作賓，日本首任駐華大使有吉明。以兩國的使節升格為標誌，日中親善達到高潮。汪精衛這時甚至認為：「如此一來，兩國可以攜手同步東亞大道了。」[24]6月10日，南京政府發布了「睦鄰敦交令」，規定：「凡我國民，對于友邦，務敦睦誼，不得有排斥及挑撥惡感之言論行為，尤不得以此目的，組織任何團體，以妨國交。茲特重申禁令，仰各切實遵守，如有違背，定予嚴懲。」[25]

不過，對於南京政府呼應廣田演說而做出的一系列對日親善言行，日本政府的回報不過是將大使館升格這樣一件早已決定、只待履行外交手續上的事情而已。因為對於1935年初的日本政府來說，親善只不過是

23. 天津《大公報》，1935年3月3日。
24. 日本駐南京總領事須磨回憶，見上村伸一著，《日本外交史》卷19，〈日華事變〉（上），頁89。
25. 〈邦交敦睦令〉，1935年6月11日，天津《大公報》。

形式，既定的對華政策尚須進一步付諸實施。何況軍部已經急不可耐地強硬反對政府的親善。

事實上，蔣介石在一連串對日交涉中，已深深體會中日關係極難樂觀，1935 年 3 月中旬，蔣已知道「倭寇態度仍未變更，但其政治社會已受和平影響，而其軍閥侵略宗旨決不變更，除非經濟與軍事皆在其統制，對俄共同攻守達成其唯一目的也。」[26]4 月下旬，他在〈日記〉中提出日本要脅中國的包括不許談東北問題，要求共同防俄，進一步即對俄同盟軍事受其統制；要求經濟合作，進一步即接受其統制，「是倭所要我者為土地、軍事、經濟與民族之生命，其最後則在統制文化，制我民族生命也。」[27]日本威脅利誘如故，日本對華外交，顯然不是外務省作得了主，軍部，特別是關東軍的動作，實左右了日本侵華的方向。

先是，關東軍在大連會議之後，派遣土肥原到中國南北各地進行了考察，根據他的報告，關東軍於 3 月 30 日決定了〈對華政策〉。[28]作為一支派駐中國東北的地方部隊，關東軍無權作出這樣關涉全局的對華政策文件，故它的出籠表明了關東軍對於廣田外交的不滿。該文件分析了中國中央政府、華北及西南的狀況後，分別對其作出了如下政策：第一，「對於中國中央政府的親日政策，依然持靜觀主義，並不採取由我方加以促進的態度；且不行一切援助，而對於中國是否覺醒，在何種程度上實現禁止排日，則要加以監視」。第二，「對於華北，要通過實質上的經濟擴張，努力使其與日滿不可分的關係逐漸增強，為此採取如下措施：1.嚴格表明根據停戰協定及附屬處理事項而規定的我方既得權益，並引

26.〈日記〉，1935 年 3 月 16 日。
27.〈日記〉，1935 年 4 月 24 日。
28.見秦郁彥，《日中戰爭史》，頁 309-310。

導華北政權絕對服從之；2.為使將來以民眾為對象的經濟關係密不可分，要加緊棉鐵產業的開發與交易」。第三，「要使西南派作為親日之地方實權派，為此，要採取如下措施：1.為使其得與中央抗衡，要祕密給予物質援助；2.為將來把華南經濟掌握在帝國手中，要實施必要的經濟措施。」上述這些政策綜合起來就是：入侵華北、暗助西南以倒蔣。從內容上看，它不但是1月初大連會議方針的具體化，而且是對上一年底三省決定的對華政策的補充。故關東軍〈對華政策〉儘管有越權之嫌，實則代表了軍部正想推行的政策，其中「引導華北政權使其絕對服從停戰協定及附屬處理事項」以及「開發華北經濟」的方針，成為此後日本進一步製造華北事變的指導方針。[29]

就在日本與南京政府的「親華」達於高潮之際，以冀、察兩省為主，華北風雲驟急。5月間，日本關東軍和天津軍，藉口天津日租界兩個附日報人胡恩溥、白逾桓被暗殺以及抗日義勇軍孫永勤部進入遵化縣境，製造了「河北事件」。6月初，日方又藉口4名日本特務在張北縣受到第29軍官兵的「暴力侮辱」，製造了「第二次張北事件」（即「察哈爾事件」）。圍繞這兩個事件的處理，日本分別以天津軍、關東軍為主，在軍部的指導與外交配合下，對南京政府及華北當局進行了空前的逼索，並分別先後達成了《秦土協定》與《何梅協定》，中央勢力幾乎完全退出華北。

當「河北事件」發生之時，蔣正積極進行對中共之追剿，聞訊知「倭寇對華北蠻橫更無忌憚」，[30]乃日思對日之策。基本上仍覺「最後時機」

---

29. 參見臧運祜的分析，《七七事變前的日本對華政策》（北京：科學文獻出版社，2000），頁157-158。
30. 〈日記〉，1935年5月15日。

未到，只有出於忍耐。[31]6月初蔣在〈日記〉中說：

> 倭寇進逼益急，而此心泰然，乃決心至最後時與之一戰，非此不能
> 圖存；戰則尚有一線之希望，但萬一之轉機與萬分之忍耐則仍須慎
> 重也。[32]

在河北事件交涉過程中，日方咄咄逼人，要求更換河北省主席、天津市長、取消北平軍分會政訓處，取締排日團體，中方已極度忍讓，日方猶以為未足。6月9日，日軍參謀長酒井隆三度會見何應欽，要求取消河北省國民黨部、51軍撤退、中央軍離開河北省境及禁止全國排外、排日行動。條件苛刻，態勢逼人，蔣無限慨歎：

> 爲河北軍隊之撤換與黨部之撤銷，悲憤欲絕，實無力舉筆，覆電妻
> 乃下淚，澈夜未寐，如上天有靈，其將使此惡貫滿盈之倭寇，不致
> 久存於世乎！[33] 冀于察宋相繼撤換，黨部取消，中央軍隊撤退，華
> 北實已等於滅亡，此後最多不過製造其華北僞政權而已。莫須有之
> 冤獄，宋亡只及岳武穆一人，而今則要株連無數，爲所欲爲。鳴呼，
> 寇患至此，國既不國，人亦非人，不再決戰，復待何時？應毅然決斷，
> 無容徘徊與猶豫於其間也。[34]

雖然如此，回到現實，蔣仍覺中國無法對抗日軍，不如以保全平津

---

31. 「倭寇蠻橫非理可喻，未到最後當忍耐之。」〈日記〉，1935年6月1日。
32. 〈日記〉，1935年6月8日。
33. 〈日記〉，1935年6月10日。
34. 〈日記〉，1935年6月21日。

為第一著，「與其抗戰失敗而失平津，不如自動撤退，免倭藉口，以期保全平津，而圖挽救此總退卻之勝利也。」[35] 迨 6 月下旬，察哈爾事件發生，秦土協定又失一大部領土，「察事由察省解決，對於山東人移察之制止一條亦允其要求，痛憤盡極。對倭宗旨，非至最後之時不與決裂，則此時應以保全國脈為先，而犧牲一切，當為最後之處置。」[36] 所謂「磋磨歲月，暫避兇鋒」，[37] 蔣內心之痛苦可知。這時蔣對時局的體會有二：一是「中華立國外交之方針，決不能聯日或聯俄，應以自立為基點，否則無論聯日或聯俄，必致亡國滅種也。」二是「對倭積極準備作戰。」[38] 蔣此時正重新全面思考對日策略，也就是說 1935 年下半年蔣對日的態度也開始有了轉變。

四、面對華北自治運動的變局

1935 年下半年，日本對華的活動有兩個可注意的政策，一是「廣田三原則」的提出；一是華北自治運動。前者由外務省主導，後者是軍部的行動。1935 年上半年，中國在華北的勢力遭受重大挑戰，華北幾同消失，蔣雖十分悲憤，雖一再認為對日已無敷衍遷就之餘地，但仍多方隱忍，仍認為「制敵之道，不在傷其有形之實力，而在不中其計，無怪其痛恨更切也。」認為「對倭之策，今日形勢主動將在於我也。甲，以退

---

35. 〈日記〉，1935 年 6 月 22 日。
36. 〈日記〉，1935 年 6 月 27 日。
37. 〈日記〉，1935 年 6 月 28 日。次日〈日記〉又謂：「一月以來，苦痛悲憤，日重一日，而以本周為尤甚，喪權辱國，以書面答覆，雖出之於地方長官之手，然侮辱殆盡，小子果忘此恥辱乎！」
38. 〈日記〉，1935 年 7 月 13 日。

為進，乙，穩定基點（立定腳跟）」。[39] 因此循外交途徑，改善中日關係的努力並未中輟，反而繼續積極進行。

7月27日，蔣介石在四川峨嵋約見返國述職的駐日大使蔣作賓，商談對日方針，囑其轉告日方：「只有強者事弱，然後乃有真正之同盟」，「無威脅而成之同盟」才可達到和平的目標。[40] 蔣作賓返任後，於9月7日訪晤廣田，討論改善中日關係事宜，並提出三項基本原則：

一、中、日兩國彼此尊重對方在國際法上之完全獨立，日本應取消在華一切不平等條約，包括租借地、租界、領事裁判權；軍隊、軍艦等非經對方國許可，不得在對方領土領水內通過或停駐。

二、中日兩國彼此維持真正友誼，凡非友誼之行為，如破壞統一、擾亂治安等不得施之於對方。

三、中、日邦交恢復正常軌道，今後一切事件須用和平外交手段解決。[41]

這三項原則，實際上與王寵惠訪日時對廣田提出中國政府及人民所希望於日本之二項條件，內容幾乎完全一致，並無新義。但蔣作賓於提出三項原則之外，另有一附帶說明，謂：「如果日本承認以上三項基本原則，並撤消上海停戰協定、塘沽協定以及軍方有關華北的約定，恢復九一八以前狀態，則中國方面將會同意：（一）設法停止排日及抵制日貨。（二）不談滿洲問題。（三）在平等互惠、貿易均衡的原則下商量兩國經濟合作，凡於兩國有利者固當為之，即使於日本有利而於中國無害之

39.《長編》，卷3，頁209。
40.〈日記〉，1935年7月28日。蔣見駐日使蔣作賓（雨岩）為倭事寄語廣田外相曰：「世界無真平等之事，只有相對的以利害關係而求得其名而已，又曰真正之和平必須有兩個條件：一以小事大，以弱事強；二且欲以大事小，以強事弱，必須強弱互事，然後平等可待，同盟亦可成也。」〈日記〉，1935年7月27日。
41.同註39，頁230。

事亦可商量。（四）經濟合作成績良好，兩國不會再有猜疑，並可以商量軍事問題等。」[42] 此係中國方面最大限度的讓步，亦足以顯示中國方面對改善兩國關係的善意回應。但廣田對此並未立即答覆，至一個月後，10 月 7 日方約見蔣作賓，表示月餘來與各方商討對華政策，並將中國方面提出之三原則一併徵詢，認為中國所提三項原應當照辦，但在實行之前，中國政府應先同意下列三點：

一、中國須絕對放棄以夷制夷政策，不得再藉歐、美勢力牽制日本。

二、中日滿三國關係須常態保持圓滿，始為中日親善之根本前提，欲達此目的先須中日實行親善。中國方面，對於「滿洲國」事實的存在必須加以尊重。並須設法使「滿洲國」與其接近之華北地位保持密切之經濟聯絡。

三、防止赤化須中日共商一有效之方法，在中國北部邊境一帶有與日本協議防止赤化之必要。[43]

這三項即是日後日本方面一再強調的「廣田三原則」。

「三原則」的交涉，1935 年 8 月至 11 月初，兩方各持立場，而此時日本軍方在華北積極策動自治運動，加上其他枝節問題，中國處境十分困難，蔣在事後表示：「當時的情勢是很明白的，我們拒絕他的原則，就是戰爭；我們接受他的要求，就是滅亡。」[44] 唯一可行的辦法，即是「審慎應付」。針對此點，黃郛曾向蔣建議：「總之，多持重一天，即我內力多充實一天。」[45] 所謂「審慎應付」，即是對於三原則，既不斷然拒絕，

---

42. 《盧溝橋事變前後的中日外交關係》（外交研究會編印，1972），頁 16-17。
43. 同上。
44. 蔣中正，〈蘇俄在中國〉，《先總統蔣公思想言論總集》，卷 9，頁 65。
45. 轉見劉維開，《國難期間應變圖存問題之研究，從九一八到七七》，頁 441。

也不無條件接受，經由外交方式盡量與日本就有關問題進行交涉。簡言之，就是採拖延戰術，廣田三原則遂成為此後中日外交交涉上的一個重點。同時亦有必要俟機將中國方面的外交立場做一明確表達，蔣終於在11月19日中國國民黨五全大會提出外交方針：「和平未到完全絕望之時，決不放棄和平，犧牲未到最後關頭，亦不輕言犧牲」，主動表達外交立場，目的在使國人能有所了解，亦希望日本能由此了解中國政府處理中日關係最基本的態度。[46]

事實上，在8月初，蔣率軍入川滇黔之後，中央勢力漸趨穩固，對抗日亦有信心，對日政策已有表現其「轉入主動」地位的表示。[47]是時蔣對日情多有研究，認定日侵華之策略與步驟：甲、威脅，乙、分化製造華北國，丙、破壞長江經濟擾亂金融，丁、使之不戰而屈，戊、先統制後統治，己、使之滅亡。[48]同時蔣也很有自信的指出「倭寇失敗之程序」：

> 甲、對中國思不戰而屈，乙、對華祇能用威脅、分化，製造土匪漢奸，使之擾亂而不能真用武力以征服中國；丙、最後用兵進攻；丁、中國抵抗；戊、受國際干涉、環攻；己、倭國內亂革命；庚、倭寇失敗當在十年之內。[49]

蔣個人所見，大體符合日後發展之實情。

本來日本在策動華北各事件之前，1935年4月間，即由關東軍和天津軍共同作出「華北自治」的決定。據當時在關東軍參謀部任職且負責

---

46. 本節有關「三原則」中日間之交涉，詳參劉維開上引書，頁436-443。
47. 首見於〈日記〉，1935年8月9日。
48. 〈日記〉，1935年8月19日。
49. 〈日記〉，1935年8月21日。

華北自治電訊工作的田中隆吉戰後作證：「自治運動的主張，是由關東軍司令官南次郎和華北日本派遣軍司令梅津這個時候決定的。這個運動的目的，是在內蒙和內蒙以外的華北地區製造自治政權。」根據這一決定，日本先以河北事件與察哈爾事件及所謂「何梅協定」與「秦土協定」，達到了驅逐國民黨中央勢力於華北之外的第一個目的，此後則「在這一系列工作的基礎上，開始了華北五省自治運動，即使華北脫離中國中央政府的活動。」[50]

　　7、8月間，中、日雙方在華北都有大的動作。被免去察省主席後在天津「養病」的宋哲元，以鎮壓豐台叛亂為由，命第29軍主力進駐平津地區，宋哲元等第29軍高級將領於7月17日得到了國民政府頒授的青天白日勳章。22日，日本天津軍司令官梅津美治郎被免職，調任第二師團長；8月19日，日本新任駐屯軍司令官多田駿到津上任。28日，國民政府任命宋哲元為平津衛戍司令，次日，又明令撤銷存續兩年之久而已名存實亡的「行政院駐平政務整理委員會」。宋哲元的入主華北與多田駿的上任，並不是偶然的巧合，它表明中日之間在華北問題上又開始了新的較量。

　　1935年9月24日，天津日本駐屯軍司令多田駿發表小冊，聲言與國民黨當局決不兩立，盼華北五省自治、人民自救。蔣先認其宣言「誣辱倍至，此乃於我之警惕有益，而彼寇自失其態，似不必計較。」[51]後又接著指出這是繼上年天羽聲明之後亡華亡我民族之狂言。[52]11月7日，南京日領事須磨等訪外交次長唐有壬，提出華北自治問題。是日，多田駿與

50. 森島守人，《陰謀、暗殺、軍刀》（哈爾濱：人民，1980），頁124。
51. 〈日記〉，1935年9月28日。
52. 〈日記〉，1935年9月30日。

關東軍特務機關長土肥原等在天津會議，討論華北自治問題。其後，土肥原連日往來平津，促平津衛戍司令宋哲元宣布自治。其自治方案要點為：（1）以「華北共同防赤委員會」為自治政權名稱；（2）領域為 5 省2 市；（3）首領為宋哲元，總顧問為土肥原；（4）開發華北礦業、棉業、使與日、滿結為一體；（5）脫離法幣制度，另用五省通用貨幣，與日金發生聯繫；（6）保留南京宗主權。11 月 11 日，土肥原迫宋哲元於 11 月20 日以前表示態度，否則，關東軍準備自山海關、古北口進兵。如宋哲元不允自治，日本尚有擁滿洲國執政溥儀入關主持華北自治之計畫。幸韓、宋不為所動。此時宋之態度，蔣實無把握，1935 年 11 月 17 日〈日記〉謂：「此次倭寇集兵榆關，韓、宋動搖，內外震驚，實較過去一切之處置為難，於韓、宋實無把握使之聽命也，如果得賴上天之靈平安過去，則國家又免一次危險矣。」日本恫嚇未生效，懷疑中國除取得英、美諒解外，或尚有蘇俄之外援，乃於 11 月 18 日召開外、陸、海三大臣會議，決定不於此時迫令華北自治，自治運動之推行應於 11 月底終止。土肥原等得此訓令後，改變策略：（1）縮小自治範圍，專注冀、察兩省；（2）阻南京大員北上，孤立宋哲元；（3）收買流民，紛作自治請願。到 11月 20 日，土肥原迫使宋哲元表白態度不成後，乃改向薊密區兼代灤榆區行政督察專員殷汝耕試探。11 月 24 日，殷汝耕之「冀東防共自治委員會」在通州宣告成立。其後到 12 月，中國自組了具有半獨立性質的「冀察政務委員會」，日本的華北自治運動告一段落。

　　1935 年下半年，蔣在對日態度上，轉趨主動，提出「自強」與「力抗」、「寧為玉碎，毋為瓦全」的口號，[53] 顯示了他的轉變。這與國內政

53.〈日記〉，1935 年 10 月 6 日、8 日、21 日。

情有關，一是川滇黔得以統一，入於中央版圖之中，「國家地位與民族基礎皆能因此鞏固」，[54] 減少了後顧之憂；二因追剿中共近於尾聲，對兩廣問題，採取妥協方式解決，國內軍事壓力減輕，開始對外有新的思考；三是開始國內政制的改造，例如憲法問題、抗日行政、幣制改革、軍隊訓練問題有新的思考與安排。更重要的，蔣認為民氣的凝聚漸成，國民之進步，對政府信仰之程度日增，使他對國家復興深具信心。[55]1935 年 9 月 23 日的〈日記〉中說：「倭情威脅雖急，然決心既定，主動在我，無足為慮。」27 日〈日記〉又說：「倭態轉和緩方向，俄態亦急於求和好之意，此皆主動在我之成效，若操縱適宜，當有轉危為安之可能也。」充分見其氣氛已大異。10 月間，蔣日記中一再聲稱對內對外，均取「主動」，並研究英、德、倭、俄關係，「俄倭之利害與輕重關係」，[56] 顯示蔣對俄開始有進一步的認識與連繫。11 月初，蔣〈日記〉中更清楚的透露玄機：「倭寇逼余撤消軍分會，甲、使俄國緊張，乙、如欲促成倭俄戰機，我中央在華北勢力應撤退。」[57] 此大約為以冀察政務委員會取代軍分會考量因素之一。而是時，蔣開始積極對俄有所活動，而中共問題正雙管齊下，以武力及談判方式尋求解決。[58]11 月中旬國民黨召開第五次全

54.〈日記〉，1935 年 6 月 30 日。

55.1935 年 6 月 30 日〈日記〉中記曰：此次事變實等於九一八之鉅禍，而全國知識階級與軍人皆能仰體政府之意，忍辱沉毅而毫無幼稚蠢動之氣。此實四年來國民最大之進步，而其對政府信仰之程度，亦可測見其大概，此實為復興唯一之基礎。對此不禁興喜懼之感，以後全在吾人如何振發而已。小子責任艱重，可不自勉？

56.〈日記〉，1935 年 10 月 12 日。

57.〈日記〉，1935 年 11 月 7 日。

58.〈日記〉，1935 年 10 月 23 日說「對倭以明，對俄以密」；10 月 26 日日記中更明言：「粵方中心在胡，而赤匪中心在俄，如為釜底抽薪計，應於此中心與背景下手也。倭之所懼者為俄也，此時外交應以俄特別注重也。」12 月陳立夫、鄧文儀乃有赴俄計畫之實行。

國代表大會，又表現了空前團結氣氛，[59] 此前汪精衛遇刺辭職，其後唐有壬遇刺身亡，國民政府親日派氣氛一掃而光，蔣在五全代會的外交演講，針對對日政策，幾可視為放棄九一八以來妥協政策的標識。

1935 年冬，蔣在反省對日政策之後，擬出了對日外交原則，可以看出他此後對日的基本方向：「一、兩國邦交，應以平等親善為基礎（相對祕密）。二、甲，東北問題之解決應承認中華民國之主權為原則，在此原則之下可以國聯李敦報告書為談判之基礎而略為變通。如談判後有結果而彼方要求正式通告國聯作為結案時，我方不妨允之。乙，談判無結果時，作為懸案（相對祕密）。甲、歸還東北，則與之公開同盟，對於西北鐵道與聘用教官。乙、取消長城以內戰區對峙狀態，恢復外交常軌，則與經濟合作。三、嗣後兩國遇有爭議事件，應以純粹和平方法解決之（相對祕密）。四、遇有一方與第三國開戰時，他方在國際公法允許範圍內，應予以相當之接濟，其接濟辦法由雙方臨時定之。（絕對祕密）」[60]

蔣的想法仍以「收回中國主權」為前提，「恢復九一八事變之前之狀態」為原則，對日本軍方來說，這可能只是一廂情願的想法，因而七七事變以前的中日關係，也就沒有好轉的可能。

五、結論

九一八之後，日本軍方不斷製造事端，侵入華北。這時作為中國政

---

59. 蔣在 11 月 30 日日記中說：「第五次全國代表大會能收到如此完滿之結果，不惟本黨四年之分裂與十年來之糾紛到告一總段落，實開黨國未有之新紀元，自信所定政策，不難貫徹到底，期其有成也」。
60. 〈日記〉，1935 年 12 月 31 日年度檢討。

府領導人的蔣介石，不能不採取應變措施。一般印象，他在七七事變之前，一直在安內攘外政策下，或訴諸國聯，謀利用國際干涉解決紛爭；或以外交折衝，以對日談判解決問題。前者利用國聯是失敗了，後者交涉不免退讓，國家主權難免受到傷害，批評與責備便會隨之而至。不論何者均被視作「不抵抗政策」下的一環，都不討好。一二八事變後，蔣汪合作下的國民政府，提出「一面抵抗，一面交涉」的策略，似乎進了一步。不過，一開始簽下的停戰協定，已被扣上「誤國禍國」的帽子。[61]這一時期中共問題嚴重，蔣主持第四次圍剿，同時提出「攘外必先安內」政策，安內的對象包括中共紅軍和叛逆的軍閥。不幸的是同一時期，日本侵華並不停其腳步，蔣勢必得兼顧內外「兩個戰爭」，忍辱與艱苦備嘗。進行第四次圍剿時還得應付日軍進犯熱河，正是這一寫照。1933 年下半年，蔣第五次圍剿進行得比較順利，部分原因是得益於廣田和協外交下，日本在中國較少煽風點火大動作之故。1935 年初的廣田親善外交，中日關係甚至給人表面上的樂觀。不過，很快的察東事件、河北事件、張北事件，加上何梅協定、秦土協定，喪失冀察主權，中央勢力被迫退出平津、河北，中國進一步面臨的是日本製造第二個「滿洲國」──華北的自主與分離運動。從蔣介石的〈日記〉觀察，中國方面因應日本步步進逼的侵略行動和國內知識界的反應，[62] 的確刺激了蔣對日的態度和策略。

　　蔣介石對日本的了解很透澈，他雖不只一次的說日本是「外強中乾」

---

61. 《時事新報》，1932 年 5 月 6 日。轉引自郭大鈞，〈從九一八到七七國民黨政府對日政策的演變〉，《歷史研究》1984：6。
62. 1935 年因抗日引發的學潮，困擾了國民政府也困擾了蔣，1935 年 12 月 18 日〈日記〉中說：「南京學生今日開會遊行示威，政府組織未全，青年覺悟未到，令人寒心。」其後數日蔣都注意學運的趨向。

的國家，[63] 但他承認中國是弱國。他認為強國、弱國應有共處之道，「強弱互事，然後平等可待，同盟可成」；[64] 而弱國應付強鄰確有其無奈。弱國之所以為弱，除了先天上是無組織、是貧弱不堪之外，[65] 就是地方軍政人物的自私、無知和缺乏共識，內部武人稱兵作亂下的中國，實難一心對付外來日本強鄰的挑戰，即使抗戰發生後，蔣都還慨歎「對外非難，對內為難」。[66]1935 年 12 月 5 日，蔣的〈日記〉中責備一些老黨人「以抗日招牌而阻礙抗日，以不抗日罪名逼倒中央」，這顯示「抗日」不只是一個外交問題，而且是一個內政問題。[67] 因此蔣對日本，每以「隱忍」處之，「隱忍」當然以「保全國脈為先」，如果一切處置「損及我歷來根本之立場，斷絕我他日復興之命脈，則任令如何威脅，不能退讓絲毫。」[68] 對國內地方實力派抗爭的解決之道，也盡量不動干戈，以政治方法處理，實仍不出「隱忍」之意。[69] 故隱忍非妥協、退讓非降敵，此所以廣田三原則不納，華北自治胎死，兩廣、川湘問題得逐步消弭於

---

63. 〈日記〉，1935 年 10 月 7 日；1936 年 10 月 31 日。

64. 〈日記〉，1935 年 7 月 27 日。

65. 蔣指出光是軍費，1935 年就欠了 76 萬餘元，〈日記〉，1935 年 12 月「雜錄」。

66. 〈日記〉，1937 年 9 月 12 日。「治國難治家更難，對外難對內更不易」，〈日記〉，1935 年 12 月 10 日。

67. 這在周美華和柯博文的書中均有所陳述。

68. 蔣介石致何應欽電，1935 年 6 月 30 日，《何應欽將軍九五紀事長編》上冊，頁 436。又見劉維開，《國難期間應變圖存問題之研究》，頁 337。1935 年 6 月秦土協定之後，25 日的〈日記〉中記曰：「弱國之實力，在國民之忍耐與其自立，能忍耐則不為意氣債事，能自立則無求於人。」

69. 儘管蔣曾言「對內不造成內戰，然遇內亂則不可放棄戡亂平內之機」（1937 年 2 月 6 日〈日記〉），但在 1935 年 9 月 30 日的「反省錄」中也說：對桂白決主寬容和平解決，以白先離桂就範，則此次目的已達，其他枝節當無問題。故自程居回粵報命，乃即無條件先撤西江軍隊，以對桂之政治、經濟均無用兵之必要。而且對內作戰本身各省之弱點頗多，一經發動則不易收拾；左右幕僚祗知桂方之弱點，而不知我本身之弱點尤多。此實黨國轉危為安之惟一關鍵，國人頌賀余能忍耐與推誠所致，小子無負眾望也，勉之。

無形，原因均在於此。

　　1935 年的中日交涉中，日方雖一再對蔣施加壓力，但的確未能讓蔣屈從。這一年蔣的對日政策是「彼於不戰而屈來，我以戰而不屈破之；彼以不宣而戰來，我以戰而必宣應之」。[70]「不可如勾踐以和備戰，當為澶淵以戰求和」，[71] 顯示蔣對日政策化被動為主動、由退讓變為抵制、從軟弱趨向強硬，七七之能奮起抗戰，實由來有漸。

　　——本文原收錄於黃自進編，《蔣中正與近代中日關係》（新北：稻鄉出版社，2006），頁 195-218。稻鄉出版社授權使用。

---

70. 〈日記〉，1936 年 10 月 31 日。1935 年的日記中也已一再提及日本對華政策取不戰而屈人之兵的策略。
71. 〈日記〉，1936 年 10 月 12 日。此較之 1931 年、1934 年，蔣企圖效法勾踐臥薪嘗膽，時不至不強至，事不究不強成，已更進一步矣。1931、1934 年蔣法勾踐故事的分析，可參楊天石，〈盧溝橋事變前蔣介石的對日謀略〉，《蔣氏秘檔與蔣介石真相》，頁 385-388。

一、蔣介石如何面對日本的挑戰？

① 曾於清末留學日本，了解日本政情。

② 從 1928 年五三濟南事件，一直到 1937 年七七事變發生前，中日之間處在相當緊張的關係。

③ 透過蔣介石 1935 年的日記，得以了解他處理中日關係的決策過程。

二、國際利益下的中日關係

① **英國：**

為了在華利益，曾於 20 世紀初與日本結盟。但後來日本侵犯英印與帝國市場，轉而支持中國政府，如 1935 年英國便協助中國進行幣制改革。

② **俄國（蘇聯）：**

中俄：一度因為蘇聯扶植中國共產黨，導致兩國決裂。隨著日本在中國東北擴張勢力，威脅到蘇聯東部國境，兩國之間恢復合作的可能。

日俄：近代以降兩國之間衝突不斷，相互爭奪在中國東北的權益。

1935 至 1936 年，蘇聯與滿洲國在邊境發生糾紛，衝突益發尖銳化。

三、從「親善」到「暫避凶鋒」

① 九一八事件到七七事變前，日本對華政策為讓中國跟隨日本帝國，建立日、滿、中三國相互合作的關係和擴張日本在中國的商權。

② 1935 年日本透過政治、外交、軍事等手段，占領包含內蒙古在內的華北地區，為七七事變之前日本侵華最為積極的一年。

③ 透過日記的內容，蔣介石面對日本的進逼，以爭取時間為原則，採取

親善的態度為主，也留意國際關係的運用。

④ 面對日本關東軍、天津軍製造事端，逼迫中國政府撤出華北，蔣介石一方面避免雙方開戰，另一方面也重新思考對日策略。

四、面對華北自治運動的變局

① 1935 年下半年，日本最主要的行動為外務省發表的「廣田三原則」與軍部主導的華北自治運動。

② 蔣介石認為川滇黔納入中央版圖、剿共接近尾聲、政府體制的改革等，有利於國家復興，對日本的態度也轉向主動，也開始思考利用日俄關係的可能性。

|導讀| 藍適齊，〈從「我們的」戰爭到「被遺忘的」戰爭：臺灣對「韓戰」的歷史記憶〉

陳進金

「一二三到臺灣，臺灣有個阿里山，阿里山上有神木，明年一定回大陸」，這是一首 1950、60 年代開始在臺灣流傳的童謠，這首童謠與 1950 年 6 月爆發的韓戰（中國稱「朝鮮戰爭」）有關。從童謠的內容，可以反映出當年蔣介石政府藉著這場在朝鮮半島發生的戰爭，來鼓舞民心士氣。

1950 年 6 月 25 日，北韓的朝鮮人民軍以反擊侵略為由，越過 38 度線大舉進攻南韓，這是冷戰的第一場大規模「熱戰」。美國隨即介入朝鮮半島戰爭，並將北韓問題提交聯合國，聯合國安全理事會在蘇聯缺席下，通過決議組聯合國部隊介入韓戰，對南韓（ROK）提供軍事和醫療協助，這場戰役原本與海峽兩岸的中華人民共和國與中華民國無關。但是，中華人民共和國於該年 10 月組織人民志願軍，赴朝鮮半島參與「抗美援朝」戰役；而美軍也透過蔣介石政府在臺灣招聘翻譯人員，以美軍的名義加入聯合國部隊，這數百名的翻譯官到了韓國之後的主要工作就是監聽志願軍的無線電通信、協助聯合國部隊審問戰俘時的翻譯工作，使得臺灣在這場戰爭中並沒有缺席。

1953 年 7 月，交戰雙方達成《停戰協定》，8 月 5 日開始交換戰俘，由臺灣的翻譯官探詢中國籍戰俘要前往臺灣還是返回中國大陸，計約有 14,000 名戰俘選擇到臺灣。1954 年的 1 月 23 日，臺灣的蔣介石政府盛大地歡迎這批「反共義士」來到臺灣，並將這一天定為「一二三自由日」，透過這批原本是戰俘的「反共義士」，來進行「大內宣」以振奮民心。

　　藍適齊教授的文章就是結合史料與「歷史記憶」研究方法，來探討 1950 年代臺灣官方論述如何把這批「反共義士」建立成韓戰集體記憶核心，作者透過《中央日報》報導的分析，認為臺灣政府建構出來的韓戰，不但是一場關乎韓國生存的戰爭，似乎也是中華民國反共存亡的戰爭。同時，中華民國政府也藉著韓戰「反共義士」的宣傳，來強調自己統治的正當性。這樣的韓戰「集體記憶」，歷經 60、70 年代的變化，到 80 年代幾乎在臺灣的集體記憶中消失。特別是 1990 年代以後，因為臺灣身分認同的改變、臺韓關係與臺灣對韓國態度的改變，使得韓戰在臺灣成為「被遺忘的戰爭」。

　　本文具體分析戰後 60 多年韓戰記憶在臺灣的興衰變化，反映出歷史記憶隨著身分認同改變的現象，也清楚顯現歷史記憶是一種對當下政治社會現實的主觀再現，其與政治觀念之間彼此相互影響。

┌─ ◆ 108 課綱相關條目對照說明 ─────────────────────
│ 　　藍教授的文章對應「東亞地區人民在二十世紀重大戰爭的經歷」（條
│ 目 Ib-V-1）、「共產主義在東亞的發展歷程及對局勢的影響」（條目 Ib-V-
│ 2）、「戰爭宣傳的操作」（條目 Ra-V-2）與「戰爭的創傷與集體記憶」（條
│ 目 Ra-V-3）。
└──────────────────────────────────

延伸閱讀

1. 張淑雅,《韓戰救臺灣?解讀美國對臺政策》(臺北:衛城出版社,2011)。
   本書對應「東亞地區人民在二十世紀重大戰爭的經歷」(條目 Ib-V-1)、「共產主義在東亞的發展歷程及對局勢的影響」(條目 Ib-V-2)。
2. 林孝庭著,黃中憲譯,《意外的國度:蔣介石、美國、與近代台灣的形塑》(臺北:遠足文化,2017)。
   本書對應「區域合作與經貿統合的追求」(條目 Ib-V-3)。
3. 張淑雅,〈美國對臺政策轉變的考察,1950 年 12 月──1951 年 5 月〉,《中央研究院近代史研究所集刊》19(1990.06),頁 469-486。
   本文對應「東亞地區人民在二十世紀重大戰爭的經歷」(條目 Ib-V-1)、「共產主義在東亞的發展歷程及對局勢的影響」(條目 Ib-V-2)。
4. 楊奎松,〈1960 年代中國對外政策轉向的歷史考察〉,《冷戰國際史研究》6(2008)。
   本文對應「共產主義在東亞的發展歷程及對局勢的影響」(條目 Ib-V-2)。
5. 林志宏,〈兩個祖國的邊緣人:「遺華日僑」的戰爭、記憶與性別〉,《近代中國婦女史研究》24(2014.12),頁 1-45。
   本文對應「東亞地區人民在二十世紀重大戰爭的經歷」(條目 Ib-V-1)。

從「我們的」戰爭到「被遺忘的」戰爭：臺灣對「韓戰」的歷史記憶*

藍適齊**

一、前言

在韓戰爆發滿六十周年的 2010 年，臺灣的一份報紙是這麼評論韓戰對臺灣的影響的：

其實，臺灣應該感謝韓國，六十年前韓戰爆發，使美國放棄坐視不管的政策，派出第七艦隊協防臺灣，使得臺灣未落入中共魔掌。臺灣人民固然討厭蔣介石政權，但兩害相權取其輕，若是當時臺灣被中共佔領，臺灣人民的命運一定會比在兩蔣統治下更悲慘。更重要的是，臺灣縱然被兩蔣這個外來政權佔領，但國民黨實際上已無法

＊ 本文部分內容曾經宣讀於「冷戰亞洲的誕生：新中國與韓國戰爭」國際研究會（首爾：聖公會大學主辦，2013 年 3 月 8-9 日）；筆者要感謝在會上惠賜意見的多位學者，特別是促成此項研究的任佑卿教授。另外，筆者要感謝《東亞觀念史集刊》的多位匿名審查人所提供的建議，以及政治大學楊文喬和藍萱所提供的協助。本文為科技部一般型研究計畫「『臺籍戰犯』、帝國崩解、與戰後國際秩序的重構：臺灣二戰史與『殖民戰爭責任』的新思考，以及一併進行的建立『臺籍戰犯』資料庫」（計畫編號：NSC103-2410-H-004-210-）之部分研究成果。

＊＊國立政治大學歷史學系副教授。研究領域為臺灣史、歷史記憶、二戰史。

回去中國，因此歷經政治改革與經濟發展後，更加確立臺灣主權獨立的地位。若是美國袖手旁觀，等待塵埃落定，臺灣恐怕會慘遭中共踩躪，淪為中國的一部分，無法翻身。因此，戰爭行為固然不值得鼓掌，但韓戰的發生確實救了臺灣。[1]

　　的確，韓戰可以說是近代影響臺灣發展最重要的戰爭，特別是對兩岸關係方面。即使比較具有反思的臺灣學者也不否認，韓戰扭轉了 1950 年迄今的兩岸關係。例如歷史學者張淑雅，在其 2011 年出版的《韓戰救臺灣？解讀美國對臺政策》一書中，就對此論點提出了更為深入的反思。她認為「美國並未因為韓戰爆發或中共介入，就決定要拯救國府」。但是，在書末她也表明「無意完全否定『韓戰救臺灣』的論斷」，而提出「比較貼近事實的說法是，韓戰給了國府一個拯救自己的機會……因此也給了臺灣一個不被中共接管的機會」。[2] 如同上述所論，韓戰使得中華民國政府得以在臺灣維繫它的政權，也形塑了我們今天所熟知的臺灣海峽兩岸分治（也對峙）狀態。因此，雖然臺灣並未直接參與韓戰，[3] 但是從國際政治／兩岸關係發展的角度來看，韓戰都應該被視為對臺灣近現代發

<hr />

1. 〈自由評論：韓戰救了臺灣〉，《自由時報》，網址：http://www.libertytimes.com.tw/2010/new/may/27/today-f1.htm，檢索日期：2012 年 12 月 10 日。需要指出的是，在臺灣的主要報紙當中，《自由時報》被認為在意識形態上是比較傾向「綠」的。見林麗雲，〈變遷與挑戰：解禁後的臺灣報業〉，《新聞學研究》95（2008.01），頁 183-212。在該報的版頭也特別以「臺灣優先，自由第一」等文字，標明主張「臺灣本土意識」的立場。
2. 張淑雅，《韓戰救臺灣？解讀美國對臺政策》（臺北：衛城出版社，2011），頁 252-254。「國府」一詞現在多用「中華民國政府」代替，但是本文中引用原文時仍保持「國府」一詞。
3. 不過值得注意的是，在韓戰期間中華民國政府確實曾經透過非官方的方式，與美國合作參與了後勤與情報等工作。請參見幾位當事人的回憶錄：黃天才，《我在 38 度線的回憶》（臺北：印刻文學出版社，2010）；陸以正，《微臣無力可回天——陸以正的外交生涯》（臺北：天下文化出版公司，2002）。

展最重要的戰爭之一，也是在（二）戰（以）後對臺灣影響最大的歷史事件之一。

　　韓戰的停戰協議在 2013 年屆滿 60 年。此時正是一個非常有紀念意義的時刻，來重新檢視韓戰在臺灣歷史上的意義。但是當我開始蒐集相關資料的時候卻發現，雖然國際學界對韓戰的研究仍然非常熱烈，[4] 臺灣對韓戰的研究或討論卻非常有限。除了上述的評論與著作之外，臺灣對韓戰的研究大多是有關戰略安全的議題，[5] 或是回憶錄性質的著作，[6] 少有論及韓戰對臺灣的影響與其歷史意義。[7] 而在大眾媒體中，對韓戰的討論或公開的紀念更是罕見。可以說近年來在臺灣，韓戰似乎已經成為一個被忽略的歷史課題。對今天在臺灣的大眾來說，有許許多多更為熟悉的戰爭，諸如在中小學課本裡面一定會不斷強調的「鴉片戰爭」、「八國聯軍」（或稱庚子拳亂）、「甲午戰爭」、中國的抗日戰爭（1937-1945）等等，或是因電影《賽德克巴萊》在 2011-2012 年上映後而引起更多興趣的「霧社事件」（1930）。相比較之下，距離今天比較近的韓戰反而似乎在認識上是一段比較遙遠的歷史。

　　為了更廣泛地了解當代臺灣社會對韓戰的認識，我在 2013 年曾經在自己的課上設計進行了一個小小的「實驗」，調查大學生對韓戰的歷史認

---

4. 參見張淑雅，〈近二十年來的韓戰研究概況〉，《近代中國》137（2000.06），頁 105-116。

5. 參照董致麟，《韓戰爆發前後蘇中（共）美互動之研究（1945-1951）：認知理論的觀點分析》（臺北：淡江大學國際事務與戰略研究所碩士論文，2006）；劉維開，〈蔣中正對韓戰的認知與因應〉，《輔仁歷史學報》21（2008.07），頁 253-282。

6. 例如邵毓麟，《使韓回憶錄》（臺北：傳記文學出版社，1980）；王東原，《王東原退思錄》（臺北：正中書局，1992）。邵與王曾先後擔任中華民國駐韓國大使。另外，參見本身為反共戰俘的高文俊所著，《韓戰憶往：浴血餘生話人權》（臺北：生智文化公司，2000）。

7. 少數討論韓戰紀念的學術文章，請見黃克武，〈一二三自由日：從一個節日的演變看當代臺灣反共神話的興衰〉，收於國史館編，《一九四九年——中國的關鍵年代學術討論會論文集》（臺北：國史館，2000），頁 643-677。

識，特別是韓戰的「歷史重要性」以及「對臺灣的歷史意義」。[8] 對象是在「臺灣史」（歷史學系的必修課）課上的學生，其中大多數都是歷史學系大學部的學生。「實驗結果」顯示，在未經提示的情況之下，回答韓戰是「歷史上重要的戰爭」的比例低於 10%。經過表列提示 10 個與臺灣有關的戰爭後，認為在其中韓戰對臺灣歷史影響的重要性排名前三的比例，升高到 40% 左右。最後，學生回答帶有最直接明顯提示的問題：「如果 1 代表在臺灣歷史上最重要的戰爭，10 代表重要性最低的戰爭，你會給韓戰排第幾？」結果，認為韓戰的重要性排名前三的比例更升高到 60%。

　　學生回答的結果顯示，在被要求直覺反應的時候會想到回答「韓戰」的比例，與經過提示或思考之後會想到回答「韓戰」的比例有非常巨大的落差。後面兩個部分的作答結果顯示，在經過提示或思考之後，其實大多數的學生都認為韓戰是對臺灣歷史影響比較重要的戰爭。那麼，為什麼在一開始的回答中韓戰沒有得到應有的肯定？很明顯的，雖然學生在知識面上都知道韓戰對臺灣歷史的重要影響，但是韓戰並不是一個常常會被提到或討論或得到紀念的戰爭，以至於在最直覺反應的時候，韓戰這麼一個重要的歷史事件會被嚴重的忽略。

　　那麼，臺灣的學校課本又是如何討論韓戰？在目前臺灣所採用的學校課本中，韓戰當然是在近現代歷史當中會被提及的一項歷史事件。但是仔細閱讀後就會發現，多數課本對韓戰的描述都相當簡短，而關於韓戰的歷史意義，更少有與臺灣相關的闡釋。以國中的課程為例，在此階段並沒有獨立的「歷史」科目，與歷史相關的內容多在「社會」此科目當中。分析社會課本的內容，幾個比較廣為採用的版本在第 1 冊、第 4 冊、

---

8. 詳細的內容，請參見本文最後的「附錄：學生調查」。在此，作者要特別感謝當時就讀於中正大學並參與此項調查的學生們。

以及第 6 冊中都會提到韓戰。第 2 冊是在「戰後臺灣的外交與兩岸關係」的主題（也是歷史脈絡）下介紹韓戰，主要的內容多是「韓戰爆發，美國為防止共產勢力擴張，派遣第七艦隊協防臺灣海峽」；爾後，在 1954 年「美國和我國簽訂中美共同防禦條約」，正式「將臺灣納入東亞反共防衛體系內」。[9] 這樣的描述確實向讀者介紹了韓戰此一事件，但是論述的主體為美國，而並非以臺灣為出發點；內容並未明確指出韓戰或美國介入對臺灣具體的影響，也未討論臺灣（官方或民間）對韓戰的反應。在第 4 冊中則是在「中華人民共和國的建立」這個主題之下，提到韓戰爆發之後中共在「抗美援朝」的號召之下派出志願軍參戰。[10] 雖然再一次的介紹韓戰，但是論述的主體是中華人民共和國，並未闡述臺灣的回應或是對兩岸關係的影響。而在第 6 冊中又再一次的討論韓戰，主題和歷史脈絡是第二次世界大戰後的國際情勢。其中論述的重點為二戰後分裂的朝鮮半島、蘇聯的角色、美國與聯合國的介入，以及 1953 年以北緯 38 度線為界的停戰協定等等。[11]

　　以上的分析顯示，雖然國中課本再三地討論韓戰，但是綜觀其中的論述，卻都並非從臺灣的角度出發。雖然這些課本的內容都確立韓戰作

9.　林能士等主任委員，于珊、王良卿等編撰，《國民中學社會課本（第二冊）》（臺南：翰林出版公司，2011），頁 101；江筱婷、李佩錕、洪立建等編撰，《國中社會課本（第二冊）》（臺北：康軒文教公司，2012），頁 108；王秋原等主編，李其芃、邱德慈等編撰，《國民中學社會（第二冊）》（臺南：南一書局，2012），頁 109；王秋原等主編，李其芃、邱德慈等編撰，《國民中學社會（第二冊）》（臺南：南一書局，2014），頁 111。

10.　林能士等主任委員，于珊、王良卿等編撰，《國民中學社會課本（第四冊）》（臺南：翰林出版公司，2012），頁 126；江筱婷、李佩錕、汪盟烽等編撰，《國中社會課本（第四冊）》（臺北：康軒文教公司，2013），頁 134；王秋原等主編，李其芃、邱德慈等編撰，《國民中學社會（第四冊）》（臺南：南一書局，2013），頁 120。

11.　林能士等主任委員，于珊、宋幸蕙等編撰，《國民中學社會課本（第六冊）》（臺南：翰林出版公司，2013），頁 94；江筱婷、洪立建、徐靜欣等編撰，《國中社會課本（第六冊）》（臺北：康軒文教公司，2014），頁 84；王秋原等主編，李其芃、邱德慈等編撰，《國民中學社會（第六冊）》（臺南：南一書局，2014），頁 86。

為一個重要的歷史事件，也表明韓戰對美國、中華人民共和國和東亞國際關係都有其重要性；但是，相關的論述卻並未建立韓戰與臺灣的關聯性，更未探討韓戰對臺灣的歷史意義。

臺灣在高中課程中則有獨立的「歷史」科目。歷史課本也必然會討論韓戰。但是，許多高中歷史課本對韓戰的描述——無論是討論的脈絡、內容，或是論述的角度，與以上所分析的國中課本都大同小異。[12] 這樣的高中課本雖然提供了比較多的歷史資訊，但是在建立對韓戰的歷史認識的「框架」這方面，[13] 可以說只是延續國中課本。以上的分析顯示，臺灣的課本確實傳達了某種對韓戰的認識，但是在這樣對韓戰的歷史認識當中卻看不到多少與臺灣的關係。換句話說，在學校課本中，韓戰似乎並不被作為臺灣自己重要的歷史記憶。[14]

---

12. 例如賴澤涵主編，蔡怡邦、王宇等編撰，《普通高級中學歷史（第一冊）》（臺北：全華圖書公司，2012），頁 178；林能士主編，施志汶、張素玢等編撰，《高中歷史（第一冊）》（臺南：南一書局，2012），頁 170-171、174；林能士主編，楊維真、王良卿等編撰，《高中歷史（第三冊）》（臺南：南一書局，2013），頁 98；林能士主編，陳秀芳、吳翎君等編撰，《高中歷史（第四冊）》（臺南：南一書局，2014），頁 164。

13. 此處我參照了最近學者們對臺灣／東亞的歷史認識與「戰爭之框」的討論，參見汪宏倫，〈導論　把戰爭帶回來！——重省戰爭、政治與現代社會的關聯〉，收於汪宏倫編，《戰爭與社會：理論、歷史、主體經驗》（臺北：聯經出版公司，2014），頁 1-34、〈東亞的戰爭之框與國族問題：對日本、中國、臺灣的考察〉，收於汪宏倫編，《戰爭與社會：理論、歷史、主體經驗》，頁 157-225；藍適齊，〈可悲傷性，「戰爭之框」與臺籍戰犯〉，收於汪宏倫編，《戰爭與社會：理論、歷史、主體經驗》，頁 393-433。

14. 只有少數的高中課本在關於韓戰的討論中，加上了比較多以臺灣為出發點的分析。例如，在臺灣二次大戰後的政治發展此脈絡下，強調在被納入美國的防禦體系之後，臺灣得以「暫時減輕中華人民共和國帶來的武力威脅壓力」；透過史料來帶領學生思考，韓戰爆發之後美國外交政策的轉變，「對臺灣的影響為何？」以及在「臺海兩岸關係變遷」的脈絡下，指出因為韓戰的爆發與美國的介入，中共「忙於抗美援朝，暫時無暇於臺海生事」等等。參見薛化元主編，李明仁、李福鐘等編輯，《普通高級中學歷史（第一冊）》（臺北：三民書局，2012），頁 174-175；李福鐘、古偉瀛、王世宗等編著，《普通高級中學歷史（第三冊）》（臺北：三民書局，2013），頁 106。但是，由於這些分析的篇幅非常有限、又分散於不同章節，難以形成一個比較完整的「框架」來認識或探討韓戰對臺灣的歷史意義。

上述對學生的「實驗結果」當然是一個非常初步的觀察，班上非常有限的學生人數也不具任何抽樣的統計效力；學校的課本也僅是建立歷史認識的諸多媒介之一，不足以代表臺灣社會的（主流）想法。但是，從歷史記憶研究的角度來看，透過對學生的「實驗」以及對學校課本內容的分析，我們確實能夠觀察到臺灣（至少部分）的社會大眾對韓戰的歷史認識。更重要的是，學生的反應與課本中所描述傳遞的歷史認識有相當的一致性。本文並無意作過度簡單的推論，認定是學校課本造成學生的歷史認識；學者的研究早已指出，集體記憶（collective memory）的形成牽涉甚廣，絕非單一因素所致。[15] 但是這樣的結果足以顯示，臺灣對韓戰的「忽略」並非個別的現象，而是有其結構性的脈絡。由此衍生的問題是：臺灣對「韓戰」的歷史記憶是什麼？韓戰這樣一個對臺灣近現代發展影響如此重大的歷史事件，究竟在臺灣是如何被認識的？尤其是在戰後（嚴格來說是 1953 年停火之後），韓戰在臺灣被賦予了什麼樣的歷史意義？初步的歷史考證發現，其實在 1950 年韓戰爆發以後，曾經有很長的一段時間韓戰可以說是在臺灣最受到關注與紀念的戰爭。但是韓戰在臺灣社會的集體記憶當中的地位，卻在過去的 60 多年間歷經了相當劇烈的變化，從「無所不在」變為幾乎「無處可尋」。這當中的變化原因又是什麼？究竟韓戰是在何時，又是為什麼會受到臺灣社會的忽略和遺忘？本文將嘗試著從歷史脈絡的變化，結合近年來在歷史研究中備受關注的「歷史記憶」研究方法，來回答以上的這幾個問題。

---

15. Wurf Kansteiner, "Finding Meaning in Memory: A Methodological Critique of Collective Memory Studies," *History and Theory* 41 (2002 May), pp. 179-197.

二、1950 年代臺灣的韓戰集體記憶

本文將以中華民國官方所發行的《中央日報》的報導為代表，[16] 來分析臺灣社會對韓戰的認識跟記憶是如何的被建構出來的。雖然臺灣在過去的 60 年間有許多的報紙與其他媒體，但是對本文所分析的 1950 至 1980 年代，在威權戒嚴的統治體制之下，作為官方媒體的《中央日報》對形塑集體記憶的影響力與重要性都遠高過其他的報紙或媒體。因此本文將分析的焦點放在《中央日報》。

事實上在 1950 年 6 月 25 日韓戰爆發以前，剛撤守到臺灣不久的中華民國政府是處於一個非常不穩定的國際地位。美國對中華民國在臺灣的防禦，以及北京政府積極備戰即將要進行的解放臺灣的戰爭，都保持著消極不參與的態度。對此，中華民國政府也非常了解。1950 年 6 月 22 日，距離韓戰爆發只有 3 天，《中央日報》在有關美國亞洲政策的報導當中就以頭版標題寫著：「若麥帥堅決主張加強臺灣防務　可能促使政府改變態度」。這一連串的假設語氣，充分顯露了中華民國政府對自己未來的國際地位，以及臺灣（對抗中國共產勢力）的防守毫無把握。[17]

1950 年 6 月 25 日以前，臺灣正值風雨飄搖之際。韓戰的爆發，立刻

16.《中央日報》原為中國國民黨機關報，於 1928 年在上海創立，1949 年隨國民黨遷至臺北，2006 年暫停印刷。以下的這段介紹，更能凸顯該報對中華民國政府以及 1949 年中華民國政府遷臺以後的臺灣有著多麼大的影響力：「中國國民黨係肇建中華民國的政黨，中央日報則是國民黨創辦的報紙，民國十七年二月一日在上海創刊後，計發行兩萬八千三百五十六號。正由於這一層特殊的關係，使得中央日報不同於一般的傳播媒體，而是一份與國家發展、民族命運共起伏的新聞刊物。蔣經國先生就曾說過：『中央日報具有光榮的傳統，國家的前途與中央日報的前途完全一致；所以，這份報紙具有特別重大的責任』」。參見《中央日報》網路報，網址：http://www.cdnews.com.tw/cdnews_site/docDetail. jsp?coluid=368&docid=100182607，檢索日期：2013 年 2 月 2 日。
17.《中央日報》，1950 年 6 月 22 日。

被中華民國政府當作鼓舞臺灣軍民士氣的大好機會。在韓戰爆發以後，《中央日報》的報導很快地就表現出了政府非常積極而正面的態度。首先是有關對韓國的關係：1950 年 6 月 27 日的《中央日報》就密集地以醒目的新聞標題強調：「中韓邦交固密」、「我國在安理會中　決支持韓國政府」、「李承晚昨與臺北深夜通重要電話」；另外，更刊載了一篇題目為「中韓攜手奮鬥到底」的專論，再次闡述韓戰與中（華民國）韓（國）關係的緊密連結。隔日，又繼續對讀者強調，「我決以最友誼態度　盡力支援韓國」。[18] 很明顯的，中華民國政府很快的就將韓戰視為自己的戰爭。

　　而更重要的，當然是美國對韓戰的態度與政策，攸關臺灣未來的國際地位。《中央日報》在 6 月 27 日就指出：「韓國戰事將促美當局迅速改變遠東政策」。[19] 6 月 28 日的《中央日報》則以放大數倍的字體頭條報導：「美總統昨下令第七艦隊遏止攻臺企圖」。[20] 但事實上，《中央日報》對美國政策的報導只說了一半；美國總統杜魯門（Harry Truman，1884-1972）在美國時間 6 月 27 日的聲明確實表明「我已下令第七艦隊，防止任何對臺灣的攻擊」，但是同時也主張：

> 為配合此行動，我要求臺灣的中國政府停止對大陸的海空行動。第七艦隊將確定此令的執行。臺灣未來地位的決定，必須等待太平洋地區安全恢復、對日和約的簽訂，或聯合國的考量。[21]

18.《中央日報》，1950 年 6 月 28 日。
19.《中央日報》，1950 年 6 月 27 日。
20.《中央日報》，1950 年 6 月 28 日。
21. 轉引自張淑雅，《韓戰救臺灣？解讀美國對臺政策》，頁 84-85。

張淑雅就指出，美方「中立臺海」原來只是「因應危機所採取的暫時性措施」，並不代表其對國民政府的政策由韓戰爆發之前的「袖手旁觀」立刻轉為支持；美國不但對臺灣的軍事援助「姍姍來遲」，對防衛臺灣的承諾更是要到了 1950 年春天開始將臺灣視作為「政治資產」以後才較為明確。[22] 但是，韓戰的爆發給了中華民國政府在鞏固政權和自我國際地位方面一個全新的希望，對美國的態度也由前述的充滿假設口氣與不確定性轉而成為自信堅定。外交部長葉公超（1904-1981）代表中華民國政府在 6 月 28 日發表聲明，當中就主張美國已經與中華民國站在同一方，稱「對美防衛臺灣提議　我原則上接受　已令海空軍暫時停止攻擊行動　臺灣地位主權不受影響」，[23] 並充滿自信地強調「美國之建議不影響中國（中華民國）政府對臺灣之主權，或開羅會議關於臺灣地位之決定；並不影響中國（中華民國）反抗國際共產主義及維護中國領土完整之立場」。[24]

　　這就誠如張淑雅所言，中華民國政府在韓戰爆發之後將美國的介入立刻「加以擴大（甚至略微扭曲）宣傳」，其作用在於「安定人心、提高士氣與穩定臺灣內部情勢」。[25] 而本文更進一步的指出，《中央日報》等官方媒體對臺灣社會所傳遞關於韓戰的認識與理解，也就是在這樣「對內精神喊話」的脈絡之下「加以擴大（甚至略微扭曲）宣傳」而展開。例如，在 6 月 29 日《中央日報》就進一步的主張韓戰與中華民國政府追求反共目標的關連性。其中一篇報導的標題就指出：「陳院長昭告國人　為貫徹

---

22. 轉引自張淑雅，《韓戰救臺灣？解讀美國對臺政策》，頁 84-85。
23. 《中央日報》，1950 年 6 月 29 日。
24. 馬全忠，《中華民國百年紀事》（臺北：聯經出版公司，2011），頁 228。
25. 張淑雅，《韓戰救臺灣？解讀美國對臺政策》，頁 253-254。

反共抗俄國策　繼續堅強奮鬥　必須提高警覺　勿存苟安心理」。[26]而幾天後的社論在討論韓戰的意義時，又再次以文章的題目來強調，「勿存苟安心理　繼續堅強奮鬥」。[27]

　　值得注意的是，韓國方面也同樣的透過《中央日報》，參與建構了韓戰作為中韓兄弟情誼以及反共志業的象徵。6 月 29 日刊載了一篇，由當時韓國派駐中華民國的領事閔石麟（1898-1963）所署名的啟事，內容如下：

> 此次北韓共軍在蘇聯導演之下，突然全面進攻南韓，消息遙傳，舉世震撼。中韓脣齒相依、憂戚與共。辱承　貴國朝野暨各界人士，或親臨致慰，或函電遙頌，厚意殷拳，無任感激。深信正義必永存，集權終湮滅。[28]

　　之後《中央日報》的許多報導，更是繼續對讀者強調韓戰的意義在於中（華民國）韓（國）雙方「脣齒相依憂戚與共」，而且不斷持續密集地報導中華民國政府和民間也都紛紛響應支持韓國抵禦北韓共產勢力的進犯。例如，有關「中國（指中華民國）勞工願援韓國」、「韓僑義勇隊」，以及「反共抗俄後援會」成立及遊行；[29]我國政府現正採取措施援助韓國；[30]我國將派精銳軍隊援助韓國抵抗侵略；[31]以及我國正在等待「遣軍赴韓作戰」之最後決定等等的報導。[32]甚至有一篇專欄文章，報導

---

26. 《中央日報》，1950 年 6 月 29 日。
27. 《中央日報》，1950 年 7 月 3 日。
28. 《中央日報》，1950 年 6 月 29 日。
29. 《中央日報》，1950 年 6 月 29 日。
30. 《中央日報》，1950 年 7 月 1 日。
31. 《中央日報》，1950 年 7 月 2 日。
32. 《中央日報》，1950 年 7 月 3 日。

一群不久之前才經歷過中華民國國軍與共軍在舟山群島的爭奪戰，而後撤退到臺灣來的軍民，以「舟山群島戰友」為名，主動提出「志在剿滅匪共　願赴韓國作戰」。[33] 這些報導所強調的都是，以反共為共同目標的中韓兄弟情誼堅固不變。

　　很明顯的，這些報導所建構出來的韓戰，不但是一場關乎韓國（南韓／大韓民國）生存的戰爭，似乎也是中華民國我們自己的反共存亡戰爭。《中央日報》在 1950 年 7 月 8 日全版刊載的「地圖周（週）刊」報導最具代表性。報導的標題首先強調堅定的反共立場，主張戰勝共產勢力的必然性：「徹底解決問題必須登陸北韓　侵略者雖倖獲初步勝利終將為民主國家所擊敗」。內文中則進一步同仇敵愾地將北韓政府稱作為「偽政權」，並以小標題強調中韓之間的堅固友誼有著深遠的歷史基礎：「中韓關係密切　我朝野均熱望援韓　歷史上我曾兩度出兵救韓」。[34] 在隔天 7 月 9 日的《中央日報》，更是以近全版的篇幅，透過豐富的照片來向讀者傳達「戰爭中的南韓」；照片包括「現已淪陷」的大韓民國總統府、「被北韓共軍破壞的交通」、「南韓救護隊準備出發前線」，以及「旅臺愛國韓僑紛紛組織義勇隊共赴國難」等等。[35]「淪陷」一詞看似平凡，但其實在中文的語境中清楚的代表著「我方」受到敵對的一方不合法甚至不道德的侵害。1950 年 7 月 11 日的《中央日報》就有一篇標題為「淪陷一年後的南京」的專文，報導昔日的中華民國政府首都南京在1949 年淪入共產敵人手下之後受到的破壞。[36] 這些關於韓戰／南韓的照片，結合文字報導，例如不用較為中立的字眼——例如：占領——卻有

33.《中央日報》，1950 年 7 月 3 日。
34.《中央日報》，1950 年 7 月 8 日。
35.《中央日報》，1950 年 7 月 9 日。
36.《中央日報》，1950 年 7 月 11 日。

意地選擇以「淪陷」一詞來形容被北韓共軍攻占的大韓民國總統府，或是強調南韓軍民英勇的反共行動等等，都在在地向臺灣讀者傳達與強化一種對韓戰的認識：韓戰也是我們的戰爭，一場對抗不道德的敵人的戰爭；中韓友誼堅固，同在反共最前線，因此韓戰就如同是「我們」自己的反共存亡的戰爭。

　　韓戰作為臺灣反共和反攻（中國大陸）的象徵在 1953-1954 年之間達到了其高峰。韓戰中的 14,000 餘名被俘虜的中國士兵（人民志願軍）當中的反共分子，或反共的人民志願軍俘虜，在 1953 年獲得聯軍方面應允，依他們不回中國的意向予以處理，並在 1954 年 1 月將他們釋放，遣送至臺灣。這些反共戰俘隨即被中華民國政府冠以「志士」、「義士」等名稱，最終稱為「反共義士」。[37]「反共義士」出現的時機對在臺灣的中華民國政府而言特別的重要。雖然在 1950 年 6 月韓戰爆發之後美國就介入臺海局勢，但是一直到 1953 年美方對防衛臺灣的態度都並不積極。蔣介石（1887-1975）、陳誠（1898-1965）、顧維鈞（1888-1985） 等人在當時都曾表示出對美國的失望與疑慮；[38] 蔣更曾在 1953 年美國總統艾森豪（Dwight Eisenhower，1890-1969）上任後寫道：「美國對華政策，其內容與前無異……若不自強，何以復國？」[39] 充分表示出他對美國的不信任。在此情況之下，中華民國政府更需要把握各種機會，一方面鞏固政權（強化統治正當性），另一方面提振內部的士氣，才能繼續其「反

---

37. 有關的資料可以參考周琇環編，《戰後外交史料彙編：韓戰與反共義士篇（一）》（臺北：國史館，2005）、《戰後外交史料彙編：韓戰與反共義士篇（二）》（臺北：國史館，2005）；沈幸儀，《一萬四千個證人：韓戰時期「反共義士」之研究》（臺北：國史館，2013）。
38. 張淑雅，《韓戰救臺灣？解讀美國對臺政策》，頁 248-251。
39. 秦孝儀總編纂，《總統蔣公大事長編初稿（卷 12）》，頁 90-91，轉引自張淑雅，《韓戰救臺灣？解讀美國對臺政策》，頁 251。

共大業」。在此之前不久，美國駐臺官員在也曾作出這樣的觀察：「國府部隊的士氣得靠反攻大陸的希望來維持」。[40] 因此，這些「反共義士」在 1953 年的出現，給了中華民國政府正迫切需要的一個「反攻大陸的希望」，能夠藉此提振臺灣反共／反攻勝利的士氣。在此脈絡之下，韓戰當然也就更進一步的被建構成為臺灣反共和反攻（中國大陸）的象徵。

事實上早在人民志願軍俘虜的處理問題尚未解決、停戰協定剛剛簽定（1953 年 7 月 27 日）之際，《中央日報》就已經開始在報導中讚揚韓國方面的處理態度，再次強調中韓一致以反共為目標、情誼堅固：「李承晚告反共華俘保證送至我國……。希望保持信心不要害怕」。[41] 當這群「反共義士」人還停留在韓國境內、尚未抵達臺灣之時，中華民國政府和民間（當然是在官方的動員之下）就已經開始大張旗鼓地報導這些人。《中央日報》於 1953 年 8 月 27 日報導了中國大陸災胞救濟總會（簡稱救總）代表團前往韓國「實地慰問反共志士」的消息，並刊出救總的慰問函全文，其中就強調「反共義士」是「最熱愛祖國的男兒，最忠貞不屈的志士；由於你們偉大的反共表現，替我們中華民族爭取了無上的光榮」。[42]

《中央日報》也不斷地強調這些人尚未抵達臺灣的人民志願軍俘虜，早已是我中華民國反共大業的一分子：文章的標題寫道：「反共華俘　目睹國機蒞臨　驚喜歡呼若狂」；[43] 同時也稱頌他們的行為：「簽名大國旗上　表示反共決心」，[44] 以及「高舉國旗向匪怒吼」。[45] 進一步地，多篇

40. 張淑雅，《韓戰救臺灣？解讀美國對臺政策》，頁 179。
41. 《中央日報》，1953 年 7 月 29 日。
42. 《中央日報》，1953 年 8 月 27 日。
43. 《中央日報》，1953 年 8 月 27 日。
44. 《中央日報》，1953 年 8 月 31 日。
45. 《中央日報》，1953 年 9 月 12 日。

報導更以標題的方式來主張臺灣／中華民國才是這些人民志願軍俘虜真正的「祖國」：「反共義士慷慨高歌　堅決回臺灣　打回大陸去　磨好刀擦好槍　殺朱毛打俄狼」；[46]「一顆心　回臺灣　一條命　殺共匪反共義士第一聯隊　感謝全國同胞慰問」；[47]「堅定！堅定！堅定！　終必重歸祖國懷抱」。[48] 最值得注意的是，《中央日報》不斷宣揚這些人民志願軍俘虜是多麼的愛國、愛黨、效忠領袖：「乍聞　總統錄音廣播　全體義士感極涕零連聯軍官兵亦受感動」，「反共義士一致企望　返回自由祖國　願在　總統的領導之下　與迫害他們的敵人作戰」。[49] 在最終來到臺灣的「反共義士」當中，確實有部分是原先在 1949 年前屬於國民政府軍隊或中華民國政府的成員。但是根據學者後來的研究發現，「來臺戰俘中仍有為數不少之其他背景者」，包括「共黨黨員及動員之群眾學生等等」。[50] 因此，1953 年之際中華民國政府以及《中央日報》一概將希望來到臺灣的人民志願軍俘虜「再現」為效忠中華民國的一員，並將他們前來臺灣稱作為「回來」，實在是言過其實，更凸顯了當時政府積極（甚至帶有急迫性）的宣傳目的。

於此同時，《中央日報》也用顯眼的標題字體來報導臺灣的人民是何等地歡喜在等待迎接這群「反共義士」：「臺灣全省人民團體　支援反共義士來臺　動員月會通過決議組織後援會　並致電慰問歡迎來歸」；[51] 又

---

46. 《中央日報》，1953 年 9 月 14 日。
47. 《中央日報》，1953 年 9 月 25 日。
48. 《中央日報》，1953 年 9 月 4 日。
49. 《中央日報》，1953 年 9 月 25 日。志願軍戰俘營裡面的實際狀況並非如此一心反共，有些戰俘事實上是受堅決反共的同僚逼迫甚至暴力威脅，才選擇表示反共而後前往臺灣的。有關研究可以參考馬國正，《反共、恐共、恐國？韓戰來臺志願軍戰俘問題之研究》（嘉義：中正大學歷史學系碩士學位論文，2008），特別是頁 105、116-118、130-138。
50. 馬國正，《反共、恐共、恐國？韓戰來臺志願軍戰俘問題之研究》，頁 7。
51. 《中央日報》，1953 年 9 月 20 日。

以連續而密集的文字和照片報導了「各界代表昨開大會 援助留韓反共義士發動書信慰問 擴大勸募衣物 揭發共匪的洗腦陰謀」;「各地軍公學生掀起捐獻熱潮 為反共義士製寒衣」;[52] 以及「海內外同胞一條心援助留韓義士返國」等等。[53] 這些報導所強調的,都是臺灣人民如何以具體的行動來支持政府的「反共大業」;而從歷史記憶的角度來看,無論其內容真假,這些報導所代表的——正如美國大使館在當年的報告中所指出的,是中華民國政府在韓戰爆發之後「更注重爭取臺灣人民的支持,以號召大陸人民及海外華僑的歸向」。[54]

從 1953 年 12 月開始,中華民國政府就已經開始動員群眾,準備迎接這群韓戰「反共義士」的到來。12 月 24 日,《中央日報》的報導標題就寫著:「全國各界一致聲援 爭取義士自由 援助義士會昨舉行大會發起『義士自由日』運動」;[55] 此可謂後來「一二三自由日」的濫觴。可以想見的是,當這群「反共義士」在 1954 年 1 月真正來到臺灣之際,政府是如何全面動員,並以此為證地大肆宣傳臺灣人民對政府的支持,以凸顯自己的統治正當性。1 月 23 日,韓戰「反共義士」在韓國恢復自由,並安排搭船送往臺灣。該日遂被中華民國政府稱為「自由日」。換句話說,代表反共(勝利)的韓戰「反共義士」是「自由日」的基礎。

事實上,在 1 月 23 日之前,各項歡迎「反共義士」來到臺灣的活動就已在各地展開,一直持續到「反共義士」實際搭船抵達臺灣的 1 月 27-29 日。《中央日報》的報導包括「義士」抵達臺灣的第一站——基隆,準備

---

52. 《中央日報》,1953 年 10 月 8 日。
53. 《中央日報》,1953 年 9 月 27 日。
54. 張淑雅,《韓戰救臺灣?解讀美國對臺政策》,頁 196。
55. 《中央日報》,1953 年 12 月 24 日。

「響起自由鐘　燃起自由火　獻花　鳴砲　奏樂」來歡迎「義士」，更籌劃了 3 天的節目來歡迎「義士歸國」和「義士過市」；[56]1 月 22 日，全國「慶義士獲自由　各地火炬遊行　歡迎之聲響徹雲霄」；當天晚上，全國的廣播電台則以「鐘擺的滴嗒聲昨效果」，「接近『自由日』一秒鐘均緊張的報時」；一到 23 日子夜，則鳴放「自由的鐘聲」，並接續整天的「慶祝自由日特別節目」；澎湖建立的「自由塔」，也特別安排在 23 日「子夜奠基」，並舉辦「通宵晚會迎接自由」；臺中也「燃起自由之火」；「義士」抵達基隆的時候，更計畫會有「各界代表出海相迎」。[57]1 月 23 日當天，「各地狂歡慶祝　懸旗結綵舉行盛大遊行」；澎湖「通宵達旦狂歡」；桃園的慶祝會放「自由鴿」；宜蘭則有女中學生以「血書致敬義士」。[58]《中央日報》更特別刊行兩大版（第 6-7 版）的「反共義士自由日特刊」，並由黨國大老于右任（1879-1964）為標題題字，以多篇專文「歡迎反共義士」，並詳細闡述反共義士來到臺灣所代表的「自由勝利的洪流」、「自由人的輝煌勝利」、「自由戰勝魔鬼」以及「爭自由的偉大勝利　中華民族魂的初步考驗」，更不忘批判中共政權所代表的「謊言系統」終將破產，「毀滅自由者，必將被毀滅」。[59]這樣充滿「道德性」的報導、配合前述各地民眾對「自由日」的支持與響應，其實都是中華民國政府對內強化統治正當性的手段。

　　而在對外的宣傳，中華民國政府也同樣的藉著韓戰「反共義士」來強調自己的統治正當性。中華民國當時駐韓國的大使就向聯軍方面表示，

---

56. 《中央日報》，1954 年 1 月 22 日。
57. 《中央日報》，1954 年 1 月 23 日。
58. 《中央日報》，1954 年 1 月 24 日。
59. 《中央日報》，1954 年 1 月 23 日。

反共義士獲得自由,「顯示自由必能戰勝奴役,同時並將使鐵幕內人民對暴力統治的反抗,獲得極大之希望與鼓勵。義士不屈意志堅決,象徵著鐵幕內暴力統治已面臨崩潰之危機」。[60] 有一份由「中華民國各界援助留韓中國反共義士委員會」所準備的「歡迎歸國反共義士標語」,收在外交部呈請總統「為義士歸國發表談話」所準備的文件當中,最能代表當時的情緒與對時局的認識:

> 歡迎反共義士歸國,就是迎接大陸同胞來歸!
> 歡迎反共義士歸國,就是迎接反共抗俄勝利!
> 反共義士歸國,是中華民族正氣的表現!
> 反共義士歸國,是正義戰勝暴力的鐵證!
> 反共義士歸國,是共匪暴政崩潰的開始![61]

很明顯的,以上這些《中央日報》等官方媒體報導中的文字敘述清楚的把「反共義士」建立成在臺灣的韓戰集體記憶中的核心,並進而塑造「反共義士」及其所代表的韓戰為中華民國政府反共勝利的象徵。1950年代的臺灣社會也就是在這樣「對內精神喊話」的脈絡之下,透過政府「擴大(甚至略微扭曲)」的宣傳,建立了對韓戰的認識與歷史記憶。

學者在有關記憶的研究中指出,在建構記憶的過程中常會見到政府或媒體運用不同的論述策略。Yinan He(何憶南)在關於中日雙方的歷史

---

60. (中華民國)〈駐韓大使館電〉(1954年1月20日),收於周琇環編,《戰後外交史料彙編:韓戰與反共義士篇(二)》,頁287。

61. (中華民國)〈駐韓大使館電〉(1954年1月21日),收於周琇環編,《戰後外交史料彙編:韓戰與反共義士篇(二)》,頁289-290、303-304。

記憶研究中，提出兩個建構歷史記憶過程中常見的現象（或是策略）：
一是「塑造自己的光榮偉大」（self-glorifying），另一是「貶低對手」
（other-maligning）。[62] 在《中央日報》有關韓戰的報導中，也可以看到
這些建構歷史記憶過程中常見的現象或是策略。一方面，《中央日報》
的報導更一再以豐富的感性文字來建構這些「反共義士」是何等的光榮
和偉大，稱呼他們是「死神的遺棄者」；同時也正當化這些「反共義士」
的行動是「從死神手中掙脫出來」、「黑夜殺匪幹奔向自由」、「義士
冒死嘗試『點天燈』」、[63]「壯烈的絕食行動」，[64] 以及「反共義士進和
平村　對匪投石示威……洗腦人員將枉費心機　反共戰俘決不受騙」。[65]

　　另一方面，《中央日報》關於韓戰的報導也不斷地「貶低」中華民
國政府的對手——中國共產勢力，以藉此提升自己政權和道德地位。例
如在停戰協定簽定之際，報導標題就寫著「停戰商妥消息傳出　匪發動
猛烈攻勢　猶圖作最後掙扎　美海空軍出動猛擊」；[66] 報導內容則寫道，
在戰事中「匪兵最懼怕聯軍飛機」；[67] 報導處理人民志願軍俘虜的過程中，
則以標題強調「匪訓練偽裝翻譯人員　企圖滲入監俘委會」，[68] 以及「匪
共違反停戰條款　對反共義士施壓力　偷抄戰俘名單企圖向家屬報復」；
[69] 甚至聯軍方面也「指責共匪　威嚇反共戰俘」，[70] 並揭發「匪在北韓

---

62. Yinan He, "Remembering and Forgetting the War: Elite Mythmaking, Mass Reaction and Sino-Japanese Relations, 1950- 2006," *History and Memory* 19: 2(2007 November), pp. 43-74.
63. 《中央日報》，1953 年 9 月 1 日。
64. 《中央日報》，1953 年 9 月 4 日。
65. 《中央日報》，1953 年 9 月 18 日。
66. 《中央日報》，1953 年 7 月 27 日。
67. 《中央日報》，1953 年 9 月 1 日。
68. 《中央日報》，1953 年 9 月 5 日。
69. 《中央日報》，1953 年 9 月 14 日。
70. 《中央日報》，1953 年 9 月 17 日。

陰謀」。[71]

　　「貶低」共產勢力的策略在 1953 年 10 月達到了高峰。韓國境內由印度軍隊負責看管的戰俘營，在 10 月 1 日發生了反共戰俘與衛兵之間的衝突，造成數名戰俘的死傷。在臺灣，此一事件引發了力度更高也更情緒化的新聞報導與社會（政治）動員。《中央日報》連續而密集地以標題文字和照片報導了「全國人民激昂悲憤　控訴印軍屠殺暴行」、[72]「各人民團體同聲呼籲嚴懲殘暴印軍」、[73] 以及訴諸國際政治的「各界分電聯合國抗議印軍暴行　籲請撤銷印中立資格　制止暴行並嚴懲兇犯」。[74] 之後，更每一天詳細報導各地民眾的抗議行動：臺北市有 10 萬人大集會「抗議印軍虐殺反共義士」；[75] 臺中市先有 3 萬人、後有 5 萬人的示威遊行「齊聲怒吼　電慰義士並要求逞兇」；[76] 屏東的抗暴示威遊行則有「千萬人在怒吼」；[77] 最後則是報導臺灣各地舉行大遊行，「抗議韓境印軍殺俘暴行」。[78] 但是很快的，譴責的對象就由印度轉為共產中國。《中央日報》的報導就特別藉此貶低（other-maligning）中國共產勢力，其中以 10 月 9 日全版「地圖周（週）刊」的報導標題文字最有代表性：「全國憤慨同聲抗議……印軍媚匪　屠殺反共義士」，以及「匪藉監俘機構　破壞志願制度　遣俘會受俄匪操縱　措施乖謬偏袒匪方」。[79] 由此可以看出，有

---

71. 《中央日報》，1953 年 9 月 14 日。
72. 《中央日報》，1953 年 10 月 4 日。
73. 《中央日報》，1953 年 10 月 6 日。
74. 《中央日報》，1953 年 10 月 5 日。
75. 《中央日報》，1953 年 10 月 8 日。
76. 《中央日報》，1953 年 10 月 8、9 日。
77. 《中央日報》，1953 年 10 月 9 日。
78. 《中央日報》，1953 年 10 月 10 日。
79. 《中央日報》，1953 年 10 月 9 日。

關韓戰及「反共義士」的報導其最重要的目的是在塑造一種「反共」的集體記憶。

這兩種策略的結合，可以從中華民國政府在 1953 年 10 月 10 日國慶紀念大會上，所發表的「告全國同胞書」之中看到一個頗有代表性的例子：

> 一萬四千多名留韓反共義士的堅決表現，他們具體的發揚了中華民族氣節和精忠報國的精神，證明匪徒們的偽政權早已臨到崩潰的邊緣。[80]

《中央日報》加在此文之前的標題，則以放大的字體寫著：「朱毛奸匪在顫抖了　國慶紀念大會書告同胞　堅定信心滅匪光復大陸」。[81]

從以上的分析可以看得出來，從 1950 年開始在臺灣的韓戰戰後記憶就是中華民國政府以建構歷史記憶過程中常見的兩個策略——「塑造自己的光榮和偉大」以及「貶低對手」——積極地在塑造一種同仇敵愾的韓戰集體記憶，並以兩個主軸為基礎：一為韓戰代表臺灣「反共」和「反攻（大陸）」的希望，並以此求取臺灣社會對中華民國政府的支持與效忠，以及在臺灣社會建立並強化「大中國」的身分認同；二是韓戰象徵中（華民國）韓兩兄弟國生死與共、友誼堅固，最終必將一同戰勝共產敵人。

在 1950 年代的臺灣，這種以「反共義士」為中心的韓戰記憶持續地得到中華民國政府與民間各方面的宣傳、複製與加工。1955 年「一二三自由日」的一周年正是一江山戰役國軍全軍覆滅的時刻，因此「一二三自由日」以及它所代表的反共／韓戰勝利更是受到中華民國政府的大肆

80.《中央日報》，1953 年 10 月 10 日。
81.《中央日報》，1953 年 10 月 10 日。

宣揚。而在往後的幾年中，政府透過紀念「一二三自由日」來宣揚其反共／韓戰勝利的宣傳力道與社會動員更是有增無減。特別是在與一江山的紀念相對照之下，更顯得「一二三自由日」受到了多麼大的注意。此後在每一年的（1月23日）「一二三自由日」前後，在臺灣各地都可以看到大張旗鼓的群眾動員活動與媒體報導，重複地肯定「反共」勝利。其中《中央日報》比較特別的「周年紀念」報導有：在自由日一周年之際，反共義士「化裝遊行市區」與「條條道路通自由運動」；[82] 二周年之際，「自由日遊園會」；[83] 三周年之際，「自由鐘聲二十三響」；[84] 四周年之際，「全國各界盛會申祝 並聲援亞洲鐵幕人民爭取自由 臺北萬人大遊行響應」。[85] 這些以「反共義士」為中心的慶祝紀念活動與媒體報導，一方面在臺灣塑造並且強化了中華民國「反共」勝利的情緒與道德立場，例如在自由日六周年之際就報導「陳副總統認光復大陸客觀條件已趨成熟 勉國人努力充實自身力量加速共匪崩潰」；[86] 而更重要的是，在另一方面，這些「重複、持續、而且具有協調性」的活動與媒體報導使得以「反共義士」為中心的韓戰記憶在臺灣維持了相當長的一段時間。這使得作為反共象徵的「韓戰」成為了臺灣當時最重要的一種集體記憶。

在 1950 年代的臺灣媒體報導中的韓戰，特別是作為其代表的「反共義士」，其實是在中華民國政府的政治動員之中迫切需要的一個反共勝利的象徵。透過有關韓戰的各種媒體報導與慶祝紀念活動，中華民國政府在臺灣塑造並且強化了自己「反共」勝利的情緒與道德立場，並以此

---

82. 《中央日報》，1955 年 1 月 23 日。
83. 《中央日報》，1956 年 1 月 24 日。
84. 《中央日報》，1957 年 1 月 23 日。
85. 《中央日報》，1958 年 1 月 23 日。
86. 《中央日報》，1960 年 1 月 24 日。

來塑造自己的光榮和偉大以及貶低對手。這些目標其實都是要為了滿足各自當下的政治需要。如果說「韓戰給了國府一個拯救自己的機會」，[87] 中華民國官方在 1950 年代所形塑的韓戰集體記憶則是給了國民政府一個「強化自己的機會」，得以在對外情勢險峻之際，發揮對內提升統治正當性和軍民士氣的作用。研究「歷史記憶」的著名學者 Wurf Kansteiner 曾經指出，一個社會對戰爭的紀念與記憶的建立，往往並非為了了解戰爭的歷史真相，而是為了當前的政治社會需要。[88] 透過分析在 1950 年代臺灣對韓戰所形塑的歷史記憶，我們能夠更清楚地了解歷史記憶其實是一種主觀性的對當下政治社會現實的再現。

三、1960-1980 年代：改變的韓戰集體記憶

在 1960-1970 年代，中華民國政府在每年的「一二三自由日」仍然大張旗鼓地動員宣傳。而韓戰的「反共義士」在其中仍然被賦予相當重要的位置。例如在 1960 年 1 月 23 日，「自由日六周年」的慶祝紀念活動中，「自韓返國」的「反共義士」仍然扮演了一定的角色。《中央日報》一方面報導他們「感謝同胞支援熱忱」，另一方面則強調他們「希望自由號召續向鐵幕呼喚」。[89]

但是值得注意的是，在報導中，這些韓戰的「反共義士」只被當作是眾多「反共義士」的一部分，而非唯一或最重要的「反共義士」。在

---

87. 張淑雅，《韓戰救臺灣？解讀美國對臺政策》，頁 254。
88. Wurf Kansteiner, "Finding Meaning in Memory: A Methodological Critique of Collective Memory Studies," *History and Theory* 41, p. 188.
89. 《中央日報》，1960 年 1 月 23 日。

1960 年 1 月 23 日同一天，《中央日報》在報導的標題中提到「反共義士上書致敬　懇請　總統繼續領導　俾早日光復大陸完成中興大業」。[90] 但是在報導當中作為主角的「反共義士」，是「歷年來自大陸匪區投奔自由祖國的反共義士十六萬三千三百三十四人」，而並非特指來自韓戰的「反共義士」。換句話說，雖然「反共義士」一詞是因韓戰的「反共義士」而在 1953-1954 年之間所產生的，但是不過幾年的時間，在中華民國政府的宣傳論述當中，韓戰的「反共義士」已經逐漸失去原有的核心位置。其實在當時，最受到關注報導的——或是說對中華民國政府最有宣傳價值的「反共義士」，是一位喪命不久的共軍。在當年的 1 月 12 日，一架中共的米格 15 型戰機在宜蘭南澳降落時墜毀起火，飛行員當場死亡。由於無法確認該名飛行員的身分，當然也無法得知其動機。但是此一事件卻立刻被中華民國政府視為「匪飛行員駕機投誠」，隨後決定將該名飛行員「禮葬於空軍公墓」，稱呼他為「義士」，豎立「反共起義空軍烈士」墓碑，並定在 1 月 23 日舉行盛大的公祭大會，以表揚他「投奔自由起義來歸的壯烈事蹟」；同日也將開始一連 3 天在臺北的新公園公開展覽該架「投誠匪機」。[91] 在政府的宣傳動員之下，這位無名飛行員成為了當時最受推崇也最被大眾認識的「反共義士」。

這些與韓戰無關的「反共義士」的出現（或在媒體當中的「再現」），當然並未使得韓戰「反共義士」被忽略或遺忘——至少並未立刻造成這樣的結果。但是，對形塑臺灣大眾的集體記憶來說，與韓戰無關的「反共義士」在大眾論述當中的地位愈高或在媒體當中被「再現」的篇幅愈大，對

---

90. 《中央日報》，1960 年 1 月 23 日。值得注意的是，此報導的背景是當時蔣中正無視於《憲法》的規定希望連任第三屆總統，卻引起包括《自由中國》雜誌等國內各方強烈的反對聲浪。
91. 《中央日報》，1960 年 1 月 21 日。

「反共義士」以及連帶的對「一二三自由日」的認識，就產生了一種「去韓戰」的效果。在 1960-1970 年代，「反共義士」與「一二三自由日」在國民政府的動員宣傳當中仍然被賦予非常重要的位置，持續地被中華民國政府用以「塑造自己的光榮偉大」以及「貶低對手」（中共）。但是在相關的論述當中，「韓戰」不再被視為重點，甚至出現被邊緣化的現象。這樣的情況在 1970 年代尤其顯著。以 1974 年韓戰「反共義士」來到臺灣的二十周年為例，在蔣中正總統（1887-1975）所頒發的書面訓詞當中，對「自由日」的闡述雖然仍會回顧韓戰的歷史，論及 1954 年「在韓國戰場上，中、韓兩國二萬二千餘共軍戰俘集體奔向自由的偉大義舉」；但是，行文隨則轉為強調「抽象」或「普世」的價值，主張「我們為人類自由與世界和平而奮鬥的責任感」，而「自由日」的意義則在於「團結正義力量，根絕世界禍源」。文中主要的論述只見到「道德性」、「命定性」的精神喊話，完全與韓戰本身、韓國或是「中（華民國）韓情誼」脫離關係：

世局已經證明：共產奴役與民主自由的對抗形勢，絕不能經由談判而緩和與解消；反之，姑息、妥協以及中立等謬行，卻助長了共黨的凶燄，導致世局的混亂，帶來人類的禍患。而在另一方面，當前世局也激盪了世界人民逐漸的反共醒覺，喚起了鐵幕內人民反奴役，爭自由的勇氣；世界自由日運動的蓬勃展開，正是順應這一時代潮流的必然趨勢。[92]

當天，《中央日報》以〈「永久警戒」為自由不可缺的因素〉為題

92.《中央日報》，1974 年 1 月 23 日。

的社論更主張：「一二三」自由日在近年已經成為了「世界自由日」，「這一波瀾壯闊的運動……反映著人類爭自由、反奴役的理性與良知……一部人類的歷史，就是追求自由與進步的奮鬥史」。而今日中華民國所追求的反共目標，更是「本乎人類良知，共同創建自由的新世紀，為人類謀幸福，為萬世開太平」。[93] 在這樣的論述當中，「世界」和「人類」取代了韓國，成為中華民國反共的最大支柱；而對擁有「人類爭自由、反奴役的理性與良知」等抽象價值（或信念）作為道德後盾的中華民國來說，反共勝利則是歷史發展的必然，不需要以「韓戰」作為歷史的見證，也就不再需要維繫關於「韓戰」的記憶。

隔年 1975 年，「世界自由日」當天《中央日報》刊出社論〈對自由日進一步的期望〉，當中描述「自由日」的起源是為了要紀念 1954 年 1 月 23 日，「韓境一萬四千五百餘位反共義士唾棄毛共百般威脅利誘，獲釋回到自由祖國，參加反共行列」。[94] 這樣的論述雖仍然持續在塑造維繫對「自由日」與「反共義士」的集體記憶，但是卻只有提到「韓境」作為一個空間的背景，對作為歷史背景的那一場戰爭「韓戰」則隻字未提。而在此同時，相關論述當中作為反共主體的人，也不再是韓戰的「反共義士」，而是「全球各洲來華參加世界自由日活動的自由鬥士」。在「世界自由日」的慶祝大會上，蔣總統在訓詞中提到的是「中國大陸、北韓、北越、東德以及古巴等各地」不斷奔向自由的人民；世盟榮譽主席谷正綱（1902-1993）介紹的是「韓國反共義士」、「越南反共義士」，以及「最近逃離大陸奔向自由的中國反共義士」。[95]

93.《中央日報》，1974 年 1 月 23 日。
94.《中央日報》，1975 年 1 月 23 日。
95.《中央日報》，1975 年 1 月 23 日。

在上述的論述當中，「反共」很明顯的成為了一種中華民國政府對臺灣人民的自我精神喊話，不斷地強調中華民國所擁有的「普世」道德優越性，以及「世界」對中華民國的支持。這樣的「反共」論述，在1970年代初中華民國遭受到一連串嚴重的外交挫敗的脈絡之下——例如1971年中華民國退出聯合國，其實是維繫中華民國政府對內統治正當性非常重要的手段之一。因此，同樣的論述會重複出現在1970年代中華民國官方的宣傳當中。但是更重要的是，這樣的「反共」論述進一步改變了臺灣對韓戰的歷史記憶。隨著「自由日」的「世界化」與「抽象化」，以及「反共義士」的多樣化，韓戰的「反共義士」不再被賦予如1950年代的重要意義，而形塑「韓戰」作為集體記憶的活動與報導更是迅速地消退。最弔詭的是，原來在1954年「自由日」發起時，代表反共（勝利）的韓戰「反共義士」是此紀念日最重要的基礎。但是到了1960-1970年代，「自由日」的論述中留下了抽象的「反共」意識，卻漸漸地忽略了韓戰的「反共義士」，更明顯地遺忘了促成「反共義士」出現的韓戰。

之後雖然偶爾在反共或「自由日」相關的報導中——例如1979年1月23日的《中央日報》社論〈自由必勝　暴政必亡〉——還曾經見到「紀念韓戰中一萬四千名反共義士集體來歸的日子」等追記韓戰的描述，但是論述的重點都放在如前所述的「普世性」、「歷史必然性」與抽象的信念，主張「中國人民必能重獲自由的歷史法則」、「中國大陸的赤禍實為世界動亂的禍源」、「因此凡是愛好自由、尊重人權的世人，應該堅定『自由必勝、暴政必亡』的信心，團結一致，共同來掃除為禍人類的共匪」。[96] 這般不斷在1970年代出現的「道德性」、「命定性」論述

---

96. 《中央日報》，1979年1月23日。

雖然都論及「韓戰」和韓戰的「反共義士」，其實都是作為中華民國在外交處境愈趨艱困之際——特別是 1978 年「中（華民國）美斷交」之後——急切需要的自我精神喊話；其訴求與目的都與「韓戰」本身無關，也因此對 20 餘年前發生的這場戰爭並未多加著墨。反而，隨著這些論述的出現，到了 1980 年代「韓戰」在中華民國官方所塑造的集體歷史記憶中的地位雖然仍然存在，卻已經明顯地開始萎縮。

事實上，早在 1970 年代中華民國政府對「韓戰」本身（歷史）的關注就已經開始消退。1970 年 6 月 25 日是韓戰爆發二十周年。在 6 月 25-26 日，《中央日報》報導了大韓民國、北韓和「共匪」（中華人民共和國）關於韓戰二十周年的各種聲明或紀念活動，卻沒有任何中華民國官方對此周年的談話或活動。更值得注意的是，以版面大小和位置來看，一篇標題為〈大韓民國紀念韓戰二十周年〉的報導雖然被放在第 2 版，但是卻被置於該版的最下方，並以最小的標題字體來標示。[97] 很明顯地，在最重要的周年紀念日都不受重視，「韓戰」在中華民國官方的論述與宣傳中已經不再被視為與臺灣關係密切的歷史事件。而失去了官方主導的「重複、持續、而且具有協調性」的活動與媒體報導之後，「韓戰」在 1970 年代當然也就無法維持如 1950 年代在臺灣的集體歷史記憶中的重要地位。

值得注意的是，在韓戰爆發二十五周年的 1975 年 6 月 25 日，《中央日報》倒是刊載了題為〈韓戰二十五周年論韓局安危禍福〉的社論。該文在開頭首先詳細描述了韓戰爆發的經過、各國軍隊參戰的過程，以及最終的停火協議。但是該文的主要內容，其實是從國際政治的角度來討論「朝

97.《中央日報》，1970 年 6 月 26 日。

鮮半島局勢」，特別是北韓與美國之間的政治軍事角力。文章的主旨，是在結論中強調要「以戰止戰」來處理當今的朝鮮半島局勢，[98] 似乎在呼應該版另一篇關於韓戰周年的報導，〈韓戰今屆廿五周年　全韓進入緊急戒備　季辛吉斥北韓最具侵略性〉。同日的另外一篇報導——〈金振晚副議長強調　中韓立場一致　同為收復國土努力〉——談到韓國國會副議長在訪問臺北時表示，「兩國應共同為抵抗共黨侵略，收復國土而努力」。雖然文中仍然強調「大韓民國與中華民國有相同的環境與立場」，[99] 但是對照前述在韓戰剛剛爆發時韓國派駐中華民國的領事閔石麟所發表的聲明（1950 年 6 月 29 日）就可以看得出來，[100] 當年因韓戰而更為深化緊密的中（華民國）韓情誼到了 1970 年代雖然仍然存在，但是在報導中強調的是「蔣公……對大韓民國的獨立，多所協助，韓國人民都對　蔣公的恩德，念念不忘」；[101] 韓戰對中（華民國）韓關係的影響和歷史意義則完全被忽略。綜觀 1975 年韓戰爆發二十五周年時《中央日報》的相關報導，完全沒有提及韓戰「反共義士」，或是韓戰對臺灣的影響，似乎韓戰或紀念韓戰是「他者」的事情，跟臺灣並沒有任何關係；而論及中（華民國）韓情誼，卻又與韓戰無關。由此可見，「韓戰」在最有關聯性的時刻與報導中都被忽略不談，其在臺灣的集體歷史記憶中的地位已不復以前的重要。

　　同樣的情況，在 1980 年韓戰爆發三十周年的《中央日報》中也可以看到。1980 年 6 月 25 日的報紙中，唯一與韓戰有關的文章是在〈韓控北

---

98. 《中央日報》，1975 年 6 月 25 日。
99. 《中央日報》，1975 年 6 月 25 日。
100.《中央日報》，1950 年 6 月 29 日。
101.《中央日報》，1975 年 6 月 25 日。

韓　意圖南侵〉的標題之下，一小段轉載外電的報導，提及韓國與中共方面分別在「韓戰爆發卅周年」發表聲明。[102] 無論是在標題或是內容方面，韓戰與對韓戰的紀念都被「再現」為「他者」的事情，似乎都與中華民國／臺灣無關。另外，從當日的《中央日報》倒是能夠得到一則有趣的觀察。在頭版的中段位置，「傳記文學出版社」刊載了一欄橫跨全頁的廣告。在該廣告的最中央位置──也就是中央日報頭版的中心位置──推銷的是由中華民國前駐韓國大使邵毓麟（1909-1984）所著、先前在《傳記文學》連載而即將在該年 8 月集結出書的《使韓回憶錄》。邵毓麟在 1949 年奉派前往韓國出任大使一職，一直擔任到 1951 年卸任；1950 年韓戰的爆發正是邵大使在任期間。如果韓戰被視作為臺灣集體歷史記憶的一個重要部分，像這樣一件對中華民國／臺灣帶來重大影響的歷史大事，廣告刊載當天又正值韓戰三十周年，「韓戰」理當成為《使韓回憶錄》的一大焦點或行銷的一大賣點。但是，廣告中將該書定位為「一部前所未有的韓國獨立史與中韓關係史」，只強調「自我國協助韓國獨立運動及韓國於二次世界大戰後復國建國工作以迄朴正熙大總理逝世止，邵先生均直接或間接參與其事」，[103] 卻完全沒有提到中（華民國）韓關係中最重要的歷史事件之一的韓戰。從上述幾例中可以看出，1980年代在臺灣無論是官方或民間所形塑的關於中（華民國）韓關係的集體歷史記憶中，韓戰的地位已經是微乎其微。

　　1950 年代在國家動員之下所建構的韓戰集體記憶，歷經 1960 年代「自由日」的「世界化」與「反共義士」的「多樣化」，到了 1970 年代

102.《中央日報》，1980 年 6 月 25 日。
103.《中央日報》，1980 年 6 月 25 日。

更不再有任何由官方所主導的重複、持續、而且具有協調性的活動與媒體報導以「韓戰」為主題，以至於到了 1980 年代「韓戰」在臺灣的集體歷史記憶中幾乎已經消失。雖然每年的「自由日」紀念活動依舊高喊「反共」，卻已經很少有對韓戰或韓戰「反共義士」的追念。面對這樣的情況，《中央日報》在 1989 年 1 月 23 日刊載了一篇張希哲（1918-2014，時任立法委員）寫的文章最具代表性，標題是：〈自由與反共──勿忘韓戰反共義士奔向自由的血淚〉。[104]

四、1990 年代以後：被遺忘的韓戰

到了 1990 年代，臺灣對「韓戰」的記憶更產生了根本的變化。1990 年代的臺灣正是一個波濤洶湧的時代，無論是對內還是對外，都發生了許多非常巨大的變化。而這些變化當中，又有好幾股力量對臺灣的韓戰記憶有了直接的影響，特別是臺灣身分認同的改變，以及臺韓關係與臺灣對韓國態度的改變。

（一）臺灣身分認同的改變

從在臺灣的韓戰記憶當中受紀念的主體（人物）來分析，臺灣的政府與人民並未直接（或公開的）涉入韓戰，在地理位置上韓戰的戰場也距離臺灣甚為遙遠。雖然有少數的軍中翻譯官是美軍與中華民國政府合作在臺灣挑選而派往韓戰的戰場，但他們的參與一直到近幾年才得到公

104.《中央日報》，1989 年 1 月 23 日。

開。[105] 所以在 1953 年以後，在臺灣唯一被作為韓戰記憶當中受紀念主體的人就只有在 1954 年從韓國的中國人民志願軍戰俘營遣送來到臺灣的一萬多名「反共義士」。[106] 自 1954 年以來，在臺灣的韓戰論述多以反共（義士）為主軸，而依此延伸出來以紀念慶祝反共義士來臺的「一二三自由日」則持續地被作為建構並強化韓戰記憶以及反共意識形態的主要活動。特別是對中華民國政府而言，反共義士被塑造成為韓戰記憶的核心，反共義士的來臺則被視為等於反共戰爭的勝利。而最重要的是，反共戰爭的勝利則代表著中華民國政府得以繼續對內對外宣稱自己是中國（包括臺灣）唯一的合法政權。因此，我們可以說 1950 年以來在臺灣對韓戰的記憶，與反共意識形態以及國民政府的統治正當性之間存在著一種共生共存的（symbiotic）關係。也因此，即使在前述的 1970-1980 年代，雖然韓戰的「反共義士」不再被賦予如 1950 年代的重要意義，「韓戰」在國民政府對反共相關的論述與歷史記憶建構之中還留有一席之地。

但是自 1990 年代開始，臺灣的政治環境產生了巨大的改變，臺灣也進而經歷了快速而巨大的身分認同轉變。一方面，臺灣國內興起了民主化的要求，以及語言、文化和教育的本土化。1990 年代中開始的各種政治改革（特別是 1996 年開始的總統直選）以及教育文化方面的改革（特別是《認識臺灣》教材的編撰與採用），快速地促成了臺灣的大眾——特別是當時正在就學的 1980 年代末之後出生的一代——開始以「臺灣」

---

105. 請參見幾位當事人的回憶錄：黃天才，《我在 38 度線的回憶》；陸以正，《微臣無力可回天——陸以正的外交生涯》。
106. 近年來已經有了以下的學術探究成果：沈幸儀，《一萬四千個證人：韓戰時期「反共義士」之研究》（臺北：國史館，2013）；馬國正，《反共、恐共、恐國？韓戰來臺志願軍戰俘問題之研究》；周琇環，〈韓戰期間志願遣俘原則之議定（1950-1953）〉，《國史館館刊》24（2010.06），頁 45-88、〈接運韓戰反共義士來臺之研究（1950-1954）〉，《國史館館刊》28（2011.06），頁 115-154。

（而非「中國」）為政治認同的對象。[107] 而在此同時，另一方面外在則有中國的經濟改革開放。在這樣的變化之下，臺灣人民的想法和主張促使中華民國政府改變已經奉行了幾十年的兩岸政策：先是開放了臺灣人前往大陸探親，之後更進一步的終止了「動員戡亂時期」，不再將「反共」和「反攻（大陸）」作為國家的目標。取而代之的是，一種以臺灣為主體的政治與身分的認同。

新的身分認同則需要新的集體記憶。在這樣的變化脈絡之下，從1950 年開始在臺灣以「大中國」的身分認同為基礎所建構起來的歷史記憶也就會受到檢討甚至拋棄，這其中當然也包括以「反共」為主軸的韓戰歷史記憶。如歷史學者黃克武所論，「一二三自由日」在解嚴之後迅速的失去了其原有的反共意義。[108] 特別是在政治的層面上，韓戰的記憶原來從 1950 年代以來一直有助於強化中華民國政府的反共意識形態以及統治正當性，也因而得到不斷地複製。但是對 2000 年以後在臺灣執政的民主進步黨（以及同樣的，對 2008 年之後重新執政的國民黨）而言，它的統治正當性完全來自臺灣的民主選舉，與過去國民黨政府所仰賴的反共意識形態，或是作為「中國唯一合法政權」的主張完全沒有關聯。在這樣的變化之下，過去以「反共」為訴求的韓戰記憶也就失去了它的價值。

研究歷史記憶的著名學者 John Gillis 曾經指出，新的集體記憶是在具

107.相關的研究可以參見 Stephane Corcuff, ed., *Memories of the Future: National Identity Issues and the Search for a New Taiwan* (Armonk, New York and London: M.E. Sharpe. 2002)。特別是其中的 Stephane Corcuff, "The Symbolic Dimension of Democratization and the Transition of National Identity," pp. 73-97, Chia-Lung Lin, "The Political Formation of Taiwanese Nationalism," pp. 219-239, Rwei-ren Wu, "Toward a Pragmatic Nationalism," pp 196-213。
108.黃克武，〈一二三自由日：從一個節日的演變看當代臺灣反共神話的興衰〉。

有「協調性的遺忘」（concerted forgetting）當中所建構而成的。[109] 根據這個觀點，本文要更進一步指出的是，過去從 1950 年開始在臺灣以「反共」為基礎所建立的「韓戰」歷史記憶，在 1990 年代以來就是在這樣一種具有「協調性的遺忘」當中迅速地消退。1990 年代以來，臺灣官方雖然仍然行禮如儀的每年舉辦「自由日」的相關紀念活動，但是過去所堅持的「反共」早已成為歷史，而關於韓戰的論述也幾乎完全消失。在此「協調性的遺忘」之下，作為反共戰爭代表的「韓戰」，更失去了在大眾的歷史記憶中的地位。即使臺灣的官方仍然偶爾在特定的時間舉辦有關韓戰的紀念活動——例如在 2004 年（民主進步黨的）陳水扁政府曾經舉辦過一系列的紀念活動——但是這樣零星的對韓戰的「再現」，都難讓韓戰再次成為臺灣集體記憶的一個重要部分。

（二）臺韓關係與臺灣對韓國態度的改變

中華民國與韓國的雙邊關係自韓戰以來一直非常地密切，而臺灣對韓戰的紀念也在這樣的脈絡之下持續地進行。韓戰的勝利被視為是中（華民國）韓雙方共享的反共勝利，更是中韓堅定友好關係的一種象徵。

但是正當 1980 年代末期冷戰結束，反共的意識形態在臺灣開始受到挑戰之際（1987 年開放赴大陸探親，1991 年結束動員戡亂時期），中華民國與韓國的關係也恰好因為外交上的問題而降到了最低點。臺灣一位專門採訪韓國新聞的記者朱立熙（曾在延世大學進修研究多年）指出，

109.John Gillis, "Introduction: Memory and Identity: The History of A Relationship," in John Gillis, ed. *Commemorations: The Politics of National Identity* (Princeton, New Jersey: Princeton University Press, 1994), p. 3.

發生在1983年5月5日的「中共民航劫機事件」（或稱「六義士劫機案」）是這中間最大的「衝擊性事件」。事件其後韓國政府的處理態度（例如，並未立即將劫機的六人送往臺灣，反而將他們送審並判刑），讓當時仍處在反共意識形態高點的臺灣社會首次認識到臺韓之間在面對中國時所存在的嚴重歧見，更因此產生了對韓國極端情緒化的負面反應。[110] 朱立熙更進一步指出，其間臺灣民眾從媒體報導的內容中不斷看到的是「韓國政府『欺負』我們的『反共義士』，於是便引發了情緒化的激情與衝動，一股強烈的反韓情緒便從此被揭揚起來了」。再加上在此期間1984年發生的「亞青盃籃球賽」事件（臺灣的選手在韓國出賽時由於國旗國歌的爭議而退出比賽），[111] 這些糾紛更使得「臺韓關係順勢一落千丈」，徹底的轉變了臺灣社會對韓國的態度。[112]

　　1992年8月，中華民國與南韓之間正式斷絕了外交關係，此後臺韓關係就每況愈下，臺灣對韓國的態度也不曾好轉。但特別值得注意的是，臺灣之前也曾經經歷過與其他的「友邦」斷交，例如1972年與日本斷交以及1978年與美國斷交。但是臺灣與其他國家斷交之後的情緒反應以及態度的轉變，都遠不及於對韓國的這般巨大（以及惡化）。朱立熙作了以下有關兩國斷交的分析報導，相當程度地反應了臺灣社會從1980年代以來對韓國的態度的巨大轉變：

　　儘管臺灣人知道是我們自己的外交政策必須負更大的責任，但是他
　　們比較不能接受的是，我們這兩個曾經是亞洲最反共的患難兄弟，

110.朱立熙，《再見阿里郎：臺韓關係總清算》（臺北：克寧出版社，1993），頁84-88。該作者曾擔任臺灣「韓國研究學會」理事，並在延世大學進修研究多年，見頁9、24。
111.朱立熙，《再見阿里郎：臺韓關係總清算》，頁32。
112.朱立熙，《再見阿里郎：臺韓關係總清算》，頁31-32。

為什麼也會走上分手之路？因此臺灣人眼看著韓國一再表明要棄他而去，情緒上的反彈自然會比較強烈。[113]

而更深層的原因，朱立熙則追溯到中華民國的政府與人民長期以來自認為「中華民族」及其與韓國之間的歷史關係：

在先天上，中國人（不論海峽兩岸）原本就不太看得起韓國人（甚或朝鮮人），中國人基於他的「大中華意識」，對這個曾經是它的藩屬的半島上的人民，原來就有著先天上的優越感。許多臺灣人甚至直覺地認為，當年國民黨政府對韓國在上海臨時政府的援助，絕對有功而且有恩於韓國人；加上戰後蔣介石對韓國獨立的支持，以及當年韓國駐華大使金信與蔣介石之間的「義父子」之間的關係，中華民國與韓國之間的關係是從「藩屬與宗主國的關係」到「父子關係」，到戰後才又成為「兄弟關係」。如今，作為「弟弟」的韓國，竟然反過來要欺負「哥哥」，如此先天的優越感再（加）上後天的受害意識，互相衝激之下，反韓情緒自然愈來愈高漲了。[114]

朱立熙以上的分析或許無法代表整體臺灣社會的想法與心態，但是的確部分解釋了臺灣社會為何會產生對韓國的這種錯綜複雜的情感，甚至形成了一道不願了解彼此甚至忽視、鄙視、敵視對方的隔閡。最近的例子是在 2010 年，臺灣的跆拳道選手楊淑君在亞運賽遭裁判判定犯規而失去比賽資格之後，臺灣爆發了強大的反韓情緒，甚至發起了抵制韓貨的運動。

113.朱立熙，《再見阿里郎：臺韓關係總清算》，頁 31。
114.朱立熙，《再見阿里郎：臺韓關係總清算》，頁 34。

[115] 也就是在這樣的脈絡之下，臺灣對韓國所發生的歷史，即使是「韓戰」這樣對臺灣影響巨大的歷史事件，都產生不出多少興趣，也使得韓戰與其對臺灣的歷史意義被忽視。針對臺灣社會對韓國的複雜情緒以及歷史經驗同時存在的相似與疏離，歷史學者陳芳明就提出以下這樣的看法：

> 縱然臺韓在戰後有過四十年的邦交友誼，竟從未在學術上構築歷史經驗的交流。從殖民史到戰後史，臺灣與韓國的歷史進程，何等重疊，又何等相似……。在如此深厚的歷史基礎上，反而使臺韓成為相互異化的絕緣者。[116]

就是在 1990 年代以來這樣臺韓關係急遽惡化的脈絡之下，原來代表著中（華民國）韓生死與共、友誼堅固的「韓戰」，就更徹底地在臺灣的集體歷史記憶當中被忽略，以至於成為被遺忘的戰爭。

五、結論

2013 年是韓戰停戰的六十周年。在該年的 1 月 23 日，臺灣的報章仍

---

115. 時過數年，仍然可以在臺灣的網路上找到許多充滿反韓情緒的討論。有關的新聞報導，參見民視，〈失格效應民眾抵制韓國貨〉，網址：http://news.ftv.com.tw/NewsContent.aspx?ntype=class&sno=2010B19L03M1，檢索日期：2013 年 3 月 13 日；自由時報電子報，〈聲援楊淑君 彩券行公告：拒賣韓國人〉，網址：http://www.libertytimes.com.tw/2010/new/nov/19/todaynorth10.htm，檢索日期：2013 年 3 月 13 日；NOW News，〈楊淑君遭判失格 蔡阿嘎抵制韓貨、蘇麗文誓言復仇〉，網址：http://www.nownews.com/2010/11/18/11490-2665367.htm，檢索日期：2013 年 3 月 13 日。
116. 陳芳明，〈序：雪落韓半島〉，收於石曉楓，《無窮花開——我的首爾歲月》（臺北：印刻文學出版社，2011），頁 9-10。

然可以看到有關世界自由民主聯盟（簡稱世盟）中華民國總會舉辦了世界自由日慶祝大會的報導，中華民國總統馬英九並受邀在會上致辭。[117] 但是這個消息並未見於報紙的前幾個版面，報導的篇幅也不過幾個短短的段落。就如同本文前述在 1970 年代開始對「自由日」紀念的「抽象化」與「世界化」，該年大會的主題為「民主鞏固──挑戰與願景」，[118] 媒體報導的焦點則放在世盟邀請的各國來賓，以及在該會上宣示計畫邀請緬甸的民主運動領袖也是諾貝爾和平獎的得主翁山蘇姬（1945-）來臺灣訪問。[119] 無論是媒體的報導，或是臺灣總統的談話，幾乎都完全的忽略了韓戰對「自由日」以及對臺灣歷史發展的影響與意義。少見的例外是在《自由時報》的一篇報導中，簡短地提到了同時應邀出席慶祝大會的，還包括了 20 多名參與韓戰後選擇到臺灣投誠的反共義士。[120]

　　而中華民國官方的論述，則更是明顯地忽略韓戰對臺灣的重大影響與意義。就以當時總統府的新聞發布稿為例，其中一篇僅僅在回顧自由日歷史的時候提及韓戰一次，但是重點仍然放在抽象的「以彰顯人們追求民主自由的決心，具有重要的意義」。[121] 而另一篇接待外賓的新聞稿則更是隻字未提韓戰，報導的重點完全放在當時政府正在大力推動的「兩岸和解」與臺灣──中國之間的和平願景：

117.《自由時報》，2013 年 1 月 24 日，A5 版。

118.聯合新聞網，網址：http://udn.com/NEWS/NATIONAL/NAT1/7652603.shtml#ixzz2JGPy2RbZ，檢索日期：2013 年 1 月 28 日。

119.《自由時報》，2013 年 1 月 24 日，A5 版；〈世盟擬邀翁山蘇姬訪臺〉，《中央社／中央廣播電臺》，網址：http://news.rti.org.tw/m/jqm_newsContent.aspx?nid=402514，檢索日期：2013 年 1 月 28 日。

120.《自由時報》，2013 年 1 月 24 日，A5 版。

121.中華民國總統府，〈總統出席 2013 年世界自由日慶祝大會、世盟中華民國總會第 57 次會員代表大會暨世亞盟年會〉，網址：http://www.president.gov.tw/Default.aspx?tabid=131&itemid=29087&rmid=514，檢索日期：2013 年 1 月 28 日。

過去近 5 年來，政府努力改善兩岸關係，降低臺海緊張情勢，未來亦將持續在和平繁榮的目標下推動兩岸交流，促進兩岸在國際社會和平相處、相互尊重，期讓兩岸關係與國際關係成為良性循環。[122]

　　研究「歷史記憶」的學者 John Gillis 曾經作出這樣的結論：「對身分認同的概念依賴著對記憶的認識，而反之亦然」。他也進一步提醒我們，記憶（以及身分認同）「都不應被視為是一成不變的物體，而是對現實的再現或建構，是主觀而非客觀的現象」。[123] 戰後這 60 年來韓戰記憶在臺灣的興衰變化，恰恰反映了歷史記憶隨著身分認同同步改變的現象，也清楚的顯現了歷史記憶作為一種主觀性的對當下政治社會現實的再現。而從觀念史的角度來看，歷史記憶更與當代社會的觀念有著密切的關係：一方面，當代許多的政治觀念都在歷史記憶的產生過程中被製造與傳播。例如在 1950-1960 年代之間，可以清楚的看到中華民國政府當時所主張的「萬惡的共匪」、對「中共」所堅持的「漢賊不兩立」，以及將國際社會中對我國友好國家視為「兄弟之邦」（如韓國）等等觀念，在官方對韓戰所建構的歷史記憶當中都不斷的被複製、強調。但是在另一方面，「韓戰」歷史記憶在臺灣的「變化」更反映了在客觀環境的影響之下，當代的政治觀念如何地改變。特別是本文中所分析的，在 1970 年代以後的「反共」論述中，韓戰「反共義士」的地位逐漸被邊緣化，而由中華

122.中華民國總統府，〈總統接見 2013 年世界自由日慶祝大會暨世亞盟年會與會外賓〉，網址：http://www.president.gov.tw/Default.aspx?tabid=131&itemid=29089，檢索日期：2013 年 1 月 28 日。

123.John Gillis, "Introduction: Memory and Identity: The History of A Relationship". in John Gillis, ed., *Commemorations: The Politics of National Identity* (Princeton, New Jersey: Princeton University Press, 1994), p. 3.

民國的「普世」道德優越性以及「世界」對中華民國的支持所取代。這
樣的變化代表了在國際處境愈趨艱困之時，中華民國政府基於現實環境
的考量，透過對歷史記憶的建構將「反共」此一觀念從原來比較具體的
「抗爭性」——韓戰「反共義士」所象徵的戰爭手段——逐漸轉變成為
抽象、精神層面的「道德性」——以「全球各洲來華參加世界自由日活
動的自由鬥士」為代表。而歷史記憶對當代政治觀念所帶來的變化，更
進一步反映在 1980 年代中華民國官方的「反共」國策口號從「抗爭性」
的「反攻大陸」轉變成為「道德性」的「三民主義統一中國」。本文對「韓
戰」歷史記憶在臺灣的建構與變化所作的分析，同時也說明了歷史記憶
與政治觀念之間相互的影響。

在近年來「自由日」的相關紀念或是報導當中，不但極少見到有關韓
戰與臺灣歷史的討論，自由日甚至被重新包裝，成為了臺灣國際行銷，推
銷觀光的機會。例如在 2013 年，臺北市長郝龍斌在「自由日」前一天的
國際外賓歡迎酒會上致詞時，「大力行銷臺北市，不僅治安好，美食多、
風景佳，希望大家利用機會好好參觀」。[124] 這樣的一個對「自由日」的消
費，恰恰給「韓戰」在臺灣的歷史記憶作了一個很好的對照。如歷史學者
黃克武所論，「一二三自由日」在「脫掉了『反共』的外衣之後」，成為
了一個被重新包裝也被民間挪用的「自由日」。[125] 但是「韓戰」與韓戰的
歷史記憶一旦失去了「反共」的脈絡，在臺灣似乎就失去了所有的價值，
連被挪用或被消費的機會都沒有。從 1950 年以來這 60 餘年間，韓戰因「反

124.〈慶祝自由日　郝龍斌行銷臺北市〉，《中央社》，網址：http://tw.news.yahoo.com/ %E6%
85%B6%E7%A5%9D%E8%87%AA%E7%94%B1%E6%97%A5-%E9%83%9D%E9%BE%8D%
E6%96%8C%E8%A1%8C%E9%8A%B7%E5%8F%B0%E5%8C%97%E5% B8%82-112411519.
html，檢索日期：2013 年 1 月 28 日。
125.黃克武，〈一二三自由日：從一個節日的演變看當代臺灣反共神話的興衰〉。

共」而起，進而被國民政府視為「我們的」戰爭；但是，「韓戰」也因為「反共」（立場的改變）而墜，變成今天在臺灣「被遺忘的」戰爭。[126]

附錄：學生調查

2013 年我在當時所任教的中正大學歷史學系的必修課「臺灣史」的課上對學生進行了此項調查。課上大多數都是歷史學系大學部的學生，少數是外系來選修的學生。學生的年齡分布在 18 到 23 歲之間。另外需要指出的是，班上有 3、4 位學生是「僑生」（在臺灣念大學的海外華人，多數來自香港、澳門、和馬來西亞等地）。

在不記名的情況之下，我請上課的 40 多位同學自願性的作答；合計有 37 份有效回答，在第一部分的作答時間，我依序問了學生以下的 6 個問題，而回答「韓戰」作為答案的人數如下：

	韓戰
請列舉歷史上最重要的戰爭	0
請列舉歷史上第二重要的戰爭	3
請列舉臺灣歷史上最重要的戰爭	2
請列舉臺灣歷史上第二重要的戰爭	3
從小學到大學的歷史課中，你學到最多的是哪一個戰爭？	0
從小學到大學的歷史課中，你學到第二多的是哪一個戰爭？	0

126.有趣的是，在臺灣的眾多媒體當中，少數在韓戰停戰六十周年的 2013 年還想到要撰文對「韓戰」或韓戰「反共義士」作專題報導的媒體之一並非官方媒體，竟然是以八卦娛樂新聞為主要賣點的《壹週刊》。該刊以一位「韓戰戰俘」為主角，深入地報導了韓戰「反共義士」來到臺灣之後的經歷。見〈後來怎麼了：123 不自由——1950 年代韓戰戰俘張一夫的離奇人生〉，《壹週刊》，2013 年 3 月 14 日，頁 76-80。

結果，在每一個題目回答「韓戰」的比例都低於 10%。很明顯地，對這些學生來說，在被要求直覺的反應回答的時候，韓戰並不被認為是多麼重要的戰爭或歷史。

接下來，學生繼續地回答了以下經過提示後的問題：

請根據其對臺灣歷史的影響，從以下的名單中選出 3 個最重要的戰爭、並依其重要性排列：鴉片戰爭、第二次世界大戰、清法戰爭（1883-1885）、冷戰、鄭成功與荷蘭的戰爭、第一次世界大戰、韓戰、1937-1945 年的中國抗日戰爭、越戰、甲午戰爭。

結果，選擇韓戰的人數大為增加，共有 5 位學生認為韓戰是對臺灣歷史影響最重要的戰爭，4 位認為是第二重要，7 位認為是第三重要（合計占該班 37 份回覆的 43% 以上）。

最後，學生回答了以下帶有最直接明顯提示的問題：

如果 1 代表在臺灣歷史上最重要的戰爭、10 代表重要性最低的戰爭，你會給韓戰排第幾？

結果，選擇韓戰的人數更為增加，共有 8 位學生認為韓戰是對臺灣歷史影響最重要的戰爭，4 位認為是第二重要，10 位認為是第三重要（占該班的近 60%）。有趣的是，另外有 6 位認為韓戰是對臺灣歷史影響是第四重要的戰爭。如果加上這些學生，則學生認為韓戰對臺灣歷史影響重要的比例高達 75%。

參考書目

- 《NOW News》
- 《中央日報》
- 《中央社／中央廣播電臺》
- 《民視》
- 《自由時報》
- 《自由時報電子報》
- 《壹週刊》
- 「中華民國總統府官方網頁」
- 王東原，《王東原退思錄》。臺北：正中書局，1992。
- 王秋原等主編，李其芃、邱德慈等編撰，《國民中學社會（第二冊）》。臺南：南一書局，2012。
- 王秋原等主編，李其芃、邱德慈等編撰，《國民中學社會（第二冊）》。臺南：南一書局，2014。
- 王秋原等主編，李其芃、邱德慈等編撰，《國民中學社會（第六冊）》，臺南：南一書局，2014。
- 王秋原等主編，李其芃、邱德慈等編撰，《國民中學社會（第四冊）》，臺南：南一書局，2013。
- 石曉楓，《無窮花開——我的首爾歲月》。臺北：印刻文學出版社，2011。
- 朱立熙，《再見阿里郎：臺韓關係總清算》。臺北：克寧出版社，1993。
- 江筱婷、李佩錕、汪盟烽等編撰，《國中社會課本（第四冊）》。臺北：康軒文教公司，2013。
- 江筱婷、李佩錕、洪立建等編撰，《國中社會課本（第二冊）》。臺北：康軒文教公司，2012。
- 江筱婷、洪立建、徐靜欣等編撰，《國中社會課本（第六冊）》。臺北：康軒文教公司，2014。
- 李福鐘、古偉瀛、王世宗等編著，《普通高級中學歷史（第三冊）》。臺北：三民書局，2013。
- 汪宏倫編，《戰爭與社會：理論、歷史、主體經驗》。臺北：聯經出版公司，2014。
- 沈幸儀，《一萬四千個證人：韓戰時期「反共義士」之研究》。臺北：國史館，2013。
- 周琇環，〈接運韓戰反共義士來臺之研究（1950-1954）〉，《國史館館刊》28（2011.06），頁 115-154。
- 周琇環，〈韓戰期間志願遣俘原則之議定（1950-1953）〉，《國史館館刊》24（2010.06），頁 45-88。
- 周琇環編，《戰後外交史料彙編：韓戰與反共義士篇》。臺北：國史館，2005。
- 林能士主編，施志汶、張素玢等編撰，《高中歷史（第一冊）》。臺南：南一書局，2012。
- 林能士主編，陳秀芳、吳翎君等編撰，《高中歷史（第四冊）》。臺南：南一書局，2014。

- 林能士主編，楊維真、王良卿等編撰，《高中歷史（第三冊）》。臺南：南一書局，2013。
- 林能士等主任委員，于珊、王良卿等編撰，《國民中學社會課本（第二冊）》。臺南：翰林出版公司，2011。
- 林能士等主任委員，于珊、王良卿等編撰，《國民中學社會課本（第四冊）》。臺南：翰林出版公司，2012。
- 林能士等主任委員，于珊、宋幸蕙等編撰，《國民中學社會課本（第六冊）》。臺南：翰林出版公司，2013。
- 林麗雲，〈變遷與挑戰：解禁後的臺灣報業〉，《新聞學研究》95（2008.01），頁 183-212。
- 邵毓麟，《使韓回憶錄》。臺北：傳記文學出版社，1980。
- 馬全忠，《中華民國百年紀事》。臺北：聯經出版公司，2011。
- 馬國正，《反共、恐共、恐國？韓戰來臺志願軍戰俘問題之研究》。嘉義：國立中正大學歷史學系碩士論文，2008。
- 高文俊，《韓戰憶往：浴血餘生話人權》。臺北：生智文化公司，2000。
- 國史館編，《一九四九年──中國的關鍵年代學術討論會論文集》。臺北：國史館，2000。
- 張淑雅，〈近二十年來的韓戰研究概況〉，《近代中國》137（2000.06），頁 105-116。
- 張淑雅，《韓戰救臺灣？解讀美國對臺政策》。臺北：衛城出版社，2011。
- 陸以正，《微臣無力可回天──陸以正的外交生涯》。臺北：天下文化出版公司，2002。
- 黃天才，《我在 38 度線的回憶》。臺北：印刻文學出版社，2010。
- 董致麟，《韓戰爆發前後蘇中（共）美互動之研究（1945-1951）：認知理論的觀點分析》。臺北：淡江大學國際事務與戰略研究所碩士論文，2006。
- 劉維開，〈蔣中正對韓戰的認知與因應〉，《輔仁歷史學報》21（2008.07），頁 253-282。
- 賴澤涵主編，蔡怡邦、王宇等編撰，《普通高級中學歷史（第一冊）》。臺北：全華圖書公司，2012。
- 薛化元主編，李明仁、李福鐘等編輯，《普通高級中學歷史（第一冊）》。臺北：三民書局，2012。
- Corcuff, Stephane. "The Symbolic Dimension of Democratization and the Transition of National Identity". In Stephane Corcuff, ed., *Memories of the Future: National Identity Issues and the Search for a New Taiwan*. Armonk, New York and London: M.E. Sharpe, 2002.
- Gillis, John. "Introduction: Memory and Identity: The History of A Relationship". In John Gillis, ed., *Commemorations: The Politics of National Identity*. Princeton, New Jersey: Princeton University Press, 1994.
- He, Yinan. "Remembering and Forgetting the War: Elite Mythmaking, Mass Reaction and Sino-Japanese Relations, 1950-2006", *History and Memory*, Vol.19, No.2 (November 2007).
- Kansteiner, Wurf. "Finding Meaning in Memory: A Methodological Critique of Collective Memory Studies", *History and Theory*, 41, 2002.
- Lin, Chia-Lung. "The Political Formation of Taiwanese Nationalism". In Stephane Corcuff,

ed., *Memories of the Future: National Identity Issues and the Search for a New Taiwan.* Armonk, New York and London: M.E. Sharpe, 2002.

• Wu, Rwei-ren. "Toward a Pragmatic Nationalism". In Stephane Corcuff, ed., *Memories of the Future: National Identity Issues and the Search for a New Taiwan.* Armonk, New York and London: M.E. Sharpe, 2002.

——本文原刊載於《東亞觀念史集刊》7（2014.12），頁 205-251。藍適齊教授授權使用。

一、韓戰的重要性與歷史記憶

① 韓戰讓中華民國政府能維持政權，也促成臺灣海峽兩岸分治的局面。

② 在臺灣，韓戰似乎成為被忽略的歷史課題。在教科書中，儘管有介紹韓戰，但並未表明與臺灣的關係，似乎不被看作臺灣重要的歷史記憶。

③ 事實上，韓戰曾是臺灣最受關注與紀念的戰爭，是什麼緣故讓韓戰受到忽略和遺忘？

二、1950 年代臺灣的韓戰集體記憶

① 臺灣正面臨中共積極備戰，美國協防態度消極的困境。

② 韓戰的發生，提供中華民國政府鞏固政權，和提升國際地位的希望。

③ 韓國也透過《中央日報》宣傳中韓情誼，和共同的反共志業。

④ 韓戰被塑造為「我們的」戰爭，是臺灣反共、反攻的象徵。

⑤ 1954 年，韓戰中被俘虜的反共人士被遣返到臺灣，這批人被稱為「反共義士」，成為中華民國提振士氣，宣揚反共、反攻大陸志業的高峰，也是「一二三自由日」的由來。

⑥ 當時政府建構歷史記憶的策略，為「宣揚自己的偉大和光榮」、「貶低對手」，反共義士也成為韓戰歷史記憶的中心。

三、1960-1980 年代：改變的韓戰歷史記憶

① 每年「一二三自由日」，政府依然積極宣傳韓戰的反共義士，但他們不再是唯一的焦點，而是眾多「反共義士」的一部分。

② 在「一二三自由日」，韓戰的要素也逐漸抽離，被普世的價值（如自由、

人權）所取代。

③ 1970 年代以後，在中華民國官方論述中，韓戰已經不是與臺灣關係密切的歷史事件，逐漸在臺灣的歷史記憶中淡化。

四、1990 年代以後：被遺忘的韓戰

① 以臺灣為主體的政治、身分認同的轉變，讓「反共」為訴求的韓戰歷史記憶，失去其價值。

② 臺韓關係與臺灣對韓國態度的改變，也造成象徵臺韓友誼的韓戰，徹底被臺灣歷史記憶忽略，成為被遺忘的戰爭。

課綱中的中國與東亞史／林桶法編；葛兆光等著.
-- 初版 . -- 新北市：臺灣商務印書館股份有限公司，
2020.12
480 面；17×23 公分
ISBN 978-957-05-3294-4（平裝）

1. 中國史 2. 文集

610.07   109017483

課綱中的中國與東亞史

編　　　者 ─ 林桶法
導　　　讀 ─ 陳識仁、沈宗憲、李君山、陳進金
作　　　者 ─ 葛兆光、馬場公彥、王明珂、梁其姿、林冠群、陳國棟、呂實強、林桶法、
　　　　　　陳豐祥、王汎森、張玉法、呂芳上、藍適齊
發 行 人 ─ 王春申
審書顧問 ─ 陳建守
總 編 輯 ─ 林碧琪
責任編輯 ─ 徐鉞
校　　　對 ─ 呂佳真
封面插畫 ─ 湧新設計公司 -Nana Artworks
美術設計 ─ 綠貝殼資訊有限公司
資訊行銷 ─ 劉艾琳、孫若屏
業　　　務 ─ 王建棠

出版發行 ─ 臺灣商務印書館股份有限公司
　　　　　　231023 新北市新店區民權路 108-3 號 5 樓（同門市地址）
電話：(02)8667-3712　傳真：(02)8667-3709
讀者服務專線：0800056193
郵撥：0000165-1
E-mail：ecptw@cptw.com.tw
網路書店網址：www.cptw.com.tw
Facebook：facebook.com.tw/ecptw

局版北市業字第 993 號
初版一刷：2020 年 12 月
初版二點六刷：2024 年 7 月
印刷廠：鴻霖印刷傳媒股份有限公司
定價：新台幣 570 元
法律顧問一何一芃律師事務所
有著作權・翻印必究
如有破損或裝訂錯誤，請寄回本公司更換